江西科技师范大学2013年出版资助基金项目
The Funded Projects of Jiangxi Science & Technology Normal University Published in 2013

"食货派"史学研究

苏永明 著

中国社会科学出版社

图书在版编目（CIP）数据

"食货派"史学研究 / 苏永明著．—北京：中国社会科学出版社，2015.5
ISBN 978-7-5161-5969-9

Ⅰ.①食… Ⅱ.①苏… Ⅲ.①中国经济史—民国—文集 Ⅳ.①F129.6-53

中国版本图书馆 CIP 数据核字（2015）第 081308 号

出 版 人	赵剑英
选题策划	郎丰君
责任编辑	郎丰君
责任校对	孙青青
责任印制	戴　宽

出　　版	中国社会科学出版社
社　　址	北京鼓楼西大街甲 158 号
邮　　编	100720
网　　址	http://www.csspw.cn
发 行 部	010-84083685
门 市 部	010-84029450
经　　销	新华书店及其他书店
印　　刷	北京君升印刷有限公司
装　　订	廊坊市广阳区广增装订厂
版　　次	2015 年 5 月第 1 版
印　　次	2015 年 5 月第 1 次印刷

开　本	710×1000　1/16
印　张	24.5
插　页	2
字　数	376 千字
定　价	76.00 元

凡购买中国社会科学出版社图书，如有质量问题请与本社联系调换
电话：010-84083683
版权所有　侵权必究

序

（一）

活跃于 20 世纪三四十年代学术界的食货派，对近现代中国社会经济史研究的兴起和发展具有重要影响。食货派的"魏晋封建说"是中国社会史分期问题中极具影响力的一种学说。它同禹贡派、战国策派、学衡派等同列中国近现代几大著名史学流派之一。

由于这个学派中的学人，后来人生轨迹或政治理念比较复杂，1949 年以后，在相当一段长的时间内，几乎无人言及他们的学术贡献，他们的学说也只有在被作为反动学术受到批判时才被提起。

新时期以来，人们逐渐把食货派的政治理念和他们的学术思想分开，重启对食货派的研究。但从对该学派的相关研究成果看，学术界对食货派学术评价偏颇的状况直到最近十余年才有所改观，虽然有些文章从多个层面对食货派进行了探讨，然而整体看仍然缺乏对食货派史学的系统研究。依本人所见，近年来各个学术流派受到重视，有关研究论文不断出现，而对食货派的研究，相比之下仍是比较少的。

形成这种局面，可能有多方面原因，但其中一项原因，也许不容否认，即食货派是一个专业性很强的学术派别，他们的学问涉及大量经济学和经济史的理论和方法的问题。因此，要弄清他们在社会经济史领域的成就与不足，都需要坚实的专业知识，需要相关的理论与方法。这有可能使人们对于研究食货派望而却步。或者说也许限制了对于食货派的深入研究。

本书的作者苏永明则具备这一必要条件。他在读硕士学位研究生时，主攻方向是中国经济史。那时或许已经体察到食货派对于经济史研究的贡献，或许已经意识到研究食货派具有重要的学术价值和现实意义。因此依据自己在读硕士学位时打下的学术基础和学术积累，他在入读博士学位研究生不久，就选择了食货派作为毕业论文的论题。

这一选题，契合了清理近现代史学遗产的需要，也是深入理解20世纪三四十年代整个中国史学发展状况的需要。因此，我作为他的博士导师给予了积极鼓励和支持。当然，我的相关知识极其有限，只能把这看作我们共同学习和提高的一个过程。

言及于此，我想到永明的硕士导师邵鸿先生。邵鸿是我读博士时同级不同专业的学兄，他在军事制度史和社会经济史研究领域都卓有成就。他给永明打下了牢固的研治社会经济史的基础，这为永明日后顺利完成博士学位论文提供了强力支撑。

（二）

本书是在博士学位论文基础上修改充实而成的。大致以下两个方面值得肯定：

第一，对食货派的史学作了比较全面的研究。

本书在梳理分析食货派的史学成就的基础上，深入探讨食货派的史学思想和治史方法，重新评价了食货派的史学地位。具体的研究理路是通过20世纪三四十年代中国的社会、政治、文化背景的分析，将食货派置于中国社会经济史学科发展的脉络中，对其发展历程进行系统梳理，进而探讨其兴衰的原因和发展阶段；通过总结食货派的灵魂人物陶希圣致力于中国社会经济史研究及鞠清远、武仙卿、何兹全、曾謇、连士升、沈巨尘等一批青年学子景然相从，创办《食货》半月刊，筹建食货学会，编辑天津《益世报·食货周刊》等活动，论述食货派的学术成就；通过与郭沫若、吕振羽等马克思主义学者以及中央研究院社会科学研究所的汤象龙、梁方仲等一批学者相比较，看食货派的史学思想的特色；通过探究食货派主张从问题入手、广搜史料，审查史料；排比事实、寻绎结论；重视比较与统计方法的运用；强调借用西方经济学理论和比照西方社会经济史；倡导

"综合"研究法等，看其治史方法的时代性。最后评价了食货派的历史地位及其在大陆和中国台湾及海外学术界的影响。

第二，分析和评价都实事求是有理有据。

以此学派为选题，虽然现在不致因涉及政治问题受到什么追究，但这毕竟是一个与政治撇不开关系的学派，如何评价它的观点尤其是可能与政治扯上关系的观点，要做到实事求是，必须要充分占有材料，深刻了解当时的政治形势和社会背景，需要站在一定的高度把握学术与政治的关系，突破一些惯常的思维模式，做一些披荆斩棘的工作。因此，这需要勇攻难关的魄力，更需要科学的研究方法和实事求是的态度。作者详细地占有材料，穷搜博览，巨细不遗。在此基础上，对食货派的学术观点的利弊得失，做了公允的评价，对错误既不夸大，也不回避，对功绩既不拔高，也不贬损。全篇无故作惊人之语，无耸人听闻之论，在平实的论述中，表述了自己独到的见解。

有鉴于此，我欣然推荐本书给读者，认为它是中国近现代史学史研究中非常有价值的成果。

（三）

苏永明具有积极的治学态度和踏实的学风，回想几年前他读博时的情景，每次师生交谈学问，他都有自己的想法，我很乐于和他探讨一些学术问题，颇有教学相长之效。史学史教研室的每次学术活动他都积极参加，对讨论的问题也不乏自己的见解，他的发言给老师们和同学们留下了深刻印象。

走上工作岗位后，他没有放松对自己的要求，对于学术有更高的追求。每次电话交流中他基本都是在谈自己的学术，有治学的甘苦，也有收获的喜悦。在繁忙的教学之余，他积极申报课题，勤于撰写文章，如今已经顺利晋升副教授，这令我颇感安慰。而当他为寻找合适的刊物发表文章陷于苦恼时，面对当今的学术大环境和出版业态，我作为身在出版业的一员，感同身受而又爱莫能助，也只能暗自扼腕叹息。

勤勉和扎实，坚韧和追求，造就了永明如今的学术成果。我相信，只要将这种精神和境界坚持下去，就会在今后的人生道路和治学道路上越走越顺畅，取得长足的进步，作出更加突出的成就。这也是我对永明的祝福和期望。

姜胜利于南开大学

2014 年 4 月 10 日

目 录

绪 论 …………………………………………………………… 1
    一 本书研究的对象及意义 / 1
    二 学术史的回顾 / 7
    三 本书的分析思路与主要内容 / 20
    四 本书的创新点和难点 / 23

第一章 食货派的兴衰 …………………………………………… 25
  第一节 中国社会经济史研究的兴起与陶希圣的学术转向 / 25
    一 中国社会经济史研究的兴起 / 25
    二 食货派的创始人陶希圣及其学术转向 / 40
  第二节 食货派的崛起 / 55
    一 《食货》半月刊的创办与食货学会的筹建 / 55
    二 中国经济史政治史研究室的建立与天津《益世报·食货周刊》的编辑 / 64
    三 食货派崛起的原因 / 70
  第三节 食货派的中辍 / 83
    一 书生问政：抗战中食货派学人的政治抉择 / 83
    二 战时学术研究的式微和政论、史论的繁荣 / 87
  第四节 食货派的重振与终结 / 97
    一 南京《中央日报·食货周刊》的创办与食货学会的再建 / 98
    二 食货派的终结及原因 / 104
  第五节 食货派学术与政治之关系 / 109
    一 食货派是学术的团体并非政治的派别 / 109

二　政治立场不一定决定学术观点 / 111

第二章　食货派的中国社会经济史研究 …………………… 115
　第一节　中国社会史分期的探讨 / 116
　　一　封建社会的断限和特征 / 116
　　二　商业资本主义社会 / 127
　　三　奴隶社会的有无与断限 / 129
　第二节　史料的搜集与整理 / 133
　第三节　专题研究的拓展 / 142
　　一　土地制度 / 144
　　二　赋役财政制度 / 148
　　三　寺院经济 / 155
　　四　社会等级身份 / 158
　　五　手工业、商业、都市、市场、交通、货币及商人活动 / 164
　　六　宗族婚姻制度、民众暴动及农业生产 / 169
　第四节　国外社会经济史研究的译介 / 174
　第五节　中国社会经济史研究的特点 / 186

第三章　食货派的史学思想 …………………………………… 193
　第一节　"接近唯物史观，却并不是唯物史观"的社会史观 / 193
　第二节　从探寻中国社会形态的演变到"新经学"的研究旨趣 / 202
　　一　探寻中国社会形态的演变 / 202
　　二　"新经学"：经世致用之学的发扬 / 207
　第三节　重视史料但绝不忽视理论 / 213
　　一　"史料第一主义" / 213
　　二　绝不忽视理论 / 220
　第四节　倡言学术的合作 / 226

第四章　食货派的治史方法 …………………………………… 243
　第一节　从问题入手，广搜史料，审查史料 / 243

一　从问题入手 / 243
　　二　广搜史料 / 250
　　三　审查史料 / 260
第二节　"排比事实"，"寻绎结论" / 264
　　一　"排比事实" / 264
　　二　"寻绎结论" / 266
第三节　重视统计与比较方法的运用 / 273
　　一　统计的方法 / 273
　　二　比较的方法 / 277
第四节　强调借用西方经济学理论和比照西方社会经济史 / 281
第五节　倡导"综合研究法" / 289

第五章　食货派的影响与历史地位 …… 295

第一节　食货派的影响 / 295
　　一　食货派对民国史学的影响 / 295
　　二　食货派在大陆的影响 / 302
　　三　食货派在中国台湾及海外的影响 / 309
第二节　食货派的历史地位 / 316

参考文献 …… 342

附录一　《食货》半月刊作者及撰著一览表 …… 357

附录二　天津《益世报·食货周刊》作者及撰著一览表 …… 368

附录三　南京《中央日报·食货周刊》作者及撰著一览表 …… 370

后　　记 …… 383

绪　论

一　本书研究的对象及意义

"食货派"，又称"食货学派"。这一约定俗成的称呼，源出于20世纪30年代中期著名的"中国社会史专攻刊物"——《食货》半月刊。刊物《食货》的名称典出于中国古代的正史《食货志》。班固《汉书·食货志》开篇之首即云："《洪范八政》，一曰食，二曰货。食谓农殖嘉谷可食之物，货谓布帛可衣，及金刀龟贝，所以分财布利通有无者也。二者生民之本。"《食货》半月刊最初的封面图片即是影印《汉书》卷三十四《食货志》图片。据陶希圣言："'食货'这个名称，是由本刊第一个热烈的发起人顾颉刚先生提出的。他认为社会的基础和历史的动力是经济，他又曾提出一个名称叫做'史心'。后来'食货'便被采用了。"[①]为了矫正中国社会史论战中陷入理论之争的研究倾向，陶希圣1934年12月1日在上海创办《食货》半月刊，致力于中国社会经济史[②]的研究，倡导搜集史料，主张史料与理论并重，其一班弟子积极响应，掀起了所谓的"食货运动"。于是，食货派的称呼因杂志名称不胫而走。陶希圣创办《食货》半月刊的同时，积极筹建食货学会，在上海新生命书局发行《中国社会史丛书》、在北京大学法学院创办中国经济史政治史研究室，在天津《益世报》开辟了《食

---

① 陶希圣：《搜读地方志的提议》，《食货》半月刊1934年第1卷第2期。
② 20世纪30年代的中国，"经济史"、"社会史"、"经济社会史"、"社会经济史"这几个名词的含义是相同的或相近的，"社会史"是以经济为主体的，"经济史"是与社会有机体的发展联系在一起的，两者是一致或相通的。本书使用这些名词时，概念上均依此义。参见李根蟠《唯物史观与中国经济史学的形成》，《河北学刊》2002年第3期。

货周刊》。除上述报刊外，食货派还在其他刊物发表了不少的学术研究论文，如《中国经济》、国立北京大学《社会科学季刊》、《清华学报》、《文化建设》等，引起学术界的极大反响。一时间，食货派名声大噪，十分引人侧目。直至1937年7月抗日战争爆发，食货派的学术活动被迫中断。但是，1946年6月8日，陶希圣和曾謇在南京《中央日报》副刊又开辟《食货周刊》，仍坚持采用《食货》名称，并重新筹建食货学会，恢复中断的学术活动，在国民党统治区产生了不小的影响。然而，因时局的变动，1949年陶希圣随蒋介石离开大陆去了中国台湾，食货派遂结束了在大陆的学术活动。

值得注意的是，本书所要研究的史学流派——"食货派"与陶希圣和《食货》半月刊联系密切，极易混淆，界限亟待明晰。胡逢祥、张文建一致认为："学术流派，即某一学科的研究者中，因相同的学术志趣和师承关系而自然形成的具有独特治学观点、方法、风格的学术群体。"[①] 张书学也认为："史学流派是指史学研究中，因相同的学术志趣或师承关系而自然形成的具有独特治学观点、方法、风格的学术团体。它一般表现为在研究取向上有自己的侧重，对某些具体问题有大致相同的见解，在流派形成中有多部具有影响的学术著作或具有代表流派风格的学术刊物。"[②] 依此标准，黄静曾尖锐地指出："现有的部分成果存在着把《食货》半月刊、食货派与陶希圣三个概念混为一谈的现象。如陈峰在《〈食货〉新探》一文中论证食货派对唯物史观的态度时，把《食货》半月刊和食货派当作一回事，除了以陶希圣为例，还用王瑛、李秉衡、刘兴唐的观点为佐证，称'在最广泛意义上使用了这一称谓'，把《食货》撰稿人统统视为食货派成员。其实王、李、刘三人非但不是食货派成员，而且其观点大多与食货派相左。李源涛在《20世纪30年代的食货派与中国社会经济史研究》一文中也把《食货》撰稿人杨中一、刘道元当作食货派成员。"黄静认为"学派"至少应具备两个条件：其一，在学术观点、学术取向、研究方法上有

---

① 胡逢祥、张文建：《中国近代史学思潮与流派》，华东师范大学出版社1991年版，第15页。
② 张书学：《中国现代史学思潮》，湖南教育出版社1997年版，第5页。

大致相同的认识；其二，有密切的学术联系或师承关系。因此，他指出："陶希圣和他的几名亲信弟子（鞠清远、武仙卿、曾謇、何兹全、连士升、沈巨尘）共同以中国社会经济史研究为学术旨趣，他们之间有明显的师承关系及密切的学术往来，在研究方法以及一些问题的认识上基本达成共识，形成了共同的学术观点，可以称之为'食货派'。而众多的《食货》撰稿人来自不同的学术背景，持不同的学术观点，无疑不能算作这一学派。"[1] 何兹全也认为："抗日战争一发生，《食货》停刊，《食货》的写稿人也就散了。称得上食货学派的人，主要有陶希圣直接指导的在北京大学法学院'中国经济史研究室'工作的：鞠清远、武仙卿、曾謇和后来与陶希圣有工作关系的连士升、沈巨尘、何兹全。"[2] 我们非常同意上述学者对食货派这一概念的界定。

需要指出的是，陶希圣所发起组建的食货学会因抗战的爆发而化为泡影，1946年重新筹建的食货学会也因南京《中央日报·食货周刊》的停刊而最终未能建立起来，但不能因此而否认历史上存在一个食货派。我们认为把食货派看作一个学派是可以成立的。他们作为一个学派存在的理由有三：

其一是从他们的交往上看，食货派学人都在陶希圣的指导下从事学术研究，紧密的团结在陶希圣周围。武仙卿、曾謇、沈巨尘、何兹全、鞠清远、连士升分别是陶希圣在北大、北师大、燕京大学的学生。1935年武、曾、沈、鞠等人毕业后在陶指导下的北大中国经济史政治史研究室从事中国社会经济史或政治史研究。1937年武、曾、沈、鞠、何等人又都参加了陶主持下的国民党的民间宣传机构"艺文研究会"。何兹全曾指出，鞠清远、武仙卿、沈巨尘、曾謇是《食货》半月刊时期的骨干，不仅学术上同声相和，而且政治上也跟着陶希圣走[3]。1946年曾謇与陶希圣又一起编辑南京《中央日报·食货周刊》，连士升也助力不少。食货派学人由于师生关系和同学关系，通过交流而聚集成紧密的学术团体，这成为食货派存在

---

[1] 黄静：《食货学派及其对魏晋封建说的阐发》，《学术研究》2005年第2期。
[2] 何兹全：《我所经历的20世纪中国社会史研究》，《史学理论研究》2003年第2期。
[3] 何兹全：《爱国一书生》，华东师范大学出版社1997年版，第55页。

的一个重要条件。

其二是他们表现出了默契趋同的学术研究倾向，使用相同的史学理论和方法，具有共同的学术信念，有着鲜明的学术主张，但并不排除他们个性鲜明的研究特色和不同的学术观点。他们共同的研究倾向主要表现为：他们不甘以往的研究方法，要求打破中国社会经济史研究陷入理论之争的局面，倡导史料的搜集，淡化理论与方法的争执，但又坚持史料与方法并重的研究方法，达到推进社会经济史研究的目的。他们在《食货》半月刊、天津《益世报·食货周刊》、南京《中央日报·食货周刊》发表文章，宣扬自己的主张，论著互相援引，形成了共同或相似的认识。这种共同的学术理念和治史风格，因产生不小的影响，而被学术界目为"食货派"。他们以中国社会经济史为研究旨趣，但又有各自不同的着力点。如连士升坚持国外社会经济史的翻译和介绍，沈巨尘在搜集社会经济史料的同时，投入中国政治制度史中耕耘。在学术观点上，他们之间就某些问题的看法也未必一致，如曾謇的社会史分期与陶希圣就存在较大的分歧。陶希圣称："他（曾謇）以西周为奴隶社会，此后为封建社会，所见与我是不同的。"①

其三是从史学研究的成果来看，他们开展了系统地中国社会经济史料搜集与整理工作，在社会经济史的诸多方面进行了细致深入的研究，有一批高水平的研究成果。如对魏晋南北朝时期占田、课田、均田制等经济史领域历来有争议的重要课题提出了自己的一家之言。他们开拓了一些新的领域，如对寺院经济的关注和对社会等级身份的研究。他们在中古社会经济的研究用力甚勤，逐渐形成了"魏晋封建说"的共同认识，在学术界引起了激烈的争论。

然而，食货派这一学术群体在1949年以后发生了显著的变化：陶希圣和沈巨尘去了中国台湾，连士升去了新加坡，鞠清远、武仙卿、曾謇、何兹全留在大陆。但是，在1971年4月1日陶希圣把停刊了30多年的《食货》重新复刊，又竖起"食货"的大旗。复刊后的《食货》改为月刊，至1988年7月停刊，主编仍为陶希圣。《食货》月刊以"采用社会科学的理

---

① 陶希圣：《编辑的话》，《食货》半月刊1935年第1卷第7期。

论和方法，致力于中国历史与社会的研究"相号召①，内容从中国社会经济史扩展到整个史学，从以古代为主扩展到包括近现代，但社会经济史的论文仍占相当的分量。他们也形成了一支以陶希圣、陶晋生、杨联陞、全汉昇、劳幹、刘子健、陈盘、方豪、沈刚伯、许倬云、余英时、杜正胜、黄宽重等人为基础的史学研究队伍。显然，他们在学术观念和人员上已非以前"原汁原味"的食货派，所以不能把他们也笼统地视为食货派。

综上，本书所要集中研究的食货派是特指1934—1949年在史学领域出现的，在陶希圣史学思想影响下形成的一支致力于中国社会经济史研究的史学流派，即陶希圣、鞠清远、武仙卿、曾謇、何兹全、连士升、沈巨尘等七人。把以陶希圣为核心的有着共同基本特征的学术群体冠以"食货派"，这样做从事实上和学术史上来说，都是能够成立的。这一群体属性的划分、概念的确立是本书进行研究的前提。

在中国近现代史学史上，有许多史学流派因政治问题而存在被淡化的趋向。食货派就是这样的一支史学流派。由于食货派的创始人——陶希圣及其主要成员特殊的政治关系②，人们把政治和学术视为同一，将学者的政治选择和学术价值混为一体，给食货派贴上"大汉奸"、"反动文人"、"反共组织"的标签。多年以来，人们在食货派问题上形成了许多的偏见与禁忌，在中国近现代史学史的论著中，食货派被有意无意的忽视，不仅难以占据原该属于自己的一席之地，甚至有时付诸阙如，与食货派在学术史上的地位极不相称。近年来，这一状况有所改观，但与其他史学流派相比，食货派的研究仍难令人满意，只有为数不多的研究论文。我们认为探讨食货派的兴衰历程，考察其中国社会经济史研究的成就，史学思想、治史方法，分析其史学影响并对其历史地位给予客观公允的评价，是一项有着重要学术意义和社会意义的课题。

首先，是清理食货派学术遗产的需要。食货派是第一次中国社会经济

---

① 陶希圣：《食货复刊辞》，《食货》月刊1971年第1卷第1期。
② 1938年1月，陶希圣、鞠清远、武仙卿、曾謇、沉巨尘、何兹全均参加了国民党的民间宣传机构"艺文研究会"，之后，陶希圣、鞠清远、武仙卿和沈巨尘又一度误入汪精卫伪政府，1941年以后陶希圣和曾謇长期在蒋介石的侍从室工作。1949年，陶希圣和沈巨尘随蒋介石去了中国台湾。

史研究高潮中的一支重要力量，他们所提出的治史主张和学术观点在学术界引起了不小的震动，有力地推进了社会经济史的研究。食货派的社会经济史研究成果，直到今日也不失其价值，为后人留下了丰富的史学遗产。毫无疑问，深入探讨食货派的史学成就、史学思想、治史方法，不仅可以丰富中国近现代史学史的研究，而且有助于目前中国社会经济史这一专史的研究。

其次，有助于理解20世纪三四十年代整个史学发展状况，深化中国近现代史学史的研究。与其他史学流派一样，食货派同样地也表现了自身的发展过程。他们深受中国社会史论战的影响，是在当时世界与中国学术大背景下产生和发展的。对食货派的研究，能让我们看到食货派在与其他学派的学术交锋时，怎样用自己的史学思想、治史方法去扭转社会史论战以来空疏的学风。同时，食货派又为何在抗战爆发以后一蹶不振，甚至过早的结束了其学术生命。这些问题的探讨无疑会有助于增加我们对其他学派的理解，尤其是能更好地理解马克思主义学派所蕴含的强大生命力。在食货派的史学研究中，最突出者在于摒弃政论，史料与理论相结合，走由"专"到"通"的治学路径。他们所提出的史料如何与理论结合，"专"与"通"如何互补，学术与政治如何辨析等问题，恰恰是马克思主义学者后来学术反思的出发点。因此，不了解食货派，就无法全面地理解其时史学的发展状况，进而难以深刻理解整个中国近现代史学的演变。所以，我们一方面，将食货派嵌入20世纪中国学术的发展脉络中，从整个中国社会经济史学科发展中来看食货派；另一方面，通过对食货派的具体剖析，也可更清晰地看出社会经济史学科演化的轨迹，从而校正和丰富以往尚显粗糙的某些认识。

最后，给食货派一个客观公允的评价，也有助于改变目前学术研究中许多学术与政治不分的混乱状况。作为非马克思主义史学流派的食货派，在中国近现代史学史的研究中较为薄弱，学者对之忽略或弃而不究的原因是对政治与学术关系没有正确的认识。通过对食货派的深入研究，可以有助于改变对政治与学术交织在一起的学派评价认识上的不良风气。从有关学术史来看，已有的相关研究对食货派进行了探讨，或贬斥否认，或有拔得太高之嫌，未能给予食货派客观公正的评价。本书正是从这一愿望出发的，试图弥补这一不足之处，希冀引起学林对食货派及类似史学流派的重视。

二 学术史的回顾

（一）1949年以前

1934年12月1日，《食货》半月刊杂志的刊出，"史料搜集"的倡议，食货学会的筹建，在学术界引起不小的震动。陶希圣领导的食货派，继《读书杂志》后，独树一帜、引人瞩目，一度成为中国史坛上的一个亮点。由此也卷起了对食货派的赞扬与批判的风潮，所有对它的褒扬或不屑，都是针对其鲜明的史学思想和治史方法的。一般认为陶希圣主编的《食货》半月刊和筹建的"食货学会"，对于中国社会经济史的研究具有极其重大的意义，但亦有需要改进之处。

长江在1935年1月18日的《北平晨报》上刊出的《陶希圣与〈食货〉》的学术通讯中，认为这种食货运动代表着中国社会史研究上的一个新的动向。杜若遗在《介绍〈食货〉半月刊》中言："《食货》的编辑人陶希圣先生，是数年以来致力于中国社会史的研究最勤的人。陶希圣先生主编的《食货》半月刊，批评着过去的中国社会史论战运动的缺点，又指示着此后应走的途径。《食货》是不尚空谈的，是注意实际史料的搜辑的刊物。"同时，他也指出"食货学会的同人搜集材料的时候，常常容易犯两个毛病：一是把史料割裂得太碎，会发生歪曲其本质的危险，二是动手搜集材料时，若不从一个中心的问题出发，联系到各方面，而是无目的地，部分地，不加解释地，随见随录，那会发生虽多无益，仍与未经整理无异之弊"。[1]王毓铨在1935年《禹贡》半月刊第4卷第10期《通信一束》中认为《食货》"是组织史学研究者之最好的形式，促进研究工作的最有力的工具"。但是他认为食货派不能变成史料收集员，应该注意理论与方法的修养。稽文甫在为马乘风《中国经济史》作的序文中指出，《食

---

[1] 杜若遗：《介绍〈食货〉半月刊》，《文化建设》1935年第1卷第4期。

货》以搜集史料相号召，恰恰和中国近代社会变迁相适应，但"最近倾向似乎是偏重材料的搜集，而轻视理论的探讨，没有相当的理论指导，便使搜集材料的工作无从著手，并且许多理论问题纵使翻遍中国史籍，堆集大批材料，也找不到解答"①。罗绳武在《陶希圣主编〈食货〉的介绍及批评》一文中认为专门讨论中国社会经济史的定期刊物——《食货》"的确是国内研究中国社会经济的人值得注意的事！"他在全力对《食货》半月刊进行介绍的同时，对其在学术界作出的重大贡献进行了总结，并提出了进一步改进的意见②。陈啸江《中国社会经济史研究的总成绩及其待解决问题》一文指出，《食货》半月刊代表现阶段中国经济史研究一般的趋势。固然有人反对这种趋势，以为有微小琐碎之嫌，但是要使中国经济史走上科学之路，这种披沙采金，点滴积累的基础工作是必要的。③ 直至1949年10月，齐思和《近百年来中国史学的发展》一文仍认为，陶希圣主编的《食货》半月刊"是一个最著名的社会经济史杂志"④。

除探讨《食货》半月刊杂志外，食货派学人的著作亦成为其时学术界关注和研究的重点之一。袁永一在《中国社会经济史集刊》的书籍评论中认为陶希圣、鞠清远的《唐代经济史》虽有不足之处，但"关于唐代租庸调与两税法的内容，作者见解颇为新颖，有它独到的地方"，并就具体观点进行了商榷⑤。梁园东对《唐代经济史》亦持有类似观点⑥。1944年，皮伦在《评陶希圣、武仙卿著〈南北朝经济史〉》一文中认为，作者关于南北朝经济史料搜集的辛勤，对于中古社会的特色有确切和精彩的论断。这和《读书杂志》的中国社会史论比较起来，可以说是一个很大的进步。这本书出版以后，把过去人们忽略史料，以为秦汉至满清的中国社会有长时间的停滞说法完全打倒，这在中国经济史的研究上自然有很大的贡献，

---

① 马乘风：《中国经济史》，中国经济研究会1935年版，稽文甫序。
② 罗绳武：《陶希圣主编〈食货〉的介绍及批评》，《中国农村》1935年第1卷第11期。
③ 陈啸江：《中国社会经济史研究的总成绩及其待解决问题》，国立中山大学法学院1936年版，第7页。
④ 齐思和：《近百年来中国史学的发展》，《燕京社会科学》1949年第10期。
⑤ 袁永一：《书籍评论：唐代经济史》，《中国社会经济史集刊》1937年第5卷第1期。
⑥ 参见梁园东：《读物介绍：唐代经济史》，《商务印书馆出版周刊》1936年第201期（新）；《读书提要：唐代经济史》，《人文》1936年第7卷第7期。

可是，其中曲解史实之处也在所难免。①

由于陶希圣创办了《食货》半月刊，带出了食货派这支高素质的中国社会经济史研究队伍，人们对陶希圣在中国近现代史学史上的评价，大多持肯定的态度。郭湛波在总结近五十年中国思想史的基础上，认为"中国近日用新的科学方法——唯物史观，来研究中国社会史，成绩最著，影响最大，就算陶希圣先生了"，"陶氏在近五十年中国思想史之贡献，就在他用唯物史观的方法来研究'中国社会史'影响颇大"。② 1944 年，秦佩珩发表《中国经济史坛的昨日今日和明日》一文，对近十几年来中国经济史的发展状况、趋势进行了简要的评述，对其时中国经济史研究的代表人物、著作、刊物均有所介绍。他对陶希圣及《食货》半月刊对中国经济史研究的贡献评价颇高，认为当时中国经济史研究的大势所趋是倾向于《食货》一派，以陶希圣的倡导为马首是瞻③。顾颉刚在《当代中国史学》一书中也认为："研究社会经济史最早的大师，是郭沫若和陶希圣先生，事实上也只有他们两位最有成绩"，"陶希圣先生对于中国社会有极深刻的认识，他的学问很是广博，他应用各种社会科学和政治学经济学的知识，来研究中国社会，所以成就最大"；"郭先生的贡献偏在破坏伪古史上，而陶先生的贡献却在揭发整个中国社会史的真相，虽然他的研究还是草创的，但已替中国社会经济史的研究打下了相当的基础"。④

显然，以上对食货派和陶希圣的认识不管褒贬，多是从学术探讨的角度出发的，对我们全面认识食货派的价值不言而喻，但新中国成立后有一段时间内出现了明显地转变，甚至形成了一段研究的空白期。

（二）1949 年以后

1949 年 10 月，中华人民共和国成立以后，由于特定的政治、文化背景，食货派被定性为国民党统治提供学理依据的"反动思潮"。对于食货

---

① 皮伦：《评陶希圣、武仙卿著〈南北朝经济史〉》，《文史杂志》1944 年第 4 卷第 5、第 6 合期。
② 郭湛波：《近五十年中国思想史》，山东人民出版社 1997 年版，第 180 页。
③ 秦佩珩：《新经济》半月刊 1944 年第 11 卷第 3 期。
④ 顾颉刚：《当代中国史学》，辽宁教育出版社 1998 年版，第 91—92 页。

派的理解与批判，是从政治这个角度出发的，出现的是不尽相同的声音，形成了与以前截然不同的认识。《食货》半月刊本是20世纪30年代中期的"中国社会史专攻刊物"，却被认为是国民党的宣传刊物，而食货派则被看成陶希圣建立的与中共对抗的组织。食货派学人何兹全因与陶希圣的关系，被视为"《食货》余孽"，一度受到不公正的待遇，影响了其事业的发展，甚至还被迫撰写了一篇《陶希圣反动史学思想批判》的文章①。政治上对食货派没有客观公正的评价，也就谈不上正确深入地研究，一度讳言陶希圣和食货派的学术价值，有的只是大加批判。这一时期发表的有关食货派的研究论著，带有明显的特定时期的时代特色。如1958年孙家骧、曾宪楷和郑昌淦发表的《批判陶希圣"前资本主义社会论"的反动观点》一文，他们认为："由于陶希圣在1928年到1937年初，曾陆续发表有关中国社会史的文章，又主编'专攻中国经济社会史'的《食货》半月刊，散布过一些反动的历史观点，迷惑过一些人。因此，把他的主要的历史观点，和他的反动政治目的联系起来，加以批判是有必要的。""陶希圣的唯物史观是冒牌货，他是彻头彻尾的唯心史观者。"② 这种观点带有浓重的意识形态色彩，是政治立场直接决定学术立场这一有害假设的产物。这一情形严重影响了对食货派研究的展开，在"文化大革命"中，食货派被作为一个反动的史学流派，受到猛烈抨击，根本谈不上有严肃认真的研究，致使食货派研究长期归于沉寂，很少有人问津。这种状况一直延至"文革"结束。

改革开放以后，随着思想文化的拨乱反正和实事求是精神的发扬，人们逐渐认识到陶希圣和食货派虽有政治问题，但应与学术分开。人们开始逐渐用学术与政治分离的眼光来对待学术，食货派开始重新进入人们的学术视野，但由于学术认识与政治惯性间的差异，对食货派学术判断偏颇的倾向未能有较大改观。一种具有代表性的意见坚持认为，《食货》的创办意图是与马克思主义史学相对抗，对马克思主义进行反革命围剿。陶希圣

---

① 何兹全：《爱国一书生——八十五自述》，华东师范大学出版社1997年版，第250—251页。
② 孙家骧、曾宪楷、郑昌淦：《批判陶希圣"前资本主义社会论"的反动观点》，《历史研究》1958年第12期。

等人即使以唯物史观派学人自命，也只是挂着唯物史观的幌子而已。"这在当时确实迷惑了一些人。事实上，在陶希圣及其'食货派'主要成员的文章中，充斥着反马克思主义的观点。"① 直到80年代中后期仍然持陶希圣及食货派在史学上的观点、研究问题的方法和范围是打着"弃公式，取材料"的旗号，宣扬托派观点，利用史学为国民党反动统治服务这一政治与学术不分的观点。② 而在大学中国近现代史及中国近现代政治思想史的教材中关于二三十年代中国社会性质论战和社会史论战的章节中，对"食货派"的研究因侧重其政治思想方面的研究，不少人便从陶希圣反对共产党的政治主张出发，认为他的社会经济史观点前后不一，经常出尔反尔，自相矛盾，所论不符合中国历史的实际，是对中国历史的歪曲，其政治目的是和共产党唱对台戏，如高军等编的《中国现代政治思想评要》第十二、十三章；吴雁南等编的《中国近代社会思潮（四卷本）》第十一编第四、第五章；陈哲夫等编的《现代中国政治思想流派》第五章第五节。③这些著作将陶希圣划入国民党右派理论家的行列，对陶希圣重在批判其反动的政治立场，讳言其学术成就，其史学成就不被人提及，有的只是反面形象。显然，对陶希圣的评价是政治倾向重于学术研究，泛泛而谈多于具体分析，陶希圣和食货派不仅没有学术史上的价值，而且是反动的。因为对陶希圣和食货派缺少专门系统的研究，故而仍然沿用以往的定性，这明显有违实事求是地探讨学术问题的原则。

20世纪的最后十年，随着思想的继续解放，活跃于20世纪三四十年代中国史坛的食货派又成为学术界关注的一个焦点，有关陶希圣创办的《食货》半月刊及食货派的研究迅速展开，研究论文不断涌现。近年来相当一部分学者认真辨析了以前对食货派的学术研究。学术界对食货派的研究从两个方向切入，即全局的研究和专题的研究，在以下几方面进行了深

---

① 参见刘茂林：《〈食货〉之今昔》，《中国史研究动态》1980年第4期。
② 参见吴泽主编：《史学概论》，安徽教育出版社1985年版，第347页；谢慧民、赵成斌编：《历史助读：中国古代史部分》，农村读物出版社1989年版，第305页；孔经纬：《中国经济史问题论纲》，黑龙江人民出版社1980年版，第22—34页。
③ 高军：《中国现代政治思想评要》，北京华夏出版社1990年版。吴雁南：《中国近代社会思潮（四卷本）》，湖南教育出版社1998年版。陈哲夫：《现代中国政治思想流派》，北京当代中国出版社1999年版。

入细致的探讨:

一是回顾性的论述。这类文章出自食货派学人中何兹全。他对食货派的产生、发展有切身的体验,因而这批成果具有较高的学术价值和史料价值。何兹全先后撰有《爱国一书生——八十五自述》、《何兹全学述》、《三论一谈》等学术回忆的著作①,对正确认识食货派有非常重要的参考价值。此外,他还发表了大量相关论文,如何兹全在《九十自我学术评述》一文中,对自己走过的学术道路进行了总结。②《我所经历的20世纪中国社会史研究》一文中还揭示出"《食货》的出现是应'运'而生的。这个'运'就是中国社会史论战陷入理论之争,参加争论的人中国书读的不多,争论半天也争不出个结果。读书搜集材料成为需要"。③

二是对食货派定位的分析。侯云灏《20世纪前半期中国史学流派略论》一文本着"以史坦原来的局面,就事论事"的原则,刻画了12个学派的学术概貌。他认为食货派诞生在30年代社会史大论战之后,既是论战的一项积极成果,又把论战引向了深入。他们比较早地重视社会经济史的研究,且取得了一定的成绩。④ 对食货派重新进行学理性总体评价的论著,当以李根蟠先生为最著。在数篇文章里对《食货》半月刊和食货派进行了总体性的评述,其中不乏条分缕析的评述和认真精当的思考。他在《二十世纪的中国古代经济史研究》一文中明确肯定了食货派是第一次中国社会经济史研究兴起时的三支重要力量之一,认为"《食货》半月刊的创办直接与社会史论战有关,它以'社会史专攻刊物'自许,强调系统收集整理资料,把研究推向深入,但同时也重视理论方法的探讨,还组织过关于'社会形式'(按即社会形态)问题的讨论。在刊物中发表文章最多的是陶希圣自己和他的弟子鞠清远等。陶希圣还和他的弟子在北京大学法学院建立中国经济史研究室,致力于有关经济史资料的收集整理和经济史著作的撰写。陶希圣早期学术思想一定程度上受到了唯物辩证法的影响,他自己

---

① 例如何兹全:《爱国一书生——八十五自述》,华东师范大学出版社1997年版;《何兹全学述》,浙江人民出版社2000年版;《三论一谈》(与郭良玉合著),北京新世界出版社2001年版。
② 何兹全:《九十自我学术评述》,《北京师范大学学报》2001年第5期。
③ 何兹全:《我所经历的20世纪中国社会史研究》,《史学理论研究》2003年第2期。
④ 侯云灏:《20世纪前半期中国史学流派略论》,《史学理论研究》1999年第2期。

也以唯物辩证法相标榜。作为我国第一份关于社会经济史的专业性期刊《食货》半月刊在组织和推动中国经济史学科的发展方面作出了不可磨灭的贡献"。① 他的《中国经济史学百年历程与走向》、《中国经济史学形成与发展三题》、《唯物史观与中国经济史学的形成》等文在论述社会经济史学科发展的历程时，进一步阐释了上述类似的观点②。

三是围绕《食货》半月刊的研究。《食货》半月刊是食货派的基地，所以研究《食货》半月刊是认识食货派的根本立足点，也是给予食货派在中国近代史学史上正确评价的前提。于是，对《食货》半月刊的学术内涵加以深入探讨，成为学术界研究食货派的最重要内容之一。朱守芬在《〈食货半月刊〉与陶希圣》一文中介绍了陶希圣创办《食货》半月刊的过程和及其基本内容，指出《食货》半月刊在这两年半里所发表的论文，至少有两个方面的特征。一是注意除史书外材料的引用和研究。二是在着重研究秦汉以来的中国经济史时，注意那些长期以来为学界所忽视或冷落的某些历史时期，如魏晋南北朝、五代和元朝③。陈锋的《〈食货〉新探》一文从《食货》半月刊产生的学术背景及其唯物史观取向两方面进行了考察，澄清了两个误解，一是提倡实验主义误解，二是以经济史观代替唯物史观误解。同时，指出食货派是20世纪30年代史坛一支举足轻重的力量，使人们对食货派有了一个新的认识。④ 2005年陈锋还在其山东大学博士学位论文《社会史论战与现代中国史学》第六章中进一步指出，中国经济史研究步入专业化轨道而蔚为大观，实由食货派导其先路。《食货》从编制论文索引和进行集团分工研究两方面加速经济史走上专业化之途。北京师范大学史学研究所2001级硕士研究生尹静以《从〈食货〉半月刊看陶希圣的史学贡献》为题撰写硕士学位论文，对《食货》半月刊和陶希圣的史学贡献进行了考察。在此文基础上，尹静和向燕南合作发表了《中国社会

---

① 李根蟠：《二十世纪的中国古代经济史研究》，《历史研究》1999年第3期。
② 参见李根蟠《中国经济史学百年历程与走向》，《经济学动态》2001年第5期；《中国经济史学形成与发展三题》，候建新主编：《经济—社会史——历史研究的新动向》，商务印书馆2002年版；《唯物史观与中国经济史学的形成》，《河北学刊》2002年第3期；王志刚：《中国古代经济史研究百年回眸：李根蟠先生访谈记》，《中国经济史研究》2000年第1期。
③ 朱守芬：《〈食货半月刊〉与陶希圣》，《史林》2001年第4期。
④ 陈锋：《〈食货〉新探》，《史学理论研究》2001年第3期。

经济史研究的拓荒与奠基——陶希圣创办〈食货〉的史学意义》一文。他们认为陶希圣最大的史学贡献是创办和主持了《食货》半月刊。《食货》的创办是陶希圣对中国社会史论战作学术反思以及在政治失意后转向教学之境遇的一个结果,也是适应时代思想和学术发展的需要,开拓历史研究新领域的一个结果。《食货》创办的史学意义,在于明确打出"社会史专攻"的旗帜,对于中国社会经济史研究的开展,起到了拓荒与奠基的作用,在中国史学融入世界史学新潮的历程中,起到了推进的作用。《食货》的成功,得益于陶希圣在会通史料与理论之研究理路上的探索。所有这些对他在中国近现代史学史上的地位作了最好的说明①。

阮兴在《陶希圣与〈食货半月刊〉》一文中指出20世纪20年代末30年代初是中国近现代史学的重要变动时期,陶希圣在北京"非考据不足以言学术"的气氛中,鉴于社会史论战理论之争的空泛,创办《食货》半月刊,潜心收集史料,致力于中国经济社会史的研究,在史学界异军突起②。为了深化以上认识,阮兴另撰文《〈食货〉与20世纪30年代的中国经济社会史学界》,指出陶希圣创办《食货》,在30年代中期的中国经济社会史界产生了相当的影响。这反映了《食货》在近现代中国经济社会史学发展过程中所处的位置,也在某种程度上展示了近代中国经济社会史学发展的状况、趋势③。2005年他的中山大学博士学位论文《〈食货〉与中国经济社会史研究》又在广泛搜罗原始文献的基础上,揭示了长期以来为近现代学术史所忽视的有关《食货》的重要史实,在近现代中国经济社会史学及整个中国近现代史学发展的学术脉络中,考察了其学术内涵、学术价值及研究局限,探讨了理想的史学类型④。另外,黄敏兰在《二十世纪百年学案(历史学卷)》一书中对《食货》半月刊进行了评述,认为《食货》的研究范围比同时期的马克思主义学派的社会经济史更专业化,具体化,

---

① 向燕南、尹静:《中国社会经济史研究的拓荒与奠基——陶希圣创办〈食货〉的史学意义》,《北京师范大学学报》2005年第3期。
② 阮兴:《陶希圣与〈食货半月刊〉》,《兰州大学学报》2005年第2期。
③ 阮兴:《〈食货〉与20世纪30年代的中国经济社会史学界》,《中国社会经济史研究》2005年第2期。
④ 阮兴:《〈食货〉与中国经济社会史研究》,博士学位论文,中山大学,2005年。

更符合经济史这一专门史的特性，较新中国成立后的经济史范围更广，具有社会史的性质①。梁捷在《陶希圣和〈食货〉——民国经济思想丛谈之二》一文中介绍陶希圣和《食货》半月刊时，指出陶希圣比郭沫若开始社会经济史研究工作更早，"名气比他大得多"。②洪认清则对《食货》半月刊在经济史学理论领域的学术贡献进行了深入探讨，认为《食货》半月刊组织众多学者对经济史理论的一系列重大问题进行了广泛探讨，取得了初步成绩，产生了较深远的学术影响，给予我们诸多启示。《食货》半月刊撰稿人系统地译介国外学者的经济史学理论著述，为中国经济史学提供了某些可资借鉴的处于国际学术前沿的学科理论和方法；致力于史料学研究，并在经济史料搜集和整理过程中提出方法论，形成了风格独特的学派；提倡用各种社会科学理论指导经济史研究，其所主张的综合的贯通的学科研究方法，一定程度代表了经济史学科发展的新趋向。③

以上围绕《食货》半月刊杂志所展开的研究，以学术的眼光重新打量了《食货》半月刊，评估了《食货》半月刊在开辟新的研究路向，确立新的史学范型上的贡献，深化了人们对陶希圣和食货派的认识。

四是专题性的探讨。许多学者以食货派为专题展开研究，形成了一批具有较高学术价值的成果。李源涛的《20世纪30年代的食货派与中国社会经济史研究》一文具体深入地分析了食货派的中国社会经济史研究成就，认为食货派"从理论和实践上为现代中国经济史学科的创建提供了诸多研究成果，作出了某种奠基性的贡献"。他们广泛展开史料的搜集整理工作，同时致力于中国古代社会经济史的专题研究，其研究领域涉及中国古代的农业、手工业等多个方面，"在社会形态说方面致力于魏晋封建论的阐发，在史学方法上提倡社会科学与历史学的结合，投入巨大的精力进行史料搜集工作，并在秦汉至宋元时期的社会经济史领域取得了一定的收获，为此后考察这千余年间的经济问题提供了基本的讨论范围，对中国社

---

① 黄敏兰：《二十世纪百年学案（历史学卷）》，陕西人民教育出版社2002年版，第218—219页。
② 梁捷：《陶希圣和〈食货〉——民国经济思想丛谈之二》，《博览群书》2007年第6期。
③ 洪认清：《〈食货〉半月刊在经济史学理论领域的学术贡献》，《史学史研究》2007年第4期。

会经济史研究范式的建立起了一定的推动作用"。① 黄静则拓宽研究的视角,《"禹贡派"与"食货派"的学术关联》一文从食货派与禹贡派的联系上进行探讨,指出顾颉刚与陶希圣二人有着共同的学术主张,都重视史料的搜集整理,《禹贡》半月刊和《食货》半月刊均贯彻着这一认识;禹贡派和食货派之间保持着学术上的往来,有合作也有竞争②。在此文基础上,黄静继续深入研究,撰成《食货学派及其对魏晋封建说的阐发》一文发表在《学术研究》2005年第2期上。他认为食货派在陶希圣的带领下,致力于社会经济史研究,对刚刚起步的中国经济史研究有筚路蓝缕之功,并形成"魏晋封建说"之共识。食货派学术成果的取得归功于唯物史观的运用,然而,"政治上坚持反对革命的立场,学术上有条件、有限度地运用唯物史观进行研究。这是陶希圣难以解决的一个矛盾,也正是这个矛盾导致了食货派学术生命的过早终结"。而黄静的博士学位论文《抗战时期史学流派(1931—1945)》,把食货派作为重要的史学流派进行了探讨,对食货派的学术研究进行了分析评述③。2003年杨祖义也在其博士学位论文《20世纪上半期中国经济史学发展初探》中,评述中国近代经济史研究的主要学术刊物、流派和人物时,对食货派进行了一定的论述④。而李方祥《三十年代的食货派与中国社会经济史研究的兴起》一文,从30年代中国社会史论战与食货派的学术缘起、形成以陶希圣为主要代表的中国社会经济史研究的学术队伍、系统搜集和整理中国古代社会经济专题史料、开辟中国古代社会经济史研究的新领域等四个方面,探讨了食货派与中国社会经济史研究的兴起关系。⑤ 陈园园的《陶希圣与"食货"学派研究》在分析食货学派学术研究的过程中参考政治因素的影响,指出食货学派的研究

---

① 李源涛:《20世纪30年代的食货派与中国社会经济史研究》,《河北学刊》2001年第5期。
② 黄静:《"禹贡派"与"食货派"的学术关联》,《学海》2003年第3期。
③ 黄静:《抗战时期史学流派(1931—1945)》,博士学位论文,北京师范大学,2003年。
④ 杨祖义:《20世纪上半期中国经济史学发展初探》,博士学位论文,中南财经政法大学,2003年。
⑤ 李方祥:《三十年代的食货派与中国社会经济史研究的兴起》,《北京科技大学学报》2007年第1期。

受到他们国民党员政治立场的影响。① 必须指出的是，这些研究者的视野从单一的《食货》半月刊剖析延伸到食货派学人的大量著作，把他们的相关著作与《食货》半月刊杂志刊载的文章结合进行论述，这反映了学术界对食货派研究不断拓展的自觉意识。

五是对食货派学人史学研究的探索。这主要集中于学派创始人陶希圣和取得突出学术成就的食货派学人何兹全。陈希红的《评陶希圣的中国社会史研究》指出，社会史论战中陶希圣写下了大量的著作，其深度是当时绝大多数人不能比的，提出的看法直到今天仍能给人以启示。② 翁贺凯的《1927—1934 陶希圣之史学研究与革命论——兼论其与国民党改组派之关系》通过对陶希圣传记资料和思想论述的翔实分析，指出 20 世纪 20 年代末 30 年代初陶希圣的史学和革命理论其实相当典型地反映了当时南京国民党政府的反对派——国民党改组派的立场。③ 陈辉娟则对陶希圣的家族史研究及其史学意义进行探讨。④ 逄丽丽的《中国近现代学术史上的陶希圣》从政治立场、门户之见和食货学派的凋零三个方面分析了不同时代对陶希圣产生不同评价的原因，并从学术的角度客观的对陶希圣的思想、著作作出了评价，较为全面的对其史学造诣及其对史学的贡献进行了考量与分析。⑤ 值得注意的是，因食货派学人何兹全在中国社会经济史研究上取得了突出的成就，对其学术的研究也陆续展开⑥。其中较具代表性的研究成果主要有陈琳国的《在重大史学问题上不断创新——何兹全先生对中国古代史研究的贡献》。文中指出从 1934 年发表《中古时代之中国佛教寺院》

---

① 陈园园：《陶希圣与"食货"学派研究》，博士学位论文，南京师范大学，2011 年。
② 陈希红：《评陶希圣的中国社会史研究》，《安徽史学》2003 年第 6 期。
③ 翁贺凯：《1927—1934 陶希圣之史学研究与革命论——兼论其与国民党改组派之关系》，《福建师范大学学报》2003 年第 4 期。
④ 陈辉娟：《陶希圣的家族史研究及其史学意义》，《克山师专学报》2004 年第 4 期。
⑤ 逄丽丽：《中国近现代学术史上的陶希圣》，硕士学位论文，山东大学，2010 年。
⑥ 参见瞿林东《择善而固执，上下而求索：何兹全先生的治学道路和学术成就》，《北京师范大学学报》1991 年第 4 期；马宝珠：《择善而固执，上下而求索——何兹全的学术成就和史学思想》，《人民日报》2001 年 10 月 27 日；陈琳国：《不断开拓、不断创新的学术道路——何兹全先生学术成就概述》，《史学史研究》1996 年第 4 期；陈琳国：《何兹全教授——坚持唯物史观、卓然有成的中国社会史学者》，《高校理论战线》2002 年第 3 期；陈琳国、朱培、饶胜文：《开拓者的追求——何兹全先生访谈录》，《史学史研究》1998 年第 4 期。

起,何兹全先生已经走过67年的学术生涯。为论证中国中古社会的性质,他撰写了一系列中古社会经济史论文,并创立魏晋封建说,与此同时也形成了他治学的一大特色——始终关注重大史学问题,注重学术创新。此后,何先生执着于探索中国古代社会发展道路,1989年出版的《中国古代社会》一书,就是他长期艰苦探索的阶段性总结①。

(三) 港台及国外的研究状况

港台及国外史学界对陶希圣与食货派的关注始于20世纪六七十年代。首先,陶希圣所写有关自己经历的著述陆续出版,如《潮流与点滴》、《八十自序》、《夏虫语冰录》等②,其中不乏陶希圣对食货派的回顾性论述。这些个人传记和回忆录具有较高的史料价值和研究价值。其次,学术界围绕陶希圣和《食货》半月刊展开了一定的研究。鲍家麟的《中国社会经济史研究的奠基者——陶希圣先生》一文,对陶希圣的学术经历与学术成就进行了简单的介绍③。美国学者阿里夫·德里克的《革命与历史——中国马克思主义历史学的起源(1919—1937)》一书也对陶希圣早期的史学研究进行了较为深入的分析④。

20世纪80年代以后,有关陶希圣及食货派的文章论著渐次增多。吴相湘的《陶希圣岁寒松柏》一文,对陶希圣的治学经历,及其创办《食货》半月刊的学术活动进行了介绍,认为陶希圣是研究中国社会经济史的先驱,食货学派的领导。⑤许冠三的《新史学九十年》一书通过方法论方面的考察,指出《食货》是兼重方法、材料与理论而又以材料处理为根本

---

① 陈琳国:《在重大史学问题上不断创新——何兹全先生对中国古代史研究的贡献》,《北京师范大学学报》2001年第5期。
② 陶希圣:《潮流与点滴》,台北传记文学出版社1964年版;《八十自序》(上)、(下),吴相湘编《传记文学》1978年第33卷第6期,1979年第34卷第1期;《八十自序》,台北食货出版社1979年版;《夏虫语冰录》,法令月刊社1980年版。
③ 鲍家麟:《中国社会经济史研究的奠基者——陶希圣先生》,《中华文化复兴月刊》1974年第7卷第11期。
④ (美)阿里夫·德里克著,翁贺凯译:《革命与历史——中国马克思主义历史学的起源(1919—1937)》,江苏人民出版社2005年版。
⑤ 吴相湘:《陶希圣岁寒松柏》,《民国百人传》(4),台北传记文学出版社1982年版。

的史建学派的先行者。① 在陶希圣个人的学术成就探讨与评价方面，杜正胜和黄宽重用力甚勤，发表多篇论文。杜正胜在《陶希圣先生九秩荣庆祝寿论文集·序》中认为陶希圣"布衣一言而为天下法，风气新开百代师"②。他的《通贯礼与律的社会史学——陶希圣先生学术》一文考察了陶希圣的学术历程，并评价了其历史地位。他认为"希圣先生的学问植基于以社会为核心的史学。其学术历程可以分为成学、社会史论战、《食货》半月刊、《食货月刊》和晚年定论等五个阶段。他因论战而成一时之名，却以《食货》立百代事业，此五个阶段展现几种学识境界，但从青壮之成学到晚年的定论，我们仍可发现其一贯之道，那就是以礼与律为基点，探讨中国的社会组织与社会伦理"。③《中国社会史研究的探索——特从理论、方法与资料、课题论》一文对《食货》半月刊的研究特色、文章内容进行了分析，对其学术地位进行了评述。④ 黄宽重的《陶希圣与〈食货〉》一文对陶希圣创办《食货》半月刊的学术活动进行了简单介绍，指出"陶希圣除了具有唯物史观的眼光外，更精研亲属法，兼具许多社会科学的理论和方法，对中国古代家族制度和宗法社会，有独到的见解，成为当时讨论中国社会史的重要学者"。⑤《陶希圣先生与食货杂志》一文则认为陶希圣虽然重视史料，却不忽略理论。他积极主张以社会科学方法治史，强调"历史是社会科学，当然决不轻视理论，但比理论更重要的是史料"⑥。

另外，1988年《历史月刊》发表了陶希圣的自我学术回顾的访谈文章《风气新开百代师——陶希圣先生与中国社会史研究》⑦。陶希圣之子陶晋升也发表《陶希圣论中国社会史》一文，对陶希圣的学术历程、关于中国社会史研究的看法进行了介绍。⑧ 关于陶希圣学术的探讨，在研究中国社

---

① 许冠三：《新史学九十年》，岳麓书社2003年版，第474—485页。
② 杜正胜：《陶希圣先生九秩荣庆祝寿论文集》，食货出版社1987年版，序。
③ 杜正胜：《陶希圣先生学述》，《历史月刊》1988年第7期。
④ 杜正胜：《中国社会史研究的探索——特从理论、方法与资料、课题论》，《第三届史学史国际研讨会论文集》，台北青峰出版社1991年版，第26—30页。
⑤ 黄宽重：《陶希圣与〈食货〉》，《历史月刊》1988年第7期。
⑥ 黄宽重：《陶希圣先生与食货杂志》，台北《湖北文献》1990年第94期。
⑦ 王建文整理，杜正胜、黄宽重访谈：《风气新开百代师——陶希圣先生与中国社会史研究》，《历史月刊》1988年第7期。
⑧ 陶晋升：《陶希圣论中国社会史》，《古今论衡》1999年第2期。

会史论战的专著中也不少,如吴安家的《中国社会史论战之研究》和赵庆河的《〈读书杂志〉和中国社会史论战》①。徐素质在《〈食货半月刊〉研究(1934—1937)》的论文中对《食货》半月刊进行了专门的研究。他认为《食货》半月刊虽未在社会性质及历史分期两个问题获得结论,但已获致间接否定唯物史观和奠定社会史研究基础的两大成就。②

回顾自《食货》半月刊创刊以来的食货派研究的学术史,我们可以清楚地看到,在大陆,现实因素影响了食货派的研究与评价。食货派学术成就由1949年以前备受重视;到1949年以后重在批判食货派的反动政治立场,其学术成就不被认识;再到80年代开始能够逐渐用学术与政治分离的眼光,肯定食货派在学术上有一定作用,但仍然批判食货派是反马克思主义的团体;直至世纪之交,学术界逐步肯定陶希圣和食货派在中国近代史学史上的学术地位。相当一部分学者还以专题的形式进行了深入细致的研究,这反映了在思想解放的大环境下学术研究趋于客观公正的发展趋向。在台湾及海外,食货派的研究与评价自20世纪60年代以来一直保持着学术研究的态度,其学术成就与历史地位愈来愈受到学术界的重视。因此,就食货派研究而言,回归学术是关键所在。

三　本书的分析思路与主要内容

食货派研究的学术史清楚地表明:食货派越来越受到学术界的关注,研究的文章也由围绕《食货》半月刊探讨,向全面系统地研究食货派的著述方向发展。继续推进这种研究,既符合食货派研究的趋势,又有了坚实的基础。众多已有成果无疑推进了我们对食货派的认识,然而诸多问题似乎还有讨论的余地,食货派史学的系统研究基本上还是空白,其材料较分散,需要耐心细致地进行收集。鉴于上述情况,本书将以实事求是的精神,全面探讨食货派的兴衰历程及其中国社会经济史研究、史学思想、治

---

① 吴安家:《中国社会史论战之研究》,博士学位论文,台北政治大学东亚研究所,1986年。赵庆河:《〈读书杂志〉和中国社会史论战》,台北稻禾出版社1995年版。
② 徐素质:《〈食货半月刊〉研究(1934—1937)》,硕士学位论文,台湾师范大学历史研究所,1988年。

史方法、史学影响，主要针对以往研究的不足和薄弱环节加以重点考察和研究，以期深化对食货派的认识，客观公允地评价食货派在中国近代史学史上的地位。食货派出现在20世纪三四十年代，它的产生和发展不是孤立的，有一定的社会条件和学术条件，呈现明显的阶段性特点；它的内部发展也不是静止的，存在一定的变化过程。因此，我们应自觉以马克思主义唯物辩证法为指导，将食货派放在世界和中国学术大背景下来考察，既要看到食货派与其他学派的不同点，也要考察其内部的一致性及不同点。

本书认定食货派是一个纯粹的学术团体，其史学研究主要关照的是中国社会史论战之后社会经济史研究的出路，对食货派的研究也就应该采取学术与政治分开的原则，从学术史的角度展开。所以笔者主要利用食货派已出版的学术著作，发表在各报纸杂志上的学术论文，以及他们的传记和回忆录等第一手资料，广泛搜集同时代人对食货派研究的文献，同时参考近人的相关研究成果来对食货派进行更为深入的研究。具体做法是首先考察食货派的兴衰历程，其次分别从中国社会经济史研究，史学思想、治史方法，史学影响等几方面进行专门探讨，力求客观公正地评价食货派的历史地位。全书拟分绪论部分和正文五章。

绪论部分首先对本书研究对象——"食货派"进行了界定，阐明了食货派史学研究的学术意义及现实意义。其次，对食货派的学术史进行了回顾，指明了本书研究前进的方向。再次，提出了本书的分析思路，详述了本书的框架和主要内容。最后指出了本书的创新点和难点。

第一章是《食货派的兴衰》，这是对食货派发展历程的系统梳理，以期能对食货派有一个清晰和完整的认识。本章主要结合当时的社会、政治、文化背景，将食货派置于中国社会经济史学科发展的脉络中进行深入探讨，试图把食货派的学术活动呈现出来的阶段性的变化即崛起、中辍、重振及终结四个阶段揭示出来，进而探讨他们兴衰的原因。最后对食货派的学术与政治之间的关系进行辨析。此章是我们准确地认识和把握食货派的中国社会经济史研究、史学思想、治史方法、史学影响和历史地位的前提。

第二、第三、第四章是本书的重点和主要内容，分别论述食货派的中国社会经济史研究、史学思想、治史方法。实际上对食货派进行的专题研究，也就是将食货派的中国社会经济史研究、史学思想、治史方法加以系统化和条理化，并试图指出其变化的趋势。第二章《食货派的中国社会经济史研究》，通过分析食货派的中国社会史分期的探讨、中国社会经济史料的搜集与整理及专题研究，国外社会经济史的译介活动，重点揭示出食货派的"魏晋封建说"在中国社会史分期上的价值及其对商业资本主义社会和奴隶社会探讨的意义，史料搜集与整理的成就，社会经济史专题研究开拓的新领域，以及国外社会经济史译介的学术贡献，同时指出其中国社会经济史研究的特点。第三章《食货派的史学思想》意在从食货派的论文论著和学术活动来探讨其史学思想，明确指出食货派的史学思想具有如下特征："接近唯物主义，却不是唯物主义"的社会史观，从探寻中国社会形态的演变到"新经学"的研究旨趣；重视史料但绝不忽视理论的治史思想；倡言学术合作的治史态度等。第四章《食货派的治史方法》旨在揭示出食货派与其他学派不同的治史方法。食货派主张从问题入手、广搜史料，审查史料；排比事实、寻绎结论；重视比较与统计方法的运用；强调借用西方经济学理论和比照西方社会经济史；倡导"综合"研究法等。这些治史方法使我们清晰地看到食货派与其他史学流派不同的治史风格。

第五章《食货派的影响与历史地位》是对全书进行的总结并回应绪论中提出的问题。第一节《食货派的影响》主要是对食货派在民国时期以及新中国成立后在大陆和中国台湾、海外的影响进行考察，以期更加深入地认识食货派在中国近现代史学史上的地位。第二节《食货派的历史地位》主要是在系统而全面的探讨食货派的兴衰，中国社会经济史研究、史学思想、治史方法、史学影响的基础之上，把食货派放在中国近现代史学史上来作总体的考察，形成整体性的认识，综合评价食货派的历史地位。

《参考文献》列举了本书写作时征引的相关文献和参考的论文论著，期望方便学界。

《附录》一、二、三分别把《食货》半月刊、天津《益世报·食货周刊》、南京《中央日报·食货周刊》的作者及撰著情况制成三个详细的统计表，列于书后，以为研究者的便利。

四 本书的创新点和难点

笔者以为，与以往的研究及基本观点相比，本书的新意有如下几点：

首先，研究角度的创新。以往对食货派的研究主要以《食货》半月刊杂志和食货派的创始人陶希圣和何兹全为中心展开探讨，这无疑对我们正确认识食货派有着非常重要作用的。然而，对食货派这一群体的整体性、系统性地研究与评价来说，探讨食货派学人中鞠清远、武仙卿、曾謇、连士升和沈巨尘的史学成就存在明显不足。更为重要的是，以往的研究多止于《食货》半月刊的停刊，对食货派在抗战爆发之后的学术研究还未展开。本书首次把食货派作为一个整体进行了全面系统的研究，考察了食货派崛起、中辍、重振与终结的整个发展脉络，对食货派的中国社会经济史研究、史学思想、治史方法、史学影响均进行了探讨，评价了食货派的历史地位。

其次，搜集、梳理历史文献资料的创新。作为食货派发表学术观点的主要阵地《食货》半月刊较早受到学术界的注意，对其学术价值也有较深入的研究，但对陶希圣于1936年12月—1937年6月在天津《益世报》开辟的《食货周刊》，以及陶希圣和曾謇于1946年6月—1948年7月在南京《中央日报》创办的《食货周刊》的研究尚付阙如。另外，食货派学人的史学著作及其他们在其他学术杂志上发表的文章，亦是认识食货派的重要史料，仍然有待深入挖掘。对食货派的著述没有全面系统地进行搜集整理，则难以对其形成一个整体的认识。在资料上，笔者在梳理以上三份杂志报纸时，对食货派出版的多部著作及他们在其他报纸杂志上发表的论文一并纳入研究的视角，加以考察，收到拾遗补缺之效。

最后，论点的创新。以往的大多数论文，对食货派的研究，注重对其政治立场进行批判，或试图重新理解食货派时，忽略了食货派在抗战爆发之后积极投身政治的同时，也从事了一定的学术研究。本书通过对食货派的中国社会经济史研究、史学思想、治史方法、史学影响的分析，肯定了他们的学术贡献，并指出了食货派在抗战爆发之后所取得的学术成就，更正了过去一些模糊的看法，明确指出：（1）食货派的中国社会经济史研究具有抓住生产关系对秦汉至元时期进行了深入探讨；注重专题研究，走由"专"到"通"的治学路径；强调史料的价值、问题的新视角，表现出清冽的"示范"心态的三个显著特点。(2) 食货派的史学思想既体现了鲜明的时代特色，又凝聚着他们自身的体认。他们以中国社会经济史为治史旨趣，以"接近唯物史观，却并不是唯物史观"的社会史观为指导，以探寻中国社会形态为研究旨趣，既注重史料也不忽视理论方法，倡言学术的合作。(3) 食货派对中国社会经济史研究方法展开了积极地探讨，主张从问题入手，广搜史料，审查史料；"排比事实"，"寻绎结论"；重视统计与比较方法的运用；强调借用西方经济学理论和比照西方社会经济史以及倡导"综合研究法"；形成了学派鲜明的治史风格。

  本书虽有以上几项新意，但研究的困难也较为突出。首先，由于食货派的论著前人未进行全面梳理，这给研究带来许多困难。笔者虽欲通过各种途径最大限度地占有第一手资料，但也只能搜集到视域所见之资料。其次，长期以来，受种种因素影响，食货派的学术成就没有得到认真的清理和总结。相对于20世纪三四十年代的其他史学流派的研究，食货派研究明显薄弱，国内尚无专著，近年来虽有多篇论文从不同的视角进行了探讨，却很难说已达到完整系统的研究。现在，我们重新把食货派放到当时世界与中国学术大背景下来考察，要揭示食货派发展的一切因素及各构成因素的互动情形，是一项艰巨的任务。最后，食货派史学研究的阻力主要来自政治方面的因素，评价较难，这需要研究者具有较强的分析能力。更为重要的是，食货派成员众多，其学术研究领域非常广泛，对他们进行研究需要丰富的学养。如何正确看待食货派的中国社会经济史研究、史学思想、治史方法，史学影响，以及重新评价食货派在中国近现代史学史上的地位，是在没有系统的前期研究成果的基础上所作的一种努力，其困难不言而喻。

第一章
食货派的兴衰

食货派出现在20世纪三四十年代的中国历史舞台上，此时期是我国的第二次国内革命战争、抗日战争和解放战争时期。在这个动荡的民国时期，食货派为什么会迅速崛起？其崛起的根本原因是外在的社会环境，还是内在的学术发展使然；抑或是陶希圣和《食货》半月刊的独特魅力？食货派的发展历程如何？命运为何不济？如何看待食货派的学术与政治之间的关系？显然，探讨这些耐人寻味的问题，是本书首先要解决的问题。

第一节 中国社会经济史研究的兴起与陶希圣的学术转向

一 中国社会经济史研究的兴起

我国正史里面很早就有十三史[①]列及《平准书》、《食货志》，《政书》（如《通典》及《通考》）类也有《田制》（或《田赋》）及《钱币》诸典（或诸考）记述关于经济活动的内容，"可是所述的不特太过于散漫，若衡以近代经济史学的标准，更可说是偏而不赅。这些堆积式而且不完备的著述，把它当作史料的一部分来看或者可以，若谓其堪称为'史'，未免离'史'的真谊太远了"。[②] 历代《食货》典志所记述的"主要是国家管理经济的典章制度和有关的经济主张，对整个社会和全体人民经济生活，它所

[①] 这十三部史书是：《史记》、《汉书》、《晋书》、《魏书》、《隋书》、《新唐书》、《旧唐书》、《旧五代史》、《宋史》、《辽史》、《金史》、《元史》、《明史》。

[②] 陈啸：《中国社会经济史研究的总成绩及其待解决问题》，国立中山大学法学院1936年版，第1页。

反映的广度和深度都是远远不够的"。与现代意义的中国社会经济史在叙述风格、记载的体裁、使用的理论工具、分析问题的方法有着较大的差别。中国传统的社会经济史学向近代社会经济史学的学术转型是随着近代中国社会的变迁和发展而渐次兴起的,是在西方近代历史学、社会学、经济学等社会科学理论传入中国以后才形成的。① 这个过程大致经历了三个阶段:

第一阶段:中国社会经济史研究的萌芽时期(19世纪末至1911年)

19世纪末20世纪初,中国社会陷入前所未有的危机之中,人们开始认识到研究中国社会经济史的重要性。新史学创始人梁启超要求人们关注全体民众的历史,提出"近世史家,必探察人间全体之运动进步,即国民全部之经历,及其相互之间的关系",而不是像传统史学那样,只是"一人一家之谱牒"。② 随着西方经济学、社会学知识传入,梁启超、章太炎、夏曾佑、刘师培等人尝试利用西方经济学、社会学的理论方法来研究、记述中国社会经济现象和中国古代社会经济思想。1897年,梁启超依据西方经济学理论,对《史记·货殖列传》进行了全新的注解,将中国古代的经济思想与西方经济理论相比较,写了《〈史记·货殖列传〉今义》一文。③ 1904年,他又依据马尔萨斯《人口论》中有关经济学理论,第一次把统计学的方法引入历史研究之中,对中国历代户口进行了比较分析,写成《中国史上之人口统计》。④ 他还编写了《中国国债史》一书,记述分析清朝光绪四年以来,中国借外债的情况。⑤ 该书通常被学术界视为中国经济史学萌芽的标志。而章太炎的《族制》、《序种姓》、《订礼俗》开始运用社会学的理论,"对中国人种的由来、氏族的结构、民族的形成和民俗特点等问题作了研究"。⑥ 1904—1906年商务印书馆陆续出版了夏曾佑的《最新中学中国历史教科书》三册,此书已有"渔猎社会"、"游牧社会"、"耕

---

① 李根蟠:《二十世纪的中国古代经济史研究》,《历史研究》1999年第3期。
② 梁启超:《中国史叙论》,《清议报》第90册,1901年9月3日。
③ 梁启超:《〈史记·货殖列传〉今义》,《时务报》第35册,1987年8月8日。
④ 梁启超:《中国史上之人口统计》,《新民丛报》第46—48期,1904年2月14日。
⑤ 梁启超:《中国国债史》,广智书局,1904年版。
⑥ 胡逢祥:《论辛亥革命时期的国粹主义史学》,《历史研究》1985年第5期。

稼社会"等西方史学理论和社会史学理论的概念。刘师培的《中国历史教科书》对中国古代的田制、农器、财政、商业、工艺、宫室、衣服、饮食等进行了论述。书中指出中国上古文明的演变,与西方国家一样经历了渔猎、耕稼等几个不同的社会发展阶段,有从母系社会向父系社会过渡的轨迹。[①] 以上表明,史学家们在引进西方经济学、社会学理论和史学理论的基础上,用多学科的方法研究中国社会经济史。中国社会经济史著作不断涌现,仅近代经济史出版著作就多达 27 种。[②] 经济史、社会史开始萌发,出现了社会经济史学科独立发展的雏形。

不过,当时人们首先注意的是通史体例和内容的革新,以及政治史、思想史等领域的开拓,独立的社会经济史学科尚未形成。直到 1912 年,黎世衡在《中国经济史讲义》中仍承认:"吾国自来经济史实,散见于正史政书中者,正如沙里淘金,尤宜然矣。或谓经济史实之研究,尚未抵充分发达之域,其构成因果也,亦第述过去之经济史实,为经济学之辅助学科,而不为一独立部门,斯盖误矣。夫经济史者,其自身努力发现史的发展之法理,是当然具有科学之本能,岂仅为经济学之辅助学科而已耶。"[③]

第二阶段:中国社会经济史研究的初步发展时期(1912 年至 1927 年)

1911 年辛亥革命以后,亟须建立各种制度与机构,为谋求改革弊政,振兴国民经济,人们加强了中国社会经济史的研究,陆续发表了一定数量的研究论文,出版了若干研究财政史、交通史、关税史等方面的著作。如贾士毅的《民国财政史》、王侸的《交通史》、曾鲲化的《中国铁路史》三册、陈向原的《中国关税史》二册等。[④] 以上论著针对某一经济制度或某一部门经济或某一经济现象进行详细系统的研究,叙述了各相关经济部门的发展过程及其原因。这些关于财政、交通、关税等细目专题的研究,表现出史家视野有所开阔,观念有所革新,无论选题或是阐述都颇具开拓

---

① 刘师培:《中国历史教科书》,上海商务印书馆 1937 年版,凡例。
② 曾业英主编:《五十年来的中国近代史研究》,上海书店出版社 2000 年版,第 83 页。
③ 黎世衡:《中国经济史讲义》,1912 年印行,第 2 页。
④ 贾士毅:《民国财政史》,上海商务印书馆 1919 年版。王侸:《交通史》,上海商务印书馆 1923 年版。曾鲲化:《中国铁路史》,新化曾宅 1924 年版。陈向原:《中国关税史》,京华印书局 1926 年版。

性，具有较高的学术意义和学术价值，至今仍有重要参考价值。值得注意的是，1920年，胡适在《建设杂志》撰文对胡汉民发表于该刊的《中国哲学之惟物的解释》一文中有关井田制度的观点进行商榷，引起胡汉民、廖仲恺的回应，双方围绕井田制有无问题展开了论战。其后朱执信、季融五、吕思勉等人也参加进来。在这场激烈的辩论中，考证的意味实重于经济史研究的意味，第一挑战者胡适，便是为欲证其所谓"层累地造成古史"的公式而提出此问题的。① 双方都提出许多史料对井田制进行考辨，结论相反，但这一问题的讨论推动了当时田制史的研究，可以说这是中国社会经济史方面新探讨的开端，特别是古代经济制度新探讨的开端，包括古代土地制度史和古代租税制度史以及古代财政史在内。对此后中国古代社会历史的研究有着极其深远的影响。②

这一时期由于西方经济学的进一步传入，学者更加注意大力吸收西方经济学的理论和方法，借用西方经济学的概念、术语来分析与评价中国历史的经济现象与经济问题，并在著作中不同程度地指出了经济史研究的意义、对象和任务。梁启超在《中国历史研究法补编》中论述"经济专史及其做法"时，按照西方经济学原理，把经济史分为消费、生产、交易与分配四个部分，认为"中国经济史，最重要的是消费与生产、其次是交易，最末才是分配"。③ 又如胡钧《中国财政史讲义》通过借鉴西方经济学和财政学的理论，初步形成研究中国财政史的新思路和学术体系。在《绪论》中作者就"中国财政史之研究法"作了论述，认为西方经济学的演绎法和归纳法各有长短，应采用"综较概括，存其所有，审其所详"的研究方法，并提出研究财政史应注意经济史、政治史、法制史和学术史等几个重要方面。④

以上的研究趋向表明：中国社会经济史的研究与传统的《食货》记述

---

① 陈啸江：《中国社会经济史研究的总成绩及其待解决问题》，国立中山大学法学院1936年版，第1页。
② 杨宽：《杨宽自传——历史激流中的动荡和曲折》，台北时报文化出版企业有限公司1993年版，第64页。
③ 梁启超：《中国历史研究法（外二种）》，河北教育出版社2000年版，第301页。
④ 胡钧：《中国财政史讲义》，上海商务印书馆1920年版，绪论。

的模式已大为不同，著述形式也从以记述为主的单一形式发展到多种形式，出版的书籍除了资料、统计、专著外，还有工具书和讲义。以近代经济史研究而言，自1912年至1927年，共出版著作75种。① 这些标志着中国社会经济史研究取得了初步发展。

第三阶段：中国社会经济史研究的兴起时期（1928年至1934年）

1927年，因国共合作破裂而导致第一次国内革命战争的失败。这次政治大转变激发了人们对于自己的革命方略的重新考虑，对于中国社会结构的重新认识。陶希圣指出："在今日，与其提出解决中国问题的主张，不如对中国社会加以深刻的观察。要解决问题，须先知问题之所在，中国社会构造是中国目前要解决的一切问题的根源，不认识中国社会构造便不知道中国的问题，不知道中国问题，便无从提出解决中国问题的主张。"② 但是，中国社会乃是过去社会演进的结果，要研究中国的社会问题，单观察目前社会是不够的，所以要深刻认识现实的中国就必然要求人们回顾中国社会历史发展的轨迹。"这两个问题都是中国社会运动的苦恼期中，所引起过的。它们同时被提出，又是有一定的社会根据。"③ "认清楚过往的来程也正好决定我们未来的方向。"④ 这是当时学者们的一项共识。石决明认为："我们如果要明白现在中国社会的形态与动向之运动诸法则，要知道目前正在进行着的中国社会经济崩溃的特质，那末就不能不回溯考察中国过去的社会经济。盖我们如欲知道中国社会现在与将来的动向，便不能不回溯考察过去的社会经济与其继起诸关系；我们如欲明了现在中国社会经济的崩溃解体是怎样进行着的，那末是不能不先立证过'旧'中国的社会经济究竟是怎样的了。如果对于中国旧社会秩序的特质没有正确的分析，那末对此旧社会秩序之向他形态的社会生活推移上之运动诸法则，自然也就不会明白正确看出的。"⑤

---

① 曾业英主编：《五十年来的中国近代史研究》，上海书店出版社2000年版，第83—84页。
② 陶希圣：《中国社会与中国革命》，上海新生命书局1929年版，绪论。
③ 何干之：《中国社会史问题论战·前记》，《何干之文集》，中国人民大学出版社1989年版，第167页。
④ 郭沫若：《中国古代社会研究》，河北教育出版社2000年版，自序。
⑤ 石决明：《中国经济史研究上的几个重要问题》，《中国经济》1934年第2卷第9期。

于是，各个政治派别及关心现实历史发展的人"都出来发表意见了"。有以陶希圣为代表的"新生命派"；有以王学文、潘东周、吴黎平为代表的"新思潮派"；有以严灵峰、任曙为代表的"动力派"，还有其他一些自称不属任何派别以及日本和苏联的一些学者的讨论文章。每位研究者都大胆提出他自己的主张，并各行其是，在20世纪20年代末，30年代初遂上演了中国社会性质和中国社会史的大论战。① 刹时间，探讨中国社会性质，研究中国社会史的论文论著大量涌现。当时流行的《新思潮》、《动力》、《新生命》、《双十月刊》、《前进》旬刊、《现代中国》、《革命评论》等杂志刊发了大量论述中国社会性质和社会史的文章。1931年上海神州出版社创办《读书杂志》，在创刊号上特辟"中国社会史论战"专栏，掀起了中国社会史讨论的热潮。据统计，从1928年至1934年，发表文章约140余篇，出版书籍30余种。② 可见，因国民革命的影响，使人们意识到被目为"非实用的"中国社会经济史的研究，在中国社会政治经济问题研究中占有极其重要的地位，研究中国社会经济史遂成为学术界的新风尚。"对于这个上下古今无所不包的社会史问题，在中国，在日本，在苏联，青年人，老年人，实际家，理论家，都曾有过很激烈的争论。"③ 杨及玄认为："这种研究（中国社会经济史）在我国的经济学界，似乎成了一种当前的主要风气，日益显著，可以与德国的历史学派后先辉映。"④ 石决明也指出："这种对于中国社会经济史研究的势忱，已足使死沉去了多年的中国学界苏生而给予我们不少的刺激和安慰。"⑤

需要特别指出的是，在由深重的革命要求引发可贵的探寻中国社会性质、中国社会史的过程中，马克思主义唯物史观起了关键作用。唯物史观

---

① 中国社会史论战有广义和狭义之分，广义上指20世纪20年代末到30年代初的中国社会性质和社会史的论战，1934年到1935年的中国农村社会性质的论战，是围绕中国社会形态问题而展开的三个方面；狭义的社会史论战是以《读书杂志》为主要阵地的中国社会史论战。本书所讨论的是20世纪20年代末到30年代初的中国社会性质和社会史的论战。
② 参见高军编《中国社会性质问题论战资料选辑》，人民出版社1984年版。
③ 何干之：《中国社会史问题论战·前记》，《何干之文集》，中国人民大学出版社1989年版，第167页。
④ 杨及玄：《民生史观的中国社会经济史研究发端》，《中山文化教育馆季刊》1935年夏季号。
⑤ 石决明：《中国经济思想史方法论商榷》，《中国经济》1934年第2卷第6期。

第一次被马克思应用去研究资本主义社会的组织，其历史判断的正确性得到了证实，并在世界范围内广泛流行①。马克思唯物史观经过李大钊《史学要论》、《史学思想史》、《史观》、《唯物史观在现代史学上之价值》等文进行了介绍。1929 年郭沫若"应用马克思、莫尔甘等的学说，考察中国古代社会的真实情状，成《中国古代社会研究》一书。这是一部极有价值的伟著，书中不免有些宣传的意味，但富有精深独到的见解。中国古代社会的真相，自有此书后，我们才摸着一些边际"。② 郭沫若把马克思主义唯物史观的理论和方法与甲骨文、金文和先秦文献、考古成就、前人成果相结合，第一次指出中国社会经历了原始社会、奴隶社会、封建社会有规律地递替的过程。"《中国古代社会研究》论证了中国历史上有奴隶制的存在，而奴隶制是由原始公社制转化而来，奴隶制本身后来又转化为封建制。这一论点震动了当时国内外的史学界和思想界。它论证了马克思主义关于人类社会发展学说是一个普遍的规律，而中国历史发展进程同样是受这个规律所制约的。"③ 郭沫若的研究是中国社会史研究中一次重大变革，开一代风气之先。自此，中国社会史的研究真正地走上了学术的道路④。

当时，人们普遍认为："欧洲有不少的导师已经把路径或者模型开设在那儿，我们后来者自然可以得到许多的利便。我们的良心假使真正是在'科学的'观点上说话，在目前除用唯物辩证法的方法以外是没有第二种可以采用的。好在研究的是历史的问题，假使他真是没有别的偏见，那所叙述出来的东西也就是唯物辩证法的一个实例，因为自然界与人事界的进展就是这个方法。"⑤ 唯物史观被视为科学解释人类社会历史的理论武器，风靡一时，成为一种主流思潮。因此，社会史论战始终是在马克思主义唯物史观指导或影响下来讨论中国历史上的社会经济形态变迁的。《读书杂志》主编王礼锡说："在中国社会史的论战里，都是唯物的内部的斗争，

---

① （美）巴勒克拉夫著，杨豫译：《当代史学主要趋势》，上海译文出版社 1987 年版，第 32 页。
② 顾颉刚：《当代中国史学》，辽宁教育出版社 1998 年版，第 91 页。
③ 白寿彝主编：《史学概论》，宁夏人民出版社 1983 年版，第 335 页。
④ 齐思和：《近百年来中国史学的发展》，《燕京社会科学》1949 年第 2 卷第 2 期。
⑤ 杜荃：《读〈中国封建社会史〉》，《新思潮》1929 年第 2、第 3 合期。

没有唯心论者插足的余地",在方法上,"中国社会史论战各方都是以唯物的辩证法做武器"。① 郭湛波在《近五十年中国思想史》中把 1927—1934 年这一阶段的思想特征描述为:"以马克思'唯物史观'为主要思想,以辩证法为方法,以辩证唯物论为基础,以中国社会史为解决中国问题的锁匙。"② 学术界普遍运用唯物辩证法,沿着考察社会经济关系的思路来研究中国社会史,显示出中国史学在新的历史阶段的新气象。

综上所述,从宏观上看,第一次中国社会经济史研究的兴起经历了"萌芽时期"——"初步发展期"——"兴起时期"的三期演进变化轨迹。这不仅反映了社会经济史研究与现实社会呈现出越来越紧密的演进态势,而且也表明人们以西方社会学、经济学和史学理论及方法试图重新研究中国社会经济史时,对社会经济史研究表现为由表及里的深入过程:由萌芽时期的学习利用西方经济学、社会学的理论方法来研究、记述中国的社会经济现象;初步发展时期针对某一经济制度或某一部门经济或某一经济现象进行分门别类的研究;直至兴起时期,人们不满足专题的研究,"认为他们的问题太烦琐,他们研究的结果,对于估计民生并无大关系"③,出现以社会经济史的眼光来观察社会现象的发展、探讨社会的形态及其变迁的新趋向。朱谦之后来兴奋地指出:"现代是经济支配一切的时代,我们所需要的,既不是政治史,也不是法律史,而却为叙述社会现象的发展,社会之历史的形态,社会形态的变迁之经济史或社会史。所以现代史学之新倾向,即为社会史学、经济史学。"④ 不过,对研究者来说,所面临的远非兴奋,而是混战的一团糟。正如时贤所说:"这几年来,虽有不少的人用了新的方法来解剖这谜样的社会,并且曾经过了好几次的所谓'中国社会史论战'者,但结果仍是各说纷纭,莫衷一是,而且各'持之有故,言之成理',真有人觉得'一国三公,吾谁适从'之叹!"⑤ 中国社会

---

① 王礼锡:《中国社会史论战序幕》,《读书杂志》1931 年第 1 卷第 4、第 5 合期;王礼锡、陆晶清编:《中国社会史论战》第 1 辑,上海神州国光社 1931 年版。
② 郭湛波:《近五十年中国思想史》,山东人民出版社 1997 年版,第 179 页。
③ 齐思和:《中国史学界的展望》,《大中》1946 年第 1 卷第 5 期。
④ 陈啸江:《西汉社会经济研究》,上海新生命书局 1936 年版,朱谦之序。
⑤ 石决明:《中国经济思想史方法论商榷》,《中国经济》1934 年第 2 卷第 6 期。

经济史要继续发展不可能始终与社会史论战保持交织的状态；到了一定阶段上，它必然要转向对论战的重新审视。对于论战的总结与反思，已有许多的学者进行了探讨①，估计还将是一个长久讨论的题目。在这里，笔者不拟对此展开论述，只想着重指出当时学术界对论战进行总结和反思过程中的几项重要特征。

其一，对简单化、公式化运用唯物史观倾向的反思。

唯物史观对历史研究具有指导意义，就论战的主流而言，往往表现于运用马克思的社会形态理论研究中国社会史的发展阶段时，否认中国历史与欧洲历史的差别和不同，存在严重的"简单化"、"公式化"倾向。王礼锡在《论战第二辑序幕》中指出："非封建社会即资本主义社会，非资本主义社会即封建社会，中间不容有其他过渡形式的存在。这是何等机械的观点！任曙的'代表论'，以帆船代表封建社会，以轮船代表资本主义社会，就轮船与帆船的消长的比较，以确定中国的社会形态。这是何等机械的观点！"②人们在运用唯物辩证法论证中国历史的"普遍性"时，缺乏对唯物史观与中国历史相结合的深入探讨，很少留意乃至根本抹杀中国社会历史的特殊性。由于过于强调历史发展的一般性，忽视中国历史特殊性，在解释中国社会史的发展阶段时难免陷入简单化和公式化地运用唯物史观。王宜昌深刻地指出："一九二七年以来，人们都利用着历史的唯物论研究所得的结论作为根本的指导原理，而将中国史实嵌进去。但同时是不了解清楚历史的唯物论，或者有意滑头而曲解而修改而捏造了他们的所谓历史唯物论。熊得山底'中国社会史研究'，陶希圣底'中国社会史分析'，'中国封建社会史'，'中国社会与中国革命'，'中国问题之回顾与展望'，周谷城底'中国社会之结构'，'中国社会之变化'，长野朗底

---

① 参见王宜昌：《中国社会史论史》，《读书杂志》1932年第2卷第2、第3合期；李季《对于中国社会史论战的贡献与批评》，《读书杂志》1932年第2卷第2、第3合期，1932年第2卷第7、第8合期，1933年第3卷第3、第4合期；《中国社会史论战批判》，上海神州国光社1936年版；罗敦伟：《中国社会史论战总评及中国社会结构的新分析》，《中国社会》1934年第1卷第1期；何干之：《中国社会性质问题论战》、《中国社会史问题论战》，生活书店1937年版；周子东等：《三十年代中国社会性质论战》，知识出版社1987年版。

② 王礼锡：《论战第二辑序幕》，《读书杂志》1932年第2卷第2、第3合期；王礼锡、陆晶清编：《中国社会史论战》第2辑，上海神州国光社1932年版。

'中国社会组织'，朱新繁底'中国资本主义之发展'，'中国农村经济关系及其特质'，马扎亚尔'中国农村经济研究'，任曙'中国经济研究'，拉狄克'中国革命运动'，郭沫若'中国古代社会研究'等等著作中，和各种杂志如'新生命'，'思想'，'新思潮'等中，多是依据历史的唯物论这根本的指导原理来的。但他们一般只是应用这一根本原理，而没有正确地叙述这一根本原理底在中国社会史上的如何适用。直可以说他们是没有仔细底考究方法论的问题。这些简直是在胡乱的应用他底所谓历史的唯物论。而有些如郭沫若、任曙应用起历史的唯物论来，也因没有考究方法，而不免失于不正确。"① 后来郭沫若也承认："我初期的研究方法，毫无讳言，是犯了公式主义的毛病的。我是差不多死死地把唯物主义的公式，往古代的资料上套，而我所据的资料，又是那么有问题的东西。"②

中国社会经济史本是十分复杂的现象，中国社会史分期能不能简单地套用欧洲的历史分期，这是人们必须首要正视的问题。在社会史论战中，人们吸纳唯物史观理论养料时，不可能总是机械的盲从，它有赖于人们对固有理论方法的能动整合。人们对此的自觉，需要一个识见的增进与反思的过程。当中国社会史论战正酣之时，对如何运用唯物史观这一理论武器进行了一定的反思和总结。王礼锡针对简单化、公式化地运用唯物辩证法的现象，从方法论角度说明唯物辩证法不容易把握，指出正确掌握方法论的重要性，强调要方法与实践相互结合。他说："从方法论上的辩论是最正确的辩论。更明显些说，对于中国社会史的论争的解决，还在于方法论的解决，也就是唯心与唯物、机械与辩证的争论。虽然谁都以唯物自居，而时常会陷于唯心的魔窟；谁都以辩证自居，而时常会拘于机械的公式。谁正确地把握了这方法，问题的解决就在谁的手里。""唯物辩证法是实践的方法。关于离实践而孤立的思想的讨论，那是经院学派的论争，唯物辩证法，是离不开实践的。如果问题还悬在空中，那就是没有把握住唯物的辩证法。如果谁把握了正确的唯物辩证法，谁就能解答中国社会形式史的

---

① 王宜昌：《中国社会史短论》，《读书杂志》1931年第1卷第4、第5合期；王礼锡、陆晶清编：《中国社会史论战》第1辑，上海神州国光社1931年版。
② 郭沫若：《海涛》，新文艺出版社1957年版，第118页。

发展如何，中国现在是怎样的一个社会，并且还可以解答中国革命的路向如何？我们应当怎样走？"① 黄文山在对这场论战进行总结时也指出："这场混战所以失败的主因，恐怕也和顾颉刚先生等之失败是一模一样，这就是由于他们的方法论之失败，而方法论之失败，则又由他们对于新兴社会科学的知识之缺乏造成的。"② 以上表明，人们肯定了用唯物史观治史方向的同时，对马克思主义唯物史观肤浅地理解、简单地套用，也作了批判，要求进一步增加社会科学的素养。

其二，对社会史论战陷入"谩骂式"政论的不满。

在中国社会史的讨论和剧烈的辩论中，因为"大部分只是革命的宣传家，而缺少真正的学者"③，所以学术上的分歧与政治斗争互相交错纠缠在一起。正如时人所指出："大体上一般战士，都已能把握着唯物的理论——正确的思想方法。但是大多数由于各人革命理论上的立场不同，或由于各人阶级性的决定，尤其是对于历史资料也缺乏相当的搜集工夫；所以许多论文都只是盘旋公式的排列，有时陷到形式理论和唯心论中，不能由辩证中理解着历史的复杂性。此外更有大部分意气的谩骂，攻讦，越出了学术讨论范围之外。"④ 因此，争论者"短兵相接"时难免意气用事。"各位雄赳赳的战士白刀子进，红刀子出，杀得头破血流，各不相下"⑤。"你来一拳，我来一脚"⑥。社会史论战一度陷入谩骂式的政论之中。陶希圣认为当时的风气是："证据不足之处，以谩骂补足。""大家都这样想：'你说的便不对，因为是你说的。我说的一定对，因为是我说的。'大家也都这样争；'我骂你是应当的，这是无产者的憎恨。你骂我是不应该的，那是小市民

---

① 王礼锡：《论战第二辑序幕》，《读书杂志》1932 年第 2 卷第 2、第 3 合期；《中国社会史论战》第 2 辑，上海神州国光社 1932 年版。
② 黄文山：《对于中国古代社会史研究方法论之检讨》，《新社会科学季刊》1934 年秋季号。
③ 顾颉刚：《当代中国史学》，辽宁教育出版社 1998 年版，第 91 页。
④ 齐震：《中国社会史研究方法论的商榷》，《文史》1934 年第 1 卷第 2 期。
⑤ 李季：《对于中国社会史论战的贡献与批评》，《读书杂志》1932 年第 2 卷第 2、第 3 合期；《中国社会史论战》第 2 辑，上海神州国光社 1932 年版。
⑥ 何干之：《中国社会史问题论战·前记》，《何干之文集》，中国人民大学出版社 1989 年版，第 167 页。

的成见.'这样的论战,大家(我也是一个)同是在中国史的大门外呐喊。"① 因为论战的文章多囿于门户之见而一时漫骂,因私见偏见而流于意气之争,甚少有学术研究的价值,被认为是"无结果而散"。陈啸江深刻地指出"当时之所辩论者,实为名词之争,往往空言盈幅,无裨实际,即有一二巨篇,亦皆未经精密研究之价值"。"时下研究风气之弊,或急近攻,或囿成见,其结果虽亦缀拾成文,但绳以严正科学之眼光,则多不值一读。"② 他认为其中的原因:1、失去学术合作的精神,2、为辩护自己的短处,不惜曲解事实,迁就成见,3、为驳斥敌人的论点,不惜将其长处,一笔抹杀,4、急于战胜对方,每未能平心静气,费较多的时间和精力搜集材料,5、所论争的往往所涉范围太大,甚至在一篇短文中,要泛泛上下古今数千年的大事,自无怜其成就之有限了。③ 这种因参与讨论者的政治立场、背景及现实政治斗争的关系而使中国社会史论战陷入"漫骂式"政论的局面,是不利于任何一方的,对学术更是无补。代之而起的是大家要求暂时停止争论,等把中国历史材料研究透了,再来一场更有学术性意义的大讨论。他们"希望中国社会史论战之再起,但尤希望事前能有充分的准备而不致流于空泛,即只能提出公式而不能给予充分的证据"。④ 陶希圣认为:"中国历史上的社会现象并没有明显的整齐的摆在陈列室里面,还须大家去搜求。所以,论战,要把历史上社会现象找好了,才能打的畅快,打的于中国社会史学有裨益。不然,那只有乱打一番。"⑤

其三,在理论与材料关系上,人们开始理直气壮地倡言史料,重视史料。

人们怀着极大的热情参加中国社会史的讨论,这场争论虽然非常激烈,却深度远远不够。社会史论战是一场探本溯源式的社会史辩论,本应依据丰富的史料,以细致深入地论析为基础,但论战的文章不肯在史料上

---

① 陶希圣:《汉儒的僵尸出祟》,《读书杂志》1933 年第 3 卷第 3、第 4 合期;《中国社会史论战》第 4 辑,上海神州国光社 1933 年版。
② 陈啸江:《中国经济史研究计划书》,《现代史学》1934 年第 2 卷第 4 期。
③ 陈啸江:《中国社会经济史研究的总成绩及其待解决问题》,国立中山大学法学院 1936 年版,第 3 页。
④ 《中国经济史研究专号·前言》,《中国经济》1934 年第 2 卷第 9 期。
⑤ 陶希圣:《编辑的话》,《食货》半月刊 1934 年第 1 卷第 1 期。

下功夫，只对史实作简单勾勒，用历史材料附会唯物史观的理论。1933 年的《历史科学》的《创刊之辞》曾指出：有一种人"便是一些人从来未摸着历史之门的，而偏要赶时髦的作家，把活的历史填塞在死的公式中，在他们那种机械的脑袋里，凡是马克思、恩格斯的文献中有着历史发展阶段的名词，中国便就有了。所以各人都努力向这里找，找着一个时髦的名词便划分一下历史发展的阶段，然而，他们这种猜谜似的论战虽是像煞有介事的，可是，这样瞎猫拖死老鼠的乱撞，便由于缺乏高深的研究"。① 人们已经逐渐意识到中国古代社会内部，特别是复杂性的经济层面，应对各地各民族历史发展进行全面系统的实证研究，而不是盲目地套用现有理论。齐震深刻地指出："本来正确的科学方法，是与实践联系的，假使你握不到实际，只是理论的翻空，那就是十分科学的理论也要为玄学的复活。因为理论之发生，也是建立在实际之上的，绝非宗教的教条，所以只去运用历史法则的公式而不着实际讨论中国社会史，反不如考据学家罗列事状不去理解什么来得可靠。"②

1933 年《读书杂志》停刊之后，犹如急流迴回，人们纷纷从史料本身来探寻中国社会发展的道路。"一阵热烈论战之后，并没有使问题得到完满的结论，于是大家感觉疲乏了！中国史的研究乃转变了一个新风气，许多人以为在有限的材料中，作诡辩的论争，是不能解决问题的。广泛的历史材料，不如经一番系统的整理和下一番钩沉的工夫，中国历史的来踪与去向，是无法解答的。以往对于史料整理，太缺少工夫了！如何钩沉旧史籍取得的新材料，以充实研究的内容，是论战过去后史学界的新风气。"于是，"无论杂志报纸，大学历史系以及专门研究机关，多在这方面用工夫了"。③ 例如 1933 年 5 月国立中山大学史学研究会主编的《现代史学》第 1 卷第 3 期出版的"中国经济史研究专号"，刊载的论文多注意到了史料的运用。1934 年中山大学法学院还成立了中国经济史研究室。本室主要工作是搜集史料及对材料本身之研究，并不断缩小研究的对象，进行专题

---

① 《创刊之辞》，《历史科学》1933 年第 1 卷第 1 期。
② 齐震：《中国社会史研究方法论的商榷》，《文史》1934 年第 1 卷第 2 期。
③ 张绍良：《近三十年中国史学的发展——为纪念中国史学会成立而作》，《力行月刊》1943 年第 7 卷第 4 期。

的研究①。1934年南京《中国经济》第2卷第9、第10期出版的中国经济史研究专号上下两册所集的文章,"关于史料的整理和考证者居多,而泛论社会史公式者极少"。他们认为"史料的整理和考证,乃是决定历史形态之先决条件,在这方面多花些工夫,总比草率地决定历史形态较有意义"。②此外,《中央研究院历史语言研究所集刊》、《清华学报》等刊物发表的社会经济史论文也渐渐注意到了史料的搜集。而北平的《食货》半月刊杂志尤其专以"搜集史料"相号召。稽文甫认为社会经济史研究进入了"搜讨时期"③。

以上表明,中国社会史论战之后人们不约而同地把注意力转向史料的搜集整理。当时一些研究机构和大学的学报及其他史学刊物和经济学刊物普遍重视史料,是人们要求回到冷静的学术探讨中来的有力征候,成为推动史学继续向前发展的动力。学术界对史料的高度重视既反映了人们对中国社会经济史的深邃识见,又展现了史学研究向多元选择的迈越。中国社会经济史研究随即迎来了更为开阔的局面。其中,有三支力量最值得重视:

一是以郭沫若、吕振羽等为代表的马克思主义学者。他们仍然坚持以马克思唯物主义理论为指导,虽不乏论战的锐气,但对于中国史料有了新认识。"郭沫若转向甲骨金石方面下功夫,为古史添了许多新材料,吕振羽的《史前期中国社会研究》尽量利用神话和考古学上的知识,对于殷以前社会作大胆的试探。"④他们从史料方面充实建构理论,逐步发展完善马克思主义唯物史观,新中国成立后成为中国史学的主流。

二是社会调查所(即后来的中央研究院社会科学研究所)的汤象龙、梁方仲等以及和他们有密切联系的一批学者。20世纪20年代末,汤象龙等人在社会学家陶孟和领导的北平社会调查所进行经济史研究。1932年,中央研究院社会科学研究所的汤象龙与吴晗、梁方仲等人创办了我国第一份以经济史命名的学术刊物——《中国近代经济史研究集刊》。此刊物虽然以"近代经济史"为名,实际包括了古代,所以1937年自第5卷起改

---

① 陈啸江:《中国经济史研究计划书》,《现代史学》1934年第2卷第4期。
② 《中国经济史研究专号 前言》,《中国经济》1934年第2卷第9期。
③ 马乘风:《中国经济史》第1册,中国经济研究会1935年版,嵇文甫序。
④ 马乘风:《中国经济史》第1册,中国经济研究会1935年版,嵇文甫序。

名为《中国社会经济史研究集刊》。此刊物非常强调史料的收集，在《发刊辞》中指出："我们要知道过去的经济最要紧的条件便是资料，而这类资料向来是异常缺乏的，在我们中国尤其如此。或者是以先的人对经济事实或经济现象不加注意，没有记载；或者有记载而人们不认识他的价值，未能保存，无论如何，凡是研究中国经济史的人都感觉到资料的不易搜寻，如私人或家庭的流水账，工料的清单，户口钱粮的清册，如这一类有经济意义的文件，以先为人所抛弃的，至少不理会的，现在都变成最有趣的，最可贵的经济史料了。可惜这些资料并不是俯拾即是的。"他们自开始工作以来，无论研究任何问题都注意于经济史料，尤其是近代经济史料的搜集。"就着所得的资料，无论题目大小，都陆续的整理发表"。他们在搜集经济史料的时候无意中得到一个宝藏。即故宫博物院的文献馆保存的前朝自雍正至宣统的军机处档案，内中藏有不少的财政金融物价的记载。他们"抄到自道光以来约一百年的经济史料"。[1]他们所研究的路数不同于政论式的写作，重视资料的收集整理和实证研究。与此同时，陈翰笙主持中央研究院社会科学研究所工作，组织农村社会经济的调查，为近代经济史的研究奠定了重要基础。1934年北平社会调查所与社会科学研究所合并，由陶孟和主持工作，汤象龙、梁方仲等人继续从事经济史研究。他们从事中国社会经济史的研究仍然非常强调史料的收集，大力开展中国近代经济史料的收集整编工作。1934年5月，汤象龙和一批青年史学工作者组织了"史学研究会"，参加的有吴晗、梁方仲、张荫麟、朱庆永、罗玉东、罗尔纲、谷霁光、夏鼐、孙毓棠等人，由汤象龙担任总务，吴晗、罗尔纲先后担任编辑、谷霁光担任会计，在天津《益世报》和南京国民党《中央日报》出版《史学》副刊，直至南京失陷为止，共刊出一百多期。"史学研究会"的会员都成为《中国近代经济史研究集刊》编委会的成员。"史学研究会"在治学方法上仍十分重视历史资料的收集，认为当时史学工作最重要的责任是收集史料，这种资料工作虽是一种不成名而费力费时的工作，但这是历史研究的基本工作，不作这种基本工作，中国社会经济史将

---

[1] 《发刊辞》，《中国近代经济史研究集刊》1932年第1卷第1期。

永远没有写成的日子①。他们在大量的史料中运用统计方法,主张必先有分工进行专题的研究,然后才有产生完整的历史著作的可能②。

三是以陶希圣为核心的食货派。陶希圣力矫社会史论战之弊,摒弃政论,创办"中国社会史专攻刊物"——《食货》半月刊,倡导"在历史著作以及文集笔记小说等成书里"③搜集史料,倡言学术的合作,不断培植学界新人。应当说,社会史论战之后中国社会经济史研究中偏向史料的转向最突出的一个重要表征,便是食货派的崛起。

二 食货派的创始人陶希圣及其学术转向

陶希圣,名汇曾,字希圣,以字行,笔名方岳、方峻峰。1899年生于湖北省黄冈县仓埠汛倒水西陶胜六湾。其父陶炯照是前清秀才,1902年陶希圣随父母由家乡至河南,从其父读书于夏邑新野任所。"初读诗经、四书、书经、礼记继而汉书。"1908年入河南省最早开办的旅汴中学(后改为第一中学),学习的科目包括算学、英文、历史、地理等。1911年辛亥革命后随父南归。"捡起旧藏图书,练习小楷,尤着力于史记。其父应邀上省,随父去武昌投考博文书院,继而决定进英文馆。"1915年春季,其父携陶希圣晋京,考入北京大学预科,为旁听生。是年秋,正式编入预科文科一年级。当时担任北大文科预科国学课程的是章门弟子沈尹默。在沈尹默的指导下,陶希圣用力研读以下几部书:即"吕氏春秋"、"淮南子"、刘勰"文心雕龙"、"文史通义"、及章太炎"国故论衡",由这几部书领悟了中国哲学、文学及历史演变的概略。1918年秋季,预科毕业,"升法科一年级,着手罗马法,求欧美法制与法学之根源"。在法律系几年之中,逐渐对法律哲学产生兴趣,读了一些新黑格尔派、新康德派的法学书,并开始接触了一些社会学派与历史学派法学的书籍。1919年,五四运动爆发,陶希圣参加游行,但每有余暇,即在宿舍读罗马法及《明儒学案》、

---

① 汤象龙:《汤象龙自传》,晋阳学刊编辑部编:《中国现代社会科学家传略》第4辑,山西人民出版社1983年版,第121—123页。

② 叶显恩、谭棣华:《梁方仲传略》,北京图书馆《文献》丛刊编辑部、吉林省图书馆学会会刊编辑部编:《中国当代社会科学家》第4辑,书目文献出版社1983年版,第261页。

③ 陶希圣:《编辑的话》,《食货》半月刊1935年第2卷第1期。

《宋儒学案》等书。此时虽然马克思主义唯物史观大为流行,但对其影响较小。1920年春季陶希圣在北大法科二年级时,每有余款即向日本大量邮购日文、英文法学著作。4月,其父病返乡,伺候七个月。"此七个月,希圣于读医书,接医生,奉汤药之外,先读大乘起信论与楞严经,继而就每一宗选读至少一经一论,如法华、华严、圆觉、楞伽、阿弥陀诸经,及中论、百论、十二门论、成唯识论、大智度论等。如此佛教经论可以启发思路,扩大心境,尤其裨益于推理与辩论之法。"冬季,陶希圣返校参加修订法律馆征文。获选第一等奖,得奖金一百元,后在法学会杂志陆续发表。"此对法科三年级学生为重大鼓励。更加努力治法学,对法律哲学尤有兴趣。"1922年夏,陶希圣"毕业拜师。法律系主任黄左昌先生接见,指教读两部书,其一是秦惠田五礼通考,其二是徐乾学读礼通考。在四年级听黄先生亲属法课,毫无所得。至毕业之后,黄先生此番话,决定希圣为学之方向"。

1922年9月,陶希圣应安徽省立法政专门学校之聘,任专任教员,教"亲属法、继承法、以及商法总则、公司法、商行为、海商法、保险法、票据法"。在安庆教学期间,"计为研析亲属继承法","披读英文及日文书刊多种,而以英国历史法学家亨利梅因古代法"对其启发最深。1923年暑假,"由安庆回乡,路出武昌,在横街头购得胡培翚仪礼正义。在仓埠镇家中,两个月内读此书,与秦惠田、徐乾学两书参证,始领悟孟子所谓'天之生物,使之一本',及其所指'墨子二本'之说,由此寻求商周两代社会组织之差异及其演变之轨迹。希圣由法学转入中国社会史之枢纽即在此时。英国学者梅因古代法与清代学者胡培翚仪礼正义两书尤为得力"。陶希圣认真研读了《五礼通考》、《读礼通考》、胡培翚《仪礼正义》及梅因的《古代法》、摩尔根的《古代社会》诸书后,试图以民族学探索中国古代社会组织及其历史演变,并有论文发表于《法学季刊》上。1923年秋冬之际,辞去教席归家。1924年7月,陶希圣在上海商务印书馆编译所任编辑,负责审阅法律和政治经济学稿件。工余利用涵芬楼藏书做中国古代社会组织及其演变的研究,时有论文刊载于《学艺杂志》、《妇女杂志》等杂志。此时,学术界对中国古代历史的研究出现两种趋向:"其一是地质学家将人类历史向前伸,至数万年甚至数百万年。另一是考据学家将古代典籍及其记载向后拉,至数十年甚至数百年。"而陶希圣"对国族学研究之兴趣甚隆,当时着手于礼丧服制之研究,寻绎古代婚姻与家族为根本之社会组织,由此推求神话与传说中之史料,重建古代史"。他在《学艺杂志》第七卷第四期发表《丧服之本则与变则》一文,"推出仪礼及礼记所称一世、二世、三世、四世之计算法,与欧洲日耳曼法及寺院法亲系亲等之计算法相同。如此微小之发现,却已竭尽心力,读遍东方图书馆收藏之礼书,尤其是丧服学图籍,以及英美民族学者之论著"。此后,他"更从礼记檀弓'古者不降,上下各以其亲'一句话,推论商道与周道之差异。周道有与日耳曼法同者,商道则同于罗马法。孔子从周,汉行周道,中国社会组织由此树立其规模。后世佛教之输入与盛行,西北及东北游牧狩猎部落之移民与定鼎,皆未能摇撼其基础"。

1925年5月,上海发生五卅惨案后,陶希圣援引英国法律撰文并投稿《公理报》,指责英国巡捕枪击中国民众为非法,立即引起各方注意。先是上海学生联合会聘陶希圣为法律顾问,后来商务印书馆三所一处罢工委员会亦邀其为顾问。陶希圣又撰文《五卅惨案事件事实之分析与证明》刊载于《东方杂志》的《五卅事件临时增刊》,公共租界巡捕房向会审公堂提出控告,王云五和陶希圣都出庭应讯,陶希圣声誉日盛。此时,陶希圣应于右任主办的上海大学的邀请,教授《法学通论》,同时还在上海法政大学、东吴大学等校讲授法学和政治学。陶希圣还因"文字缘"加入了何公敢主办的孤军杂志,由孤独社又发展为独立青年社。陶希圣主办独立评论周刊,为独立青年月刊之一支。两个刊物皆标榜"民族自决、国民自决与劳工自决"。独立青年社与国家主义派甚为接近,与创造社互相对抗。1926年,蒋介石誓师北伐,上海为之震动。独立青年社在庐山开会。会议决定自行解散。"独立青年月刊与独立评论周刊同时停刊。"

1927年初,陶希圣参加北伐革命军工作,被任命中央军事政治学校武汉分校中校政治教官。陶希圣辞去商务印书馆编辑,携眷搭江轮回武汉。到武汉不久,武昌中山大学又聘请其教授法律。后来,陶希圣又先后担任国民党中央独立师军法处处长、军校宣传处长兼政治部秘书、国民党武汉总政治部和宣传部秘书及《党军日报》主编等职。其间,以"陶希圣"之别名取代"陶汇曾"之本名,并终其一生。"当一身一家西上之初,决投笔从戎之志。及其卷入武汉风暴之内,所得职名多种,而工作则不出演说、作文、开会、游行之范围。"12月,离开武汉,经南昌与九江,到达上海。陶希圣虽然家住上海,但是职务在南京,任南京中央陆军军官学校高级政治教官和政治部训导处长。"每周七日,半在上海、半在南京。而个人之工作以作论文、写书稿,以稿费充家用。"1928年12月,陶希圣辞去上述诸职,常住上海,加入中国国民党改组同志会,并在上海商务印书馆总管理处任职,实际则集中力量于写作。陶希圣所持主题是"中国社会是什么社会?""指出中国封建制度已衰,封建势力尤存,而归本于三民主义国民革命"。陶希圣投稿以《新生命》月刊为最多,并与周佛海、樊仲云等在海宁路创办新生命书局。上海商务印书馆的《东方杂志》、《学生杂志》、《教育杂志》,以及其他书店的《春潮》、《民族》、《经济学报》、《读书杂志》等均有陶希圣的文章发表,"写作最高纪录是一个月十四万字"。1929年,陶希圣在上海复旦、暨南、中国公学各大学演讲中国社会史,"激起学生青年读书与研究之兴趣"。1930年陶希圣任商务印书馆经理部秘书。12月,陶希圣在南京中央大学演说《战国的辩士与游侠》,以此获致中央大学法学院聘书。1931年上学期,陶希圣在中央大学担任中国政治思想史与中国法律思想史的教学,同时在上海新生命书局办《社会与教育》周刊,经常刊发颇有讽刺及批评现实政教之长篇与短文。暑假陶希圣参加中大招生委员会,留在南京,忽接北平师范大学历史系学生电报,又接北京大学聘函,邀其担任教席。陶希圣遂决定就北大教授及师大讲师。

1931年9月初,陶希圣只身北上,应北大学生之请,在马神庙北大二院大礼堂发表演说,以《国民外交与国民战》为主题,随即又应邀在中国大学、北平大学、法商、农学等院演说。在平津学生反日风潮中,"此诸演说有其或大或小之影响"。陶希圣于北京大学政治系课程外,还每周兼课四小时,"二小时在师大与北平大学法商学院轮授;另二小时在清华大学与燕京大学轮授"。在北平讲课六年,他还随时抽身往南京、天津、济南、青岛、太原、武昌、开封各地、各级学校演讲[①]。

[①] 以上引文均见陶希圣:《八十自序》(上)、(下),吴相湘编:《传记文学》,1978年第33卷第6期,1979年第34卷第1期。关于陶希圣的生平事迹也可参见陶希圣:《潮流与点滴》,台北传记文学出版社1979年版;《夏虫语冰录》,台北法令月刊社1980年版;吴相湘:《陶希圣岁寒松柏》,《民国百人传》(4),台北传记文学出版社1982年版。

从上述对陶希圣早期生平的介绍中，细心的读者会发现，陶希圣是由研究法学而转治中国社会经济史的。陶希圣在北京大学学习法律，毕业后在各地大专学校讲授亲属继承法，旁及民族学，从民族学而理解中国古代社会组织，进而讲述中国社会史。这一研究旨趣的转向主要是受时代的革命形势激发。陶希圣说："北伐完成后，文化界有一时期对中国社会的本质与形态，发生争端。我是研究民法的，因家族与婚姻制度的历史探讨，自然涉及中国社会史的研究。民国十七至十九年，参加中国国社会史论战。"① 1927—1928 年他在《新生命》月刊上发表《中国社会到底是什么社会》等文系列论文，引起诸多学者的响应和论战。1929 年 1 月，陶希圣将刊于《新生命》月刊上的论文收集成册，冠以《中国社会之史的分析》书名出版，提出要"把中国社会史作一决算"②。该书出版后反响甚大，颇为畅销（后三年间销了八版、数万册），并由东亚经济调查局发行经济资料译出，有所谓陶希圣打响中国社会史"论战第一炮"的说法③。随后又出版《中国社会与中国革命》，进一步阐述他关于中国社会史的看法④。二书以其"斗争之文字"，"皆尚能流行于社会"⑤。为促进讨论走向深入，1930 年，陶希圣还收集了当时学者讨论中国社会史较有代表性的论著，编成《中国问题之回顾与展望》一书在新生命书局出版。1931 年 4 月，王礼锡、陆晶清主编的《读书杂志》第一期上刊登了 1931 年 1 月 23 日朱其华写给陶希圣的一封《关于中国的封建制度》的信和 1931 年 1 月 31 日陶希圣的回信。这两封信的刊登标志着以《读书杂志》为主要阵地的社会史论战的开始。"日本学人关心或参加中国社会史辩论者，称为'陶希圣时代'"⑥。"在数年以来的中国社会史论战中，陶希圣先生算是一位有名的大将了"，被学界认为是"最有希望的一位中国社会史的研究者"⑦。1928—1935 年间陶希圣还陆续出版了《法律学之基础知识》、《革命论之基础知

---

① 沈任远：《隋唐政治制度》，台北商务印书馆 1977 年版，陶序。
② 陶希圣：《中国社会之史的分析》，上海新生命书局 1929 年版，绪论。
③ 齐思和：《近百年来中国史学的发展》，《燕京社会科学》1949 年第 10 期。
④ 陶希圣：《中国社会与中国革命》，上海新生命书局 1929 年版。
⑤ 陶希圣：《中国问题之回顾与展望》，上海商务印书馆 1930 年版，编辑者小引。
⑥ 陶希圣：《八十自序》（上），吴相湘编：《传记文学》1978 年第 33 卷第 6 期。
⑦ 马乘风：《中国经济史》第 1 册，中国经济研究会 1935 年版，第 399 页。

识》、《中国封建社会史》、《中国社会现象拾零》、《辩士与游侠》、《婚姻与家族》、《西汉经济史》、《中国政治思想史》等著作①。陶希圣的翻译作品以德国学者奥本海末（Franz Oppenheimer）的《国家论》为重，以及与人合译了《各国经济史》、《马克思经济学说的发展》、《刑法读本》等②。

在社会史论战中，批判式的文章大为流行，因陶希圣敢于立论，每为人所攻击。王礼锡将陶希圣列为"论战"的五个权威之一，公开号召论战者对于陶希圣的观点提出"挑战"，一时间向陶希圣挑战和批评的文章着实不少，陶希圣所受到的指责、批评乃至谩骂，可谓惨烈。张横在《评陶希圣的历史方法论》开篇即云："陶希圣是现在国内有相当威信的历史学者，他关于中国历史发表了不少的著作、论文，他的言论在一般青年中无疑地有多少的影响，因此检讨他的历史方法是一件必要的事情。""我觉得必须将他的方法要点扼要的叙述一下，使一般青年学者能够知道陶希圣究竟是怎样的一种货色"③。陶希圣承认："在这文人积习的各张门户的论争里，我是最先受骂的一人。每一中国社会史家的开场白，每一中国社会史刊物的发刊文，首先攻击的大抵就是我。"④ 学术界对陶希圣的批判主要集中在以下几方面：

一是唯物史观之不纯与治学的因袭。与论战者一样，陶希圣在运用唯物史观时为外来解释框架所支配，研究上流于比附，引起学术界广泛关注。人们指出陶希圣的每一种主张并不是自己细心研究的结果，只是随时随地抄袭别人学说的结果。刘光宇指出陶希圣在《新生命》杂志第三卷第

---

① 陶希圣：《法律学之基础知识》，上海新生命书局1929年版；《革命论之基础知识》，上海新生命书局1929年版；《中国封建社会史》，上海南强书局1929年版；《中国社会现象拾零》，上海新生命书局1931年版；《辩士与游侠》，上海商务印书馆1931年版；《婚姻与家族》，上海商务印书馆1931年版；《西汉经济史》，上海商务印书馆1931年版；《中国政治思想史》第1—3册，上海新生命书局1932—1935年版。
② （德）奥本海末著，陶希圣译：《国家论》，上海新生命书局1929年版。（日）野村兼太郎著，樊仲云、萨孟武、陶希圣译：《各国经济史》，上海新生命书局1929年版。（日）河西太一郎著，萨孟武、樊仲云、陶希圣译：《马克思经济学说的发展》，上海新生命书局1929年版。（日）泷川幸辰著，黄得中、陶希圣译：《刑法读本》，上海新生命书局1935年版。
③ 张横：《评陶希圣的历史方法论》，《读书杂志》1932年第2卷第2、第3合期；《中国社会史论战》第2辑，上海神州国光社1932年版。
④ 瞿同祖：《中国封建社会》，上海人民出版社2003年版，陶序。

七号中发表的所谓《流寇之发展及其前途》一文,"引用了许多马克思主义者(大战以前的考茨基也还是一个马克思主义者)的话改换面目作为它的立场,其对于马克思主义的曲解和附会"。他认为:"陶希圣一向就好利用马克思主义者的理论来掩护他自己的说教,他自以为是懂得历史的唯物主义的,其实则只是曲解和利用,并不知道历史的唯物主义是甚什。"① 张横也认为"陶希圣的唯物论在本质上不是真正的唯物论",因为"辩证法唯物论者观察某种社会性质首先就注意到该社会的生产方式和这生产方式表现的生产形态——这种现实的基础便决定整个社会构造",他虽然对中国社会性质有很多的分析,"然而这社会的核心,他始终不曾把握着",因此,他的一系列结论都是错误的②。王宜昌在《中国社会史论史》中指出:"陶希圣自己在《中国社会之史的分析》一书的开始就说着他应用什么归纳法、统计法、抽象分析法。这只是是从波格达诺夫《经济科学概论》和《社会主义社会学》(萨孟武译的书名是这样,陈望道等译名《社会意识学大纲》)上抄来的所谓经验一元论(即经济批判论)的玄学方法论。""《中国封建社会史》和《中国社会与中国革命》两书中,不少应用奥本海末尔的'海国''陆国''土地私有权'和'商业资本主义'之点。"③ 刘节也指出:"原陶(希圣)君之所以采用此三法者,因其胸中固已预存唯物史观之理论。所谓剩余价值、阶级斗争、及一切文化建筑经济组织之上诸原则,与夫神权、王权、贵族统治诸名目,久已配置整齐,然后以此三法,取材于吾国史料而充实之。凡以概括法所得共通象征,及以统计法所得之特殊象征者乃合于诸原则之事实也。凡有不合者,则以抽象法淘汰之。如是结果,则数千年之中国历史,无往而非唯物史观之色彩矣。"④ 丘旭、稽文甫在评论陶希圣关于中国社会史著述的文章时也指责陶希圣不是单纯的客观研究的理论家,其方法不是唯物论,而是多元论,不是辩证

---

① 刘光宇:《评陶希圣所谓"流寇之发展及其前途"》,《动力》1930 年第 2 期。
② 张横:《评陶希圣的历史方法论》,《读书杂志》1932 年第 2 卷第 2、第 3 合期;《中国社会史论战》第 2 辑,上海神州国光社 1932 年版。
③ 王宜昌:《中国社会史论史》,《读书杂志》,1932 年第 2 卷第 2、第 3 合期;《中国社会史论战》第 2 辑,上海神州国光社 1932 年版。
④ 刘节:《陶希圣〈著中国政治思想史〉》,《图书评论》1933 年第 1 卷第 12 期。

观，而是机械观①。周予同后来深刻地指出，陶希圣在中国社会史论战中"产量相当丰富"，"但因为陶氏并不是单纯的客观研究的理论家，所以时被不同派系的人所指责"②。

二是逻辑的混乱与观点的豹变。在社会史论战中陶希圣产量相当丰富，史书最多，他差不多在每本书中，都有一个主张，各书中的见解前后每不一致，甚至在同一本书内，也有冲突。譬如，傅筑夫指出陶希圣著《中国封建社会史》的前后观点冲突，"起初还以为是偶尔如此，可以放过不提，那知道逐章细看下去，都是扑朔迷离！""关于封建制度的发生时期，在这一本为'中国封建社会史'的奇书上，有时虽也偶而提到，但不是前后冲突，便是笼统万分。"③马乘风在与陶希圣论中国社会史诸问题时也指出，"春秋时代封建社会已崩溃、春秋时代封建制度趋于崩溃、春秋时代是封建社会时代、春秋时代是资本主义时代、封建制度崩溃后，中国没有资本主义社会之可能。""这五项根本不同的见解，若是分之于五个根本不同的作家或著作，犹有可说，事实上，竟出之于陶先生一人之口，真不知陶先生何以自圆其说？于此，足证陶先生确实是没有了解春秋时代中国社会的性质，没有紧紧的把握住春秋社会底核心问题，只是浮光掠影，为一切表面现象所迷惘，为他人之反批或称誉所摇动，所以人家都批评他的见解是一塌糊涂，这还是极客气的说法哩。"④他认为陶希圣对于战国及秦汉以后的中国社会的说法，"其自立自破，互相矛盾，使我们对于陶希圣之中国社会史的知识，大加怀疑，我们如果走马观花的读他的书，还觉得马马虎虎算是一本书，如果仔细的综合的考究起来，那么他的议论，简直不成个体系"⑤。难怪胡适当年曾指名道姓地批评陶希圣："最爱用整串的抽象名词，翻来覆去，就象变戏法的人搬弄他的'一个郎当，一个郎当，郎当一个郎当'一样。他们有时用一个抽象名词替代许多事实，有时

---

① 丘旭：《中国的社会到底是什么社会？——陶希圣错误意见之批评》，《新思潮》1930年第4期。稽文甫：北平《晨报·学园》1932年8月10日。
② 周予同：《五十年来中国之新史学》，《学林》1941年第4期。
③ 傅筑夫：《陶希圣著〈中国封建社会史〉》，《图书评论》1933年第1卷第10期。
④ 马乘风：《中国经济史》第1册，中国经济研究会1935年版，第427—428页。
⑤ 马乘风：《中国经济史》第1册，中国经济研究会1935年版，第35页。

候又用一大串名词来替代思想，有时候同一名词在一篇文章中可以有无数不同的意义。我们这些受过一点严格思想训练的人，每读这一类的文字，总觉得无法抓住作者说的是什么话，走的是什么思路，用的是什么证据。老实说，我们看不懂他们变的是什么掩眼法。"① 翦伯赞《历史哲学教程》一书中对陶希圣的观点豹变进行了更为全面的指责②。周予同后来也指出"陶氏各种书中的见解前后不一致，所以更予人以指责的机会"。③ 对于自己各书中的见解前后每不一致的现象，陶希圣在出版《中国社会之史的分析》时即承认"本书各论文依执笔时期的先后，内容时常有冲突矛盾的处所"④。

　　三是史料审视之不严。陶希圣的社会经济史研究在史料的处理方面犯有不少错误。杜荃的《读〈中国封建社会史〉》一文主要针对陶希圣的史料问题进行了"不甚客气"的批评。他说："我仅仅读了那么一小段，便觉得差不多句句都有问题。以下我便不敢再读下去了。一来以下我还没有甚深的研究不敢多谈，二来我怕的是错误的观念先进了我的脑中，所以我也不敢多读。""我希望陶君对于历史更要有详细的精密的认识，然后再下论断。"他向陶希圣提出解决史料问题的方法，"是采取最新流行的委员制，由各人分担一个项目或一个时代"。"希望陶君能够纠集一般同志，把握上面的一个提案，组织委员会来研究中国社会史的提案。"⑤ 马乘风批评陶希圣，"对于旧有的历史资料又舍不得出一番苦力，作一番苦力，作一番整理融贯的功夫"。⑥ 傅筑夫对陶希圣《中国封建社会史》一书批评的要点之一也是认为陶希圣处理史料时有诸多的错误⑦。刘节对陶希圣的《中国政治思想史》除了从方法上进行批评外，对其所使用材料也进行了批驳⑧。关于史料审视之不严的问题，陶希圣自己也坦言道："各篇的论题非

---

① 胡适：《今日思想界的一个大弊病》，《独立评论》1935年第153号。
② 翦伯赞：《历史哲学教程》，河北教育出版社200年版，第214—220页。
③ 周予同：《五十年来中国之新史学》，《学林》1941年第4期。
④ 陶希圣：《中国社会之史的分析》，上海新生命书局1929年版，绪论。
⑤ 杜荃：《读〈中国封建社会史〉》，《新思潮》1929年第2、第3合期。
⑥ 马乘风：《中国经济史》第1册，中国经济研究会1935年版，第453页。
⑦ 傅筑夫：《评陶希圣的〈中国封建社会〉》，《图书评论》1933年第1卷第10期。
⑧ 刘节：《陶希圣著〈中国政治思想史〉》，《图书评论》1933年第1卷第12期。

常广泛，所用的材料也不过疏略的大体的，没有经过多少考证的工夫。"①

四是中国社会史观点的"歪曲"。陶希圣在《中国社会现象拾零》的《自序》中总结了人们对自己的学术观点批评之所在：批评的第一集中点，是士大夫阶级的论议。士大夫阶级这名词，有好些个党派、好些个刊物书籍乃至决议案都正在使用，然而批评却集中于我。——甚至有人以为这是我的一"发明"，或是我的"罪恶"，好像只有一个人使用这个名词，又好像使用这个名词便是反革命。批评的第二集中点，是封建制度的论议。我觉得农奴制度自战国时代已经分解。如果农奴制度才是封建制度的基础，则中国从此时以后没有完整的封建制度。如果佃租制度才是封建制度，则中国自战国到今日才是封建制度。我的意见于此外更着重于商业资本与农村经济的有机关系。中国商业资本发达自战国时期，确曾有分解旧生产方法及孕育旧生产方法使日益进于商品生产的效用。批评的第三集中点，是游民无产者问题的提出。我读过《德意志农民战争》等书之后，深觉游民无产者的问题，在中国应当及时充分讨论。打开中国历史上朝代更换的锁②。因为陶希圣在探讨中国社会史时，强调中国的特殊性，敢立新说，他的观点遂成为学术界不同学派论争和笔伐的对象。

陶希圣既是挑战者，又是凶猛的应战者。面对来自各方面的非难，陶希圣在1930—1931年初期写了一些涉及多方面倾向的短篇随笔，后辑成《中国社会现象拾零》一书进行应战。他在《中国社会现象拾零》的序言中写道：

这书所收辑各文起草及发表的时期，是中国理论斗争空前激烈并空前混乱的时期。各文除驳论别人的以外，有许多曾受别人的驳论。同时拙著《中国社会之史的分析》及《中国社会与中国革命》正是在这时期中发生赞助及反对两方面的影响。所以这书中各论文有些是在著者紧张的情绪里写出来的。著者自感孤独，对于纷至沓来的评论，感谢或接受或驳覆的工夫都不够。所以紧张的情绪之中饱含着无上的

---

① 陶希圣：《中国社会之史的分析》，上海新生命书局1929年版，绪论。
② 陶希圣：《中国社会现象拾零》，上海新生命书局1931年版，自序。

悲苦。在政治斗争尖锐的现代，孤独的个人是不应当多说话以紊乱各方的论争战线的。我明知事情是这样，也曾屡次起停笔的决意，但一方面有各杂志主编的刺取，他方面又感觉到理论斗争的参加，或者有贡献于理论的进步。于是我终于拿笔，终于大胆去冒受各方的批评。我们对于所加于我的批评，只有感受，不存答辩，就是由于下笔的时候，怀有不愿下笔的感触。①

在中国社会史论战浪潮中，陶希圣一直处于论战的中心位置，对论战的感受实较许多人更为痛切。1932年和1933年他又分别在中国社会史论战第3、第4辑上发表了《中国社会形式发展过程的新估定》、《汉儒的僵尸出祟》两篇文章。在《中国社会形式发展过程的新估定》一文中，陶希圣把从前的几本书所包含的论断进行了清算。他说："我断没有一个意思说我的每一见解都是确切不移，可以叫做'陶希圣主义'。我也没有一个意思说商业资本的作用是我个人独得之秘，凡注重商业资本的作用者都归于'新生命派'。——新生命并没有成派。""把商业资本的分解作用当做'陶希圣主义'，太冤枉了。更不应该因为资本论第三卷'商人资本的历史材料'一章曾经我译过而大加屏斥。""我曾非难孟子说他把劳力的分工辩护士人与农民的差别。新思潮系的论者乃指我说去我赞助孟子的意见。这样的批评不是批评，不过是一种笑话。""说中国有奴隶制度不是一种新发见。把奴隶经济之发见作为划时代的劳作，这不免受人轻蔑的。"②

陶希圣深刻地意识到自己对于中国社会经济史的解说失之于空泛笼统，认为丰富的材料才是犀利的战具，打算少写文章，多搜集材料。他说：

> 我觉得对于中国社会史，写一篇文容易，作一本书困难。近来我正在不揣绵薄想写一本书。我又觉得这论战里，批评容易，建立困难。近来我不想批评，我想多少添一些材料来建立。公式主义者大有

---

① 陶希圣：《中国社会现象拾零》，上海新生命书局1931年版，自序。
② 陶希圣：《中国社会形式发展过程的新估定》，《读书杂志》1932年第2卷第7、第8合期；《中国社会史论战》第3辑，上海神州国光社1932年版。

反对材料而重视公式的毛病。有人批评我说我是经验主义，因为我重视历史的记载。又有人批评我说我材料愈多愈弄糊涂了。其实我的糊涂，正是由于材料太少，即理论所依据的经验太少。如果材料多了，便不至于乱争盲斗了。用公式来收揍材料，这一方法最怕材料多，材料一多则公式主义便会崩溃。历史上两个不同的社会形式，供给我们不同的材料。但因公式主义不许我们指出两者的异点，我们是弃材料而留公式呢？还是弃公式而取材料，重新估定社会进化的途径？公式主义是前者，我的办法是后者。这是我四年来见解屡有变动的原因。①

陶希圣主张抛弃公式主义，下苦功读书，从材料出发对中国社会发达过程进行新的估定。他在通读中国历史，对中国史逐朝逐代都细看它一下的过程中，便感觉立论极难了。于是，他在文中提出两个希望：

一，唯物史观固然和经验一元论不同，但决不抹杀历史的事实。我希望论中国社会史的人不要为公式而牺牲材料。二，论战已有四年之久，现在应当是逐时代详加考察的时期。我希望有志于此者多多从事于详细的研究。我四年来犯了冒失的毛病，现已自悔。但我四年前冒失下手发表论文，是因为那是很少人注意这种研究。现在见解已多，如再以冒失的精神多提意见，反把理论战线混乱。我希望短篇论文减少，多来几部大书，把唯物史观的中国史在学术界打一个强固的根基。我自己决没有丝毫的自负，说自己也有如何的成绩。我希望自己能够继续研究，把四年来的见地一起清算。我希望大家于"破"中来"立"。只有"立"才可以把战线以外的多元论或虚无论者打翻。②

在《汉儒的僵尸出祟》一文中陶希圣认为一些参与中国社会史论战的学者，采用阶级憎恨的谩骂，使用贫乏的历史资料，填入唯物史观的公

---

① 陶希圣：《中国社会形式发展过程的新估定》，《读书杂志》1932年第2卷第7、第8合期；《中国社会史论战》第3辑，上海神州国光社1932年版。
② 陶希圣：《中国社会形式发展过程的新估定》，《读书杂志》1932年第2卷第7、第8合期；《中国社会史论战》第3辑，上海神州国光社1932年版。

式，有失学术讨论的意义。文章指出"要知道翻印马氏全集也代替不了中国史，只能代替汉儒脑力所造的中国史，不能代替农民劳力所造的中国史。即使马克斯再活，不看史书也不能解决历史上的问题。即便马克斯看史书，单看史记和尚书，也没有方法确定中国古代史的成案"。"铁一般证据很不少，不过马氏全集里可有限。在那儿去找是徒劳的。目前的论战却在那儿打，对于中国史是不相干的。"文章还指出李季的参战论文，"只见四万字、八万字、二万多字等数目的排列，一摇笔就是几万字，并且只需五六天或三两天就成稿，这是可惊的记录了"，结果出现"竟与汉儒握手"，成为"僵尸出祟"的情形。文章最后"希望大家把骂人的工夫移到中国史料上面去。那怕拿写八万字的工夫找得八百字的真材实料，对于中国史到底有益些。在材料的考究上，阶级憎恨没有用途"。①

以上表明，陶希圣对社会史论战中从事空泛理论争论的现象已日益不满，感觉解决问题应该多从材料入手。在修正自己观点的同时也对论战中普遍存在的不重材料分析的公式主义提出了一些批评，表现了陶希圣思想转向的迹象。陶希圣所作的回应是希望得到学术界的认同，也是对自己在社会史论战中遭受指责、批评的深刻反思。然而，陶希圣的申论并没有因此而改变论战的风气，减少对自己的批判，反而愈演愈烈。论战中对陶希圣批判的客观现实令其感到触目惊心。这给陶希圣心理产生了微妙的影响，在相当长的一段时间内陶希圣保持着沉默。"陶希圣的沉默是当然的，左派说他是××派不彻底，右派又说他是左派，在左在右为难之中他只有沉默为最合适，所以他沉默了！"②

中国社会经济史研究何以前行？这是萦绕在陶希圣脑际最发人深思的问题。自己的缺点和不足，是回护、斗争，还是坦然面对，重整待发？陶希圣选择了后者。1933年上海新生命书局出版《中国社会史丛书》的《刊行缘起》一文成为了陶希圣学术转向的誓辞：

> 史学不能创造历史。反之历史的研究产生史学。这个道理太明显

---

① 陶希圣：《汉儒的僵尸出祟》，《读书杂志》1932年第2卷第7、第8合期。
② 葛兆光主编：《走进清华》，四川人民出版社2000年版，第32页。

了，明显到一般人多瞧不见。他们要凭他们的史学创造历史。他们的史学是从欧洲历史的研究产生的。他们拿欧洲历史研究所产生的史学当作欧洲史的本身，这已经不大妥当了。他们更进一步，把那史学当作中国史。他们以为这就是中国史，不必他求。断定中国社会的过程，当从中国社会历史的及现存的各种材料入下手。如果把史料抛开，即使把欧洲人的史学争一个落花流水，于中国史毫没用处。于今的学者不独把欧洲的史学当作中国史的自身，并且把中国古代学者的史学当作古代史的自身。笑话太闹得悲惨了。我们因此发下一个小小的誓愿，愿把这悲惨的笑话转换为真实的功夫。我们的誓愿是：宁可用十倍的劳力在中国史料里去找出一点一滴的木材，不愿用半分的工夫去翻译欧洲史学家的半句字来，在沙上建堂皇的楼阁。我们的誓愿是：多找具体的现象少谈抽象的名词。①

这段话明确地表明陶希圣已决意和当时一般的社会史论战者划清界线，开始逐渐把研究的重心转向史料收集和专题研究上来。这一丛书计划准备收罗以下的编著：通论中国社会全部或一时代的变化过程的；对中国一时代或一问题作特殊研究的；史料的收集②。陶希圣先后编校组织出版《中国社会史丛书》六部：刘道元《两宋田赋制度》、《中国中古时期的田赋制度》、全汉昇《中国行会制度史》、鞠清远《唐宋官私工业》、曾謇《中国古代社会》（上）、陈啸江《两汉经济史》③。这些著作一改以前只作空洞论列的情形，注意材料的搜集，着重通过经济要素和社会组织的深入考察来探讨中国社会史的发展。如果说论战中的著作对中国社会史的叙述限于史料的不丰富而显得薄弱，在这套丛书中得到很大的加强，史料更加丰

---

① 刘道远：《两宋田赋制度》，上海新生命书局1933年版，卷首《附言》。
② 陶希圣：《中国社会史丛书发行缘起》，刘道元著：《两宋田赋制度》，上海新生命书局1933年版。
③ 刘道元：《两宋田赋制度》，上海新生命书局1933年版；《中国中古时期的田赋制度》1934年版。全汉昇：《中国行会制度史》1934年版。鞠清远《唐宋官私工业》1934年版。曾謇：《中国古代社会》（上）1935年版。陈啸江：《两汉经济史》，1936年版。

富，内容更为充实，更具学术价值①。这套丛书在某种程度上反映了中国社会史研究已经渐渐跨过粗略笼统的"概说"阶段，力求较为精确地描述中国社会史的发展全貌。

为了迅速摆脱中国社会经济史研究陷入政论的状况，扩大史料的搜集，改变学术界忽视史料的局面，陶希圣想到了创办一种"中国社会史专攻刊物"——《食货》半月刊。1934年11月14日，陶希圣在北平《晨报·社会研究周刊》发布《〈食货半月刊〉宣言》，阐述了《食货》半月刊的发刊缘起、旨趣与筹建食货学会、开展学术活动的方法：

> 近年来，中国史研究有一个新的部门，叫作中国社会史。这门学问的研究，第一步只是中国史的社会学的解释；第二步是中国社会史内容的充实。如今走到第二步的时候，我们觉得经济社会史料的收集，是主要的工作。有许多问题，在经济社会史料还没有收集得很多以前，我们还知都不知道，哪能说到解决！说到收集经济史料，工作既大也繁。我们现在想对这一繁大工作做一件起手的事。我们出版一个半月刊，叫作《食货》，《食货半月刊》的办法是这样：一、凡是中国经济社会史料，足够提出一个问题或足够解答一个问题，整理成文不论字数，都可在这里发表。二、多举事实，少发空论，不谩骂，更绝对不做政论。三、凡是愿意或正在做一个时代的社会经济状况的研究，或特定问题的研究，都可任意做食货学会的会员。四、食货学会的会员对中国经济史料的收集及研究如能分工进行，使工作不致重复，那是最希望的事情。如此，会员应当随时分配工作交换成绩。②

至此，陶希圣决定全身心投入《食货》半月刊的创办和食货学会的筹建当中，把中国社会经济史研究的重点放在搜集史料上，学术界的一场"食货

---

① 例如陶希圣之前撰写的著作，虽风行一时，但其学术的价值不是很高。滋圃曾指出陶希圣"以前曾为《中国社会之史的分析》一书，虽具有极大的企图，而因昧于旧学，论证不足，材料不备，学者鲜有称道之者"。参见滋圃《书报述评：中国政治思想史》，《读书月刊》1932年第2卷第2号。

② 陶希圣：《〈食货半月刊〉宣言》，北平《晨报·社会研究周刊》1934年11月14日。

运动"便由此浸浸而起。

第二节 食货派的崛起

为了扭转学术的风气，倡导史料的搜集，陶希圣创办《食货》半月刊，依托该刊物逐渐聚集起了一批致力于中国社会经济史研究的学者。他们最终演变为所谓的"食货派"。从学术史的角度看，食货派的史学实践及其变迁是我们必须厘清的问题。从他们的学术活动及著述来看，这一发展历程明显经过了四个互相衔接的阶段，即崛起、中辍、重振和终结。大致是抗战爆发以前，食货派致力于中国社会经济史的研究，一派兴盛景象；抗战爆发以后，食货派投身政治，专注于参政与论政，学术研究一度中辍；抗战结束之后，重振中国社会经济史的研究，但学术成就大不如前。直至大陆新中国成立，人员星散，学派遂分化解体。兹对这四阶段的发展状况及其背景、原因依次予以论述①。

一 《食货》半月刊的创办与食货学会的筹建

1934 年 12 月 1 日《食货》半月刊由上海棋盘街宝善里新生命书局承印发行。这是食货派崛起的重要标志。在《食货》半月刊创刊号的《编辑的话》中，陶希圣明确了《食货》的研究宗旨：

> 集合正在研究中国经济社会史尤其是正在搜集这种史料的人，把他们的心得、见解、方法，以及随手所得的问题、材料、披露出来。大家可以相互的指点，切实讨论，并且进一步可以分工进行。这个半月刊的意思只是这样，并不像过去所谓的"中国社会史论战"那样的激昂，那样的趋时。

《食货》半月刊是一种专攻中国社会经济史的学术刊物。"本刊不是为了销

---

① 食货派在不同时期的发展中，前后是有联系的，因此，节的断限也是大体而言，为了行文和论述的需要，偶尔也不免突破上述所说各节的时间断限。

路的，是为了研究的，所以便简陋的写起发表了。""这个刊物原只想在各大学里流通，以沟通那研究中国经济社会史的人们的消息。""不借重名流，不强作浮夸。""还收断片式的文字。"① 自创刊号问世起，至1937年7月1日发行到六卷一期停刊止，刊物"与小农家的工作一样，由天文的知识到锄草的劳动都出于一人"②，始终由陶希圣一人主持编务。《食货》半月刊没有政治和经济上的依靠，最初发行时筚路蓝缕，作者主要是陶希圣的一班弟子轮流写稿支撑着，陶希圣更是不得不亲自上阵，第一卷中几乎每期都有一篇。但是由于陶希圣的努力及以半月的间隔快速发行，先后有一百五十多位作者撰文，发表了三百四五篇论文（包括翻译及其他）。陶希圣在《食货》半月刊的每期之后，由他撰写《编辑的话》（专刊除外）。此外，他还有论文36篇，翻译2篇，其他7篇，合计45篇，为《食货》半月刊著作最多者。若以论文篇数计，鞠清远次之，有14篇，曾謇9篇，武仙卿8篇，何兹全5篇；以翻译篇数计，则连士升最多，共9篇③。学术界一般把上述《食货》半月刊的主要撰稿人及陶希圣指导下专攻中国政治制度史的沈巨尘称为"食货派"。

鞠清远，1931年考入北京师范大学，受陶希圣的影响极大，是"食货派"学人中专攻中国社会经济史的著名学者。1935年毕业后，在陶希圣指导下的北京大学法学院中国经济史研究室工作。在北师大学习和北大工作期间，不断撰文投稿于《食货》半月刊杂志。《食货》创刊号第一篇即为鞠清远的《汉代的官府工业》，除论文外，还有译文2篇。这一时期他在唐宋经济史领域取得了令人瞩目的成就。1934年在《中国经济》第2卷第7期和第9期分别发表《皇庄起源论》和《唐宋元寺领庄园研究》；1936年在国立北京大学《社会科学季刊》第6卷第3期发表《唐代的两税法》。他还先后出版《唐宋官私工业》、《唐代经济史》、《刘晏评传》（附《唐刘吏部晏年谱》）、《唐代财政史》等四部著作及主编唐代经济史料《唐代之交通》一册。

---

① 陶希圣：《编辑的话》，《食货》半月刊1935年第1卷第3期。
② 陶希圣：《编辑的话》，《食货》半月刊1935年第3卷第1期。
③ 参见森鹿三著，高明士节译：《食货半月刊简介》，《食货》月刊1971年第1卷第1期。

武仙卿，又名鹤飞，山东省曹县人。1925年考入位于菏泽的山东省立第六中学，比何兹全高一年级。1929年考入国立北京大学预科，1930年转入北大政治系，1935年毕业后在北大经济史研究室工作，是食货派的骨干。他除与陶希圣合著《南北朝经济史》外，在《中国经济》、北平《华北日报·史学周刊》、《国师月刊》、《文化建设》，《商务印书馆出版周刊》等报刊杂志发表论文多篇①。

何兹全，山东菏泽人。1925年入南华学校。1928年由南华转入山东省立第六中学，结识了武仙卿、沈巨尘二人。1929年担任学生会主席。1931年考入北大，入学时选择了政治系，不久转入史学系。在北大学习期间，受陶希圣的影响最大，"多花精力在中国经济社会史的研究上面"②。1933年11月22日、12月6日在北平《华北日报·史学周刊》发表《北宋之差役与雇役》；1934年在《中国经济》第2卷第9期发表《中古时代之中国佛教寺院》。同时，他为陶希圣创办的《食货》半月刊写文章，《食货》创刊号上有其《魏晋时期庄园经济的雏形》一文。1934年他与北师大、北大同学合编《教育短波》期刊，并得到陶希圣的支持。1935年北大毕业后赴日本留学，1936年4月底从日本回国后，继续编辑《教育短波》及为《食货》撰稿。此间，还整理并写出《中国中世纪佛教寺院经济》一书。此书计划作为上海商务印书馆的《史地小丛书》出版，但因"八一三事件"的爆发未果。

曾謇，又名资生，湖南安华县人，1931年考入北大文学院国文系学语言学，但对史学报以极大的兴趣，"专攻古代社会组织与意识"③。1934年5月开始写关于古代社会的文章，"对于古代的社会组织有深入的探讨。长于丧服、宗法、婚制，曾在北平晨报上《北晨艺圃》有《守三斋杂说》陆续发表几项创见。有《中国古代社会》一册，收入中国社会史丛书"，交

---

① 武仙卿：《秦汉农民生活与农民暴动》，《中国经济》1934年第2卷第10期；《三国时期的人民生活》，北平《华北日报·史学周刊》1934年12月27日；《元代农民生活探讨》，《国师月刊》1934年第5卷第6、第7合期；《汉魏大族的概况》，北平《华北日报·史学周刊》1935年2月7日；《南北朝国家寺院士族的协和与冲突》，《文化建设》1936年第3卷第1期。陶希圣、武仙卿：《南北朝经济史鸟瞰》，《商务印书馆出版周刊》1937年第236期。

② 陶希圣：《编辑的话》，《食货》半月刊1935年第1卷第5期。

③ 陶希圣：《编辑的话》，《食货》半月刊1935年第2卷第2期。

于上海新生命书局出版①。1935 年毕业后去了北大经济史研究室工作,为食货派的主要成员,在中国宗法制度方面成就较大。他跟随陶希圣甚久,并成为食货派后期最重要的骨干之一。

连士升,别号子云,福建省福安县人。1922 年考入霞浦县中学,开始学习英文。1927 年毕业于鹤龄英华书院,后考入北京燕京大学经济系,1931 年毕业获得经济学学士后又进入燕京大学研究所继续深造。陶希圣曾在燕京大学兼课,两人相识,受其影响较大,是《食货》半月刊主要撰稿人之一。他是"燕京大学研究院专攻经济史的笃实的学者,担任各派治经济史的方法论的介绍,"他"在北平图书馆阅览室里已经两年。正在翻译世界经济史几部名著,有工夫还调查北平的庙会等经济现象"。② 在《食货》半月刊中除译文外,还撰有论文 2 篇,并有大量经济史论文与译文刊载于其他杂志,较有影响力的学术论文有《经济与地理》、《英国经济史学的背景和经过》、《中国经济史的研究方法与资料》等③。1934 年研究生毕业后在广东岭南大学任教 3 年。

沈巨尘,原名秉钺,字任远,山东曹县人。他和武仙卿在六中、北大同年级,同年毕业,两人关系比较近。在学校,沈巨尘比较活跃,武仙卿支持沈巨尘,跟着干,沈巨尘是武仙卿的代表。北大政治系开设《中国政府》一课,由陶希圣主讲,偏重历史沿革。他受陶希圣的影响,对于中国政治制度的研究启发了兴趣,获得了门径。"在校时,常蒙陶先生指导鼓励,利用课余时间,寻找有关资料,撰写成秦汉政治制度一书。"④ 1936 年由上海商务印书馆以陶希圣、沈巨尘两人合著名义印行。沈巨尘虽未见在《食货》半月刊上发表文章,但毕业后参加了经济史及政治史两个研究室的史料搜集工作,成为一位研究员,是陶希圣的"亲兵"。他是食货派学人中专攻中国政治制度史的,有大量中国政治制度史的文章见诸其时杂

---

① 陶希圣:《编辑的话》,《食货》半月刊 1935 年第 1 卷第 7 期。
② 陶希圣:《编辑的话》,《食货》半月刊 1935 年第 1 卷第 8 期。
③ 连士升:《经济与地理》,《禹贡》1935 年第 2 卷第 11 期;《英国经济史学的背景和经过》,《东方杂志》1935 年第 32 卷第 1 号;《研究中国经济史的方法和资料》,天津《大公报·史地周刊》1936 年 10 月 9 日。
④ 陶希圣、沈任远:《明清政治制度》,台北商务印书馆 1967 年版,序二。

志。如 1935 年《文化建设》第 1 卷第 8 期的《秦汉的皇帝》和第 2 卷第 1 期的《秦汉的尚书台》。

1934 年 11 月 14 日，陶希圣在北平《晨报·社会研究周刊》发布《〈食货半月刊〉宣言》时，计划以《食货》半月刊为平台，凝聚、组织一批热衷中国社会经济史的学者和青年学生，建立一个适应中国社会经济史研究的学会，通过集体分工协作来推进中国社会经济史的研究。12 月 1 日陶希圣在《食货》半月刊杂志创刊之时即进行食货学会的筹备事宜。陶希圣于每期都刊布《食货学会会约》：凡是志愿或正在研究中国经济社会史的师友们，皆得任意为本会会员。各大学史学系经济系社会学系师友愿参加本会时，无须另觅介绍。此外的人，经本会征求或经会员介绍，即为本会会员。会员得任意脱会。本会不举行具有形式的任何会议，以食货半月刊为相互报告及讨论机关。会员无义务。除任意订阅半月刊外，不纳会费。① 可见，陶希圣围绕着《食货》半月刊杂志的编辑工作而筹建的食货学会，是一个以倡导中国社会经济史研究为主旨的相对自由的专业学术团体。食货学会既不选举或组织具体专门的学会机构，也不定期召集任何具有形式的会员会议，无正式会章，组织较为松散。无需严格的正规入会手续，"加入本会没有一定的程序，向来凡曾通信声明入会的，便算会员"。"会员没有义务，也没有权利。他只有各就环境和兴趣，研究中国经济社会史的学术任务。本会对他只赠送《半月刊》。"②

1935 年，因各地研究中国社会经济史的人与陶希圣通信的逐渐增多，陶希圣打算按照组织程序迅速把食货学会建立起来。他说："食货出版以后，很引起师友们的注意。愿意帮助和指导我们的人多起来了。我们想在下学期开始时，把食货会员组织一下。我们邀约那些能够又愿意指导我们的师友们共同担负起指导研究的任务。同时，我们把通信过的会友们分辨一下，使会员对会的关系更加密切一点。我们希望会友提出意见来，作组织的准备。"③ 之后，陶希圣深感有一个指导部是必要的，认为对于来信询

---

① 《食货学会会约》，参见《食货》半月刊各期附页。
② 《食货学会通告（第一次）》，《食货》半月刊 1935 年第 1 卷第 10 期。
③ 陶希圣：《编辑的话》，《食货》半月刊 1935 年第 2 卷第 3 期。

问的研究方法，能够一件一件地作满意的答复，这样才可以把集团研究工作开展起来。于是，"决意准备一个指导部的组织，作为食货学会的头脑"。[1] 1936年9月，陶希圣又"想把食货学会会员依法令组织起来，成为法律的存在"。包括确定会员的会籍、征收会费、召开会员大会、选举理事、依法立案等[2]。不久，陶希圣还和南开大学经济研究所主任方显廷先生两度交换意见，"想联合国内致力研究中国经济史的几个文化机关和团体及个人，发起一个大的学会"。"希圣个人力竭声嘶的向各方有志于中国经济史者呼吁，苦于回答终竟有限。倘使大的学会的发起，能成事实，那便有划时代的成效了。"[3] 可惜，食货学会最终没能正式建立起来。但是，在抗战爆发之前，给陶希圣"写稿及通信的研究者二百几十人"，[4] 其中还有铃木俊等日本学者的加入[5]。

---

[1] 陶希圣：《编辑的话》，《食货》半月刊1935年第2卷第7期。
[2] 陶希圣：《编辑的话》，《食货》半月刊1936年第4卷第7期。
[3] 陶希圣：《编辑的话》，《食货》半月刊1936年第4卷第11期。
[4] 陶希圣：《食货周刊创刊的意思》，天津《益世报·食货周刊》1936年12月6日。
[5] 陶希圣：《编辑的话》，《食货》半月刊1936年第4卷第8期。

表 1—1　　　　《食货》半月刊所载食货派学人著述一览表

姓名	篇名	卷期数
陶希圣（45）	王安石以前田赋不均及田赋改革——读宋史随笔之一	1：1
	十六七世纪间中国的採金潮——读明史随笔之一	1：2
	搜读地方志的提议	1：2
	元代佛寺田园及商店——读元史随笔之一	1：3
	（译）初期的白莲教会——附元律的白莲教会（重松俊章著）	1：4
	元代弥勒白莲教会的暴动——读元史随笔之二	1：4
	元代江南的大地主——读元史元典章随笔之三	1：5
	（注）研究中国经济史之方法的商榷（王瑛著）	1：5
	食货学会本年六项工作草约	1：6
	说到家长的生产与商业资本（编辑的话）	1：6
	元代西域及犹太人的高利贷与头口搜索	1：7
	金代猛安谋克的土地问题——读金史随笔之一	1：8
	（注）方法与材料（李秉衡著）	1：9
	明代弥勒白莲教及其他妖贼——读明史随笔之二	1：9
	五代的都市与商业——读新旧五代史随笔之一	1：10
	五代的庄田——读新旧五代史随笔之二	1：11
	十一至十四世纪的各种婚姻制度（上）——读宋辽金史之余	1：12
	经济史名著选译计划	2：1
	鲁游追记	2：1
	北宋初期的经济财政诸问题	2：2
	十一至十四世纪的各种婚姻制度（下）——读宋辽金史之余	2：3
	宋代的职田——读宋史随笔之二	2：4
	北宋几个大思想家的井田论	2：6
	明代王府庄田之一例——晋政辑要里抄下来的数目	2：7
	（译）古代社会的经济（科窪流夫、涅克拉棱夫、老特尼加斯、斯米尔诺夫著）	2：9
	（校）由村落到都市的发达过程——重商制度之首节（西摩勒尔著连士升译）	2：10
	盛唐户口较多的州郡——读新唐书随笔之一	2：10
	战国至清代社会史略说	2：11
	满族未入关前的俘虏与降人——王先谦东华录摘抄之一	2：12
	疑古与释古	3：1
	（校）由城市经济到领域经济的发达（上）（西摩勒尔著，连士升译）	3：1

续表

姓名	篇名	卷期数
陶希圣（45）	常识之科学的解释	3：2
	斯密亚丹论中国（与连士升合著）	3：3
	齐民要术里田园的商品生产	3：4
	北宋亡后北方的义军（增补黄砚璠原稿）	3：5
	元代长江流域以南的暴动——读元史随笔之四	3：6
	民族运动的实在性	3：8
	顺治朝的逃人及投充问题——王氏东华录杂抄之二	3：11
	（合著）唐户籍簿丛辑	4：5
	冀筱泉著中国历史上的经济枢纽区域	4：6
	唐代管理水流的法令	4：7
	唐代管理"市"的法令	4：8
	唐代处理商客及蕃客遗产的法令	4：9
	西汉的客	5：1
	唐代寺院经济概说——唐代经济史料丛编寺院经济篇序	5：4
	王莽末年的豪家及其宾客子弟	5：6
鞠清远（16）	汉代的官府工业	1：1
	地方志的读法	1：2
	元代的寺产——几部文集中的史料	1：6
	读元代奴隶考——奴隶解放九项原因之批评	1：7
	唐代的户税	1：8
	元代系官匠户研究——质认为元代官局匠户是奴隶的人们	1：9
	元代系官匠户补记	2：2
	（译）经济史之兴起（格拉斯著）	2：3
	南宋官吏与工商业——读朱文公集随笔	2：8
	两晋南北朝的客、门生、故吏、义附、部曲	2：12
	曹魏的屯田	3：3
	三国时代的"客"	3：4
	唐宋时代四川的蚕市	3：6
	杜甫在夔州的瀼西与东屯庄	3：8
	（译）沙利曼的皇庄法	5：8
	校正江湖必读	5：9

续表

姓名	篇名	卷期数
武仙卿（8）	魏晋时期社会经济的转变	1：2
	西晋末的流民暴动	1：6
	南朝大族的鼎盛与衰落	1：10
	北魏均田制度之一考察	3：3
	隋唐时代扬州的轮廓	5：1
	魏晋南北朝田租与户调对立的税法	5：4
	唐代土地问题概说——唐代经济史料丛编土地问题篇序	5：8
	南北朝色役考（上）	5：8
	南北朝色役考（下）	5：10
何兹全（5）	魏晋时期庄园经济的雏形	1：1
	三国时期农村经济的破坏与复兴	1：5
	"质任"解（一）	1：8
	三国时期国家的三种领民	1：11
	中古大族寺院领户研究	3：4
曾謇（9）	西周时代的生产状况	1：7
	殷周之际的农业的发达与宗法社会的产生	2：2
	周金文中的宗法记录	2：3
	古代族外婚制的发达	2：8
	周代非封建社会论	3：10
	秦汉的水利灌溉与屯田垦田	5：5
	古代宗法社会与儒家思想的发展——中国宗法社会研究导论	5：7
	晋的占田与课田的考察	5：8
	三国时代的社会	5：10

续表

姓名	篇名	卷期数
连士升(11)	（译）经济理论与经济史（桑巴德著）	1：8
	（译）经济史的纪律（克拉判著）	2：2
	重商制度略说——《重商制度》译本序	2：5
	（译）论经济史的研究（克拉判著）	2：8
	（译）由村落到都市的发达过程——重商制度之首节（西摩勒尔著）	2：10
	（译）经济史的重要性（约克曼著）	2：12
	（译）由城市经济到领域经的发达（上）（西摩勒尔著）	3：1
	斯密亚丹论中国（与陶希圣合著）	3：3
	（译）论原富（费著）	3：4
	（译）怎样研究社会事实（卫布思夫妇著）	3：6
	（译）工业发达史（一）（格拉斯著）	3：9
	（译）工业发达史（二）（格拉斯著）	3：11
	（译）工业发达史（三）（格拉斯著）	4：1
	（译）工业发达史（四）（格拉斯著）	4：3
	（译）工业发达史（五）（格拉斯著）	4：6
	（译）工业发达史（六）（格拉斯著）	4：9
	（译）工业发达史（七）、（八）（格拉斯著）	5：11
	（译）工业发达史（九）（格拉斯著）	5：12

注：数目统计时，连载文章和上下篇文章算作一篇。以下各表文章统计数目均依此例。

二 中国经济史政治史研究室的建立与天津《益世报·食货周刊》的编辑

1931年至1937年，陶希圣任北京大学法学院政治系教授，最初讲授《中国社会史》及《中国政治思想史》，后来又开设《中国经济史研究》课程。

本课由研究生及三、四年级选修。由选修者选定专题，依指导者所定步骤及方法进行研究。选修者已定专题，第一、必须读习指导者所定的可以作该题参考的经济理论或外国经济史书籍；第二必须与特为本课而设的中国经济史研究室取得联络，以指定的方法接触该题所需用的史料。第三，指导人于必要时得作系统的讲解或召集讨论会，选修者应作成笔记及报告。专题的选择，虽先须考虑选修者的心得及兴趣，但如有可能，研究的题目之分配，须有一定之计划。尤以唐代以后经济史料须取自广大纷繁之图书文件实物，选修者以取分工的方法共同进行研究为适当。如愿参加中国经济史研究室正在进行的研究，则选修者所作的局部劳作，得指导人的承认，也可以为本课的成绩。①

为了授课的需要，1935年9月陶希圣在法学院着手筹建中国经济史研究室。该室指导教师是法学院院长周炳琳、经济系主任赵迺抟及陶希圣，实际由陶希圣主持，参加者先后有鞠清远、武仙卿、沈巨尘、方济需、曾资生、贾钟尧、李树新等。该研究室除了训练培养人才外，主要目标就是致力于有关经济史资料的收集整理和研究。"该研究室本年度（二十四年九月至二十五年六月）搜集唐代经济史料。以后继续从事于宋代以后经济史料的搜集。""搜集的史料，将分题分类编为长编以供经济史家的利用。"②

对食货派的发展而言，经济史教研室的建立与发展可谓意义非凡。这一教研室不仅为他们提供了安身立命之所，使得学术研究成为固定职业，而且供给陶希圣精研之地，在短短的二年内，研究室聚集了一批优秀学者，结成了一个学术研究的团体，像鞠清远、武仙卿、沈巨尘、曾謇等。在陶希圣的领导下，教研室在其成立后的两年内取得了巨大的成就，推动了学术的发展。

首先，搜集、整理了大批经济史料。研究室从搜集唐代经济史料着手，以卡片将二十四史中有关唐代经济史的记载，分条记录，分类汇存。1937年7月，汇集编成《中国经济史料丛编·唐代篇》八册，交于北京大学印刷所排印，但尚未装订发行，就爆发了"卢沟桥事变"。最后仅刊行《土地问题》（武仙卿主编）、《寺院经济》（陶希圣主编）、《唐代之交通》

---

① 《国立北京大学一览——民国二十四年度》，国立北京大学出版组1935年版，第237页。
② 《国立北京大学一览——民国二十四年度》，国立北京大学出版组1935年版，第237页。

（鞠清远主编）三册。唐代经济史料搜集整理完成之后，他们迅速转入宋代经济史的收集整理。另外，他们还协助美国教授魏特夫（Wittsogef）博士搜集辽金时期社会经济史料。

其次，撰有大量的研究论文论著。研究论文主要刊载于天津《益世报·食货周刊》。1935年9月至1936年6月，经济史研究室搜集唐代经济史料的工作，初步完成，7月以后，"一面进行宋代经济史料的搜集，一面就唐代经济及其他史料，加以分析与综合，写成论文或书册多种"。[①] 先后出版《唐代经济史》、《南北朝经济史》、《刘晏评传》、《唐代财政史》四本专著[②]。

1935年北京大学法学院增加《中国政府》一课，陶希圣遂在法学院设立中国政治史研究室。沈巨尘、曾謇是这个研究室的研究员，"自民国二十四年以后，到七七事变他们广搜集中国政治制度的记录，制造卡片"。[③] 在陶希圣的指导下，沈巨尘在中国政治制度史上不断耕耘。1936年陶希圣、沈巨尘在上海商务印书馆出版有《秦汉政治制度》一书。全书五章，第一章为绪论，后四章探讨秦汉政治制度，内含中央政府、司隶与刺史、地方政府、文官制度。在绪论中作者对历史上的政治制度、秦汉的统一国家、秦汉政制的特点作了全面的概说。在中央政府章中对皇帝、上公－太傅与将军、三公、九卿、列卿、尚书台等都作了探讨。在司隶与刺史章中，对司隶校尉、刺史－州牧都作了叙述。在地方政府章中，分别对国、郡、县作了阐述。最后一章文官制度探讨了仕途、任用、升降赏罚、休假考绩、爵封秩俸、加官与散官等。"这是有关中国政治制度第一本有系统的著作，虽然有待补充之处尚多，至少为这项研究，创立一个体例，迄今为世人所宗。"[④]

1936年12月6日，陶希圣在天津《益世报》还开辟了一个《食货周

---

① 鞠清远：《刘晏评传》（附年谱），上海商务印书馆1937年版，序。
② 陶希圣、鞠清远：《唐代经济史》，上海商务印书馆1936年版。陶希圣、武仙卿：《南北朝经济史》，上海商务印书馆1937年版。鞠清远：《刘晏评传》（附唐刘吏部晏年谱），上海商务印书馆1937年版。鞠清远：《唐代财政史》，上海商务印书馆1940年版。
③ 曾资生：《中国政治制度史》第1册，重庆南方印书馆1942年版，陶序。
④ 沈任远：《历代政治制度要略》，台北洪范书店有限公司1988年版，序。

刊》，关于其发刊缘起，陶希圣在的《食货周刊创刊的意思》一文中有着详细的说明，兹引述如下：

> 今年七月，它（《食货》半月刊）的发行家请我们于第三年开始时（第五卷第一期起），另托别家出版，因为他们想暂时把出版的活动停止，整顿内部。我们虑到出版家委托不是容易的事情，想改编季刊与周刊两种来代替，周刊便托本报开一园地，本报即刻答应了。这是九月里的事。到了十月，上海杂志公司又承认半月刊的发行，我们经过一回挫折到是得到了周刊半月刊两个地方，供我们的论文的登载。

天津《益世报·食货周刊》由北大经济史研究室承办，主编仍为陶希圣，编辑成员有鞠清远、武仙卿、方济需、曾资生、贾钟尧等。起初出版日期不稳定，第1期是星期日，而第4期则在星期五出版，第6期又改为星期日。自第7期以后才稳定在星期二出版。于1937年6月27日停刊，共出33期，发表论文近50篇。《益世报·食货周刊》仍然坚持摒弃政论，倡言"合作并进"。但与半月刊相比，周刊办刊有着较大的不同。首先，与半月刊大容量的著述相比，周刊"每周一次约一万二三千字的版面，文章篇幅短小"。其次，周刊与半月刊体例不同。周刊登载短些的论文，内容以叙述原委为主，不多插材料在里面。半月刊的论文是以集合材料为主的长些的东西。再次，两刊写稿人也大不一致。半月刊是各地食货学会会员的论文汇集地。周刊虽也是食货学会的出品，主要的却是北京大学法学院中国经济史研究室同人的译著。当然周刊也欢迎室外的稿子①。天津《益世报》系民国四大报纸之一②，这一大众传播媒介的力度不小。陶希圣将天津

---

① 陶希圣：《食货周刊创刊的意思》，天津《益世报·食货周刊》1936年12月6日。
② 天津《益世报》是民国时期罗马天主教会在中国印行的中文日报，1915年10月在天津创办，抗日战争时期一度中断出版，1949年1月天津解放后停刊，存世时间前后达三十余年，是中国近现代具有广泛影响的全国性重要报纸之一，与《申报》、《大公报》、《民国日报》一起，被人们称为民国"四大报"。参见2004年8月南开大学出版社、天津古籍出版社、天津教育出版社重新影印天津《益世报》的《影印说明》。

《益世报·食货周刊》变成了宣传"食货"思想的又一个中心，并使之与《食货》半月刊遥相呼应。很多文章同时刊载，如武仙卿《唐代问题概说》和《南北朝色役考》、陶希圣《唐代寺院经济概说》、曾謇《三国时代的社会》等均先刊于天津《益世报·食货周刊》，再重刊于《食货》半月刊。从而极大地扩大了食货派的声势和影响。食货派学人在天津《益世报·食货周刊》发表的文章有：陶希圣5篇，鞠清远14篇，曾謇8篇，武仙卿7篇，何兹全1篇。

综上所述，陶希圣通过主编《食货》半月刊和天津《益世报·食货周刊》，主持北大中国经济史政治史研究室，筹建"食货学会"，集结起了一支研究中国社会经济史的学术队伍，俨然成为了食货派的领袖。鞠清远、曾謇、武仙卿、何兹全等人深受陶希圣的影响，逐渐走上了中国社会经济史的研究道路，连士升主要致力于国外社会经济史的译介工作，沈巨尘则以研究中国政治制度史为目标，在学术旨趣上形成了共同或相似的认识，是一个典型的由师生共同组成的学派。他们出版了大量学术著作，除了在《食货》半月刊和天津《益世报·食货周刊》上发表研究论文外，在其他刊物上发表的文章也不少，其中，大量的文章被陆续转载[①]。这些正反映了陶希圣对中国社会史论战深刻反思之后学术转向的丰硕成果，展示了食货派学识上的事功。然而，这一切最终因抗战的爆发而被迫中断。

表1—2　天津《益世报·食货周刊》所载食货派学人著述一览表

作者	篇名	出版日期
陶希圣（5）	食货周刊创刊的意思	1936年12月6日
	唐代寺院经济概说——唐代经济史料丛编寺院经济篇序	1936年12月13日
	格式与头衔	1937年3月9日
	以感情答感情	1937年3月23日
	瞿兑之先生中国社会史料丛编序	1937年5月4日

---

① 例如武仙卿发表在《食货》半月刊1935年第1卷第6期的《西晋末的流民暴动》一文，转载于《文化月刊》1935年第1卷第14期。陶希圣发表在《清华学报》1935年第10卷第3期的《周代诸大族的信仰和组织》一文，摘录于《史地社会论文摘要月刊》1935年第1卷第12期。

续表

作者	篇名	出版日期
鞠清远（14）	唐代财政上的特种收支（上）	1936年12月6日
	唐代财政上的特种收支（下）	1936年12月20日
	五胡北朝及隋的官工业机关	1936年12月27日
	魏晋南北朝官工业中之刑徒	1937年1月1日
	魏晋南朝之官工业机关	1937年1月19日
	魏晋南北朝的冶铁工业	1937年2月16日
	魏晋南北朝的匠师及其统辖机关	1937年2月23日
	魏晋南北朝的匠师及其统辖机关（续完）	1937年3月2日
	唐代的都市概说	1937年3月16日
	魏晋南北朝的纺织工业	1937年3月30日
	清开关前后的三部商人著作	1937年4月6日
	怎样作商客——清开关前后的三部商人著作	1937年4月13日
	伙计须知——清开关前后的三部商人著作	1937年4月27日
	唐代宗初年江南的两大暴动	1937年6月22日
	清代银锭之种类	1937年6月22日
	商路与马头	1937年6月29日
武仙卿（7）	唐代土地问题概说——唐代经济史料丛编土地问题篇序	1936年12月6日
	魏晋南北朝田租与户调对立的税法	1936年12月13日
	唐代土地法令叙说（上）——唐代经济史料丛编土地法令集序	1937年2月2日
	唐代土地法令叙说（下）——唐代经济史料丛编土地法令集序	1937年2月9日
	南北朝色役考（上）	1937年3月9日
	南北朝色役考（中）	1937年3月16日
	南北朝色役考（下）	1937年3月23日
	唐代几首描写农村生活的诗	1937年5月4日
	唐代的汴州	1937年5月25日
	"傭"字之一解	1937年7月13日

续表

作者	篇名	出版日期
曾謇（8）	秦汉之际社会政制的转移	1937年1月10日
	三国时代的各种杂税	1937年1月26日
	晋代的占田与课田的考察	1937年2月16日
	三国时代的社会	1937年3月2日
	永嘉前后的社会（上）	1937年4月6日
	永嘉前后的社会（中）	1937年4月20日
	永嘉前后的社会（下）	1937年5月11日
	中国古代社会政治发展的阶段	1937年6月29日
	战国时代的士人与客	1937年7月20日
	北魏时代的婚姻家族	1937年7月27日
何兹全（1）	南北朝隋唐时代的经济与社会	1937年5月18日
	南北朝隋唐时代的经济与社会	1937年5月25日

三　食货派崛起的原因

任何史学流派的兴起，必然有其深层的历史动因和学术动因，成为其崛起和发展的历史条件。食货派在中国社会史论战之后迅速崛起，并非偶然。

第一，社会史论战之后特定的学术环境为食货派的产生提供了历史的机缘。

前文已述，社会史论战促成了中国社会经济史研究的兴起，但许多问题也随之暴露出来，尤其是理论与材料孰轻孰重的问题凸显，成为史学研究走出困境必须正视的问题。社会史论战之后的中国社会经济史研究者，主张不同，声势不一，成绩各异，但他们均开始重视史料的收集与整理。陶希圣抓住这一时机，揭橥"搜集史料"的旗帜，倡导专题研究，以消解当下理论与史料的矛盾。陶希圣的一班弟子积极响应，迅速形成了一支气象殊异的史学流派。故而食货派的崛起，深受社会史论战的影响，这一大背景可以说是食货派崛起最重要的原因之一。事实上，脱离社会史论战之后的环境和背景，即使陶希圣能开风气，也只能以个体力量来从事中国社会经济史的研究，而无法建立起20世纪30年代中期如此引人侧目的史学流派。可以说，食货派的出现是中国社会经济史研究进入深层面的重要标志之一。

第二，食货派对社会史论战的独特思考。

通过前文我们对陶希圣在中国社会史论战中取得的学术成就，以及由重视理论到偏重史料的学术转向过程的考察，陶希圣的独特思考无疑是食货派崛起的最主要的因素之一。陶希圣深刻地感觉到论战中缺乏史料的毛病。他说："几年来的论战，没有结果，便是由于史料的缺乏。甚至于对于注重史料一点的人，加上一个机械论或是经验论者的头衔。我曾叫那一些人是反历史的历史唯物论者。""细想这些人——我也是一个"。① 陶希圣创办《食货》半月刊的初衷，显然是基于社会史论战中忽视史料的深刻反省。1934年，陶希圣在《食货》创刊号的《编辑的话》中说："中国社会史的理论争斗，总算热闹过了。但是如不经一番史料的搜求，特殊问题的提出和解决，局部历史的大翻修，大改造，那进一步的理论争斗，断断是不能出现的。"1936年在瞿宣颖纂辑的《中国社会史丛钞》的序文中，陶希圣又指出："中国社会史的研究，起自民国十七八年间，到了十九及二十年，狂热到了顶点。二十一年起，这研究狂热便冷静下去了。在狂热期内，有不少的书和论文出现于出版界，每一篇好的书文都可以风行一时。平心而论，这时期的作品，只可以叫做'中国史的社会家的解释'。材料取自过去的史家，解释取自过去的理论家，作者不过从中拍合一下子。这种作品很难叫做社会史。二十一年以后，我力主重新自搜材料，不再依靠过去史家的陈迹。我创办了食货半月刊，标出重视材料的宗旨，这时候，我受了许多人的责骂，说我不讲方法，专搜材料，是向试验主义考据家投降。我不顾这些，仍旧进行史料搜集的工作。"②

与陶希圣一样，其他学派成员也都受社会史论战的深刻影响，开始对中国社会经济史研究产生了兴趣。如何兹全认为自己走上学习社会经济史

---

① 陶希圣：《读中国经济史研究专号上册以后》，《中国经济》1934年第2卷第10期。
② 瞿宣颖：《中国社会史料丛钞》甲集（上册），上海商务印书馆1936年版，陶序。另见陶希圣：《瞿兑之先生中国社会史料丛编序》，天津《益世报·食货周刊》1937年5月4日。

的道路是受了"北伐战争失败后的思潮与反思的影响"①。然而，食货派愤于论战中社会经济史研究的种种弊端，立志改变此种现状。他们从不同方面对论战进行了独特的思考。何兹全回忆说："三大论战都是在人们探索革命道路的思潮下产生的，是人人关心的问题。对各路论战的文章，我也翻看。""我模糊地认识到，大论战中谈的理论多是'以论带史'。引用文献也多是类书，政书，很少从正史中找材料钻问题。我是史学系学生，应该读书，从搜集史料作起。"② 于是，他注重史料的搜集与断代专题的研究。连士升深切痛恨当时学术界出版界的贫乏，认为书摊上缺少博大精深的作品，只充满着毫无价值的大纲概论一类的东西。他说："十几年来中国所输入的多是空洞的新名词，很少得着具体的理论或历史的介绍，所以趋时的人虽然爱用新名词，其实对于新名词的含义，丝毫没有领会。什么'重商主义'、'自由主义'、'社会主义'等名词，固然家喻户晓，就是近几年来的'资本主义合理化'、'苏联五年计划'，及最近一两年间的'经济统制'等新鲜的名词，也不断地见于大小的报章杂志上。名词虽然听得很熟，可是内容一点也莫名其妙，于是所谓赞成或反对某种主义的人，只抓住几个空洞的名词来'论战'，'论战'战了几年，到头还是莫名其妙。"③ 所以，连士升为了改变这种营养不良的"贫血症"，专注于西方社会经济史名著的译介。沈巨尘致力于中国政治制度史的研究，也是在对社会史论战的独特思考之后，试图摆脱论战的弊端。他回忆道："民国二十年秋，我进入国立北京大学，在政治系肄业，政治系得课程，多是舶来品，政治思想是西洋的，政治制度是讲欧美的，无一课涉及中国。以《比较宪法》而论，教者对美国的内阁制，美国的总统制，尚能言之成理，对中国的宪法则一字不提。""我因此，便立定志愿，要彻底研究中国政治制度，显示其清晰面貌，编著一部中国政治制度史。"④

第三，受中外史学交流的影响。

---

① 何兹全：《何兹全文集》第1卷，中华书局2006年版，自序。
② 何兹全：《我的史学观和我走过的学术道路》，《何兹全文集》第6卷，中华书局2006年版，第3230页。
③ 连士升：《重商制度略说》，《食货》半月刊1935年第2卷第5期。
④ 沈任远：《历代政治制度要略》，台北洪范书店有限公司1988年版，序。

20世纪二三十年代，西方社会经济史研究迅速发展的同时，社会学、经济学、社会经济史的理论与方法也被中国学术界大量引进，广泛传播。食货派相当清醒地意识到，中国社会经济史逊于西方社会经济史，主要在于缺乏西方社会经济史的理论与方法。于是，他们积极吸纳西方社会经济史的理论与方法。食货派最初迎受西方社会经济史理论与方法早晚虽然各有不同，但是有一共同点就是开放性。他们在北大、师大、燕京大学等高校阅读了大量社会学、经济学、经济史理论与方法的著作，这些著作启发了他们对中国社会经济史的认识。何兹全承认他写《中古时代之中国佛教寺院》这篇文章，是受了欧洲中世纪史的影响。"欧洲中世纪有基督教会，教会有很大的势力，有土地，有财产，有很多为它服役的劳动人民。这方面的学习引导我想：魏晋南北朝隋唐时期佛教很发达，中国中世纪佛教是否有教会组织和活动？佛教寺院是否有财产、土地和人口？初步一摸，知道佛教寺院也是有教会活动，有土地、有财产，有人口的。"[①] 曾謇认为在撰著《中国古代社会》时，西洋的两位学习者——莫尔甘和恩格斯的著作对其影响极大，他理解中国的古代社会"多是以他们的学说为根据而参加我自己的主张的"[②]。毫无疑问，食货派所以能开拓中国社会经济史研究的诸多新领域，迅速崛起，成为其时重要一支史学派的原因之一就是：不论食货派的史学思想、治史方法，还是学术成就的取得，都从西方的社会学、经济学、经济史理论与方法中获致巨大的赐与。

食货派的中国社会经济史研究能迅速崛起，同样受到了是外国研究中国社会经济史的极大刺激，强烈的责任感和使命感催生了食货派的产生。这主要来自两方面的影响。首先，是欧美对中国社会经济史的研究。石决明在《外国学者关于中国经济史之研究与其主要贡献》一文中指出马克思对中国经济史研究的影响极大。"其唯物史观对中国经济史上实给予以极大的暗示。社会一切上层建筑的变动，既然是以经济基础为依据的，那末，经济史的研究，在文化史研究上自然占有很重要的地位了。我们如果要明白现在中国社会的形态与动向之运动诸法则，要知道目前正在进行着

---

① 何兹全：《学史经验与体会》，《文史知识》1982 年第 4 期。
② 曾謇：《中国古代社会》（上），上海新生命书局 1935 年版，自序。

的中国社会经济崩溃的特质,那末就不能不回溯考察中国过去的社会经济。因此,最近欧洲学者之以唯物辩证法的见地来研究中国社会经济史者极多,尤以苏联学界为盛;主要著作,有拉德克(K. Radek)的《中国历史之理论的分析》,(讲义)柯金(M. K. kino)的《古代中国之土地制度》,马扎尔(L. Madjar)的《中国农村经济研究》,苏联马克斯主义东方学者协会编的《关于亚细亚的生产方式问题之讨论》,沙发诺夫(G. Sapharoff)的《中国历史上的阶段与阶级斗争》,威霍格尔(Wittfogel)的《中国的经济与社会》等"①。

其次,是日本的中国社会经济史研究。日本近代意义上的中国社会经济史研究,约发端于20世纪初,其开拓者为"日本研究中国经济史的第一人"②——加藤繁。斯波义信认为"加藤繁、内藤虎次郎教授为先驱的日本的中国社会研究,起步比欧美及中国的研究领先了半个世纪"③。到20世纪30年代,日人研究中国经济史极盛,"有不少刊物为其发表机关(其主要者有《史学杂志》、《东洋学报》、《汉学》、《艺文》、《支那学》、《史林》等)";许多以侵略为目的之研究机关与刊物,"东亚同文会的《支那》,东亚同文书院的《支那研究》,南满洲铁道会社的《满铁调查月报》,满铁上海事务所研究室的《满铁与支那月志》,东亚经济调查局的《东亚》,山口高等商业学校东亚经济研究会的《东亚经济研究》,其中,关于中国经济史之断片的论著,为数颇多"。④ 日本学术界正是凭借着中国经济史的研究快速发展,"越俎代陈",撰写起中国经济史来。石决明在《评田崎仁义著〈古代支那经济史〉》中说:"中国的学术界,到了现在还没有产生足称为《中国经济史》的著作,而邻邦日本却已替我们写好了几部的经济史。"而田崎仁义在《古代支那经济史》的《参考书》里指出关于古代中国经济史,现在还没有可算完整的参考书。现在中国人的著书中,

---

① 石决明:《外国学者关于中国经济史之研究与其主要贡献》,《中国经济》1935年第2卷第10期。
② (日)加藤繁:《中国经济史考证》,上海商务印书馆1959年版,序。
③ (日)斯波义信:《宋代江南经济史研究》,江苏人民出版社2001年版,第3页。
④ 石决明:《外国学者关于中国经济史之研究与其主要贡献》,《中国经济》1934年第2卷第10期。

虽有简单的商业史等，但还没有看到足视为经济史者①。中国学者对中国社会经济史研究明显落后于日本的事实引起了学术界的高度重视。汤象龙指出："中国的学术实在太贫乏，这种土质肥沃的荒地正待我们去耕种；不然，若干年后眼看别人要来代庖，那时就太羞人了。其实，这样的事实是已经有了的，中国经济史的领域里不是已经有了外人在代我们垦殖了吗？"②陶希圣同样认为在这学术"国难"的时节，日本学者的"越俎代陈"之举，是中国学术界的奇耻。在他看来，"我们研究有多少成绩？我们很引以为愧的"。③这种因外来刺激而产生的学术心态，影响和推动了食货派对中国社会经济史的研究。

总之，20世纪30年代西方社会学、经济学、社会经济史的理论与方法的大量引进，外国对中国经济史的研究迅速展开，催生了食货派的崛起。食货派对西方社会学、经济学、社会经济史理论与方法的吸纳构成了他们知识结构的优势，而当时外国研究中国社会经济史的"越俎代陈"之举刺激了他们的发展。正是在这中外史学广泛交流的时节，食货派为了避免步外国学者的后尘而走入迷途，沿着外国学者已经开辟了的路径进行了一番详细的检讨之后，依托创办的《食货》半月刊杂志，大力加强社会经济史的研究，在学术界迅速崛起。

第四，北平良好学术环境的助益。

北平特别是北大学术环境和人文环境为食货派的兴盛提供了极好的学术条件。首先，据地主之利。史学的研究不仅要掌握丰富的理论知识，还必须要有大量的史料，才能有所进益。北平是中国文化的中心，北大图书馆和国立北京图书馆，是全国最大的图书馆，分别藏有这些书。可以说，北平为食货派的史学研究提供了一个良好的外部条件。所以陶希圣一直认为中国经济史各方面的研究"只有在北平因有各图书馆，档案及私人藏书，这种研究，方可以进行"④。正如时人指出："陶希圣说：'丰富的材料才是犀利的战具，现在谁都感到缺乏材料的毛病。'所以他打算以后少写

---

① 石决明：《评田崎仁义著〈古代支那经济史〉》，《中国经济》1934年第2卷第10期。
② 汤象龙：《对于研究中国经济史的一点认识》，《食货》半月刊1935年第1卷第5期。
③ 陶希圣：《编辑的话》，《食货》半月刊1935年第1卷第4期。
④ 陶希圣：《战时学术研究》，《政论》1938年第1卷第18期。

文章，多搜材料。现在他已经去北平担任北大的教授，北平图书馆是真够满足他这个要求了。"① 在北平食货派学人大量漫读有关群籍，锲而不舍地搜集有关资料，专心致志地从事扎扎实实的学术研究。曾謇在北大的第二年，开始有系统的读书工作。他说："我一方面是读先秦的古籍，另一方面是读近代的社会学经济学政治学和哲学一类的书籍，我是一部一部地读，读了想，想了读，渐渐的这些东西就活跃起来，在我的心中往来交织着，久之，我似乎发现我自己有了一点儿见解似的。"② 何兹全在北大四年也很用功读书，"二年级开始读《资治通鉴》、二十四史，每天钻进图书馆里看书"，三年级开始写文章。他走上学习研究中国社会史的道路之后，从此"一头扎进图书馆，两耳不闻窗外事，连报纸都不看，好好地读了几年书"。③ 为写《中古时代之中国佛教寺院》这篇文章，他"每天跑北京图书馆善本阅览室，看日本大正新修《大藏经》史传部和有关的书"。④ 连士升后来也回忆说："平心而论，旅食京华的十年，是我生命史上的转机。各部门的科学，我从头学起，白话文也从头学起，甚至标点符号也是从头学起。燕京大学图书馆，国立北京图书馆，政治学会图书馆，固然是我常造之地。"他认为那十年间阅览的范围，可以分为三个阶段：一为恣览文艺书籍，从五四运动以来所发表的重要创作，差不多都过目，其中有几部至少研读三次以上。翻阅的古籍，从楚辞、庄子、荀子、孙子、文选、四史，以及各名家文集。二为精研经济学经典及社会主义名著。当时蓄意改革社会，所以对于社会主义重要文献相当注意。同时，因为社会主义的名著导源于正统派经济学，所以寻源究流，多事钻研。三为专攻经济史。把当时各大图书馆所能找到的经济史名著，差不多一一看过。"一年寒窗，只管研读，不必动笔。""因为好书看得不少，所以对于时下作品，多数看不顺眼"⑤。

---

① 《编辑的话》，《读书杂志》，1931 年第 1 卷第 4、5 合期；《中国社会史论战》第 1 辑，上海神州国光社 1931 年版。
② 曾謇：《中国古代社会》（上），新生命书局 1935 年版，自序。
③ 何兹全：《何兹全文集》第 1 卷，中华书局 2006 年版，自序。
④ 何兹全：《我的史学观和我走过的学术道路》，《何兹全文集》第 6 卷，中华书局 2006 年版，第 3230 页。
⑤ 连士升：《给新青年》，《连士升文集》，新加坡星洲世界书局公司 1963 年版。

其次，有良好的学风。1931年春夏之际，陶希圣由社会史论战中心的上海来到学术的中心北京，受聘北大法学院政治系教授。这一选择对于陶希圣研究方向的拓展，即在进行社会史研究的同时进行经济史研究，并把政治思想史研究纳入经济史研究之中，或者说在更为广阔的社会政治经济思想的背景之下研究社会经济史，起了重要的作用。须知当日的上海与北京不可同日而语，当时在北平中国历史学界占支配地位的是以胡适先生为首的所谓"由清代考据与美国实证主义之结晶"的正统历史学。在北京的"以科学方法整理国故"、"非考据不足以言学术"的学术环境中，陶希圣的学风发生了大的变化。以前陶希圣不得不将注意力集中在反抗论敌上，疲于应付来自各方面的指责、批评以致谩骂，对自己如何使自己的学术研究走出困境，尚无暇顾及。陶希圣在北大相对宽松的环境中，他将社会经济史研究的重点放在史料收集上，悉心探讨如何开展史料的搜集工作。这一时期他所写的论文偏重史料。以《中国政治思想史》为例，三年之内编辑出版《中国政治思想史》四卷，七十余万字，史料特别丰富，而且"陶君此书所用之材料比较审慎，然大体皆为前人所考定者"①。曾资生也认为北大的学风对其治学帮助极大。他说："二十一年入国立北京大学国文系肄业。该校自蔡先生元培以来，主自由讲学之风。蔡先生既去，此风未坠。诸师讲学，是其所是，非其所非，奔驰竞逐，各具偏长。侧身其间，耳濡目染，予遂由诸子以至史汉，由宋明理学以入于清儒考据训诂，而特留心典章制度。由马克思、恩格斯、考茨基、波格达诺夫、列宁等共产主义理论，与其他政治经济学说而归本于孙总理经世建国之学。由莫尔干、梅因、泰勒、巴学芬、麦克列兰、卢包喀诸家社会民族学而返乎三礼名物与中国社会组织之钻研。"②毫无疑问，北平良好的学术风气对于食货派史学研究的发展起了重要的作用。

第五，陶希圣突出的学术组织才能及学派成员间的强大凝聚力。

以往研究学派时，多强调学派的社会政治环境和学术条件对学派的影响，而忽视了学派领袖的能力以及学派成员间的强大凝聚力。实际上，学

---

① 刘节：《陶希圣著〈中国政治思想史〉》，《图书评论》1933年第1卷第12期。
② 曾资生：《中国政治制度史》第2册，重庆南方印书馆1942年版，弁言。

派领袖的品质直接影响到学派的声誉和学派的内聚力。陶希圣促成食货派崛起的作用不能低估。陶希圣在创建食货派中表现出了突出的学术组织才能。

首先，跻身北大名教授行列。据何兹全先生回忆："当时，北大最受欢迎的教授有胡适之、傅孟真、钱宾四和陶先生四位先生。北伐战争之后，青年学生中最关心的问题是中国革命的反思和前途问题。由中国革命性质而联系到中国社会性质；由中国社会性质而联系到中国社会史的发展。最受欢迎的研究历史的方法是辩证法和唯物史观，陶先生就是运用辩证法和唯物史观来分析中国社会史问题的。陶先生讲课声音不大，而分析深刻，鞭辟入里，生动有层次，循循善诱，引人入胜，教室里挤满了人。"① 陶希圣成为学生心目中"北大最叫座的教授之一。因为所授的学科是'中国社会思想史'虽内容太专而听者仍众"②。陶希圣在其学生和同事中产生了很大的影响，这一声誉甚至波及当时北师大、北平大学法商学院、清华大学与燕京大学。陶希圣回忆说："希圣讲课以中国社会组织或结构为骨干，旁及政治制度与政治思想，各方面虽多实质上同条共贯。我自觉尺有所短，人谓我寸有所长。其长处在讲义与讲辞可以激起学生青年读书与研究之兴趣。"③

其次，有高瞻远瞩的学术计划，不断完善，身体力行。陶希圣通过对社会史论战的反思，认为搜集史料是取得中国社会经济史研究突破的唯一途径。为此，他决定通过与自己长期合作的上海新生命书局出版社会经济丛书和刊物来宣传自己的主张，影响人们的史学观念。中国社会史丛书的顺利出版，推动了学术的发展，《食货》半月刊的流行畅销，更与陶希圣的个人因素分不开。陶希圣认为在诸流并进的潮流下，食货派要占据一席之地，必须通过创办《食货》半月刊，宣传其观点、扩大学术影响。《食货》半月刊是"独立创刊的出版物，大缺点是没有丰富的经费。创刊两三

---

① 何兹全：《悼念我师陶希圣先生》，台湾《传记文学》1988年第8期。另见《何兹全文集》第6卷，中华书局2006年版，第3131页。
② 刘道远：《九十自述》，台北龙文出版股份有限公司1994年版，第46页。
③ 陶希圣：《八十自序》（上），吴相湘编：《传记文学》1978年第33卷第6期。

月后，印刷广告发行经费都规出版人负担"①。为维持《食货》半月刊发行，他每月除将自己的兼课钟点费100元补助办刊之费外，还不断地向社会募捐来维持刊物的运行。陶希圣在编辑经营《食货》半月刊过程中，曾因时局的动荡，经费的紧张，差点中断，但他并没有放弃，而是有着另外的补救的措施。陶希圣打算自第五卷起，将半月刊的出版进行一定的改变。他说："最可能的改变是分编一个周刊，一个季刊。周刊或者在天津《益世报》开辟一个地位，正在与该报接洽。季刊或在上海或在北平，刻下还正在计划中。两刊皆名《食货》。但是编者仍没有决意舍弃半月刊的计划。倘使有出版家愿意出版这个半月刊，将于半月刊之外，另出周刊或季刊。半月刊出不了，只好分出季刊周刊两种了。"② 可见，陶希圣是把《食货》半月刊当作自己的精神寄托和志业。《食货》半月刊只停刊两期，又仍然继续刊行，发行家改为上海杂志公司。而且他还多了一个天津《益世报·食货周刊》的新园地。另外，除了极需的"断鳞片爪"的新材料外，为了三四万字以上的系统论文，陶希圣还想在《食货》半月刊之外，筹备一个经济史季刊③，每三个月要集合十五万二十万有系统的文字④。陶希圣的种种愚诚苦心，很快得到学术界的响应、支持与参与，《食货》半月刊印行量一度达到4000份，成了当时"一个最著名的社会经济史杂志"⑤。

再次，善于识别人才。在20世纪30年代，学派的竞争非常激烈，它们的水平在伯仲之间，要想在竞争中保持优势地位，就必须拥有人才济济的强大阵容，因此有效地识别人才、牵引合作使人才脱颖而出，就成为学派实力和取得瞩目成果的重要因素。中国社会史丛书中《两宋田赋制度》和《中国中古时期的田赋制度》二书的作者刘道元就是陶希圣早期发现和培养出来的。刘道元作中国田赋史研究，由陶希圣指教，进行"二十四史食货志与列传之资料搜集和抄录，相当有效，然仍嫌不够。乃请陶先生函

---

① 陶希圣：《编辑的话》，《食货》半月刊1936年第3卷第1期。
② 陶希圣：《编辑的话》，《食货》半月刊1936年第4卷第10期。
③ 陶希圣：《编辑的话》，《食货》半月刊1935年第2卷第7期。
④ 陶希圣：《编辑的话》，《食货》半月刊1936年第4卷第11期。
⑤ 齐思和：《近百年来中国史学的发展》，《燕京社会科学》1949年第10期。

介当时著名的书目学家赵千里教授求教"。"作中国田赋史研究期间,每积有若干问题辄去陶府请益","在讨论的学术范围内无所不谈。""于大学三、四年级撰写上述两书,陶先生以之加入他的《中国社会史丛书》予以出版。"① 可见,陶希圣在人才的鉴赏方面占据一定的优势。可惜,刘道元后来专心从政,没有继续学术的研究。但是在陶希圣的直接影响、指导与帮助下,鞠清远、武仙卿、曾謇、何兹全、连士升等一班弟子在《食货》半月刊上发表文章,逐渐走上中国社会经济史的研究道路。何兹全说:"我在大学时期写的第一篇文章是《中古时代之中国佛教寺院》。这篇文章是我在大学三年级下,即1934年上半年写的,刊登在1934年9月《中国经济》月刊第二卷第九期《中国经济史专号》上。陶希圣先生也在下一期《中国经济史专号下》里写文章称赞我写的《中古时代之中国佛教寺院》。随后他办《食货》就约我写稿,因此《食货》创刊号里就有我的文章。"他认为在北大四年,对其影响最大的是陶希圣,他开"中国社会史"和"中国政治思想史"都选修过。何兹全走上研究中国经济史和社会史的路,不能说不是受了陶希圣的影响②。沈巨尘在国立北京大学读书时,曾立志编撰一部中国政治制度史。陶希圣发现沈巨尘的志趣之后,随即指导他从秦代开始,研究中国政治制度史③。陶希圣在北大教书的六年,既是陶希圣在学术上获得极大声誉之时,也是鞠清远、曾謇、连士升、武仙卿、何兹全、沈巨尘等人在学术界崭露头角之日。

最后,将思想见解酿成研究课题,牵引合作,形成强大的内聚力。陶希圣本人精通中国社会、经济、政治、思想等各领域,对中国历史的各方面不断地综合判断,形成各种假说。因此,陶希圣始终处于食货派学术策划的中心位置,不断发现年轻有为的青年,引领他们进行史学研究。1932—1933年,陶希圣在讲授"中国政治思想史"时,曾简略地讲到魏晋南北朝的寺院经济,受他的影响,何兹全钻研起中国佛教寺院经济问题来。何兹全回忆说:"我想中国中世纪的佛教寺院如何。陶希圣教授已开

---

① 刘道元:《九十自述》,台北龙文出版股份有限公司1994年版,第92页。
② 何兹全:《学史经验和体会》,《文史知识》1982年第4期。另见何兹全:《我和中国社会经济史研究》,张世林编:《为学术的一生》,广西师大出版社2005年版,第215页。
③ 沈任远:《历代政治制度要略》,台北洪范书店有限公司1988年版,序。

了头，我要深入去研究。"① 曾謇在《中国古代社会》（上）中承认："这部家族组织的研究工作，却大都是在他们（陶希圣等）启迪下完成的。没有他们启迪，我决做不出来，至少是在现在不能做出。""我最初没有获得齐燕民族婚媾家族习惯的许多材料。所以我并不企图把它们独立作一章来处理。但最近承希圣师把他所得的关于齐燕婚姻家族的材料见示以后，我才决计加添一章"，"假如他不把材料供给我，我能有这样的发见吗？""我既在他的影响下作成了这本书，而这本书的出版，又是他一手替我办理。此外花了他的宝贵时间替我作序。"② 鞠清远的《唐宋元寺领庄园研究》一文深受陶希圣的启发，大量引用陶希圣《中国社会政治思想史》中关于寺领庄园与僧徒、庄田的观点，并对其论述进行精细的阐释③。陶希圣在《西汉的客》一文中言："'客'这个名辞，从来不受人特别注意。我注意到客的社会的意义，是近四年的事。最初我注意三国至唐的部曲，部曲的女子叫做客女。由客女推到庄客，佃客，客作儿，以至于晋代的衣食客等客。我在写《中国政治思想史》第三册的时候，就断定部曲与佃客是一样身分，在经济上叫佃客，在法律上叫部曲。近二年，我推求东汉以后，豪宗大族的附从的人口，奴婢以外，有客，门生，故吏，义附，部曲，愈有所得。鞠清远先生在食货半月刊第三卷第三期第十二期发表的论文，更有详明的研究。"④ 可见，鞠清远的研究是陶希圣所提出的"客"这一课题的展开。沈巨尘在《秦汉的皇帝》一文中指出："文化建设一卷五期载有陶希圣先生的《中国政府制度史略》。虽然只简单的叙述古代官职的沿革及职权，然对于初学者的启示实匪浅。惟上文乃从皇帝以下的三公九卿说起，没有涉及古代——秦汉皇帝的权力及职务。所谓专制魔王的皇帝，究有多大的权力？有无应行的职务？是不是应负责的更高权力者？"⑤ 于是，他对以上问题加以详细的说明。

食货派成员的很多论文论著都是陶希圣的研究课题，他们写出论文之

---

① 游彪：《宋代寺院经济史稿》，河北大学出版社2003年版，何兹全序。
② 曾謇：《中国古代社会》（上），上海新生命书局1935年版，自序。
③ 鞠清远：《唐宋元寺领庄园研究》，《中国经济》1934年第2卷第9期。
④ 陶希圣：《西汉的客》，《食货》半月刊1937年第5卷第1期。
⑤ 沈巨尘：《秦汉的皇帝》，《文化建设》1934年第1卷第8期。

后，大家一起讨论、启发，经过修改、补充、润色，发表出来的，成为整个学派的集体成果。刘道元说："我们研究得到很多朋友的帮助。因为我们几个朋友，想把中国历史作专题的研究，如宗教、民族、如经济、财政、政治制度史等。我研究的田赋就是财政史中的一部分。"① 又说："在研究上，得到陶希圣先生的校正，及吾友何兹全、沈巨尘的帮助，尤其借用兹全所搜集的许多材料（他现在在研究着南北朝佛教寺院）。"② 而陶希圣、武仙卿《南北朝经济史》更是在陶希圣有效指导下完成的。陶希圣指出："1936年暑假，武仙卿先生乘北京大学法学院中国经济史研究室休假之暇，把两三年来所搜中古时期的经济社会史料；写成《南北朝经济史》的初稿。写时，我们讨论的次数很多。初稿成后，由我重加斟酌，除修改几处文字之外，更有改动见解的二三处。其中工业部分，又由研究室同人著有《唐宋官私工业》（上海新生命书局出版）的鞠清远先生补写。综计这本小书，前后经三年的准备，前后经三人的协力，而武仙卿先生独为主干。"③ 陶希圣还曾指出《唐代经济史》"这本小册子，受了本丛书编辑者的托付，已有两年。二十三年的冬末，乘寒假的闲暇，我和鞠清远先生详细讨论纲要经过几回合的改写，到二十四年三月末，才写成了。材料搜集的周到，功在鞠先生。体裁、系统及观察解释如有错误，由我负责"。④ 正是在这一个年轻而富有朝气的团体中，食货派学人发挥各自的优势，在一起交流、切磋、互相激励、互相启发，形成了一批优秀的学术研究成果。这些事实表明，食货派在陶希圣的领导下，已经形成了很强的内聚力。这一点对于我们了解食货派以后的发展具有关键性的作用。

综观中国社会史论战之后，食货派崛起的各种状况，虽然有着种种不利的因素，但综合说来，还是适应食货派发展的。一是从学派外部看，世界的学术大背景和国内的学术条件适宜食货派的发展：热烈一时的社会史论战已趋于平静，学术界进入了全面的反思期；西方社会学、经济学、社会经济史理论方法的大量引入，为食货派的发展注入了活力；中国社会的

---

① 刘道元：《两宋田赋制度》，上海新生命书局1933年版，序。
② 刘道元：《中国中古时期的田赋制度》，上海新生命书局1934年版，序。
③ 陶希圣、武仙卿：《南北朝经济史》，上海商务印书馆1937年版，序。
④ 陶希圣、鞠清远：《唐代经济史》，上海商务印书馆1936年版，自序。

政治局势动荡不安,但北平仍是全国的学术中心。二是从学派内部看,以师长为奠基人和以高质量弟子为核心的研究团体容易迅速形成强大的内聚力:陶希圣经过社会史论战的洗礼后,不仅自己精于中国社会经济研究,而且表现出突出的学术组织才能,食货派在陶希圣带领下形成了强大的凝聚力。他们致力于中国社会经济史研究,一方面在中国社会经济史的史料上下功夫,另一方面从西方社会经济史理论与方法中汲取了丰富的营养,在学术界独树一帜。

第三节 食货派的中辍

食货派在中国近代史学史上最辉煌的时期是在《食货》半月刊创办的时期。抗战爆发以后,食货派学人在陶希圣的领导下,积极投身政治,专注于参政论证。尽管食货派大声疾呼要进行战时学术研究,但由于其学术思想不合时宜,没有在学术界上引起广泛的共鸣,导致食货派在学术界渐渐趋于沉寂。这一局面一致延续到1945年8月抗战结束。

一 书生问政:抗战中食货派学人的政治抉择

1937年"七七卢沟桥事件"爆发,陶希圣南下参加牯岭茶话会。1938年初,国民党的民间宣传机构"艺文研究会"在汉口英租界特三区天津街四号成立。艺文研究会隶属中央宣传部,但对外并不公开,负有指导全国舆论的政治使命,由蒋介石资助,汪精卫指导,周佛海任事务总干事,陶希圣任设计总干事兼研究组组长,以"内求统一,外求独立"、"一面抗战,一面建国"、"国家至上、民族至上"、"意志集中,力量集中"等口号为宣传重心。它的职能是同中共对抗,争取中间力量;大办报刊,用金钱补助新的出版社,资助文化人士。"从事宣传抗战、鼓吹反共、阐扬国策及制造政府可战可和的舆论,含有开辟'文化战场'的意思"[①]。陶希圣"为文分析国际问题,以评论表明国民革命与抗战建国之立场与政策,即自此时开始。当时致力中国外交史、外交政策与国际问题之研析与讲述

---

① 方秋苇:《陶希圣与"低调俱乐部"、"艺文研究会"》,《民国档案》1992年第3期。

者，不乏知名人士。但能以二、三篇评论唤起政治社会各方之警觉与理解者殊少"。而陶希圣"为此类文章。颇能汲取读者注意。由此遂得以开辟抗战时期及战后以新闻记者论证之门径"。① 鞠清远、武仙卿、曾謇、沈巨尘、何兹全都到"艺文研究会"工作，职称是研究组研究员。沈巨尘、武仙卿住会办公，曾謇、鞠清远在广西作社会调查，何兹全主编机关刊物《政论》，不到会办公。他们就是所谓陶希圣的"亲兵"。何兹全认为："如果说在陶希圣带领下有个食货学派的话，以上在'艺文研究会'工作的这些人，可以说是食货学派的骨干份子。"② 1937年，连士升迁往香港，到国际通讯社任职。次年任香港岭南大学教授。

艺文研究会的全盛时期，在成都、长沙、西安、广州、香港设有分会，尤以香港分会（梅思平主持）的活动力最强③。1938年9月，艺文研究会迁往重庆。陶希圣、鞠清远、何兹全、曾謇、武仙卿、沈巨尘，都跟随去了重庆。艺文研究会的特点是：（一）不是斗争的团体，要斗争只是为了纯净的民族主义而斗争。这个斗争是对抗日本人的。（二）坚持四项原则即"民族主义"、"民主政治"、"工业化与社会化"、"科学（思想方法上的原则）"。（三）主要工作分四类：第一类是国际问题的研究。在香港上海搜集国际政治经济军事的材料及主要的各国杂志报纸。这些集中以后，加以整理与分析，作成有系统的报告，印刷出来供给社会参考。第二类是西北西南的社会经济考察。第三类是出版艺文丛书，每一册不过三五万字。第四类是出版学术性的刊物④。这些特点表明艺文研究会是一个拥有包括报社、出版在内具有相当实力的文化实体。

抗战初期，陶希圣对抗战持悲观态度，与胡适、周佛海、高宗武等同为所谓"低调俱乐部"成员，追随汪精卫鼓吹"和平运动"，主张对日本以谈判谋求和平。1938年12月，汪精卫离开重庆，出走河内后，陶希圣

---

① 陶希圣：《八十自序》（上），吴相湘编：《传记文学》1978年第33卷第6期。
② 何兹全：《怀念师生深情，忧心国家大事》，《学术界》2002年第2期。
③ 1938年2月初，"国际问题研究会"在香港成立，由林柏生主持并设置分支机构"日本问题研究所"。设有"蔚蓝书店"，后来又出版《国际通讯》（朱朴之主编）、《国际丛书》（梅思平主编）、《国际周报》（樊仲云主编）等刊物。
④ 编者：《陶希圣先生会谈记》，《政论》1938年第1卷第6期。

也去了广州,后至香港。陶希圣采取观望态度,派武仙卿到北平,向那里的大学教授们探询对汪精卫"和平运动"的态度。虽然他们的回答,多数是反对的,但陶希圣还是于1939年8月到达上海,出席汪伪国民党六大,被指定中央常务委员会委员兼中央宣传部部长。鞠清远、武仙卿、沈巨尘、曾謇等四人亦追随陶希圣来到上海,参加了汪精卫政府。鞠清远任宣传部委员和国立师范学校校长,武仙卿任宣传部宣传指导司司长及军委会政训部第二厅长,沈巨臣任宣传部委员兼第三处处长、行政院简任秘书。只有何兹全一人留在重庆,在训练委员会当编审。1939年11月初,陶希圣被汪精卫指定为日汪密约谈判代表之一,谈判先后长达两月之久。其间,陶希圣认识到日本妄图诱降达到灭亡中国的险恶用心及汪精卫无能力实现"和平",于是决定脱离汪精卫集团。陶希圣派鞠清远回香港与连士升及其妻子万冰如取得联系,商量如何逃离汪精卫集团。鞠、连二人认为,如果汪日谈判年底必须签字,则事态危急,主张年底以前,必须设法把老师解救出来。于是12月13日,万冰如亲携子女5人前往上海,以此掩护陶希圣离开上海。此时重庆方面亦透过杜月笙设法营救。1940年1月5日,曾謇帮陶希圣买船票运行李,逃离上海,抵达香港。1940年1月21日,陶希圣、高宗武写有《致香港〈大公报〉信》,于22日在该报发表,同时刊登了《日支新关系调整要纲》的译文、原文照片及高、陶给汪精卫等人的电报,这就是当时震惊中外的"高陶事件"。曾謇"旋又往沪接陶子女,举华后回湖南安华县原籍搜集南北朝史料,拟编成书"。① 曾謇因以前在上海曾编辑《三民周刊》,回湘后为当地人所陷,妻子被拘,但经设法解释被释放出。陶希圣遂"劝其研写党义文章,若渝中可往即往渝",与何兹全"互相切磋"②。但他没有立即回重庆,而是过着隐居的生活,成为一名乡间"田舍郎",并改名为曾资生③。

陶希圣离开上海时,并没有通知鞠清远、武仙卿、沈巨尘三人,他们仍滞留上海,但他们之间书信往来密切。陶希圣对三位弟子在汪精卫集团

---

① 黄美真、张云编:《汪精卫国民政府成立》,上海人民出版社1984年版,第611页。
② 陶恒生:《"高陶事件"始末》,湖北人民出版社2003年版,第369—370页。
③ 1948年3月30日南京《中央日报·食货周刊》的《通讯》中云:"食货的旧友,曾函询曾謇现在何处?曾謇就是资生本人,从三十年起习用资生两字,依然故我,愧对旧日的学友。"

的处境感到担心,他在1940年6月1日给何兹全的信中坦言:

> 仙卿现任伪军委会政训部第二厅长,仍密与弟有信来往。清远曾一度入宁,所见均极悲观,现乃稍改态度,与弟通信。巨尘前曾一度到沪,亦乘间来信。甘心作汉奸者究竟甚少,然彼处有官有钱(现虽无钱过去在沪钱却甚多),恋恋不舍,故一面作官,而一面又欲抗战友人通信。此种心里虽樊仲云等大官亦然,弟不料此3人亦陷溺不拔也。迄今5个月,弟无时不在设法劝彼来归,但迄今5个月,此3人于弟相挽时,则认为弟出卖彼等,而于弟不劝时,则责弟相弃。盖此3人所想者有二:一则欲弟刻刻相挽,则彼则不来,譬如请客只可客不来而不可主不请;二则欲弟将研究费充分接济,彼一手收后方之钱,而一身作伪方之官。凡此弟不肯者,又加如3人均有蓄积,可往上海两三年以上,故可以不来。其所以尚屡责弟相弃,并屡责弟如何如何而不肯遽断者,则以彼方景象不佳,诚恐一朝倒坏而已。弟深知此诸老友现纯为利害沦所支配,如今利害非绝对而为相对,故彼等欲跨两端,如此心理,甚为普遍于伪方。弟每当函彼,必加安慰,谓无论何时均可来此,均一如昔日无间。但此种道义论,不过在彼等利害观念之下,有一线之作用。故可以存在耳。①

陶希圣的分析显然不无道理,所以他始终认为"仙卿曾托人在沪来港手续,然彼难有决心斩断其留恋;其他尚有愿与弟取得谅解,而迄不能脱离者,皆同一心理所致耳"。② 鞠、武、沈三人最终沦为不齿于国人的汉奸。陶希圣到香港后,接受蒋介石政府的领导,继续从事宣传活动。1940年6月,陶希圣在九龙尖沙咀士甸道创办"国际通讯社",编印《国际通讯周刊》,分寄国内各地,以供战时首都重庆领导人士参考,以及关心世界局势及国际问题的机关和个人用作材料。这份刊物选译国外报章杂志的论文,间亦刊载社友们的国际时事评论。"国际通讯社"的编译者,有连士

---

① 陶恒生:《"高陶事件"始末》,湖北人民出版社2003年版,第367页。
② 陶恒生:《"高陶事件"始末》,湖北人民出版社2003年版,第379页。

升等人。每期所载的论著都出自各人手笔,译稿则取材自几十种英、美、日、俄等国出版的书报刊物。"国际通讯社"还受中央通讯社的委托,向香港"别发洋行"(Kelly&Walsh Co)代购军事外交方面的英文书籍①。何兹全则任驻重庆编辑,帮助陶希圣搜集内地资料。他回忆说:"当时他正在香港出刊《国际问题通讯》,由我在重庆给他搜集国内各大报纸上发表的有关国际形势和国际问题的文章寄给他参考","这一时期,是陶师和我师生关系最亲密的时期,一因随他去上海的学生鞠清远、武仙卿、沈巨尘都没有随他回香港,回来的曾资生又回湖南老家去了,陶师思想上正是极孤苦的时期;二因我给他写信说主和不能离重庆几百万大军,否则只有投降没有主和,正合他的思想,而且愚者千虑必有一得,我对国际形势的看法,有时超乎别人的正确,他认为我是有抱负的青年。"②

1941年12月8日,日本发动太平洋战争,九龙、香港相继沦陷。陶希圣于次年1月随难民逃出香港,2月返回重庆,任蒋介石侍从室第五组组长。1942年10月担任《中央日报》主编,1943年任《中央日报》总主笔。陶希圣在蒋介石侍从室工作时,何兹全在乡下,陶希圣通知何兹全,进城去看他,他还想约何兹全去侍从室工作。但由于何兹全"骨子里是个书生,不懂政治,尤不懂政治斗争的纵横和残酷"③,最终没有参加侍从室。1942年何兹全接受中英庚款董事会的专款资助在重庆中央大学历史系工作,主要研究魏晋南北朝史,1944年进入中央研究院历史语言研究所(所长傅斯年)工作,任助理研究员,继续研究魏晋南北朝史。陶希圣回重庆后,即召曾謇去重庆,在第五组专写党义文章。连士升则辗转于海防、河内,后隐居越南西贡避难。

二 战时学术研究的式微和政论、史论的繁荣

抗战的爆发使食货派蓬勃发展的势头受到了重大的打击。北平、天津被日本占领,北平到上海的邮寄不通,天津的秩序紊乱,《食货》半月刊、

---

① 陶恒生:《"高陶事件"始末》,湖北人民出版社2003年版,第284页。
② 陶恒生:《"高陶事件"始末》,湖北人民出版社2003年版,第362页。
③ 何兹全:《悼念我师陶希圣先生》,《何兹全文集》第6卷,中华书局2006年版,第3136页。

天津《益世报·食货周刊》相继停止编印。北京大学经济史政治史研究室停止工作，搜集的资料大多在战火中散失，所有的稿件连同两个研究室的大量卡片、全部藏书都在战火中逸失。食货学会也最终没有建立起来。食货派的学术一度中断。陶希圣后来在《战时学术研究》中指出：

> 我们搜集的唐代经济史料，约有九十万字，并且按照年代与类别编纂成几个小册子，有三本已由北京大学印刷出版，另外三本，仍是稿本尚未付印。至于宋代经济史料，我已搜集了约二百万字的材料，卡片都存在北京大学中国经济史研究室里。据新由北平到汉口的北大文学院秘书卢逮曾君说，当日本浪人占据北大时，一切公文书籍全部被毁，或则由日人取去向小贩换香烟与糖果了。这样，我们搜集得的经济史料、卡片、原稿，抄本，其中有一些是历史上有名的碑铭揭片，都全部完了，这是不易补偿的。甚至我的个人图书也被日本宪兵全部踩藉了。在我家中损失的稿本，有我的中国社会史第一卷，及中国中古寺院经济史，各约十五万字，另外有曾謇的十万字的中国中古社会政治制度原稿，以及食货半月刊的许多未刊稿件。[①]

而食货派曾经替魏特夫系统整理的大批辽金时代经济社会史料的大批卡片被魏特夫带回美国。1949年，魏特夫与冯家昇合作编写成《辽代社会史》，这部书以二人的名义，用英文在费城出版[②]。

抗战军兴，给食货派的学术研究造成了巨大的损失，但并没有立刻击碎他们要秉持战前学术研究的雄心。陶希圣在《战时学术研究》中云："因为日人之占据北平，北京大学经济史研究室诸人便飘泊在全国各处，鞠清远现在威海卫；武仙卿与我同在汉口；曾謇已派赴广西考察经济状况；连士升在香港研究国际经济及西南各省经济状况。他们仍在我指导下之继续研究。"可见，人员的暂时分散，并没有挫败陶希圣要继续带好这支队伍的宏愿。于是，他进行了战时学术的新规划。1、研究国际政治、

---

① 陶希圣：《战时学术研究》，《政论》1938年第1卷第18期。
② 冯家昇：《冯家昇论著辑粹》，中华书局1987年版，第509、第512页。

经济、外交，并在香港设立一研究室。2、考察战时经济状况之变动，这个工作由曾謇及其他诸专家来作。3、刊印、编纂中国及国际政治经济教育及其他问题的书籍，计划每月出三册至四册①。另外，他们还有更加长远的学术规划。据何兹全回忆："武汉时期，陶先生精神很愉快。工作之余，常常和我们一块聊天。'过去办《食货》，连稿费都发不出，现在可以批钱给人。''将来抗战结束，送你们出国读书。回国后分在各大学开中国社会史，创办一个学派。'"②

然而，由于抗战局势的发展和陶希圣在政治上的错误指导，食货派的学术研究并未按照上述规划如期进行。陶希圣回忆说："北平沦陷日军之手。研究室同人在慌乱之中，各自携带一部分卡片出走。此后八年，各人由南京、武汉、重庆，以至于还都。我无法恢复研究工作，亦无由寻求那些散佚的书稿。"③ 他们已经没有了以前学术研究的环境和心境，只是对前期已有成果进行了整理及就各人的兴趣和环境进行了一定的研究。如1939年连士升把《食货》半月刊杂志上翻译的美国格拉斯著《工业史》整理后在长沙商务印书馆出版。又如1940年鞠清远把已撰写好的《唐代财政史》在重庆商务印书馆出版。而陶希圣改定的《中国政治思想史》（1—4）册和出版的《中国社会史》（古代篇）二书也是在以前北大授课讲义的基础上整理而成。《中国政治思想史》（1—4册）一书是1932年至1935年陶希圣在北京大学政治学系所用讲义的基础上陆续写成，由上海新生命书局陆续出版，1942年，在重庆又改定了许多处所，由重庆南方印书馆全套出版。从1943年到1945年一共印了六版。这部书本计划出第五册清代部分，但由于各种原因没能完成。该书叙述了中国先秦至明代的政治思想，从中国历代社会政治的演变来讲解思想的变化，以社会史的视角重新审视思想政治。内分四册，第一册是古代（先秦）、第二册是古代（秦汉）、第三册中古（东汉至唐）、第四册近古（宋元明）4册，分神权时代、贵族统治时代、王权时代、士族时代、王权再建时代五编。《中国社会史》（古代

---

① 陶希圣：《战时学术研究》，《政论》1938年第1卷第18期。
② 何兹全、郭良玉：《三论一谈》，新世界出版社2001年版，第24页。
③ 陶希圣、沈任远：《明清政治制度》，台北商务印书馆1967年版，序一。

篇）一书1944年在文风书局印行。正文分上古期和古代期两篇。之前，此书一直以《中国社会史研究》讲义的形式刊刻流行于北京大学、北京师范大学、燕京大学等校，曾校订过多次，是陶希圣多年来探讨中国社会史的总结。

值得注意的是，曾资生在家乡利用从北大经济史政治史研究室携带出的一些卡片以及已经编写好的书册，再行整理和修改，先后撰有《两汉文官制度》和《中国政治制度史》两部专著。他"伏处田间，耕作之余，犹执笔就所辑之卡片以成书，其搜罗之密，分析之细，较往昔在北平时未有逊色者"。①《两汉文官制度》1941年由重庆商务印书馆出版兼印行，1944年再版。有陶希圣和曾资生序，主要介绍两汉的文官任用制度及其演变。分绪论、察举制度、公府与州郡辟除、皇帝特征与聘召、荐举、考试制度、郎官制度、卖官纳赀、选举与任用法、考课迁降与赏罚候补诸制、选举与考课之主管机关等12章。此书有一些新见解，在当时产生了一定的影响。劳贞一认为"当现在抗战建国的重要时代，这一类书却有广泛流传的必要"。"本书绪论对于'州郡察举'的精神首先提到，这一点实是作者的卓识。其次对于从察举入仕官吏的方法和标准也特别加以表著，这一点也是汉代和后代特殊的地方，为作者所认识的。"虽然有若干应当修正之处，但仍不失为一部值得一读的著作。②《中国政治制度史》一书享有盛名。该书计四册。第一、第二册在1942年在重庆南方印书馆枣梨，第三册1943年在上海书店出版，第四册1944年为建设出版社印行。第一册是先秦部分，内设总论、殷商的社会政治组织、周代王朝的政权与官司、春秋各国政治制度、六国政治制度、古代文官制度等六篇。第二册属秦汉部分含有总论、皇帝与皇室、中央政府、地方政府、文官制度等五篇。第三、第四册同样分为总论、皇帝与皇室、中央政府、地方政府、文官制度五篇，分别探讨魏晋南北朝和隋唐五代的政治制度。本来还有第五册宋辽金元，第六册明清部分，但未见出版。因为该书是我国第一部深入而系统的研究中国政治制度的通史著作，在学术界影响较大，与1946年上海商务印书馆出

---

① 曾资生：《两汉文官制度》，重庆商务印书馆1941年版，陶序。
② 劳贞一：《书籍评论：两汉文官制度》，《中国社会经济史集刊》1944年第7卷第1期。

版的杨照时《中国政治制度史》齐名。

以上是食货派在抗战时期最主要的学术成果,在当时的报纸杂志中仅见少量的食货派的学术论文。如陶希圣的《中国经济史上之交通工具》;何兹全的《东晋南朝的钱币使用与钱币问题》;曾謇的《唐代取才的规模》、《汉唐贮才的制度和精神》、《隋唐时代的制科》、《宋辽金元的制举概略》、《宋金与元的乡里制度概况》、《唐代的考课上计与升降赏罚》、《中国古代社会中异于宗法的各种婚姻家族制度》等①。

与学术事业明显式微相比,食货派的政论、史论文章却一派繁盛景象。不算其他政论文章,仅《政论》半月刊陶希圣就撰有18篇、何兹全21篇、沈巨尘25篇,武仙卿9篇,连士升2篇,其中许多文章或转载它刊,或编辑成册,在舆论界产生了较大的影响。《政论》半月刊是艺文研究会的机关刊物,1938年1月5日由政论社编辑兼发行的。"创刊的目的在建立中心思想,促进统一行动"。②开始是半月刊,自第7期改为旬刊,出至1938年12月20日,共1卷33期。分上、下两册,上册1—18期在汉口编行,下册19—33期在重庆编行。由何兹全主编,从未易过手,办刊经费充足,投稿能酌致薄酬。《政论》自创刊以来销数激增,在销数上与舆论的反应上,得到读者的"赞扬"③。特别是在武汉的时期(1938年上半年),《政论》在舆论界有一定的影响。国民党的上层看了都很高兴,陶希圣自然也很高兴。左派或共产党的刊物《群众》或《生活》送何兹全一个头衔"新陶希圣主义"④。在《政论》上发表文章的除食货派学人外,还网罗了一百三十多位国内知名的政论家、学者以及外国作家。《政论》对政治问题的基本观点是:(一)民族生存是当前的唯一问题。(二)拥护

---

① 陶希圣:《中国经济史上之交通工具》,《西南公路》1944年第270期。何兹全:《东晋南朝的钱币使用与钱币问题》,《国立中央研究院历史语言研究所集刊》1945年第14本。曾资生:《唐代取才的规模》,《中央周刊》1943年第6卷第5期;《汉唐贮才的制度和精神》,《中央周刊》1943年第6卷第9期;《唐代的考课上计与升降赏罚》,《文史杂志》1944年第3卷第9、第10合期;《隋唐时代的制科》,《东方杂志》1944年第40卷第3号;《宋辽金元的制举概略》,《东方杂志》1944年第40卷第17号;《宋金与元的乡里制度概况》,《东方杂志》1944年第40卷第20号;《中国古代社会中异于宗法的各种婚姻家族制度》,《文风杂志》1944年第1卷第4、第5合期。

② 何兹全:《编后》,《政论》1938年第1卷第15期。

③ 何兹全:《编后话》,《政论》1938年第1卷第3期。

④ 陶恒生:《"高陶事件"始末》,湖北人民出版社2003年版,何兹全序。

政府继续抗战。(三) 三民主义是当前唯一政治纲领。政论所讨论的是"一般政治问题,国际及国内政治经济问题的分析与评论,中国革命理论的探讨,抗战实际问题之理论与方法的研究并愿对各种政治主张作公开的商榷"。"对中国思想的建设及民主运动的展开愿更致力。"① 政论的特色是著重学术研究,著重客观讨论。"以科学方法作出的正确结论。""没有教条,也没有口号。"②

此外,抗战时期的各大报纸杂志多见有食货派的政论文章③。食货派还撰著了大量的政论、史论书籍④。1938年陶希圣和周佛海以"艺文研究

---

① 何兹全:《发刊词》,《政论》1938年第1卷第1期。
② 何兹全:《编后》,《政论》1938年第1卷第15期。
③ 例如陶希圣:《中国的出路与中日关系》,《汗血周刊》1937年第8卷第25期;《国际演变的推测》,《文会》1938年第1卷第1期;《德奥合并与英意谈判》,《文集旬刊》1938年第1卷第2期;《日本的外交环境》,《文综》(上海)1938年第1卷第3期;《日本外交的烦闷》,《更生评论》1938年第3卷第3期;《中国:悲观呢乐观呢》,《青年之友》(上海)1938年第1卷第4期;《国际的又一幻想》,《民意》(汉口)1938年第5期;《国际新均势的构成》,《民意》(汉口)1938年第6期;《这个用不着争论:十分钟的谈话》,《民意》(汉口)1938年第6期;《对国际联盟的希望》,《民意》(汉口)1938年第9期;《国际形势的问答》,《民意》(汉口)1938年第11期;《论政治教育》,民意(汉口)1938年第13期,《国联与美国民意》(汉口)1938年第41期;《日本的新危机:论日本的外交环境》,《青年之友》(上海)1938年第1卷第10期;《日本的歧路》,《江西地方教育》1938年第106、第107合期;《怎样获得和平》,《三民周刊》1939年第10期;《日本对所谓新政权的条件》,《血路》1940年第3、第4合期;《"新中央政权"是什么!》,《世界政治》1940年第5卷第4期;《日汪所谓"中央政治会议"》,《抗卫》1940年第7期;《敌伪的和平谣诼》,《民族》1940年第18期;《读"中国之命运"》,《天行杂志》1943年第1卷第4、第5合期;《"中国之命运"与中国的青年》,《三民主义半月刊》1943年第2卷第7期。曾謇:《人事制度论》,《三民主义半月刊》1943年第3卷第4期;《论考核制度》,《三民主义半月刊》1943年第3卷第11期;《德国的颓势及其前途》,《国民外交》1943年第1卷第6、7合期;《中国考试制度与考试权的运用》,《中国青年》(重庆)1945年第13卷第6期。连士升:《一九三六年苏联的经济建设》,《外交月报》1937年第10卷第2期;《英美商约谈判》,《中央周刊》1938年第1卷第5期;《德国的殖民地问题》,《东方杂志》1939第46卷第1号;《德苏关系》,《外交季刊》1941年第2卷第1期;《国民劳役制度》,《地方行政》(上海)1944年第4期。
④ 例如陶希圣等:《国际现势与抗战前途》,时事新闻编译社1938年版,陶希圣、王君若:《反战运动在日本》,自强出版社1938年版;陶希圣等:《领袖·政府·主义》,独立出版社1938年版。陶希圣等:《中国国民党的新阶段》,独立出版社1938年版。陶希圣:《欧洲均势与太平洋问题》,艺文研究会1938年版;《集体安全权运动与远东》,国际出版社1939年版;《汪记舞台内幕》,战地图书出版社1940年版;《日汪协约十论》,战地图书出版社1941年版;《世界新形势与中日问题》,南方印书馆1942年版。克劳塞维茨著,陶希圣、杜衡译:《克劳塞维茨战争原理》,南方印书馆1945年版;《拿破仑兵法语录》(辑译),南方印书馆1945年版。陶希圣、沈任远:《中国民族战史》、重庆青年书店1939年版。沈巨尘编:《中国经济建设的前途》,重庆政论社1938年版。沈巨尘:《民族战争的历史教训》,正中书局1939年版。

会"的名义在独立出版社出版了《抗战建国纲领研究》系列丛书，包括《总则》、《军事篇》、《外交篇》、《教育篇》、《政治篇》等。

这里需要探讨的是：食货派为什么自抗战爆发后学术研究呈衰落之势；而在其衰落过程中为什么政论、史论文章能够如此兴盛。要弄清这个问题，必须对食货派在抗战时期的指导思想和具体情况进行具体分析。食货派学术研究归于沉寂，大致由以下几种因素促成。

其一，陶希圣把食货派带入政治的漩涡，专注于参政与论证，无暇顾及学术研究。连士升回忆说："由一九三七年的七七事变起，到一九四七年的十年间，我的文字生涯，可分为两个阶段：上半段是在香港谋生，整天忙着研究国际问题，经常撰述专论，交重庆及内地各报转载。这些文字，我曾应商务印书馆之约，编成一集，题为'封锁与反封锁'，不料太平洋战争爆发，稿件付之一炬。""下半段是在越南隐居时期，译述经济史名著四册，都二百万言。将来如有机会，当想法整理出版。"① 连士升忙于生计和政务不仅无法从事学术研究，而且根本不能展示学术成果。陶希圣则是常为各报写时事论文，尤多谈国际问题，被认为是国际问题评论家。陶希圣还曾为蒋介石代撰《中国之命运》，俨然成了国民党权威理论家。因此，食货派学术意识削弱，转向对政论、史论的关注不足为奇。更为重要的是，这批具有良好学术功底的食货派学人相继陷入政治漩涡而不能自拔，给食货派造成了巨大的损失。就拿鞠清远来说，在学术界已经小有名气，然而深陷汪精卫政府，成为令人不齿的汉奸。据何兹全言："在陶手下《食货》这些人中，我最佩服老鞠。粗犷质朴，厚道，学问最好。他写的有关唐代社会经济的书和论文，至今仍为人所称赞。政治毁了一代天才！"②

其二，"理学"思潮的兴起。曾繁康在《中国现代史学界的检讨》中指出，在抗战爆发以后，史学界兴起了"理学派的历史观"。"此派所有的观点，全系宋明以来理学家的观点；此派对于历史的态度，亦系旧日史家对于历史的态度。此派在过去数十年中，颇有日趋没落之势，最近之所以

---

① 连士升：《给新青年》，《连士升文集》，新加坡星洲世界书局公司1963年版。
② 何兹全：《怀念师生深情，忧心国家大事》，《学术界》2002年第2期。

复活,含会有极浓厚的政治意义。"① 在这一学术思潮变动的影响下,食货派的史学思想也悄然发生了变化。陶希圣说:"我们知道社会是一大变化的巨流。此激荡之巨流,无论其主潮或细支,都有法则可寻。由主潮而言,可以谓为'理一',由细支而言,可以谓为'分殊'。须知主潮为众多细支的总体,故'理一'必须由各种'分殊'之中来发现。如舍弃细支,即不能把握主潮的法则与途径,而陷于空虚。'理一'是变化的一,不是固定的一。如能把握变化的一,则可以渐进于'勿意,勿必,勿固,勿我'的境界。勿意,勿必,勿固,勿我;才可以谈'时中'。体认'时中',然后可以对于各时代的制度,下价值判断。明白了这个道理,才可以读史而不迂。"② 曾资生也大力宣扬:"知与行也,学与用也,道与器也,皆一以贯之者也。知即行也,行即知也;即知即行,能知能行;未有知而不能行者也,亦未有行而不能知者也;知而不能行者也,其知非真也,行而不能知者,其行未力也。学即用也,用即学也;舍学无以致用,舍用无以明学;未有学而无用者也,未有用而非学者也;学而不能用者,其学未至也,用而不能明学者,其用非正也。"③ 以上表明,他们赓续前期学术研究的治学目的已发生了明显改变。在民族危难之际,抗战建国之时,他开始专注于对抗战建国有资治功能的史著的撰写。陶希圣、沈任远著《中国民族战争史》和武仙卿著《民族战争的历史教训》是给民族抗战以借鉴,指示抗战的方向④。陶希圣 1943 年出版的《论道集:古代儒学》、《论道集:宋明实用主义者》,以及大量有关政治思想史文章的撰著意图,显然多少有为维护国民党的思想统治服务的意识。⑤

其三,战乱中研究资料大量散失与书稿丢失,新资料的缺乏是他们学术研究的最大障碍。食货派是注重"史料搜集"的史学流派,而抗战的爆

---

① 曾繁康:《中国现代史学界的检讨》,《责善半月刊》1940 年第 1 卷第 5 期。
② 曾资生:《中国政治制度史》第 1 册,重庆南方印书馆 1942 年版,陶序。
③ 曾资生:《中国政治制度史》第 2 册,重庆南方印书馆 1942 年版,弁言。
④ 陶希圣:《中国民族战争史》,中央陆军军官学校 1938 年版。武仙卿:《民族战争的历史教训》,正中书局 1939 年版。
⑤ 例如陶希圣:《荀子与礼记所说的"太一"》,《文化先锋》1942 年第 1 卷第 11 期;《张江陆的政治哲学》,《世界学生》1943 年第 2 卷第 1、2 合期;《孟子论道》,《三民主义半月刊》1943 年第 2 卷第 4 期。

发,一切都改变了常态,使他们无法按照抗战以前的方法继续研究。陶希圣在《中国政治制度史》第一册《陶序》中云:"七七以后,卡片一部分存北平,一部分由曾资生先生冒死携带由北平到天津,由天津乘船南下,转往湘西后;资生先生随手整理成为几部书册。五年之中,他初则奔走四方,后来由香港复归乡里,又为衣食所困,不得不耕田种菜,以至于编写的工作,先后都有停顿。三十一年春季,我由港走渝,他由湘西故乡匆促来渝相见。他带着很少的衣服,却把一大堆卡片盒一大批已编的稿子,长途运到重庆来了。"① 资料的缺乏,生活的困苦打击了他们研究的心情。食货派学人中要继续从事学术研究的人,其治学方法也不得不有所改变。曾资生《中国政治制度史》取材的史料大多为常见的正史及劫余的材料,这也反映了当时整个史学研究的一个状况。更为重要的是,他们的很多研究成果在战乱中不仅得不到出版和发表,而且大量逸失。何兹全的一部寺院经济史书稿《中国中世纪佛教寺院经济》被商务印书馆丢掉,造成无可挽回的损失。这一时期沈任远利用劫余的资料从事撰述,《魏晋南北朝政治制度》第一稿"作于重庆,其资料系在北平搜集,全部约四十余万言。时值抗战初期,印刷困难,未及付梓,连同所有资料均毁于大火"。② 曾资生的《中国宗法社会》、《先秦政治制度史》随卢沟桥事变爆发而遗失于北平③。他在《两汉文官制度》的《自序》中称:"已经作好的有魏晋南北朝学制史一册,魏晋南北朝政治制度史三册,(因卷迭繁重,故分中央政府、地方政府、文官制度上中下三卷)已将就绪而尚有待于补充整理者,有中国古代社会制度史一册,秦汉社会制度史一册。"④ 但是曾资生《南北朝学制史》在香港商务印书馆沦没⑤。而上列多种著作也未见出版,可以想象,它们也大多相继"沦没"了。这些难以弥补的损失严重影响了食货派学术积极性及其在学术界的地位。社会政治环境动荡,学术环境的破坏给学术发展带来的巨大阻碍作用,以往已有不少论著作了分析,食货派在

---

① 曾资生:《中国政治制度史》第1册,重庆南方印书馆,1942年版,陶序。
② 沈任远:《魏晋南北朝政治制度》,台北商务印书馆1971年版,自序。
③ 曾资生:《中国政治制度史》第2册,重庆南方印书馆1942年版,弁言。
④ 曾资生:《两汉文官制度》,重庆商务印书馆1941年版,自序。
⑤ 曾资生:《两汉文官制度》,重庆商务印书馆1941年版,自序。

抗战时期学术研究的衰落又是一明证。

表1—3　　　　　《政论》半月刊所载食货派学人著述表

作者	篇名	期数	篇名	期数
陶希圣（18）	义勇军的历史教训	2	抗战建国纲领的性质与精神	11
	国际新均势的构成	2	战时学术研究	18
	集体安全并不绝望	3	抗战的目的与理想	21
	国际新均势一瞥	4	思想科学化运动	22
	理想主义与现实主义	5	思想科学化运动	22
	欧洲政局的变动	5	谈资本主义	23
	德奥合并与英义谈判	7	捷克是怎样吃了亏	24
	英义协定签订以后	8	欧洲形势的影响	26
	日本外交的烦闷	9	外交的沉闷与活泼	31
何兹全（21）	全民抗战论	1	英国手中的国际局面	9
	国际和局的发展	2	国民党与中国革命	11
	欺骗的宣传与谩骂的批评	2	争论中的两个国际问题	12
	三民主义与中国革命	2	无产阶级专政下的民主与自由	19
	日本焦躁了	3	资本主义？社会主义？	21
	苏联的出路	4	民生主义与小资产阶级	23
	与史枚先生论国际新均势	5	张伯伦外交	24
	集体安全理想下的国际和平	6	四强会议后的国际情势	25
	国民党与社会主义	7	武汉撤退以后	28
	中国国民党抗战建国纲领	7	怎样援助中国	31
	纯民族主义不够	8		
武仙卿（9）	财政改革问题	1	三民主义青年团和国民参政会	20
	国际新形势的争论	3	民族战争之历史教训	22
	民族革命在国民革命现阶段中的地位	8	在中国实行资本主义是自陷泥淖	23
	抗战中怎样改善民主	10	民生主义不等于共产主义	24
	抗战建国中之精神动员	11		

续表

作者	篇名	期数	篇名	期数
沈巨尘（25）	苏联与中日战争	1	献给参政员的几句话	16
	国际新形势	2	传闻中的日本和议	17
	关于义勇军	3	歧路徘徊的日本	18
	德国政潮	4	真理报何以自解	21
	波及世界的德国政潮	5	德国会发动战争？	22
	英义谈判与集体安全	6	国联以外的力量	23
	欧洲炸弹——捷克	7	世界大战如果爆发	24
	国际形势的看法	8	今后的国际情势	26
	国民党代表大会闭幕以后	8	日寇南侵与英苏责任	27
	我们的本位	9	抗日与联俄	28
	英法协商与德义谈话	11	加紧对英美外交	32
	日本内阁改组	13	希望于英美苏联者	33
	国际新动态	15		
连士升（2）	美国在太平洋上的军力	21	墨西哥的煤油问题	28

第四节　食货派的重振与终结

任何学派的发展都离不开适宜的社会背景和政治环境。1945 年 8 月，抗战胜利，陶希圣、曾謇、连士升、何兹全随国民政府复原南京。军事委员会委员长侍从室撤销，陶希圣改任国防最高委员会参议，仍任中央日报总主笔。1946 年 11 月当选为制宪国民大会代表，1947 年兼任国民党中央宣传部副部长，并当选为立法院立法委员，同时担任蒋介石私人秘书和任《中央日报》主编。鞠清远、沈巨尘、武仙卿则均隐居上海。食货派学人虽有暂时的分散，但 1946 年 7 月陶希圣和曾謇在南京《中央日报》开辟了一个《食货周刊》，重新筹建食货学会，仍然继续致力于中国社会经济史研究，取得了不少成果，学术研究逐渐有了恢复和重振的迹象。此时，食货派学术研究的规模和声势虽无法与《食货》半月刊时期相比，但南京

《中央日报·食货周刊》作为食货派的重新开辟的重要阵地,在学术界也产生了不小的震动。可惜这只是昙花一现,1949年因国民政府的溃败,陶希圣随蒋介石离开大陆去台湾,食货派迅速走向了终结。由于食货派自重振后不久就终结,因此,我们把食货派的重振和终结两个时期归为一个阶段叙述,从时间上讲,是1945年至1949年。

一　南京《中央日报·食货周刊》的创办与食货学会的再建

早在1942年,陶希圣就因在重庆、成都、桂林、昆明等处看不见"食货合订本"。"私人收藏的合订本成了被珍视的东西。"而计划编印《食货周刊》,将《食货》半月刊和天津《益世报·食货周刊》的论文,分类编为小册,"供给一般留心中国经济社会史的人们的需要"。此时,陈振溪把南开大学经济研究所收藏的《食货》半月刊全部借给陶希圣。之后,陶希圣和曾资生一同检阅其中的论文,分类分抄,编辑成册。但他们"再细阅这些稿本,觉得所收的论文,所辑的史料,总嫌零碎,一时没有急忙的发排,后来也就搁下来了"。1944年,他们曾一度拟在重庆复刊《食货》,"和食货学会旧友通信商量。大家都感觉书籍不应手,史料的搜辑不容易。这个志愿没有实现"。抗战胜利之后,迎来学术发展的新契机。连士升从南洋来到重庆,又增加一分动力。在他们的心中,《食货》复刊的愿望,炽然兴起。1946年5月,他们每逢促膝交谈,总是相互激励,以期重振以前的学术研究。可是,他们没有力量重出一个独立的半月刊,计拟"在一个大报将食货周刊附出"。此设想即刻得到南京《中央日报》同人的帮助。遂于1946年6月8日创办南京《中央日报·食货周刊》。其宗旨仍然是"多找材料,少谈理论"。继续摒弃"理论斗争",倡言学术,专辑经济社会史及经济社会问题之论文。刊载的论文多注重材料,用大量的篇幅来对新搜集的史料进行研究和介绍。但有篇幅的限制,每篇以四千字为度,如系长篇,简分章节,每章节仍以四千字为度,所以"一鳞片爪"的文章较多①。

---

① 以上引文均见陶希圣《食货周刊复刊记》,南京《中央日报·食货周刊》1946年6月8日。

南京《中央日报·食货周刊》虽然有陶希圣和曾謇在国民党政届的巨大影响力和《中央日报》同人的大力支持，但其创办并不顺利。首先，南京《中央日报·食货周刊》身处动荡政局之中，物力艰难，经费不足。曾资生在1948年6月21日的《通讯》中说："各方面的读者与作者对资生个人的信颇多，未能一一作覆，深以为慊。主要的原因是因生活太苦，过去还有一个私人书记帮我的忙，近来油盐柴米都成了问题，再也用不起书记，加以事务繁冗，遂致无法清理。"[①] 创刊时每逢星期三出版，出到36期停刊，不久又连续出版，自1948年4月12日第76期以后改为双周刊，在星期一出版，后又时出时断，出至83期。《食货周刊》历时近2年半，先后实际印行90期[②]。其次，在学术界的影响力大不如前。由于陶希圣专注政治，开始由曾资生主编，后来陶希圣不得不一起主编。前几期基本上主要是陶希圣、曾资生、连士升三人的文章。他们三人先后在南京《中央日报·食货周刊》刊载的文章有陶希圣9篇，曾资生40篇，连士升6篇。作者群直到后来才算稳定，大致可分为三部分。第一，是赞成《食货周刊》的宗旨和主张的各大学的师生；第二，是中国社会科学研究会及其联系的一批学者；第三，是学术思想与食货派趋同的曾謇的朋友或同事。在出版的90期中，发表各种文章的计有100多人，就著名的成员来说有劳幹、朱偰、万国鼎、冯汉镛、吴云瑞、符泽初、杨家骥、侯服五、郦禄遒、李栋材、宾业绳、雷秉良、李咏林、刘振东等。这些学者的加入，无疑加强了《食货周刊》本身的学术水准，同时也扩大了食货派所办《食货周刊》的影响力。

抗战已获得胜利，学术环境的建设又迎来了新的契机，食货派欲乘此把原来的《食货》半月刊旧友重新组织起来，开展学术活动。因此，南京《中央日报·食货周刊》创刊的同时，陶希圣、曾资生决心恢复抗战以来中辍的食货学会，征集同好。食货学会"以研究社会经济的讲求经世致用之学为宗旨"。征求会员的范围相当广泛，"凡国内外专科以上学校毕业生

[①] 《通讯》，南京《中央日报·食货周刊》1948年6月21日。
[②] 由于战乱，刊物出现了标明的期数与实际出版期数不符的情况，如前面已出版到第40期，后续的却标明第37期。

或有同等学力或有相当著作"之人①，对其宗旨抱有兴趣，"经会员一人介绍，或自动请求参加者（请开明籍贯学历及通讯地址），由本会登记通知，即得为本会会员"②。但要缴纳会费一万元（入会二千元，常年费八千元）。"凡入会会员曾缴纳会费者由本会寄赠食货周刊，将来本会创办其他学术刊物，均得享受特别厚待，凡会员有研究作品可交由本会审核发表，其有价值之长篇系统著作并可由本会介绍出版，其著作权及应得报酬概由原著作人保有之。""本会纯为自由学术团体，会员之加入与脱离不受任何约束，凡会员个人之言行，本会亦不负任何责任。"③"本会随时举行座谈会，讨论问题，交换意见，接到通知，会员得自由参加。"④ 可见，食货学会仍然是一个自由松散的学术团体。加入食货学会毫无义务，毫无缚束，亦并无特殊手续，一切均以自由研究，自由通讯为依归。

起初，食货学会并没有引起广泛的注意，连《食货》旧友通信加入者也寥寥无几。可是，由于陶希圣和曾謇积极倡导，加入食货学会的成员在后期逐渐增多⑤。食货学会利用南京《中央日报·食货周刊》这个园地，组织了一些会议，开展了一些学术活动。如1948年4月12日下午7时在中央日报会议室，食货学会与社会科学研究会联合举行土地问题座谈会，公开研讨如何实行土地改革。26日，南京《中央日报·食货周刊》第77期刊载《中国社会科学研究会、食货学会第一次联合土地问题座谈会记录》全文。他们承诺："以后当继续举行多次，一俟此项讨论在会内获得相当的结果后，拟再邀请其他学会或专家以及地政当局，进一步交换意见。"⑥ 这些会议活动通过讨论和启发、驳诘，更能开阔视野，研究更加深

---

① 《食货学会简约》，南京《中央日报·食货周刊》1946年11月23日。
② 《食货学会简章》，南京《中央日报·食货周刊》1948年1月28日。
③ 《食货学会简约》，南京《中央日报·食货周刊》1946年11月23日。
④ 《食货学会简章》，南京《中央日报·食货周刊》1948年1月28日。
⑤ 见于《通讯》中已经确认为食货会员的有：连士升、董文浩、丁世铮、陈介、杜景琦、李治、陈九皋、符泽初、陈忻妫、李文滨、孔繁埼、夏铭心、李时庸、黎士栋、李咏林、李祖德、陈抑甫、曹振庸、冯汉铺、罗洒诚、董新堂、方立勋、邓筱和、李旭、谢在田、官蔚蓝、郦禄道、陈功懋、宾业绳、陈止一、蒋浩、沈旦诸等人。参见1948年2月4日、1948年2月18日、1948年3月3日、1948年3月17日、1948年3月30日、1948年5月10日的南京《中央日报·食货周刊》。
⑥ 《通讯》，南京《中央日报·食货双周刊》1948年4月12日。此后改为双周刊。

入，更容易融入当下的学术研究与讨论中。食货学会学术活动的陆续开展，是食货派后期重振的重要标志之一。

从南京《中央日报·食货周刊》创刊与食货学会的筹建来看：《食货周刊》虽然断断续续，尚能坚持出版，展示食货派最新的研究成果，成了食货派抗战结束之后宣传"食货"思想的中心；食货学会在创建的过程中，形成了一定影响，提升了食货派的学术地位。通过南京《中央日报》这一具有广泛传播效力的宣传工具，在诸流并进的潮流下，食货派尚能占据一席之地，一种学术新局面渐次展开。食货派除在南京《中央日报·食货周刊》上发表大量的中国社会经济史的研究论文外，在其他杂志上亦有一定数量的学术研究论文[①]。曾资生还出版了一批专著，如《中国宗法制度》、《中国五权宪法制度之史的发展与批判》、《中国历代土地问题述评》等[②]。总之，食货派的学术研究有了复活与重振的迹象，在国民党统治区的学术界产生了不小的影响。

[①] 例如陶希圣：《战国时期的农夫与商人》，《大华杂志》1947年第1卷第1期；《黄金潮的启示》，《中农月刊》1947年第8卷第2期。曾资生：《金元的荐举制度》，《东方杂志》1946年第42卷第6号；《汉代政制概略》，《中央周刊》1945年第7卷第26期；《宋代政制概略》，《中央周刊》1945年第7卷第36期；《唐代政制概略》，《中央周刊》1945年第7卷第40期；《明代政制概略》，《中央周刊》1946年第8卷第4期；《清代政制概况》，《中央周刊》1946年第8卷第32期；《汉代的婚姻制度》，《大华杂志》1947年第1卷第1期；《汉代的婚姻制度》（续完），《大华杂志》1947年第1卷第2期；《北宋新旧党派的兴起斗争及其演变》，《文化先锋》1948年第8卷第4期。何兹全：《魏晋南朝的兵制》，国立中央研究院《历史语言研究所集刊》1948年第十六本；《魏晋的中军》，国立中央研究院《历史语言研究所集刊》1948年第十七本。

[②] 曾资生：《中国宗法制度》，上海商务印书馆1946年版；《中国五权宪法制度之史的发展与批判》，上海商务印书馆1948年版。曾资生、吴云端：《中国历代土地问题述评》，建国出版社1948年版。

表1—4　南京《中央日报·食货周刊》所载食货派学人著述一览表

作者	篇名	出版日期
陶希圣（5）	食货周刊复刊记	1946年6月8日
	项羽与马援	1946年6月15日
	诸葛亮、王导、谢安	1946年6月22日
	再从曹孟德说起	1946年6月29日
	介之推与晋文公	1946年7月6日
	管仲与商鞅	1946年7月14日
	谈经世之学	1946年9月7日
	战国时期商业都市的发达	1947年5月14日
	经济社会政策赘语	1947年6月25日
	经济社会政策赘语（二）	1947年7月16日
	经济社会政策赘语（三）	1947年8月6日
	经济社会政策赘语（四）	1947年8月20日
	经济社会政策赘语（六）	1947年9月17日
	经济社会政策赘语（七）	1947年10月1日
	经济社会政策赘语（八）	1947年10月29日
	经济社会政策赘语（九）	1948年2月18日
曾资生（曾謇）（40）	辽金初期的社会经济概况	1946年6月8日
	王安石新法及其失败的原因	1946年6月15日
	宋代衙前里役的苛政以及军事的冗费和腐败	1946年6月15日
	隋唐之际社会经济的推移	1946年6月22日
	南宋军事、政治、财政的崩溃与灭亡	1946年6月22日
	南宋军事、政治、财政的崩溃与灭亡（续完）	1946年6月29日
	隋唐统一时期社会经济政治军事的建设概况	1946年7月14日
	元代的军事统治与超经济的强制剥削	1946年7月27日
	中国社会经济政治之史的发展阶段——中国政治史自序	1946年8月3日
	元代政治的演变与种族的差别	1946年8月10日
	明中叶以降政治军事社会经济的逐渐败坏与明的灭亡	1946年8月10日
	明中叶以降政治军事社会经济的逐渐败坏与明的灭亡（续）	1946年8月17日
	新经济	1946年8月17日
	论新经学与科学	1946年8月31日
	唐代士族门阀与军人门阀的没落	1946年9月21日

续表

作者	篇名	出版日期
曾资生（曾謇）（40）	解决土地问题的时期与途径	1946年10月12日
	略论中美商约	1946年11月16日
	汉末祸乱与中原黄河流域社会经济的残破	1946年12月28日
	论以国家的力量解决土地问题	1947年1月11日
	西汉土地所有制度概况	1947年5月21日
	汉代商人阶级与商业资本的发展	1947年6月4日
	论征收财产税	1947年6月11日
	辽金元的财务行政制度概况	1947年6月25日
	超经济的政治优越力与中国经济的建设	1947年7月2日
	秦汉时期的政治经济与社会阶级（上）	1947年7月16日
	秦汉时期的政治经济与社会阶级（中）	1947年7月23日
	秦汉时期的政治经济与社会阶级（下）	1947年7月30日
	秦汉时期的社会及其流品（上）	1947年8月13日
	秦汉时期的社会及其流品（下）	1947年8月20日
	再论财产税	1947年8月27日
	论政治经济的改革	1947年9月10日
	建议创制限田法令	1947年10月8日
	宋代发运使、转运使与地方财务行政	1947年10月22日
	汉末的社会政治经济与农民暴动	1947年11月19日
	汉魏时期江南社会经济政治的发展	1947年12月3日
	论汉魏时期自然经济的发展	1947年12月24日
	三国时之蜀盐	1947年12月24日
	略论古代社会到两汉社会	1948年1月7日
	汉代的社会经济政策	1948年1月14日
	历代土地改革运动的三种制度	1948年2月4日
	响应经济上的晒鬼运动	1948年3月3日
	"奴产子"与"家生孩子"	1948年3月3日
	水冶与水碓	1948年3月30日
	《论宪法第一百四十三条与土地问题》	1948年4月26日
	魏晋的土地制度	1948年7月5日

续表

作者	篇名	出版日期
连士升（6）	（译）近代法德经济史导言（克拉判著）	1946年6月8日
	（译）近代法德经济史译本序（克拉判著）	1946年6月15日
	（译）近代法德经济史的绪论（克拉判著）	1946年6月22日
	（译）铁路时代以前的法国农村生活和农业（一）（克拉判著）	1946年7月6日
	（译）铁路时代以前的法国农村生活和农业（续）	1946年7月14日
	（译）铁路时代以前的法国农村生活和农业（续）	1946年7月20日
	（译）铁路时代以前的法国农村生活和农业（续）	1946年7月27日
	（译）铁路时代以前的法国农村生活和农业（续完）	1946年8月10日
	世界经济剧变与中国	1946年8月24日
	（译）铁路时代以前的德国农村生活（克拉判著）	1946年10月26日
	（译）铁路时代以前的德国农村生活（续）	1946年11月2日
	（译）铁路时代以前的德国农村生活（续）	1946年11月16日
	（译）铁路时代以前的德国农村生活（续）	1946年11月23日
	（译）铁路时代以前的德国农村生活（续完）	1946年11月30日

二 食货派的终结及原因

抗战结束，局势稍微平静，代之而来的是解放战争爆发，社会政治形势急剧变化。1948年7月，南京《中央日报·食货周刊》被迫停刊。1949年10月，随着国民党政权的垮台，食货派学人也进行了各自政治命运的抉择。1949年12月，陶希圣随蒋介石去了中国台湾，继任《中央日报》主编，除主持《中央日报》言论工作外，历任台湾国民党总裁办公室第五组组长、总统府国策顾问、国民党设计委员主任委员、国民党中央党部第四组主任、革命实践研究院总讲座、国民党中央常务委员会委员、国民政府立法委员、中央日报董事长、中央评议委员、中央复兴委员会设计委员会主任、国民党中央执行委员等。1988年6月27日在台北病逝。沈巨尘在抗战结束后，"利用暇时，查阅唐、宋时期文献，搜集政治制度资料，历时数载，还请了一位助手帮同抄录，积累之抄件，约达数百万字，正在整理编撰中"。大陆新中国成立，"仓皇出走，所有资料均存留上海，未及携出"①。

---

① 陶希圣、沈任远：《明清政治制度》，台北商务印书馆1967年版，序二。

赴台后改名任远，曾任教育部秘书，后来在铭传学院任教，现已去世。连士升在1948年率领全家到新加坡定居，历任《南洋商报》主笔、南洋大学筹备委员会宣传组主任、政府公务员委员会委员、南洋学会会长、新加坡大学董事等职。在新加坡二十多年来，先后出版了二十多本单行本著作，还未出版的稿件更是不少。尤精研于印度的三杰——泰戈尔、甘地、尼赫鲁，前后共花了十五年把这三个人的传记写成。1973年7月9日在新加坡逝世。鞠清远、武仙卿、曾謇、何兹全等人留在大陆。大陆新中国成立后，鞠在上海做汽车押运员，1950年曾找顾颉刚为他介绍工作未成。以后无下文，估计没活过"文化大革命"。武仙卿则因交代的好，未受惩处。肃反时期，包庇他的堂兄。二罪合一，判十年徒刑。期满出狱后，在天津去世。曾謇在湖南老家摆地摊、卖杂货。50年代，曾謇曾求陶孟和谋职未果。以后再无消息①。何兹全于1947年赴美，在纽约哥伦比亚大学历史研究院及霍普金大学国际政治学院研修三年，主要读欧洲古代、中世纪史。1950年9月回国，在北京师范大学历史系担任教学工作。先后任副教授、教授、博士生导师、魏晋南北朝史研究室主任、历史系主任。兼任秦汉史学会、魏晋南北朝史学会、唐史学会等学会顾问。何先生是国内外知名的资深学者，著作等身②，2006年中华书局出版有《何兹全文集》六卷。2011年2月15日去世，享年100岁。总之，食货派创始人陶希圣离开大陆去中国台湾和食货派学人的星散，是食货派最终解体的标志。

食货派为什么这么快就夭折了，其具体原因是什么？以往的研究多强调政局影响，人员的离散，固然他们是学派命运终结的重要原因。但我们以为，食货派自身，尤其是南京《中央日报·食货周刊》与食货学会的局

---

① 何兹全：《怀念师生深情，忧心国家大事》，《学术界》2002年第2期。
② 例如何兹全：《秦汉史略》，上海人民出版社1955年版；《魏晋南北朝史略》，上海人民出版社1958年版，《读史集》，上海人民出版社1982年版；《中国古代社会》，河南人民出版社1991年版，《历史学的突破、创新和普及》，北京师范大学出版社1993年版；《三国史》，北京师范大学出版社1994年版；《中国通史》第5卷，《中古时代：三国两晋南北朝时期》上册，上海人民出版社1995年版。何兹全编：《五十年来汉唐佛教寺院经济研究：1934—1984》，北京师范大学出版社1986年版。

限性更是显而易见的：

其一，食货派力量的弱小与投入精力的不足。与辉煌一时的《食货》半月刊时期相比，从陶、鞠、连、何、武、曾、沈七位核心人物，降至南京《中央日报·食货周刊》的陶、曾、连三人。可以说，陶希圣是食货派之魂，也是食货派最具影响力的人，而此时，他却揪心政治，由曾謇担任主编，直到后来才匆匆与曾謇一起编辑《食货周刊》。与陶希圣相比，曾謇在学术界的影响力显然要大打折扣。而且陶希圣主要忙于参政、论证，曾资生也在政论文章的撰写方面投入大量的精力[1]。曾资生说："编者个人事务太忙，只在晚上有一、二小时可以阅读稿件，因此许多来信，都没法作覆。"[2] 何兹全则在中央历史研究院转向了兵制史的研究。连士升1947年赴新加坡，任《南洋商报》总主笔及总编辑。而再次筹建的食货学会也没有真正建立起来，没有形成一支像以前一样人强马壮的学术队伍。

其二，南京《中央日报·食货周刊》学术性较差，篇幅限制较严格。《食货周刊》创刊号《投稿简则》云："赐稿每篇以四千字为度，如系长篇，务简分章节，每章节以四千字为度。"以后又多次强调《食货周刊》受篇幅的限制只能发四千字以下的文章。"但望各方惠稿勿超过四千字以上，每一期总希望能有四篇左右的精彩文字，我们重质而不重量，一二千字之短文，尤所欢迎。这一点过去已有声明，请再请求注意。"[3] 这些篇幅短小的论文与《食货》半月刊时期相比，研究的深度显然不足。更为重要的是《食货周刊》的宗旨是经世致用，多是对策性研究。与以前特色鲜明，注重学术质量的《食货》半月刊相比，南京《中央日报·食货周刊》

---

[1] 例如曾资生的《论中国的社会政治与土地问题》，《土地改革》1948年第1卷第7期；《座谈中国土地问题：强调农民组织攸关土改成败》，《中央周刊》1948年第10卷第12期；《座谈中国土地问题：政策下乡往往变质：一个矛盾的问题》，《中央周刊》1948年第10卷第12期；《辩论美国对日政策》，《中央周刊》1948年第10卷第24、第25合期；《本刊专访：关于新经济改革方案之估计》，《中央周刊》1948年第10卷第34期；《政党应有的风格》，《中央周刊》1948年第10卷第35期；《论中国的社会政治与土地问题》，《土地改革编辑委员会》，《中央周刊》1948年第1卷第7期；《论经世学》，《中流》（上海）1948年第1卷第1期，《论人才与制度问题》，《中流》（上海）1948年第1卷第3、第4合期。连士升：《侨务侨汇侨贷》，《华侨评论》1947年第14期；《贝文与英国外交》，《中央周刊》1948年第10卷第14期。

[2] 《编辑的话》，南京《中央日报·食货周刊》1948年1月21日。

[3] 《编辑的话》，南京《中央日报·食货周刊》1948年1月21日。

的价值取向已经少了原来的学术个性和学术信心，提不出具体的研究课题和研究主张。而且《食货周刊》出版极不稳定，也减弱了他们在学术界的影响力。

其三，对社会经济史理论认识的不够。《食货》半月刊的创办本是纠正中国社会史论战的偏向，提出了鲜明的治史主张，适应了中国社会史论战之后学术发展的趋势，形成了食货派两年半的盛势局面。他们创办的南京《中央日报·食货周刊》仍然揭橥"史料搜集"的这一旗帜，停留在史料搜集的建设方面，显然不能适应抗战胜利后中国社会经济史研究发展的需要。抗战以前，史学界有重视史观与偏重史料两种治学旨趣的对立，而抗战以后则不同。史学界已渐有史观和史料合流之趋势，史料已成为各家社会经济史研究者非常注意的问题。如郭沫若在一九四四年七月十八日的《古代研究的自我批判》中检讨了自己在古代研究上的史料问题，认为："无论作任何研究，材料的鉴别是最必要的基础阶段。材料不够固然大成问题，而材料的真伪或时代性如未规定清楚，那比缺乏材料还要更加危险。因为材料缺乏，顶多得不出结论而已，而材料不正确便会得出错误的结论。这样的结论比没有更要有害。""研究中国古代，大家所最感受着棘手的是仅有的一些材料却是真伪难分，时代混沌，不能作为真正的科学研究的素材。"[1] 对学术界的发展趋势，食货派已有所认识，重新提出足以容纳研究范围的史学理论便成为当务之急。于是，他们提倡将史学与现实相联系，从而完成其理论的构建。在研究内容上，鉴于以往社会经济史著作一直对近代社会经济史的忽视，为弥补近代社会经济史的不足，他们便把注意力集中于近代社会经济史研究上，撰写了大量近代经济研究史的著作，注意突出研究的现实意义。而当时的国民党明显缺乏应有的革命性。因政治立场的原因，食货派仍极力维护国民党的统治地位。它反映了食货派学人理论脱离实际，这不能不引起学术研究上的困惑和滞迟，其难有作为是必然的。

其四，学术与政治的交织。南京《中央日报·食货周刊》始终是陶希

---

[1] 郭沫若：《古代研究的自我批判》，《中国古代社会研究》，河北教育出版社2000年版。

圣和曾謇二人利用南京《中央日报》这个官方报纸的优势而创办的。食货派投身政治后,在从事学术研究的同时,对现实中种种政治、社会、经济、文化现象给予极大关注,撰著了大量涉及现实问题的文章。从根本上来说,史学和现实社会关系密切,不能脱离现实社会,但历史又不是现实,不能把历史等同于现实,历史学并不是以现实社会为研究对象,它是研究已经过去了的事情,而不是当前对策的研究。食货派学术与政治交织在一起的状况极不利于其学术的发展。况且,南京《中央日报·食货周刊》发展受制于南京《中央日报》的发展状况,风雨飘摇的南京《中央日报》,办刊经费自己都困难,副刊《食货周刊》的命运就可想而知了。1948年3月3日南京《中央日报·食货周刊》的《通讯》中云:"最近因为通讯月数十起,想筹一点通讯或座谈基金,但亦采取自由捐稿的原则,由新旧食货会员自行捐助佳作一篇,即以稿费充作基金。"食货学会经常因经费的困扰,某些研究计划难以持久实施,所以随着风雨飘摇的国民党政权的垮台,食货派即刻终结,绝非偶然。

综上所述,食货派是陶希圣一手构建起来的史学流派,注入了太多陶希圣的性格。食货派的兴衰系于陶希圣的一身,他的去台最终使食货派迅速终结。食货派难以为继的原因,一是由于解放战争动荡环境的大背景和陶希圣的去台所决定的;二是食货派缺乏有效的史学理论方法的指导和南京《中央日报·食货周刊》及食货学会自身局限使然。食货派创办南京《中央日报·食货周刊》,重建食货学会的本质既是对其前期学术研究的继续,也是治史理论方法应时而变的一次改进。由于政治立场的原因,他们没有真正把唯物史观确立为指导思想,又缺乏先进史学理论来对食货派的治史理论方法作根本性的改造,也就无法在整个学术界引起积极的响应,产生强大的影响力。因此陶希圣去台后,食货派的治史理论方法没有真正的继承下来并发扬光大,从这个意义上说,食货派最终解体的根源在于食货派学术研究与政治立场之间的根本矛盾,或者说,在于学术的发展逻辑与政治立场的悖论。这一点倒是后来的何兹全先生有所改变。新中国成立后,他以马克思主义的观点为指导,继续从事中国社会经济史研究,取得了突出的学术成就。

第五节　食货派学术与政治之关系

通过对食货派兴衰的探讨，我们注意到抗战爆发以后，食货派在陶希圣的带领下，迅速卷入了政治的漩涡，活跃于学术与政治之间。他们的学术研究与政治交织在一起，深深地打上了政治的烙印。这就迫使我们不能不对食货派的学术与政治这个问题作进一步探讨。

一　食货派是学术的团体并非政治的派别

抗战爆发以前，食货派认识到在中国社会史论战中因史料搜集的简陋，社会经济史研究得不出令人满意的结果。他们以极大的热情从事社会经济史料的搜集整理与研究，其目的乃是想要说明认识中国社会性质和中国社会史必须注重史料，从史料出发才是研究中国社会经济史的正确出路。陶希圣通过刊行中国社会史丛书、出版《食货》半月刊、筹建食货学会、建立北大经济史政治史研究室、编辑天津《益世报·食货周刊》等多种途径带领一班弟子致力于中国社会经济史研究。他们围绕《食货》半月刊，在治史理论方法和实践上逐渐演变为"食货派"，但他们之间的学术观点也并非完全一致。曾謇在《中国古代社会》（上）中承认："关于古代社会的全部见解，不见得尽同于希圣师的意见。"[①] 何兹全也说："我走上研究中国经济史和社会史的路，不能说不是受了他（陶希圣）的影响。但我的史学思想和路数，和他并不完全一致。我自己认为，在我读过的书中，对我影响最大的是恩格斯的《家庭、私有制和国家的起源》和《德国农民战争》，其次是考茨基的《基督教之基础》。"[②] 可见，他们应属纯学术的研究团体，正是一些共同的特点才使他们成为一个学派，也正是有一些差异才使每一位食货派学人的个性得以显露出来。这时期食货派成员潜心学术，致力于中国社会经济史的研究，应该不能以政治论是非。《食货》半月刊曾明显打出摒弃政论只谈学术的研究旨趣。陶希圣在《食货》半月

---

① 曾謇：《中国古代社会》（上），上海新生命书局1935年版，自序。
② 何兹全：《学史经验和体会》，《文史知识》1982年第4期。

刊第 4 卷第 2 期《编辑的话》中说：

> 我们再向社会声明一句话：本刊是专门研究中国社会经济史的刊物。本刊的范围，只限于纯粹的中国社会经济史的论文，更注意于史料的搜集。所谓社会经济史者，就是历代的农业、工业、商业、财政、币制这一类的记载。所谓历代，就是上古、殷、周、秦、魏、晋、南北朝、隋、唐、五代、宋、辽、元、明、清。本刊虽也载民国以来的经济史，但截至本期为止，还没有实际发展（表）过关于近二十五年的论文。实际发表的，都是百年以前的史实。无论怎样的推敲，总与现实的政治没有多大关条（系）。本刊是没有理由与别的政治宣传品一样看待的。主编者及投稿人虽不免在别的出版物上发表政论，但是本刊并不刊载任何政论。①

抗战爆发以后，食货派并没有迅速解体，反而成为他们强化的契机。他们之间保持着更为密切的联系。鞠清远、曾謇、武仙卿、何兹全、沈巨尘等人都参加了陶希圣主持的艺文研究会。不过，这些人并不是铁板一块，不可一概而论，我们不能简单的把他们视为严密的政治派别。如何兹全承认："我这时的政治思想，对国内问题和国际问题的看法，都和陶先生的思想有些距离。我主张民主，主张全民抗战甚至焦土抗战，没有低调思想。左派或共产党的刊物《群众》或《生活》送我一个头衔'新陶希圣主义'。新，就与不新有别，自然仍是一家。"② 可见，何兹全的政治观点与陶希圣对抗战持低调悲观态度不同。陶希圣与鞠清远、沈巨尘、武仙卿、曾謇参加汪精卫政府时，连士升和何兹全就没有参加，而陶希圣逃离汪精卫政府时，鞠清远、沈巨尘、武仙卿也没有回到重庆政府，而是留了下来，成为令人不齿的汉奸。抗战结束以后，连士升和何兹全也没有完全跟着陶希圣，而是分别去了新加坡和美国。毋庸置疑，食货派的这些政治分歧，很难把他们视为具有严密组织、宗旨明确的政治派别。相当一部分

---

① 陶希圣：《编辑的话》，《食货》半月刊 1936 年第 4 卷第 2 期。
② 陶恒生：《"高陶事件"始末》，湖北人民出版社 2003 年版，何兹全序。

教材与现代政治思想史论著注重对食货派政治主张进行批判时,都认为食货派是一个为国民党张目的政治派别,笔者对此不愿苟同。

综观食货派的发展历程,倒是学术研究旨趣的相投,把他们紧紧的联系在一起。抗战刚开始时,食货派学人忙于参政、论政,明显减少了对学术的关注,使本已十分兴盛的中国社会经济史研究归于沉寂,从而形成了与以往鲜明的对照。食货派虽有战时学术研究的举措,并不断的实践,但多是政论与史论之作。然而,作为一个学术团体,食货派在这一阶段的学术研究也并非完全乏善可陈,不少重要的论著是在这一时期出版的,如鞠清远著《唐代财政史》、陶希圣著《中国社会史》、格拉斯著、连士升译《工业史》等。这些著作和少量的学术论文在学术界也产生了一定影响,它们均被视为食货派这一学术团体的集体成果。《唐代财政史》一书的序文中言:"本书于南北朝经济史及刘晏评传,都是国立北京大学经济史研究室的出品,材料选自我们搜集的唐代经济史料丛编中之财政一册,里面的意见,都是我们讨论后所得到的。"[①] 曾謇还在极端困难的条件下,利用劫余的史料,潜积力量,坚持研究,出版了《两汉文官制度》和《中国政治制度史》,在中国政治制度史研究方面有一定的突破,它们也被目为食货派优秀学术成果的一个重要组成部分。抗战结束之后,陶希圣和曾謇创办的南京《中央日报·食货周刊》以及再次筹建的食货学会又把食货派凝聚在一起,逐渐恢复了学术研究的活动。此时,他们的史学研究,强调添加现代社会经济史研究的内容,存在政治与学术交织在一起的状况。但其学术研究仍是最主要方面,在具体研究中仍然有不少成果值得称述,这从他们在南京《中央日报·食货周刊》发表的论文可以明显的获知。以往的大多数研究论文,试图重新探讨食货派时,忽略了食货派学人在卷入政治漩涡的同时,也在继续开拓史学研究的新领域,这是我们在研究食货派时必须引起重视的地方。

二 政治立场不一定决定学术观点

抗战爆发以后,食货派投身政治,活跃于蒋、汪之间,因政治立场的

[①] 鞠清远:《唐代财政史》,上海商务印书馆1940年版,序。

原因，形成了与共产党尖锐对立的政治观点与主张。譬如，何兹全当时就坚信只有国民党的三民主义才能完成抗战的胜利与建立新的民主国家。1938年2月20日《政论》第1卷第4期发表的江鸿《新形势与民主革命》一文，认为民主革命有两个段落。何兹全在同期进行辩驳道："江鸿先生的态度及有几点意见，我们也不同意。""三民主义是我们唯一的政治纲领，国民革命——即由民族民主革命再到社会革命——的革命路线，是半殖民地化的中国，由半殖民地，到国家民族的独立自由，再走上社会主义的唯一正确路线。"1938年5月5日第1卷第10期发表了胡秋原答《政论》第八期何兹全《纯民族主义不够》而作的《再论纯民族主义》一文。胡秋原认为在抗战时期，民族矛盾是主要矛盾，提出"纯民族主义"。何兹全在同期《编后》中强调："胡先生虽然提出纯民族主义，但这民族主义，也是含在民权与民生主义中的民族主义，而我则愿意索性提出三民主义而已。"他认为："'以为今日是民族革命，明天是社会革命，由此引申，就成为了今日是国民党，明天是共产党。'是今日中国一个极有害的思想，但要想破除这种有害的思想，只有积极阐发三民主义革命路线的正确。"①事实上，这种因政治立场决定政治观点的情形在食货派创始人陶希圣身上表现得更为明显。陶希圣通过编写大量的专书文告及报纸上的社论，诠释国民党的意识形态，被视为国民党的"名政论家"，"三民主义理论家"。他成为蒋身边的智囊人物之一，在政治思想上与蒋介石一致，蒋介石的《中国之命运》、《苏俄在中国》皆出其手笔，被称为"蒋介石的文胆"。陶鼎来指出："蒋要他来写这本书（《中国之命运》），显然不是仅仅因为他会写文章，蒋下面会写文章的人很多。蒋要求于他，正是他在中国政治思想史和中国社会史上的研究成就，来补充蒋自己在理论上的不足。这是除陶希圣外，任何别人都做不到的。"② 除食货派的政论文章外，南京《中央日报·食货周刊》中涉及现实社会经济问题时，也因受政治立场的影响，与中共的政治观点迥异。如1948年4月26日曾资生在《论宪法第一百四十三条与土地问题》时说："个人以为要解决民主问题，土地问题必

---

① 何兹全：《编后》，《政论》1938年第1卷第10期。
② 陶恒生：《"高陶事件"始末》，湖北人民出版社2003年版，陶鼎来序。

须解决。要工业化，使资本不再胶着于土地，而滞留于官僚地主的封建社会或半封建社会，也必需要解决土地问题，现在要解决此一问题，除共产党的'土革运动'之外，我们纵有任何不同的意见，但均应注意到宪法的规定。"① 食货派类似的政治观点屡见不鲜，这显然是由他们的政治立场所决定的。

既然政治立场决定了政治观点，那么政治立场与学术观点关系如何呢？显然，食货派的政治立场势必对其学术发展产生一定影响，我们在考察食货派时理应把政治因素考虑进去，但不能影响我们客观公正的对其史学成就与学术贡献进行探讨和评论。众所周知，任何人都身处特定的时代当中，难以逃脱当时政治因素的影响，因政治立场原因而走向不同的学术道路者比比皆是。如鞠清远就因政治立场原因影响了其学术的发展，使一个"天才"过早的陨落。所以政治立场影响学术发展是必然的，但学术发展又有独立性。食货派不认同共产党的政治主张，并不妨碍他们在学术上坚持自己的理念从事史学研究。胡逢祥深刻地指出："各史学家和史学流派的思想，从本质上看，都反映了一定阶级、阶层的利益和要求，各阶级、阶层的人也可以有他们的史学，但却不成其为严格意义上的学派。因为学派的划分虽应注意揭示其阶级实质，但却并不是直接以世界观和阶级地位为根据的。世界观虽然从总体上规定了人们认识事物的根本方法论，然而这并不妨碍人们在具体的学术研究中运用独特的手段得出独特的观点和结论，形成独特的风格。具有同一世界观的人在研究同一学科时，完全可以形成不同的学派，而不同的世界观，也并不妨碍人们在某些学术问题上取得相同或近似的结论。"② 同样，我们认为政治影响学术是必然的、合理的，脱离政治的纯学术是不可能的。政治与学术有着紧密的联系，政治只要不破坏学术发展的独立性这一底线，就可以在学术的层面上进行深入探讨。所以对于食货派这样一支在我国社会经济史学科发展上产生过重要影响的史学流派，细心辨析其学术并进行客观公允的评价是我们研究中国

---

① 曾资生：《论宪法第一百四十三条与土地问题》，南京《中央日报·食货周刊》1948年4月26日。

② 胡逢祥、张文建：《中国近代史学思潮与流派》，华东师范大学出版社1991年版，第16页。

近代史学史应有之义。

然而，以往在研究食货派时，人们总是自觉不自觉地将学术与政治对立起来，只单纯地考虑一种因素，过多的强调其政治问题而影响我们正确认识食货派的史学成就和学术地位。食货派在一些史学家眼中是"国民党御用文人"、"政治上的投机人物"，为人不齿的"汉奸"，则其学术也要大打折扣。人们预设政治立场决定学术立场，有什么样的政治观点，就有什么样的学术观点。事实上，政治立场主要反映的是学者的政治观念和政治主张，不是学术观念和学术主张。笔者认为，学者学术观点不应被视为政见的表达，政治立场与学术观点在很大程度上是可以分开的。换言之，不是有什么样的政治立场就一定有什么样的学术观点。"政治和学术有联系，但不是一码事，我赞成把它们适当地区分开来。"李根蟠如是说，笔者亦持此论。近年来有了不同的声音，一些学者提出应该把政治和学术分开，试图在学术上重新评价陶希圣和《食货》半月刊①，这是极好的学术现象。何兹全曾深刻地指出："陶希圣的要害问题在政治不在学术。""批判陶希圣和《食货》，学术和政治要分开。"② 笔者认为食货派尽管存在这样那样的政治问题，但他们关于中国社会经济史的研究主要还是学术性的，撰写史学史应该从学术方面而不是从政治上对之进行分析和评论。为避免因政治立场的因素影响我们对食货派学术研究的探讨，我们继续沿着政治与学术分开的思路，将食货派放到中国近现代史学史的天平上来称量，在广泛搜罗史料的基础上，进行客观系统的研究。

---

① 参见陈峰：《〈食货〉新探》，《史学理论研究》2001年第3期。
② 何兹全：《我和中国社会经济史研究》，张世林编：《为学术的一生》，广西师范大学出版社2005年版，第221页。

第二章
食货派的中国社会经济史研究

在20世纪三四十年代，食货派组成了史学研究的强大阵容。虽然很多研究计划因各种原因，最终未能完成，但他们的研究仍然取得了令人瞩目的成就。食货派的研究领域非常广泛，除中国社会经济史之外，还涉及中国政治思想史和中国政治制度史的研究。但他们的治史旨趣似乎始终偏向于中国社会经济史，无论从成果的数量和质量而言，还是根据当时在学术界产生的影响来分析，社会经济史都是他们史学研究的主要方面。他们的社会经济史研究，既有探讨社会形态的理论成果，也有史料的搜集与整理的实绩及专题研究的精研之作。关于食货派的社会经济史研究及其成就已陆续为学术界所探知。黄静的《食货学派及其对魏晋封建说的阐发》对食货派在中国社会史分期中所阐发的代表性观点"魏晋封建说"进行了论述。[①] 李源涛的《20世纪30年代的食货派与中国社会经济史研究》和李方祥的《三十年代的食货派与中国社会经济史研究的兴起》对食货派的中国社会经济史研究进行了探讨。[②] 但他们因研究主题和篇幅的限制未能对食货派的中国社会经济史研究进行全面的探讨，尤其是他们只就食货派崛起时期进行了较为深入的研究。食货派崛起时期的中国社会经济史研究的成就最突出，它们最典型、最充分的反映了食货派在史学领域的总体研究水平，当然是我们研究的重点。但食货派在中辍与重振时期的社会经济史研究，也取得了一定的成就，是食货派史学研究的一个重要组成部分。就

---

① 黄静：《食货学派及其对魏晋封建说的阐发》，《学术研究》2005年第2期。
② 李源涛：《20世纪30年代的食货派与中国社会经济史研究》，《河北学刊》2001年第5期。李方祥：《三十年代的食货派与中国社会经济史研究的兴起》，《北京科技大学学报》2007第1期。

这一层面而言，我们仍有必要对食货派的社会经济研究作进一步的论述。

第一节　中国社会史分期的探讨

20世纪20年代末30年代初中国社会史论战辩论的内容，有学者认为，"里面所争论的都是分期的争论"。① 而据参与者侯外庐的回忆有五个方面：马克思主义的亚细亚生产方式，中国历史是否经过奴隶制阶段，中国封建社会的断限和特征，商业资本主义社会，近代中国是否为半殖民地半封建社会等问题。② 受社会史论战的深刻影响，食货派对封建社会断限和特征、商业资本主义社会、奴隶社会有无与断限等问题进行了深入的探讨，尤其在封建社会断限和特征方面取得了较为显著的成就。

一　封建社会的断限和特征

早在1928年的《中国社会到底是什么社会？》一文中，陶希圣第一次对中国社会历史发展阶段作了划分。他提出从夏到商为原始部落社会，周代为封建社会，秦汉至清代为商业资本主义过渡社会，鸦片战争后为资本主义社会。陶希圣认为"作者现尚在进行研究之中，决不能把一时的观察所得作为定论"③。1929年，当他撰写《中国封建社会史》一书时对以上认识作了大的修正。他认为商周时代为氏族社会末期，称原始封建社会；战国、秦汉为奴隶社会；汉代至唐初是封建制度发生、完成发达的时期；此后，封建制开始瓦解，由宋至清末为城市手工业及商业资本主义；清末以来为半殖民地社会。他之所以区别如此具体，是因为想"提出历史的事实，供读者尤其是历史唯物论者的讨论和批评"。④

1932年，陶希圣"因为材料较多一些（自然还是很少）"，陶希圣又有不同的见解，作了中国社会史发展阶段的新估定。他把中国社会史发展划分为四个阶段。以西周时代为氏族社会末期。战国到后汉是奴隶经济占

---

① 非斯：《中国社会史分期的商榷》，《食货》半月刊1935年第2卷第11期。
② 侯外庐：《韧的追求》，三联书店1985年版，第222页。
③ 陶希圣：《中国社会之史的分析》，上海新生命书局1929年版，绪论。
④ 陶希圣：《中国封建社会史》，上海南强书局1929年版，绪论。

主要地位的社会。三国至唐，宋至清各为一阶段。他特别指出："由三国到唐末五代，要另划一个时期。其中南北朝时代，是中国史里最少研究的一个段落。大家都知道这时期最显著的经济组织是'庄'。最显著的经济现象是现物经济（南朝却是发达的商业经济）。最显著的社会关系是士族，平民，半自由民（部曲，佃客，衣食客等）奴隶的等级，除士族领有'遍天下'的田园水碓外，别人在黄河流域是平均受田的。均田制到中唐，便渐渐破坏了。这是一个发达的封建庄园时期。宋以后，庄园经济渐次分解。"① 基于以上的认识，他再三唤起同学的注意：

> 东汉以后，中唐以前，无论在经济社会，政治思想上都自成一个段落，与以前的秦汉及以后的宋明，各有不同之点。最重要的特征，是大族与教会的经济特权及政治特权。秦汉不是没有大族，但政治上受政府的抑制。宋明不是没有教会，但法律上没有特权。如再进一步，看取大族与寺院的下面的社会的经济的组织，更可见与前代后代不同的特质。在大族及僧侣之下，庇护着多数的自由人，领有着多数的部曲僮客，持有着多数的奴隶。反之，在秦汉，我们看见最引人注意的是家内奴隶；在宋明，我们看见的是自由劳动的发达，庇护特权的沦没。所以，魏晋至隋唐，社会上严于士庶之分辨，政治上显有大族的操持，思想上富于佛教的影响。彼此因应，断非偶然。②

以上这个特殊的段落，陶希圣名之为中古时期，认为"中国的中古时期是从东汉末年到唐末时期。农奴劳动的上面，世俗的与宗教的贵族庄园，与国家庄园的对峙，如果深深从经济组织内部看取，是没法使我们不承认这才是中古时期"③。因为他认为可以从时间序列上把历史分为三期：（一）古代社会（西元前五世纪至后三世纪）；（二）中古社会；（三世纪至九世

---

① 陶希圣：《中国社会形式发达过程的新估定》，《读书杂志》1932 年第 2 卷第 7、第 8 合期；《中国社会史论战》第 3 辑，上海神州国光社 1932 年版。
② 陶希圣、武仙卿：《南北朝经济史》，上海商务印书馆 1937 年版，序。
③ 陶希圣：《冀筱泉著〈中国历史上的经济枢纽区域〉》，《食货》半月刊 1936 年第 4 卷第 6 期。

纪);(三)近世社会(十世纪至十九世纪中叶)①。另外,陶希圣在1935年出版的《中国政治思想史》一书中,没有按照马克思唯物史观社会形态的分期方法,而是把中国历史分为神权时代(殷商)、贵族统治时代(西周春秋)、王权时代(战国至清末)和民国时代。

在陶希圣的影响下,食货派学人积极阐发中国封建社会始于魏晋迄于唐末的观点。1934年9月何兹全在《中国经济》发表《中古时代之中国佛教寺院》一文,认为魏晋之际是中国封建社会的开始时期。中古时代的时间是"指从三国到唐中叶即从三世纪到九世纪"。此文"已有了魏晋之际封建说的意思。'中古时期',就是封建时期的同义语"。②在《食货》创刊号上何兹全《魏晋时期庄园经济的雏形》一文分豪族的发展、自由民到农奴的转变、新的社会——庄坞三个方面,对魏晋时期的庄园经济进行了论述。他指出:"庄、坞不但是防守的军事组织,而且是一个生产组织。每一个庄或坞附近以圈的土地而构成一个独立的社会单位,经营着自足自给的生产。负指挥工作的是庄主坞主,生产劳动群众是部曲和佃客。这种生产组织,一方面自然而然地发展;一方面也反映于政治的设施,国家也承认了这种生产组织。"他认为魏晋时中原地方社会经济发展具有以下几个趋势:(一)大族兴起,土地集中大族手里;(二)自由民衰落,丧失土地而降为部曲、佃客、半自由的农奴;(三)交换经济破坏,自然经济占优势,庄园生产渐具雏形。这种生产组织后来为入主中原的拓跋氏所模仿,而使其制度化;把掠夺的人口和土地,分配给从征的王公、军事领袖,而建立北朝的庄园制度③。此文"明确以魏晋之际(以建安时代为魏)为中国封建社会的开始。随后在《食货》上写的文章,都是在封建说的基础上写出的"④。《三国时期农村经济的破坏与复兴》对三国时期农村的经济状况进行了具体的研究⑤;《三国时期国家的三种领民》考察了在大族分

---

① 陶希圣:《战国至清代社会史略》,《食货》半月刊1935年第2卷第11期。
② 何兹全、郭良玉:《三论一谈》,新世界出版社2001年版,第147页。
③ 何兹全:《魏晋时期庄园经济的雏形》,《食货》半月刊1934年第1卷第1期。
④ 何兹全、郭良玉:《三论一谈》,新世界出版社2001年版,第147页。
⑤ 何兹全:《三国时期农村经济的破坏与复兴》,《食货》半月刊1935年第1卷第5期。

割人口情况下国家领民的三种状况①;《中古大族寺院领户研究》主要阐述了大族、寺院依附民的农奴化所形成的人口分割制②。在以上研究的基础上,何兹全"对中国封建社会的特征——自然经济、农民的依附化、人口分割制等,已有初步认识"。③

武仙卿《魏晋时期社会经济的转变》一文从庄园的形成、社会隶属关系的转变、新社会的阶级组织、屯田到占田——国家庄园农业经营的形态等几方面详细论述魏晋时期社会经济的转变,明确指出:"秦汉奴隶社会已经解体,新的社会制度——封建社会正在演进。魏及西晋就是这个新社会制度的发端,五胡时期,东晋及南北朝就是这个新社会制度的典型时期。南北两朝虽同是封建社会,然而因地理关系,南朝未受蛮族的蹂躏,故其性质与北朝不同。在北朝,经过黄巾暴动与五胡乱华两次的社会变动,已往秦汉社会经济的纽带根本崩溃,社会上没有世家大族,只有新起的屯垒大师、军事领袖与蛮族酋长。在土地形态上是荒芜的土地私有权未曾破坏,商业关系虽罩上封建的外衣,而仍是承接往昔的情形而来。这是由魏晋时期封建制度的发端,所演出的不完全相同的两个封建制度。这种南北朝的差异,发端于黄巾之乱,蛮族的侵入更加强其差异的程度。"同时,该文还从土地形态、政权性质与社会现象上分析南北朝封建社会的差异,指出"在北朝所表现的:有广大的国有土地,政府役使受田的人民在国家庄园中操作农奴的劳动。国家庄园占绝对优势,在政治上表现为专制的君主,大族的庄园与蛮族部落的庄园决无与国家对抗的能力。(北朝大族的庄园之有势,要在北魏末年以后)在土地分配上,占田制度与均田制度仅是国家庄园中土地分配的方式。因为北朝国家庄园占绝对优势,所以很少看到北朝大族的跋扈(五胡时尚有迁徙豪族的举动),与封固山泽的事实。在南朝因为未经受黄巾与五胡的变乱,其数代相传的土地私有权并未丧失,大族庄园占优势,政权分散于各大地主之手。在大族优势之下,君主的政权依属于大族的拥护,这与北朝的专制君主能压制大族的情形不

---

① 何兹全:《三国时期国家的三种领民》,《食货》半月刊 1935 年第 1 卷第 11 期。
② 何兹全:《中古大族寺院领户研究》,《食货》半月刊 1936 年第 3 卷第 4 期。
③ 《何兹全文集》第 1 卷,中华书局 2006 年版,自序。

同。但是南朝与北朝现象上虽有差异，而其基本要素，并无不同"。①

以上何兹全、武仙卿关于中国魏晋至唐末为封建社会的论说"都是受陶氏同一系统的指导或影响而写出的"②。食货派对"魏晋封建说"的提出和论证，"在社会史学界已有不少的影响"。③ 另外，曾謇在详细考察了三国时代的豪宗大族的活动后，认为"三国时代是一个社会经济政治的剧乱时代。经过这一个时期，秦汉的社会转入于两晋南北朝中古的封建社会。在东汉，社会经济虽已经陷入于动乱的状态中，但至汉末三国这个时期才以显明的姿态暴露出来，两晋南北朝的社会虽然已即于典型的封建形态，但其主要转移时代，是在三国至东晋的这一阶段，所以三国及其前后的期间，恰是个社会转化的枢纽"④。鞠清远也从人身依附关系的角度暗示魏晋南北朝时期为封建社会。他在《两晋南北朝的客、门生、故吏、义附、部曲》一文的最后特别声明："我没有意指出这时代的社会，是不是能为客、门生、故吏、义附、部曲等等现象，而决定了性质。我只是说明了这些现象的性质、地位、及发展。不过，我可以说的，是这期间里除自由农民以外，奴隶，仍然是很盛行的，耕田、经商的奴隶，仍然不少。"⑤ 陶希圣对此文高度评价，认为："客的转变过程的研究是了解中古社会的钥匙。自由人怎样依附豪宗大族，从自由的食客变为半自由的农奴，这种转变指示我们以古代社会为何转变为中古社会的两大线索之一。另一线索是奴隶转变为农奴的过程。魏晋南北朝隋唐时期，一方面，奴隶经济仍然继续发达，一方面农奴经济普遍起来。从家长制下的家内经济，工场农场的奴隶，分田纳租的奴隶，到近于奴隶的客，分田纳租的客，趋附豪强的独立农民之客，以至于依附豪贵的士人之客，其间各有不同的关系，不是凭空想得出的。"⑥ 所以陶希圣今后仍想陆续发表东汉魏晋以后的研究。他还打

---

① 武仙卿：《魏晋时期社会经济的转变》，《食货》半月刊1934年第1卷第2期。
② 陈啸江：《封建制度成立的条件及其本质新议》（续），《中国经济》1935年第3卷第12期。
③ 陶希圣、武仙卿：《南北朝经济史》，上海商务印书馆1937年版，序。
④ 曾謇：《三国时代的社会》，《食货》半月刊1937年第5卷第10期。
⑤ 鞠清远：《两晋南北朝的客、门生、故吏、义附、部曲》，《食货》半月刊1935年第2卷第12期。
⑥ 陶希圣：《编辑的话》，《食货》半月刊1935年第2卷第12期。

算发表关于古代兵制的论文,认为"兵役与别样的役一样,是与经济财政分不开的"①。

通过以上对封建社会始于魏晋迄于唐末的探讨,食货派对南北朝隋唐时代的社会有了更深入的认识。何兹全《南北朝隋唐时代的经济与社会》一文是《中国中古寺院经济》的绪论部分,此文对南北朝隋唐社会经济的性质作了进一步阐释。他认为:"自三国到清末是封建时期。在这个长期的封建阶段中,以唐为分界又可分为前后两期。唐以前是封建的发展期,尤其北朝,封建制度可说相当的完整。唐代封建制度渐次分解,中唐以下到清末,封建制度崩溃,商业资本兴起。萌芽的资本主义生产方法与崩溃中的封建生产方法相互对峙,而且作了有机的结合。"这时期从封建社会说,是封建制的破坏期。从资本主义说,是商业资本时期。它是由封建制度到资本主义的过渡时代。"封建制度的形成,是在魏晋时期。三国开头的黄巾暴动与西晋末年的五胡乱华,是中国社会史上一个重要关键,两次动乱,把中国社会拖进一个新的时代,元魏外族的入侵,使封建制度在黄河流域走到发展的最高点。"②陶希圣和武仙卿《南北朝经济史鸟瞰》一文通过对历史上汉族与东夷、西戎、北狄、南蛮的长期冲突、斗争与人口迁移的探讨,认为边区荒凉是都市孤立与政治经济割剧的反映。从这种割剧与孤立的情形中,可了解南北朝时期政府的封建性及寺院大族之具有封建领主的资格的理由。"寺院大族之有社会的政治的与经济的基础,才有与政府都正当实力。三者之间,最显明的斗争,在这时候是土地与人民的争夺。"③

总之,食货派在陶希圣的影响下,逐渐形成了"魏晋封建说"的共识。他们力图从生产组织形式,土地制度、交换方式、人身依附关系,乃至政治制度、思想潮流,地理环境等各个方面综合考察魏晋南北朝社会发展的情形,其中生产的组织形式、土地制度是基础。他们在社会史分期的探讨中,形成的三段或五段的分期思想,引起了广泛的关注,并有诸多学

---

① 陶希圣:《编辑的话》,《食货》半月刊1937年第5卷第6期。
② 何兹全:《南北朝隋唐时代的经济与社会》,天津《益世报·食货周刊》1937年5月18日、1937年5月25日。
③ 陶希圣、武仙卿:《南北朝经济史鸟瞰》,《商务印书馆出版周刊》1937年第236期。

者对食货派所持"魏晋封建说"提出了质疑和批评。吕振羽说：

> 《食货》所载关于魏晋南北朝经济性的各篇文章，甚佩服执笔诸先生史料搜集之丰富，和技术的娴熟。但以之确定魏晋为中国史由奴隶制转入封建制的时代，南北朝为中国史之封建主义下的庄园经济时代，——在这一点上，我觉得应该从内的矛盾之斗争的统一，和外的矛盾之对立诸关系上去作全盘的把握。因为南北朝的经济组织，是由两种社会的原理结合成的。所以不仅南朝和北朝迥异，即是北朝的社会内，我们一方面看见有庄园式的组织，另一方面却又有土地之在封建关系为前提的条件之下'自由贸易'的事实之存在；同时在庄园式的组织之上层，又有一层非世袭的'郡守县令'之官僚系统的组织存在。这似乎是不应忽略的。虽然，这问题确实太大了。然而《食货》的意见，似乎不应太统一化了。再次，关于形成历史的外的矛盾诸关系的地理等条件，虽然能给予历史本身以特殊性，然而并不能改变那作为其根基的内容的矛盾诸关系的发展的本质。这在中国史上'南北朝'、'五代'、'辽金元'也是如此。①

梁园东也对"《食货》颇有一点意见，《食货》系专攻经济史刊物，最好对历代经济史实，纯为客观的整理叙述，不必急为论断"。② 陈啸江也认为食货派对于封建状态，阐发颇详，令人佩服，但比附欧洲中世纪封建社会并否定周代的封建制度尚有未妥。不能只从生产关系的变迁来考察，而要关注生产力的变迁，统一生产力，生产关系，上层建筑三者之间的现象，而成立新说。他说：

> 食货派对这一问题，通过从政治的经济大方面推寻其成立的原因入手，虽然他们中间也各有着眼点，他们所讨论的不只限于政治、军事，也是从这样的对象中寻绎出来的。就从政治方面来考察，他们对

---

① 吕振羽：《对于本刊的批评与贡献（通信）》，《食货》半月刊1935年第1卷第8期。
② 梁园东：《中国经济史研究方法之诸问题》，《食货》半月刊1935第2卷第2期。

于中世纪封建社会的特殊事实是看到的，而不知道此种特殊事实的发生的渊源，尤其重要的，是不知道发生封建社会制度的一个共同的经济基础。结果仍流为政治或军事决定论，更可彻底说一句，是历史的不测论。他们的错误，是大家都能看到的，而主张经济一元论的人，对于这一类的说法，每有无情的批评。他们主要从经济方面考察社会的主张。但不能硬套公式。①

对于以上从学术方面对"魏晋封建说"的商榷与驳斥，陶希圣进行了回应。他在给陈啸江的回信中说：

> 魏晋南北朝之于两汉虽有承袭，亦有变更。兄谓看不出什么差别，弟却不敢同意；惟兄表中仍将此两时期分段，则弟所欣然者也。今所争者，魏晋至唐之与两汉，为质的区别，抑为量的差别耳。嵇文甫兄以为虽有差别，仍属同一之封建社会。兄亦以之属于同一佃佣社会。故此点仍有再讨论之必要。以弟所见宁皆属于佃奴社会，秦汉奴重，中古佃重，然两者盖并存也。兄过分轻"奴"，因而过分重"佣"。弟以为佣虽自战国即存，然其"重"则宋后事业，在秦汉以至隋唐，佣宁较奴为普遍乎？在奴之时代，佣较奴为昂，而佣亦陷入"奴"之地位。即为佣，而其工资之以钱付，盖近代事耳。②

陈啸江在给陶希圣的复信中仍然坚持：

> 魏晋南北朝之于两汉，虽有量的变更，却未有质之转换，以其整个社会之生产力及主导的生产关系，尚依然如旧故也。先生及食货执笔诸先生对于此期封建状态，阐发颇详，令人佩服，但如此比附欧洲中世纪封建社会并否定周代之封建制度，窃意尚有未妥。盖西欧中古之封建社会，系由奴隶社会蜕化而出，而魏晋一期之封建"状态"，

---

① 陈啸江：《封建制度成立的条件及其本质新议》，《中国经济》1935 年第 3 卷第 11 期。
② 《学术通信：奴隶社会还是佃庸社会 A》，《现代史学》1936 年第 3 卷第 1 期。

则明系佃庸制度衰落时异族侵入之结果。故前者较典型，而后者仍保留官僚政治一类之系统；前者之去路，为罗马帝国之灭亡，而后者则为汉族之复兴与同化：此中关键深足吟味。且此种过程，不从魏晋南北朝为然，辽金元侵入中国时，又复重现一次，可知欲以中国历史发展过程与西欧为机械的排比者，容或有未通也。尤有进者，生产关系之变迁，秦汉以后中国生产力既未能寻出显著变迁之痕迹，又何从发生几种完全不同之社会？而东方文化之特殊系统，似亦非固守一般发展说所能解答。鄙意则颇欲统一生产力，生产关系，上层建筑三者之现象，而成立新说。①

陶希圣回信说：

陈先生如研究到辽金元的时代，便知道与魏晋南北朝时代，外族侵入的影响是不同的。这时讨论，总觉有些困难。陈先生对于魏晋南北朝官僚系统的存在，指出以驳封建说，是有卓见。从前吕振羽先生也指出过。不过如把历史上贵族教会与王权的斗争看活了，也就不难了解了。②

以上包括马克思主义者在内的反驳"魏晋封建说"的学术论辩的情况，反映出"魏晋封建说"已经在学术界产生了极大的影响，而对此说的分歧也越来越大。

由于食货派在中国社会史分期当中，突出了三国至唐末一段，形成一个与马克思唯物史观的四段论历史分期迥然不同的崭新的图式，一度受到很多来自政治方面的批评甚至谩骂。马乘风说：

秦汉以后至鸦片战争的中国社会，并不是没有变化，然而这种变

---

① 《学术通信：奴隶社会还是佃庸社会B》，《现代史学》1936年第3卷第1期。另参见陈啸江《中国社会史略谈》，《食货》半月刊1936年第4卷第4期。
② 陶希圣：《中国社会史略谈（附信）》，《食货》半月刊1936年第4卷第4期。

化始终没有跳出封建的生产方法之界限,所以站在'特殊的生产方法'之转变的观点上,我们不能把这个两千年来之中国社会盲目的任意分割,换言之,我们丝毫不能同意于陶先生的学院式的空泛的'细分法'。这一'细分法'是完全证明了终日以辩证法自号的陶先生根本不明白辩证法,这一错误的严重性,较之已往他的著作及讲演中的矛盾空泛为尤甚。①

王宜昌和朱亦芳对于陶希圣的史学分期也有所指责。王宜昌说:"陶希圣的教授图式的史学,会引导中国社会经济史研究者走入歧途的。"因为他们的"中国社会经济史阶段划分,很明显地是以西周为第一封建社会,接着秦汉是奴隶社会,三国至唐为第二封建社会,唐宋以后有一个先资本主义社会。这明明是由于三国至唐这一特别阶段的划分,引起了历史发展阶段的混乱。我们不希望'翻译欧洲史学家的半句字来,在沙滩上建立堂皇的楼阁',如'先资本主义社会','原始封建社会','典型封建社会',以至'X、Y、Z、社会'的大学图式。即我们不再希望画鬼的社会经济史家,图出一个为历史科学所未证明的鬼影"。② 朱亦芳也表达了类似的观点。他说:"历史科学的方法论,陶先生是曾蔑视了人类社会发展的合则性,不要我们追随于封建制度,奴隶制度之后。"③

对于王宜昌和朱亦芳的激烈批判,陶希圣在《食货》半月刊第1卷第5期《编辑的话》中进行了辩驳。他说:"他很仇恨的叫骂着'教授图式'。这样的谩骂,他说原来是资本论的著者传授的。不,叫骂人的才算马克思。马克思是打倒了别人就是他的天下的。这样的一套,没有比三四年前有什么进步;我听熟了,也不觉得有什么应答覆的必要。"

食货派的三段论的社会史分期因政治原因而受到的批判一直延续到40年代。吴泽认为食货派"三段论"是观念论(包括一切实验主义与形式主义)与"四段论"唯物辩证法的两个史学体系的斗争:是"汉奸理论",

---

① 马乘风:《中国经济史》(第一册),中国经济研究会1935年版,第446页。
② 王宜昌:《论陶希圣最近的中国经济社会史论》,《中国经济》1935年第3卷第1期。
③ 朱亦芳:《为什末研究历史和怎样去研究历史》,《中国经济》1935年第3卷第1期。

是陶希圣给中国史新造的路径。食货派被其视为"三段论上的两个别动派之一"①。他说:"我们的史学家陶希圣先生及其大批高足,更干脆的一方面从所设社会经济现象去分析扮演其形式主义的说教;另一方面又把政治现象从经济现象分开,使之孤立起来;而实施其观念的实验主义。于是而神妙玄说:'神权时代''王权时代'","于是,出现了氏族社会到封建社会,由封建社会再到奴隶社会,更由奴隶社会到封建,再到先资本主义社会,陶希圣的以上层建筑政治现象来实验中国社会经济性质时,封建农奴小农经济和封建政治形态,自然分辨不清,把部分夸大了,抹杀全体"。"这种大学教授鬼混的史学体系,是会遗害无数忠实的社会经济史研究者走入歧途的。我没有看到的东西,一切就不存在,存在的是我所看到的。自己少读书,对世界史的阉割,对一般常识的贫困,以及新科学理论皮相的了解,而曲解'阉割'了食货派。"② 吕振羽后来也存在从学术的批评走向了政治批判的倾向。他在《关于中国社会史的诸问题》中认为"陶希圣及其'一群'的最后结论(我所以说是'最后',因他为了唬弄青年,曾经故意地变来变去),判定南北朝是中国初期封建庄园制成立的时期"。陶希圣之流"不但抄袭了历史唯心主义的历史花招,从零片的、部分的现象去夸张,企图把本质掩盖起来;而且拿部分去概括全部、以残余作为主要。这在他们夸张秦汉或春秋以来的奴隶制的残余的性质时,也同是这一诡辩的逻辑公式的应用"。"陶希圣的南北朝初期封建庄园论,也无非在暗示'五胡'和'拓跋'族的统治集团的'侵入',却完成了中国社会由奴隶制度到封建制的转变。这便是他的荒谬理论的根源。"③

以上的论争,有学术上的争鸣也有政治上的批判。我们以为历史本不可分割,食货派能在中国社会史分期中突出强调魏晋南北朝这一段,体现了食货派的眼界和学识。无论如何我们得承认他们的认识包含合理的成分,魏晋封建说后来成为新中国成立后古史分期讨论中主要理论观点之一,与食货派所做的大量工作密不可分。事实上,要对历史进行分期是很

---

① 另一个别动队是胡秋原、李麦麦等人。
② 吴泽:《"奴隶所有者社会"问题论战之总批判》(下),《中国经济》1937年第5卷第6期。
③ 吕振羽:《关于中国社会史的诸问题》,《理论与现实》1940年第2卷第1期。

难的。正如傅筑夫在《社会经济史的分段及其缺点》中所指出："经济现象是一种切不断的因果连环，因为时间是赓续的。一个现象的原因之前，其自身早已是一个现象的结果，同样，社会机构虽一时期有一时期的基本特质，然而从其发展全过程来看，也是一个连续不断的长期演化。"① 所以，社会经济史是不可以强分阶段的。然而，为了研究的便利，抓住各时代的社会经济制度的差异和若干显著的特征进行划分，提出一些重大问题，研究其来龙去脉，乃是社会经济史所必须达到的任务。食货派能抓住魏晋南北朝这一段的显著特征来探讨，实属难能可贵。

二 商业资本主义社会

因为陶希圣在《中国社会到底是什么社会？》一文中持秦汉以后是商业资本主义社会的观点，因而有人把"商业资本主义"等同于"陶希圣主义"。之后，陶希圣在《中国封建社会史》一书又提出由宋至清末为城市手工业及商业资本主义，更是招致学术界诸多的辩驳。而其《中国社会形式发达过程的新估定》一文进一步指出，宋以后庄园经济渐次分解。这是封建制度分解期，也就是城市手工业时期。这时期可以说是先资本主义时期。他认为与两汉的记载多家生子或家僮或老奴不同，宋代的记载多田佣或佣工或佣仆。自由劳动已代奴隶劳动为社会重要的现象。除家事奴隶以外，生产奴隶已归没落。耕地分散是明显的趋势。唐代的大庄园到宋代多变为多数独立农场，平均每一农家以耕地十亩为多。地租回复两汉之旧，居全生产物 50%。行会的势力比唐为小，行会以外，颇有独立的大商工业。国外贸易之发达，银的普遍使用，国内商人的流通，海外商人的进取，这些现象是很明显不能够抹杀的。"无疑的蒙古游牧部落的侵入，在黄河流域又建立封建田园制，但元朝对江南则榨取其货币。明代以后，商业的发达，政权之集中，官僚兵队的现银支付，盐商钱商的政治势力，在在都是继续宋代经济政治制度而更加发达的。"②

---

① 傅筑夫：《社会经济史的分段及其缺点》，《文史杂志》1945 年第 5 卷第 5、第 6 合期。
② 陶希圣：《中国社会形式发达过程的新估定》，《读书杂志》1932 年第 2 卷第 7、第 8 合期；《中国社会史论战》第 3 辑，上海神州国光社 1932 年版。

以上陶希圣"先资本主义时期"的商业资本主义社会观点受到了学术界的猛烈批评。何干之撰文指出："陶先生所举的'材料'能不能用以规定一个新的社会制度。统括陶先生的话，所谓'前资本主义'可有五个要点：（一）自由劳动的存在；（二）耕地分散，地租占生产的一半；（三）工商业的存在；（四）国内国外贸易的发达；（五）货币地租的采用。"他认为这五个特点都是封建社会末期的现象，不"可作新的社会构成的标帜"。"史家对于封建社会的发生发展与没落的过程，弄明白了，就决不会有凭着封建社会末期的现象，来作另一个社会构成的那种牵强附会的事了。"① 1936 年翦伯赞在《世界文化》创刊号上发表《"商业资本资本主义社会问题"之清算》一文，也对陶希圣"商业资本主义社会"进行了尖锐的批判。他指出陶希圣是盲目的抄袭家，是创造伪科学的资产阶级官僚的学者，是抄自波格达诺夫。翦伯赞还指出商业资本主义是伴随货币同时产生，它存在于从古代一直到现代资本主义的各个历史发展阶段中。它属于现存的生产方式，它本身不能创造独立的生产方式，因而也不能形成一个独立的社会。

在激烈地批评当中，食货派逐渐改变了以往划分商业资本主义为一个独立的社会形态的认识。他们承认商业资本的存在，但商业资本主义只能破坏旧的生产方法，不能建立起新的生产方法，不能单独成为一个历史阶段。陶希圣说："从前我曾取长期商业资本主义社会及循环论，甚至使商业资本主义等于陶希圣主义。近来略对中间这一段加些研究，看出一些重大变化出来，自觉从前把春秋战国与清代两头一拉的见解是有缺陷的。"②他认为："秦汉的商业以奴隶的生产为基础。中唐以后的商业资本以城市手工作坊及定作制下的家庭工业为基础。前者分解小农经济，准备庄园制度的到来。后者分解庄园的生产，破坏农村的自给经济。这是不大能够否认的事实。""商业资本固然不能决定社会形态，它分解旧有社会形态的作用是不能否认的。氏族社会分解而转变为奴隶社会，中古社会分解而转变

---

① 何干之：《中国社会史问题论战》，《何干之文集》，中国人民大学出版社 1989 年版，第 272—273 页。

② 陶希圣：《编辑的话》，《食货》半月刊 1935 年第 2 卷第 11 期。

为资本主义社会。虽然所转变的社会是什么，决定于生产条件，商业资本却有助产作用。"① 何兹全也认为："封建社会中前后两时期的变化，是很重要的。过分看重这种变化，而于封建制度和资本主义制度之间划出一个商业资本社会的独立阶段，固然是不妥，过分忽视这种变化，而含糊的看下去，也是不妥。"从经济方面看，封建时代前期的经济重心在乡村，后期城市兴起而与乡村对立，渐次使乡村依附城市；从社会方面看，封建关系渐次为自由契约关系所代替，封建领主变成单纯的地主；从政治方面看，基于有土地有人民而产生的权力——封建诸侯，渐次衰落，兴起了专制王权（许多人过分为专制主义所眩蔽，而于封建社会和资本主义之间，另立一专制主义阶段，是很不妥的。专制主义是商业资本时期，即封建制度到资本主义的过渡时代的政治形态。以商业资本主义为独立社会阶段是不妥，以商业资本时期的政治形态专制主义来作社会经济的阶段的划分更不妥）；从社会意识方面看：原始的佛教迷信渐衰，现世主义人文主义渐次兴起。他指出不否认这一切的变化都充分带有过渡性质，但仍不敢也绝不愿忽视这种变化的重要。② 这表明食货派对商业资本主义的认识已更为深入与准确了。

三 奴隶社会的有无与断限

在社会史分期的探讨中，陶希圣起初否定中国存在过奴隶社会。他在《中国社会到底是什么社会?》一文中把中国历史分为"宗法社会"、"封建社会"和"资本主义"三个阶段，否认五种社会形态学说。提出周代为封建社会。之后，他否定了以上的看法，在《中国封建社会史》一书中提出战国、秦汉为奴隶社会。《中国社会形式发达过程的新估定》一文则坚持认为战国到后汉是奴隶经济占主要地位的社会，其中的主要阶级是奴主与奴隶。然而，战国至秦汉为奴隶社会的阶段，陶希圣只是提出了这一看法，并没有进行阐发。武仙卿对此却展开了一定地论述。他在《秦汉农民

---

① 陶希圣：《编辑的话》，《食货》半月刊1935年第1卷第6期。
② 何兹全：《南北朝隋唐时代的经济与社会——中国中古寺院经济·绪论》，天津《益世报·食货周刊》1937年5月18日，1937年5月25日。

生活与农民暴动》一文中指出秦汉两代是奴隶制度社会，农民在这社会之下有自然没落的命运。他认为：

> 秦汉两代的社会形态，是奴隶制度的古代社会。无论田园的耕作与工商业的经营，莫不以奴隶劳动为主要的劳动。尤其当时所谓开泽的"虞"，简直都是用奴隶去开发。这时，土地是大规模的生产，商业与开山泽也是大规模的经营，所以使用的奴隶为数众多。这众多的奴隶，有的使用于家庭供役，有的使用于生产劳作，奴隶劳动之侵入生产界，其结果是排斥了自由劳动。因为这时的社会情况，奴隶劳动优于自由劳动。（一）奴隶劳动能忍受过量的榨取，产生大批的剩余生产量；自由农民这时还不知道过度工作的好处，惯于安闲的生活，不能产生超出其生活费以上的剩余产品。（二）奴隶劳动不受军事服务的影响，在徭役繁杂的时候，仍能安静的劳作；自由农民为徭役的基本，军事发动的时候，要随时听政府的调遣而抛弃农作。本来，劳动的技术，自由劳动要比奴隶劳动为优，但是，因为以上两种理由，所以奴隶劳动在这时成了主要的劳动形态。①

以上武仙卿对秦汉为奴隶社会的判断在食货派中极具代表性。何兹全在《南北朝隋唐时代的经济与社会》一文中也对秦汉为奴隶社会的性质进行了阐释。他认为："秦汉以来，在整个社会经济结构中占支配地位的，是以奴隶生产作基础而发达的交换经济，社会经济的重心在城市而不在农村。我们不否认小农经济的发达，我们也不否认小农数量众多，但支持秦汉社会性质的，却是基于奴隶劳动而发达的城市交换经济。经过黄巾暴动及五胡之乱，城市破坏，交换经济衰落。社会经济的重心才由城市转移到乡村，自然经济占了优势，封建关系与封建的生产突破旧的社会关系，成为社会经济中支配的主导的生产与生产关系。"②

---

① 武仙卿：《秦汉农民生活与农民暴动》，《中国经济》1934 年第 2 卷第 10 期。
② 何兹全：《南北朝隋唐时代的经济与社会》，天津《益世报·食货周刊》1937 年 5 月 18 日，1937 年 5 月 25 日。

需要特别指出的是，曾謇通过从生产工具、籍田制深入的考察，认为奴隶社会开始于西周，形成了与陶希圣不同的认识。曾謇在《西周时代的生产概况》中指出，奴隶的社会是应该有这样的经济条件的：1 生产的性质，是奴隶完全居于被剥削的地位，他没有土地的所有权，他的自身不过处于一种能说话的工具的地位。2 奴隶的自身不能自己统御，他的工作与生活手段所需的数量的支配权，也都操之于奴隶的所有者。3 生产的工具，是以笨重见称。他本着以上标准检讨了西周的社会，发现西周是奴隶的社会，而且还是一个隆盛的奴隶社会①。曾謇还撰有《永嘉前后的社会》一文与倪今生探讨了奴隶社会的断限问题。倪今生认为西晋永嘉前后的一段时间"是从奴隶社会转到封建社会的枢纽，而这封建社会的物质基础，是五胡乱华后的胡人的氏族制度之下的原始生产方法与晋人的奴隶制的屯田占田下的奴隶生产方法相结合而成的封建生产方法"。曾謇通过深入研究认为这一观点是极大的错误，实际屯田与占田并不是"奴隶主的屯田与占田"②。1946年，曾謇根据自己长期深入的研究，在社会史分期中提出"三时期六阶段说"。他认为：（一）自殷周至嬴秦西汉为一期。此一期又可分为两大阶段。殷周二代至春秋，是氏族部落社会，这是古代时期的第一阶段。自春秋战国至秦汉（西汉），氏族社会解体，这是古代时期的第二阶段。（二）自东汉至五代为一时期。此期亦可分为两大阶段，东汉至南北朝为典型中古时期贵族政治。这是中古时期的第一阶段。南朝至五代这是中古时期的第二阶段。（三）自北宋至明清为一时期。北宋至元是近古时期的第一个阶段。明清是近古时期的第二阶段③。

1944年陶希圣在《中国社会史》（古代篇）一书中，总结了自己探讨中国社会史分期的看法，正式提出"五阶段说"，在学术界产生了巨大反响。他把中国历史划分成了五个阶段。第一期氏族社会末期及原始封建社会。此时期商周属之。周是氏族社会到奴隶经济的过渡。第二期奴隶社

---

① 曾謇：《西周时代的生产概况》，《食货》半月刊1935年第1卷第7期。
② 曾謇：《永嘉前后的社会》，天津《益世报·食货周刊》1937年4月6日，1937年4月20日，1937年5月11日。
③ 曾资生：《中国社会经济政治之史的发展阶段——中国政治史自序》，南京《中央日报·食货周刊》1946年8月3日。

会。战国时期就是原始封建形态的社会转变到奴隶生产占支配地位的商业资本社会的时期。秦汉可以划入奴隶社会的阶段。第三期发达的封建制度。由汉末到唐初，是封建制度发生、完成、发达的时期，初唐以后，此制由发达转向分解。第四期城市手工业及商业资本主义社会。宋以后，城市手工业发达，商业及商人资本鼎盛，自由劳动代奴隶劳动而起，庄园组织分解为小农经济，这是手工业发达而封建制度分解的时期。第五期清末以来半殖民地社会[①]。这一社会史分期观点受到学术界的广泛关注，并有诸多学者进行了辩驳。钱健夫在批驳陶希圣所持秦汉为奴隶社会的观点时，特别对其五阶段说进行了检讨。他认为陶希圣这个划分"是以极简短的资料发表，并未在中国史料上拿出整个的而且是充足的证据"。同时，"对于中国的历史并无全盘的研究，仅以极短的时间，截取一朝半代的材料，即发表其对于中国整个的社会发展阶段的意见"。"陶希圣的《中国社会史》仅说到后汉，虽另有一部《中国政治思想史》曾很'自豪'的说到'明朝'，但又不是这回事。所以倘是在严格的治史立场上说，这些'断章取义'的研究，都是不值得辩驳的。""陶希圣先生的大著虽名《中国社会史》其实也只写到汉代，而且汉代的资料又是那么简陋，很透着仓卒编凑的迹象，虽曰初版，其实是重印。"[②]

综上，食货派划分中国社会史分期的标准有依经济生活的方式而划分的，有依人类精神生活的方式而划分的，也有从纯时间序列来划分的。因为食货派的社会史分期总是不断的变化，曾一度受到学术界的指责。陶希圣认为自己社会史分期三度修改的原因，是要他的见解"能够随中国社会史园地的开发而进步"[③]。食货派正是依据这一认识，不断探索中国社会史的分期，形成了学派诸多的社会形态理论成果。他们对"魏晋封建说"的阐发是极具开创性的探索，对商业资本主义社会和奴隶社会的探讨也对正确认识中国社会史助益不少。他们从生产关系、政治制度、意识形态、地理环境等方面进行的探讨是很有价值的。

[①] 陶希圣：《中国社会史》（古代篇），文风书局 1944 年版，绪言。
[②] 钱健夫：《中国社会经济史上的奴隶制问题》，上海商务印书馆 1946 年版，第 12—27 页。
[③] 瞿同祖：《中国封建社会》，上海人民出版社 2003 年版，陶序。

第二节　史料的搜集与整理

　　传统的史学界，似乎特别感兴趣的是政治活动，人们的社会经济生活往往为史学家有意无意的所忽略，致使社会经济史料极其缺乏。梁启超曾指出："要做一个民族的经济史，看他自开化以来的衣、食、住如何变迁，最为重要，但做历史再没有比这种困难的，因为资料极其缺乏。"[①] 食货派在陶希圣的领导下，致力于中国社会经济史研究，"所定的任务，是重在搜求史料"。[②] 食货派倾力于史料的搜集和整理一度被学术界目为："陶先生领导下的食货学会之惟一工作是史料的搜求。"[③] 但是，史料的搜集对刚刚起步的中国社会经济史研究有着至关重要的奠基性意义。

　　在食货派看来，"二十四史"中散见各处的零星片断社会经济史料首先必须细心的加以整理与鉴别。在史料根本缺乏的场合之下，虽一鳞半爪也是非常有用。早在 1930 年陶希圣就在《唐代中国社会之一斑》的文末指出，"这是一篇无组织的随笔。随笔所记，只限于《旧唐书》的记载中摘录下来的材料。这些材料没有经过组织，还可以见唐代社会之一斑。如果组织得完密了，反不免有改换面目的处所，所以在这儿发表了"[④]。之后，陶希圣在《食货》半月刊上先后发表约二十篇以史料收集为主的"读史随笔"及"杂抄"类"简陋"的文字。陶希圣"还计划大规模搜集宋以来的经济史料"[⑤]。唐代的史料"也收集了不少"，但一时"尚没能整理出来"[⑥]。在北大学法学院中国经济史研究室，食货派更是主要致力于正史中有关唐宋经济史资料的搜集整理。

　　除了正史以外，食货派最为所重的是地方志，认为它是"要读的两种基本书"[⑦] 之一。地方志不同于二十四史，"是于乡遂都鄙之间，山川风

[①]　梁启超：《中国历史研究法（外二种）》，河北教育出版社 2000 年版，第 301 页。
[②]　陶希圣：《研究中国经济史之方法的商榷（附注）》，《食货》半月刊 1935 年第 1 卷第 5 期。
[③]　王瑛：《研究中国经济史之方法的商榷》，《食货》半月刊 1935 年第 2 卷第 4 期。
[④]　陶希圣：《唐代中国社会之一斑》，《新生命》1930 年第 3 卷第 6 号。
[⑤]　陶希圣：《编辑的话》，《食货》半月刊 1935 年第 2 卷第 1 期。
[⑥]　陶希圣：《编辑的话》，《食货》半月刊 1935 年第 2 卷第 8 期。
[⑦]　陶希圣：《编辑的话》，《食货》半月刊 1934 年第 1 卷第 2 期。

俗，物产人伦，亦已巨细无遗矣"①。地方志存有大量的社会经济史的史料，亟须挖掘，顾颉刚建议以《食货》半月刊为媒介，大家可以分头"从地方志里找经济材料"。陶希圣即刻表示赞成，认为整理地方志对于研究中国社会经济史的意义重大。他举例说："如果把罗马城、雅典城、加答基城这些都市撇开，你怎样想象得出欧洲的古代社会？如果你把威尼斯、几诺瓦、汉沙同盟的几个城撇开了，你就不能谈后期的欧洲中古史了。反过来看，这几年来，大家正在撇开了广州、泉州、明州、扬州、苏州、杭州，高谈宋、元、明的社会。大家正在撇开内蒙的盐场牧场谈契丹；正在撇开有名的寺庙历史谈封建时期。大家都是这样的远离现实，驾雾腾云，也难怪—封建制度便从古到今，—资本主义便从今到古了。我们固然要把理论应用到材料上去，可惜材料是架空的。在数学上，零加零仍旧等于零；在这里，空加空不仍然是一个空？"陶希圣遂发出搜读地方志的提议，"建议在把社会的历史过程稍有头绪（也只能稍有头绪）以后，便下功夫从地方志里搜求经济的社会的材料"。他提出两大原则：第一，先读有关大都会的地方的县志，比如姑苏，临安等，可以大略看出大都会变迁演化的过程；第二个原则是分工的方法，最好是本省人读本省的地方志，这样最有趣味②。而鞠清远在《地方志的读法》一文中对如何搜读地方志提出了颇为详细的看法。第一，先读历史上重要经济都市的方志，即以都市为中心。第二，先读在水路交通线附近的府县的方志，即以交通线为中心。第三，先读历代重要工业或矿业区域的府县方志，即以工业磁业为中心。配合三种读法，鞠清远还特别提出读方志不要忽略各志书的"杂录"与"金石录"；不要忽略驿路，水路交通，驿站的设置地点与组织；不要忽略物产，贡赋，"和买"的物品；不要忽略关于寺院的记叙；不要忽略庙会；不要忽略"市"，"集会"；解决"市"设在城外的问题；应特别注意水利事项和桥梁的建设③。这些都是从研究社会经济史的视角来谈搜读地方志的，与以往观风问俗式的利用地方志具有明显的不同，对开拓社会经济史

---

① 章学诚著，叶瑛校注：《文史通义校注》（下册），中华书局1985年版，第587页。
② 陶希圣：《搜读地方志的提议》，《食货》半月刊1934年第1卷第2期。
③ 鞠清远：《地方志的读法》，《食货》半月刊1934年第1卷第2期。

的史料具有重要意义。陶希圣说："鞠清远先生的地方志读法是大可注意的一篇话。我们要读的两种书，一是廿四史，二是地方志。地方志的数量比廿四史大到多少倍，又怎样读法呢？关于次序，这篇话是切要的。"①

食货派搜集地方志的提议很快引起了学术界的注意并得到广泛地赞同。杜若遗云："鞠清远、陶希圣两先生发起评读地方志，这是很要紧的一个提议。中国各地的地方志中，原是含有许多政治、经济、文化材料，其重要性非但不在二十四史之下，在经济资料方面，还在二十四史之上，现在倘加以搜读，一定会有许多发现的。""这样一种伟大的工作，决非少数人所能周到，必须多数人参加，分工合作，始克有成。"②吴景超在给陶希圣的信中说："你与鞠清远讲读地方志的文章，我都读过了。你所提的两个原则，我都赞成。鞠先生所提出的地方志三种读法，对于研究中国经济史的人，颇有参考之价值。不过假如有人想知道中国过去都市发展的历史，他所说的三种读法，却应当合并起来，否则对于都市的了解，是不会彻底的，因为工商业是都市繁荣的根据，而交通线是都市与其贸易领域打成一片的工具，我们如想了解一个都市的经济，是决不可忽视这一点的。"③陈啸江也认为陶希圣"先生计划于方志中寻找材料，极佳，甚望早日实现为盼"④。另外，王沉也同意陶希圣的提议⑤。《食货》半月刊杂志还陆续发表了一些利用地方志撰写成的社会经济论文⑥。著名学者瞿兑之也撰有一篇《地方志琐记》⑦，身体力行地响应了陶希圣、鞠清远的倡议。后来，他将其所收集的材料整理、结辑成《中国社会史料丛钞》出版。陶希圣对他从地方志中收集史料的工作评价颇高。他说："在搜集材料的努力中，我佩服瞿兑之先生。他有很大的计画搜集地方志中的材料。他有很

---

① 陶希圣：《编辑的话》，《食货》半月刊 1934 年第 1 卷第 2 期。
② 杜若遗：《介绍〈食货半月刊〉》，《文化建设》1935 年第 1 卷第 4 期。
③ 吴景超：《近代都市的研究法（通信）》，《食货》半月刊 1935 年第 1 卷第 5 期。
④ 陈啸江：《二十五史文化史料搜集法（通信）》，《食货》半月刊 1935 年第 1 卷第 5 期。
⑤ 王沉：《关于地方志》，《食货》半月刊 1935 年第 2 卷第 1 期。
⑥ 如《食货》半月刊 1936 年第 4 卷第 3 期发表的李光信《山西通志中的山川崇拜》一文，利用山西地方志中的史料，对山川祠庙进行探讨。《食货》半月刊 1936 年第 4 卷第 8 期刘兴唐《福建的血族组织》一文，主要依据陈盛韶的《问俗录》，并结合《泉州府志》等地方志资料，对清代福建宗族的祠庙和财产、械斗进行了研究。
⑦ 瞿兑之：《地方志琐记》，《食货》半月刊 1935 年第 1 卷第 5 期。

多的条目，可以供我们的研究的运用。他于今把宝贵的材料，一集一集的发表出来，可以算是中国社会史界的福音。他至少可以让那些喊的人多一点喊的资源。他纵受那些人的指责，他仍然帮助了那些指责他的人们的大忙。"①

食货派认为除认真搜集正史和地方志的社会经济史料外，更需放宽眼界，搜集文集中丰富的史料。陶希圣在《从旧书中找社会史料的方法》中指出："关于社会史料，我觉得笔记小说是狠要急看的。笔记小说和文集有含社会史料多的，也有少的。大抵经学考据的笔记，所含材料少，见闻录之类所含较多。神怪小说如神录之类，甚至劝善的书，因果数应的书，如厚德录之类，所含倒是不少。"② 连士升也指出："好些笔记和文学作品常有价值很高的史料，如杜甫和白居易的诗集，洪迈的容斋笔记，顾炎武的日知录，赵翼的二十二史札记都有丰富的社会经济史料。"③ 武仙卿也认为诗人所写的文章和所作的诗在经济史料上的地位也比较重要④。于是，食货派广搜文集中的社会经济史料，并进行细致地整理和深入的研究。陶希圣《宋代社会之一斑》是根据几部宋人笔记所择录著而的作品。⑤ 武仙卿《唐代几首描写农村生活的诗》是在整理唐代经济史料时，拣选出几首描写农村生活的绝妙好诗进行整理与研究而写成。⑥ 鞠清远的《元代的寺产》是几部元人文集中的史料的研究所得⑦，《南宋官吏与工商业》是读《朱文公集》的随笔⑧，《杜甫在夔州的瀼西与东屯庄》是依据杜甫的《草堂诗笺》撰成⑨，《唐宋时代四川的蚕市》中大量的"借用"文集资料来

---

① 瞿宣颖：《中国社会史料丛钞》甲集（上册），上海商务印书馆1936年版，陶序。另见陶希圣《瞿兑之先生中国社会史料丛编序》，天津《益世报·食货周刊》1937年5月4日。
② 陶希圣：《从旧书中找社会史料的方法》，《西北风》1936年第7期。
③ 连士升：《研究中国经济史的方法和资料》，天津《大公报·史地周刊》1936年10月9日。
④ 武仙卿：《唐代几首描写农村生活的诗》，天津《益世报·食货周刊》1937年5月4日。
⑤ 陶希圣：《宋代社会之一斑》，《社会学刊》1934年第4卷第3期。
⑥ 武仙卿：《唐代几首描写农村生活的诗》，天津《益世报·食货周刊》1937年5月4日。
⑦ 鞠清远：《元代的寺产》，《食货》半月刊1935年第1卷第6期。
⑧ 鞠清远：《南宋官吏与工商业》，《食货》半月刊1935年第2卷第8期。
⑨ 鞠清远：《杜甫在夔州的瀼西与东屯庄》，《食货》半月刊1936年第3卷第8期。

推断蚕市的发展状况①。而《清开关前后的三部商人著作》、《怎样作商客》、《伙计须知》、《清代银锭的种类》、《商路与马头》、《校正江湖必读》等则是鞠清远在书摊上买的《商贾便览》、《江湖尺牍分韵》和《酬世群芳杂锦》三部商人著作整理的史料研读报告。"这三部书，正好是在鸦片战争前后，所以这三部书中，可看出一点商业组织的改变，特别是货币问题。"但"往往因为名字的关系，不为一般人特别是研究经济史的人们所注意，图书馆也不来收集搜藏这类书"，于是"整理一下，发表出来，教大家也向这方面注意搜集"。②陶希圣在阅读了鞠清远整理的文集资料《校正江湖必读》后，立即提出倡议："这类材料，一方面可供我们明了清代商业组织，一方面对于以前的商业组织的研究，也有些启发，希望这样类的材料，大家多搜集一点。"③

与一些研究者由于重视史料的收集与整理，而忽视社会现实问题的研究及社会调查的工作不同。食货派非常重视通过社会调查，主张到社会生活中去搜集社会经济史料。连士升身体力行，在北平积极调查庙会的情况④。陶希圣"希望大家把社会里看来的心得"，"作本乡的经济史调查"，用来去研究社会过程⑤。为此，陶希圣还在《食货》第2卷第1期上发表了《鲁游追记》一文，此文是陶希圣用以记山东游历的经过与感受的。1935年4月，应山东省教育厅之邀，由刘道元征求意见，陶希圣利用春假，到济南、青岛部分学校演讲。之后，陶希圣对汉代壁刻及晋代石磨、青岛的乡村小学、李村的经济社会、李村农林试验场、劳山青岛市内作了一次经济社会的调查。尤其是对李庄的田亩、人口数、农家经营的副业、佃户对地主的负担、家族制度、寺庙等情况予以特别的关注。他认为当地的一些社会关系的真实情况，"是多少社会改良苦做了一辈子，也看不透的"。"自然科学及社会科学都是为了实际的问题存在的。只有逃避实际的

---

① 鞠清远：《唐宋时代四川的蚕市》，《食货》半月刊1936年第3卷第6期。
② 鞠清远：《清开关前后的三部商人著作》，天津《益世报·食货周刊》1937年4月6日。
③ 陶希圣：《编辑的话》，《食货》半月刊1937年第5卷第9期。
④ 陶希圣：《编辑的话》，《食货》半月刊1935年第1卷第8期。
⑤ 参见陶希圣：《编辑的话》，《食货》半月刊1935年第1卷第9期，1935年第2卷第2期。

玄想家，把人们引上虚无缥缈的路上去"。① 该文的发表引起了当时社会经济史家的极大关注。陶希圣还设想把社会调查和农书研究结合起来探讨农业技术史。他说："农业技术史的研究，我想作为一个专门的工作，由本会想法开始。其方法，先考察陕西河南山东等处现存农器和耕种技术，上推求清明元宋以至宋以后至古代的农书的记载。"② 又说："愈到近代，除了看现成的农书以外，还有再发现没有经人知道的农书的希望。""于今我们想做的一件事，就是把我们已知已见的前后作种种的比较，再拿来与清以来的农书比较，再实地与现在的农业技术及农家经济比较。农村合作事业委员会宋之英先生早就开列过一张书目，交给我们，要我们与他合作，下一番工夫去比较研究，他口头又答应我们，如果要作实地的农业技术的调查，可以由合作事业委员会指导各地的合作社去作。我们很感动的接受他的提示，但到现在还没有着手去做。"③ 抗战爆发前夕，因《食货》半月刊"主编者下学年秋季，北京大学教授满六年休假。休假期内，游览并考察中国西北、中部、西南中国。主题是牙行的崩溃、银行与钱庄的交替，农业金融"。④ 可惜，陶希圣这一大范围社会调查的计划因抗战爆发未果。

特别值得一提的是，食货派在北大经济史研究室内进行了大量系统的史料搜集和整理，取得了突出的成就。他们先后完成《中国经济史料丛编·唐代篇》八册和《唐户籍簿丛辑》一部。《中国经济史料丛编·唐代篇》所搜集的有关唐代经济史的文献资料，主要采自"正史"。此外，子部各书、别史、杂史、文集，以及类书凡涉及经济者均尽可能搜集。为了研究的方便，以供经济史家的利用，所以并没有简单的胪列史料，而是尽可能对史料按照不同的内容与性质，分门别类地编次与整列，组成一完整体系。编辑的方法是按照史料的性质组织成土地法令、土地问题、寺院经济、唐代之交通、唐代之都市、工商业与货币动荡中的唐代经济、财政制度八册。每一册前，均有简核扼要的序言，说明该册之内容。各册根据史料本身所显示的意义归纳分类而分成若干节，各节之前冠以小标题，表示

---

① 陶希圣：《鲁游追记》，《食货》半月刊 1935 年第 2 卷第 1 期。
② 陶希圣：《编辑的话》，《食货》半月刊 1935 年第 2 卷第 4 期。
③ 陶希圣：《齐民要术里田园的商品生产》，《食货》半月刊 1936 年第 3 卷第 4 期。
④ 陶希圣：《编辑的话》，《食货》半月刊 1937 年第 5 卷第 12 期。

所搜史料内容，节下又区分组，组内实以各条史料，在每条史料前按英文字母及阿拉伯字母的次序编上顺序号。丛编初步汇集了唐代经济史料。可惜最终只印行《土地问题》、《寺院经济》、《唐代之交通》三册。

《土地问题》一册由武仙卿主编，主要是"关于内庄宅使、屯田、营田、庄田、水利、以及土地所有权之形式、牧田、垦田、均有详尽的记述"。① 包括内庄宅使、长春宫使、实封、屯田、庄田、水利、土地所有权七部分，分420节。主要是把关于均田制度以外的土地问题的研究资料从各个书籍中搜集、汇总起来。除唐代的土地问题外，实际上也包括五代部分。取材包括正史、政书及经、史、子、集各部书籍，甚至包括金石类文献和西域出土的古代文书。该册的史料搜集与整理非常严密，各项目下汇集的文献相当仔细。特别是根据我国以及日本学界关注的主题予以细分属类，能一目了然地看出学术界未曾介绍过的资料部分。但该册也遗漏了相当一部分史料，文献的出处也有一些错误②。

《寺院经济》一册由陶希圣主编，"于一般寺院的财产以外，第一次搜集到戒律中关于僧尼私产的规定。此外，关于度僧、武宗灭佛，材料亦甚完备"。③ 分47节，包括寺观、寺观田产、僧尼、僧尼之取缔与灭佛四部分。辑录了大量唐代寺院的财产与僧尼的关系、施舍财产的人与寺院的关系、寺院财产的构成与经营方式、戒律与法律对于寺院财产与僧尼财产的规定等多种资料。因为当时关于中国寺院经济的史料从未有详细的搜辑过。此资料汇编引起了学术界很大兴味，为以后的寺院经济研究奠定了基础。

《唐代之交通》一册由鞠清远主编，对"水路、商路、邮驿组织，及关于交通的律令，皆详为搜集"。④ 共分52节。辑录中国舆地史籍内有关唐代的关驿设置、官制律令、道路保护、各地水陆交通情况等方面的记载。对唐代与越南、朝鲜、印度的交通史料亦有所辑，还配有图版水部式（三）、唐代水陆交通路线2幅。该篇辑录的史料多达六十种以上，除了取

---

① 鞠清远：《唐代经济史料丛编·唐代之交通》，国立北京大学出版组1937年版，附页。
② 宇都宫：《土地问题—中国经济史料丛编·唐代编之二》，（日本）《东洋史研究》1937年第2卷第6号。
③ 鞠清远：《唐代经济史料丛编·唐代之交通》，国立北京大学出版组1937年版，附页。
④ 鞠清远：《唐代经济史料丛编·唐代之交通》，国立北京大学出版组1937年版，附页。

自正史、政书和地方志外，还涉及子部、文集。另外，不光是中国的史料，日本到过唐朝的僧人记行，如圆仁的《入唐求法巡礼行记》、圆珍的《行历抄》、《余芳编年杂集》等。这部史料丛编中的材料能引起试图对水路进行考察的兴趣的东西也有很多①。

《中国经济史料丛编·唐代篇》的其他五册未刊的主要内容如下：《土地法令》"胪列唐代关于土地的法令，于均田制令以外，更搜集历朝关于土地问题的格式，及与令有同等效力的诏敕，以及关于特定地方，特定时间之与土地有关的诏令"。《唐代之都市》"编列各重要城市之地理位置，内部组织及都市生活。此外，关于小的市、镇、与庙会式的蚕市，也搜罗无遗"。《工商业与货币》对"官私工业、工业技术、作业种类、商客、邸店、高利贷、茶商，对外贸易、奴隶贸易、飞钱便换、铸钱、钱币之流动、轻重、与对策、皆分门罗列资料"。《动荡中的唐代经济》分为四期，列举唐代各地的经济状况。《财政制度》"罗列关于各种赋税及转运制度的史料"。②

从《唐代经济史料丛编》中已印行的《唐代土地问题》、《唐代寺院经济》、《唐代之交通》三册来看，虽然仅仅是史料的排列，但是因为所辑史料丰富，颇有趣味，编排有序，价值极高。唐代经济史料的编辑首先按照对事物的认识拟定一个较有系统性的详细纲目，然后实以从古籍摘录的一条条史料。他们注意事物的内部的联系，不断条理化，观点鲜明，所以既有史料价值，又有研究性。他们的史料搜集的专题越分越细，这也是史学走向深入的反映，因此，获得了时人和后人广泛的赞誉。然而，由于时代及学术条件所限，前后历时仅一年，错误遗漏之处也不少。但瑕不掩瑜，是近代搜集经济史料的开风气之先的作品，其功甚伟。

食货派在搜集唐代经济史料的时候，对中日文书籍、杂志里辑录的敦煌户籍、丁籍史料也进行了搜集整理。他们没有把这种重要资料，归入《中国经济史料丛编》唐代各册里面的个中原因：一则这种资料分量太大，

---

① 森：《唐代之交通——中国经济史料丛编·唐代编之四》，（日本）《东洋史研究》1937年第2卷第6号。

② 鞠清远：《唐代经济史料丛编·唐代之交通》，国立北京大学出版组1937年版，附页。

二则他们还没有自己从敦煌残卷直接整理出什么来，已得的只是别人辑录出来的。于是，他们在《食货》半月刊第 4 卷第 5 期特辟为《唐户籍簿丛辑》专刊，分 20 目将这些史料披露出来。为了引起对唐代籍账制度研究的重视，陶希圣在《唐户籍簿丛辑》的《小序》中阐述了户籍、丁籍是重要的经济史料，对研究均田制、百姓负担和社会组织都有重要意义。他说：

> 如我们要研究唐代均田制度，单看均田令是不行的。第一，政府对于每一丁应授的面积是怎样计算的？第二，应授的田是不是全授了？第三，所授的田是零碎还是整块的土地？第四，受田的人自己买来的田，怎样登记？第五，园宅地授予的情形怎样？第六，丁口登记及田地呈报的情形怎样？第七，口分与永业的比例在实际是怎样？这些只有查看户籍，才可以明白。又如唐代的兵及兵官，是以一定的资与一定的产为标准征募的。我们看到的户籍记录，每丁的下面，注明他的资，又把丁分别记在"中下户"或"下上户"之下。特定的丁对政府负担特定的役，如渠头、里正、村正、堡主之类。特定的丁对于政府有特殊的关系，如捉钱。侍丁之免兵役，终服之复兵役。这些都是有兴味的记录。每一户所包含的人口，使我们惊异。户主的五十岁的妹子，或四十岁的女儿，都还是同户。年老的父亲，退休于他的儿子户主的后面。老年的寡嫂，壮年的侄儿侄女，是同户的。我们在这里还看见女户的记载。这些都是当时社会组织的研究资料。①

这一资料的整理对户籍研究意义重大。日本史家池田温指出，这部史料集"其内容比那波（利贞——笔者）氏录文并未增加多少，也没有直接从原文摘录，而全是转引自已经刊行的文献，虽然缺乏独创价值，但作为试图将籍帐资料汇集起来，提供一种便于利用的先驱，并且完成了研究史上一定的任务，这一点却是不能否认的"。② 这些资料在此后几十年内一直是研究者利用敦煌文献的重要史料来源。

---

① 陶希圣《唐户籍簿丛辑·小序》，《食货》半月刊 1936 年第 4 卷第 5 期。
② 池田温：《中国古代籍帐制度研究》，中华书局 1984 年版。

抗战爆发以后，食货派搜集的资料散逸，开拓新资料显得尤为可贵。因此，陶希圣在主持艺文研究会的工作期间派曾謇、鞠清远到广西作社会调查，希望通过社会调查搜集访求一部分社会经济史料，但此计划不久因政治上投向汪精卫政府没能实现。抗战结束以后，食货派的学术研究中仍然致力于史料的搜集。在南京《中央日报·食货周刊》的征稿启事中郑重地强调不仅要发表一些"实地调查的通讯"①，而且要刊载新材料的文章。但是因为他们投入力量的不足，既没有开展系统的史料搜集与整理工作，"一鳞片爪"的史料也较少，所以在史料搜集方面取得的成果大不如前。

第三节　专题研究的拓展②

食货派致力于中国社会经济史的研究，在专题研究领域内做了一系列开拓性的工作。

首先，他们先后撰有两部断代经济史专著：《唐代经济史》和《南北朝经济史》。③ 陶希圣、鞠清远著《唐代经济史》成书于1936年，作为史地丛书由上海商务印书馆出版，是较全面地综合研究唐代经济史的第一部学术专著。内分前代的遗产与隋末之丧乱、田制与农业（上）、田制与农

---

① 陶希圣：《投稿简则》，南京《中央日报·食货周刊》1946年6月8日。
② 本节旨在论述食货派的社会经济史研究及其成就，侧重对食货派在学术界产生重大影响的成就进行具体细致的深入探讨。所以不可能详举和评述所有的史学研究成果，但在论述的过程中依然尽可能地作较全面的探讨，反映其成就。食货派的史学研究成就是通过论文、专著、史料丛编各种形式的研究成果反映出来的。研究成果的截取时间，起自1933年，因为《中国社会史丛书》编辑出版于此时。下限为1949年，因为食货派在大陆的学术活动至此已停止。但有时为了体现学术的延续性，难免要追溯1933年以前的学术研究。
③ 陶希圣于1931年8月撰有《西汉经济史》一书，由商务印书馆出版。此书可视为陶希圣考察中国社会史时注重从经济的角度做断代专题研究的开始。本书计四章，第一章标明"西汉以前的经济"，是导言的性质，分中国经济发达的不平均、农业发达与封建庄园、封建制度的分解、战国到秦朝的经济发达，秦的政府经济的反作用等五节。第二章叙述西汉初期的经济，分汉之成立与商业衰退、封建制度的实质（附说奴隶制度）、商业资本的抑制、这时期的经济思想、集权的企图及重农思想的展开等五节。第三章论述了商业发达与土地集中问题，分商业发达与贱商政策的失败、手工业大农场与奴隶制度、高利贷的盛大及土地集中、封君阶级的衰落、市场开拓与财政集中、社会矛盾的爆发、经今文学家对社会问题之无力、农业技术的改良及常平仓、土地集中与商业发达之加速等九节，对西汉经济生活中的新事项作了较为全面的阐释。第四章阐述西汉社会改革与农民革命的爆发问题，分革命前夜的社会思想与古文经、新朝的社会政策、阶级统治的维持及崩溃等三节。此书出版后，在学术界产生了较大的影响。

业（下）、水陆商路与都市之发展、工商业之发展、财政制度（上）、财政制度（下）、结论等八章。该书概述了唐代以前和唐代的中国社会经济的演进，阐明了唐代各种经济制度的演变和经济的发展。对商业发展下所产生的"柜坊"、"飞钱"、"邸店"、"行会"、"工厂"以及财政制度"中的"租庸调"，"两税制"，商税、茶税、盐铁、漕运等，一切都可代表唐代经济生活中的新事项进行了论述。该书哀集唐代典籍中唐代经济史料，丰富而翔实，是此书一大特色，影响了当时和后世众多的研究者。《唐代经济史》丰富和深化了唐代经济史研究，问世伊始便受到了好评。梁园东指出："本书自然不仅是材料的举出，且有许多重要的解释，如对唐初班田制，明白指出为'国有土地'一部分的处置办法。并不是否认私有土地的均田。对租庸调制的崩溃，也有较普通所知为多的说明。对两税制，指明不仅是夏秋两季收税之谓，实质乃是征收'地税'与'户税'两税之意等等。"[1] 袁永一评价云："关于唐代租庸调与两税制的内容，作者见解颇为新颖，有它独到的地方。"[2]

陶希圣、武仙卿著《南北朝经济史》一书，商务印书馆剞劂于1937年，是本专门探讨南北朝经济制度、经济发展变化的学术专著。全书强调南北朝政治经济地域性与割据性，大力阐扬魏晋南北朝能独立成一段的思想。该书卷首由陶希圣作序，计六章。第一章绪言，第二章农业与土地制度，下面五节，分为耕作技术的发展、北魏的劝农课耕、均田制度的实施、南朝土地制度的检讨、屯田制度等。第三章租税制度，下分中古租税制度的沿革、南朝税制与户口整理、北朝租税制度、税物与折纳四节；第四章商业交通与工业，分为魏晋商业的追溯、南北两朝商业交通的考察、商业的组织及关津的性质、官僚营业与高利贷事业、工业概述五节。第五章货币问题与对策，分为货币使用的萎缩、货币问题的症结、钱币的缺乏与谷帛杂用、钱币的滥恶与补救四节。第六章政府寺院大族在经济上的冲突，分为政府寺院大族的性质，社会政治上的协和与冲突，"土地与人民"

---

[1] 梁园东：《读物介绍：唐代经济史》，《商务印书馆出版周刊》1936年第201期（新）；《读书提要：唐代经济史》，《人文》1936年第7卷第7期。

[2] 袁永一：《书籍评论：唐代经济史》，《中国社会经济史集刊》1937年第5卷第1期。

的争夺三节。由于作者关于南北朝经济史料搜集的辛勤，这本书对于中国中古社会的特色遂有确切和精采的论断。和《读书杂志》的中国社会史论比较起来，可以说是一个很大的进步。此书的出版对当时的学术界产生了重大的影响，推动了南北朝经济史的研究。

其次，出版了鞠清远的《唐宋官私工业》、《唐代财政史》、《刘宴评传》（附年谱），曾謇的《中国古代社会》（上）等多部社会经济史专书，以及在《食货》半月刊、天津《益世报·食货周刊》、南京《中央日报·食货周刊》和其他报纸杂志发表了大量的单篇专题研究论文。因为食货派在中国社会史分期中持封建社会始于魏晋迄于唐末的观点，即"魏晋封建说"，所以他们的专题研究也主要是围绕学派这一最具有代表性的学术观点而展开。从整体上看，食货派的中国社会经济史研究主要集中在魏晋至唐宋这一时段，或稍前或稍后。与社会史论战时期相比，食货派的社会经济史研究领域已大为拓展与深入，在土地制度、赋税财政制度、寺院经济、社会等级身份、手工业、商业、都市、市场、交通、货币、商人活动、宗族婚姻制度、民众暴动及农业生产等方面比较有特色，形成了独到的看法，其中一些研究颇具开创意义。

一 土地制度

食货派对魏晋至唐末庄园经济下的土地制度提出了自己独到的见解。中古时期的北魏均田制是北魏至唐前期实施了近四个世纪的土地制度。食货派认为在中古时期，土地制度是私有为主，历来研究者对均田制度的认识并不正确。在他们看来，中原经受黄巾五胡两次大乱以后，"自五胡自隋，整个期间都是人口稀少与土地荒芜的情况，正有广阔的肥沃土地在荒废着"。"在这种情形之下，占据土地者为军政用费的支持，莫不奖励增加人口，劝农课耕，以图增加政府的税收。这种政策贯彻北朝而不变，尤以北魏时代为显著。""劝课农耕的目的，在充分榨取人民的劳动力及土地的生产力，当时欲达这个目的的方法，莫善于计口授田。"这是原始型的均田制度。但是均田制度"并不平均分配土地的所有权，而是要耕垦同量的土地，与计口授田具有同样的效力。曹魏的屯田和西晋的占田课田，也是不脱这样的意义，并且计口授田到均田制度的演变，也正同于屯田到占田的演变"。北魏均田制度是"国家庄田下一种课耕的政策,而不是平均土地的实行,只顾到一个人能耕种土地的多少,并不注意一个人所有土地的多少"。① 北朝均田令的规定极为整齐,均田制度在北朝国家庄园中始终不断地推行,但是其实行范围仅限于属于国家的土地,而且实行程度微乎其微。随着私有土地不断扩大,均田制度逐渐破坏。"北魏初期计口授田,只见授不见收,土地归于私有及趋于不均"②。与北朝以国家庄田下的均田制度为支配的土地制度不同,南朝则是另一情形。南朝"官有地面积的狭小,使政府领地的土地所有形态不甚显著,而显著的土地所有形态,是大族的土地私有制。南朝未经像中原那样的长期荒乱,秦汉以来所发展的土地私有并未破坏,大土地所有,从东吴以来,都是巍然存在的"。所以均田制度未曾施行,其主要土地形态乃是"以大土地私有制为支配的土地制度"③。南朝大族土地不断兼并,故自周齐至隋,相继形成了寺院田园,国家屯田与公田及贵族田园,共同的发展的佃作制度。而仅施行于部分官地上的均田制度及由此形成的小农田受庄园经济的侵袭,经常陷入破败遭到兼并的境地。

"北魏的均田制度是环境造成的,北齐周隋唐初,方法自亦不能多所更张。只是隋之输籍,引起豪族之不满,而隋以亡,唐之成功,豪族的拥护,颇有一部份力量。为酬庸,为避免隋之错误,自然不敢得罪豪族。"豪族获取了大量的土地。在隋末的战乱中,人口锐减,土地荒废,造成"唐初的农民少,旷土多的情形",这又成为唐初实行均田制度的先决条件④。唐朝大规模地推行均田制度,盛极一时。但是,这种制度很难推行下去。因为"均田制度要能长久的实行,必须国家始终保有大量的土地,随时利用从未开发的荒田,并且收授的规定也须始终能遵守着"。但是唐代缺少这样三种条件:第一,"唐代立国以后,初限于对外开拓,旋陷于王位的争夺,中叶以后,内乱迭起,对于各地的天荒,不甚利用,以使国有的可耕地增加。反在借荒,置牧的名义下,被官吏,贵族攫夺去"。第

---

① 陶希圣、武仙卿:《南北朝经济史》,上海商务印书馆1937年版,第13—18页。
② 同上书,第25页。
③ 同上书,第38页。
④ 陶希圣、鞠清远:《唐代经济史》,上海商务印书馆1936年版,第15—16页。

二,"耕地面积不能增加,则在定额的耕地内,求其应付,只有改变田令的规定,或不授田与农民"。第三,"国有的土地,只有逐渐的减少。"国有土地一经分散,数量就必然的减少,人口增殖,残余的国有土地不敷分配,均田制下的口分田成了人民的私田。① 所以,从一开始国有土地就在向私有土地、屯田、皇庄转化。到了安史之乱时,田土荒芜,已至极点,均田制度也就全面崩溃了。唐朝的土地制度实际上包括国家庄园下的均田制度、皇庄、贵族大地主的庄墅、寺院庄园几个部分,佃作制度在"安史之乱"后迅速发展。食货派对均田制度的估价成为国内此后有关讨论举足轻重的一家之言,是魏晋封建说的主要观点之一②。

食货派在曹魏的屯田、西晋的占田方面也进行了大量的研究。鞠清远认为均田制之转变不能不追叙到魏之屯田制度。"魏之屯田,虽是募民,乐从者为田客,但是终于因佃租的关系,有些强制耕作的精神。所以延长到晋代,便以顷亩数目等刻板的限度,来代替无定额的强制耕作。屯田中的课耕制度,扩及于一般农民,更加上占田的最高限,便成了晋的占田课田制度。"到了北魏,占田极限的精神还保存了一点,但是课耕的精神则充分表现出来。北魏以后的均田令,虽然有时保存着相当的占田课田精神,但实际上已只有课耕的意义,"渐行扩张而包含了占田极限制度,于是课耕的田额,也就包含了能够占田,受田的田额"③。曾謇对晋的占田与课田制度进行了检讨,认为占田制度"在贵族方面是政府就贵族既存的土地兼并状态之下,稍加限制并依其既成的品第阶层来承认他们的私有权利的;在平民方面,则是在一种地广人稀的现状下政府为着要安定流民从而规定他们对于土地所有权的一种办法"。课田则更明显的是政府给予平民的义务,使平民义务的必须要耕种若干田亩,这完全是政府按着当时土地的荒芜的与企图财政的增殖的强制励农政策,与所谓"土地国有",相差尚远。④ 为了纠正人们把永嘉前后社会的屯田占田视为奴隶主制的生产方法的错误认识,曾謇撰有《永嘉前后的社会》一文深化了屯田占田的认

---

① 陶希圣、鞠清远:《唐代经济史》,上海商务印书馆 1936 年版,第 20—30 页。
② 李源涛:《20 世纪 30 年代的食货派与中国社会经济史研究》,《河北学刊》2001 年第 5 期。
③ 鞠清远:《曹魏的屯田》,《食货》半月刊 1936 年第 3 卷第 3 期。
④ 曾謇:《晋的占田与课田的考察》,《食货》半月刊 1937 年第 5 卷第 8 期。

识。他指出屯田是在汉末的农民大暴动之后,由曹操在土地荒凉与需要军食的条件下兴建起来的,耕种屯田的大抵分为军民两种,这都是自由民与小农,其次就是较自由民身分稍微低贱一点的客来充耕作,大多是以招募的方法行之。管理屯田的政治组织与官吏,是由典农中郎将典农校尉典农都尉以至于度支中郎将。这种组织是相当于郡县至咸熙元年诏罢屯田官以均政役之后,屯田的特殊组织变成了普遍的军衔组织。所以屯田的耕作者大都不是奴隶,而西晋的占田也不是奴隶主的占田。这种占田制只是平吴以后政府所施政,占田的数制的规定是依魏时已经发展了的封建贵族的身分阶级来承认他的土地的所有权的,充其量只有一种限制土地过度兼并的意义,它的本身并不是一种真实的经济基础。课田则是对于自魏以来流徙的自由民与小农所施的一种垦殖政策,这在当时的社会经济方面,实比占田制为重要,但这种政策不久便被永嘉的大动乱所破坏[①]。西晋的占田制和课田制是一个长期以来争论不休的问题。食货派认为晋代的占田课田是一种国有土地制度及把它视为奴隶制度的生产方法的错误见解至今仍是重要的一家之言。

食货派对秦汉及唐代以后的土地制度也进行了一定的探讨,在许多方面具有开拓性。武仙卿在天津《益世报·食货周刊》和《食货》半月刊上发表的《唐代的土地问题概说》,是《中国经济史料丛编·唐代篇》中《土地问题》的序文。此文论述了食货派对唐代土地问题的基本看法,对纠正学术界把唐代土制度中的均田制度认是普行天下的土地制度,把均田的破坏认作是整个的土地问题的认识贡献极大。他们坚持认为"均田制度,大体上是限于官有土地。皇帝的私有地,一割属户部管理,或者也就参加均田的范围。私有土地也或许包括在均田法令之下,但地主的私有权,政府是显明没有加以侵犯的"。均田制度的破坏,不是全盘的土地问题,仅仅是人民私有地的庞大。"人民私有地,皇帝私有地与均田土地三种土地所有的转换的激荡,才是主要的全般的土地问题","均田制度仅在一部分土地上实行,不是在一切土地上实行","均田制度的破坏不是一般

[①] 曾謇:《永嘉前后的社会》,天津《益世报·食货周刊》1937年4月6日,1937年4月20日,1937年5月11日。

的土地问题，甚至有时还算不得重要的土地问题"。均田法令维持到开元天宝年间。中唐以后的政府，不重视土地所有不均的问题，而重视土地所有与纳税不均的问题①。此外，陶希圣的《五代的庄田——读新旧五代史随笔之二》、《宋代的职田——读宋史随笔之二》、《北宋几个大思想家的井田论》、《金代猛安谋克的土地问题——读金史随笔之一》、《明代王府庄田之一例——晋政辑要里抄下来的数目》，鞠清远的《皇庄起源论》、《杜甫在夔州的瀼西与东屯庄》、曾謇的《秦汉的水利灌溉与屯田垦田》等文分别对所论各个朝代的土地制度进行了一定的研究，在一些土地问题上提出了富于启发性的新解释。

以上表明，食货派在土地制度方面用力颇深。他们如此重视中国土地问题的研究，在其重振时期也是一以贯之。曾资生的《西汉土地所有制度概况》一文从皇室所有土地、郡国公田、屯田、私有土地四方面对西汉土地制度进行了概述②。《魏晋的土地制度》则对魏晋的屯田、占田、课田等进行了论述③。《历代土地改革运动的三种制度》一文探讨了历代土地改革运动中三种制度：一是均田；二是限田；三是屯田④。此外他与吴云端合著《中国历代土地问题述评》一书。该书对殷商以前的原始氏族公有制、周初土地的分封与贵族世禄制度、秦商鞅的变法、两汉限田与王田、曹魏的屯田、两晋的占田与课田制度、东晋南朝长江流域庄田、北魏至中唐的均田制度、唐的租庸调、宋代方田均田、元代赐田限田、明代屯田庄田、清代圈地庄田等进行了全面系统的论述。⑤

二 赋役财政制度

食货派对与土地制度联系最紧密的赋役财政制度，也作了较为详细的研究，取得了一些开创性成就。1933 年和 1934 年，在陶希圣的指导下，

---

① 武仙卿：《唐代土地问题概说——唐代经济史料丛编土地问题篇序》，天津《益世报·食货周刊》1936 年 12 月 6 日；《食货》半月刊 1937 年第 5 卷第 4 期。
② 曾资生：《西汉土地所有制度概况》，南京《中央日报·食货周刊》1947 年 5 月 21 日。
③ 曾资生：《魏晋的土地制度》，南京《中央日报·食货周刊》1948 年 7 月 5 日。
④ 曾资生：《历代土地改革运动的三种制度》，南京《中央日报·食货周刊》1948 年 2 月 4 日。
⑤ 曾资生、吴云端：《中国历代土地问题述评》，建国出版社 1948 年版。

刘道元就撰有《两宋田赋制度》、《中国中古时期的田赋制度》两部专著，对自汉至宋的田赋史进行了考察①。它们对认识中国历史上的田赋制度有着重要作用。武仙卿通过对课税客体的考察，着重研究了魏晋南北时期的税法。他认为秦孝公十五年的"初为赋"是人头税的开始。秦汉有十税一、十五税一，或三十税一的田租，有以丁口作标准的算赋口钱献费。但是，这几种税，只是包含"田"与"丁"两种客体。曹操的户征锦绢，才是按户征税的开始。东汉末年的社会扰攘，使丁口的数目难以调查，军事首领为便于征索军需，征户较便于征口；曹操的因利乘便的户征绵绢，"开创了田租与户调对立的税法，经中国中古，税制打下了基础，经过魏晋南北朝，只有部分的修改，没有根本的变动。西晋的户调之式，纯粹抄袭曹氏的户调，西晋有田租为存在，也正是继续曹氏的田租而来。北朝自五胡到隋，还可以说到唐武德二年租调庸制的颁布，都是与曹氏税法大同小异的。南朝从东晋开始，到陈之灭亡，同样的承袭了曹氏的税法"。"唯东晋加以修改，到宋孝武帝大明五年之改正东晋的户调，与曹氏税法，又几乎相同了。所以，魏晋南北朝的整个时期，说是田租与户调对立的税制阶级（段）。"武仙卿坚持认为："田租与户调对立的税制下，课税的客体是田与户，丁只是徭役的单位。唐代综合秦汉时代的'田'、'丁'与魏晋南北朝的'田'、'户'，而成了'田'、'户'、'丁'鼎立的新税制。"②武仙卿证明西晋有田租存在以及魏晋南北朝田租与户调对立的税法制度的见解在学术界产生了广泛的影响。

在唐代的税制方面，鞠清远进行了深入的研究。《唐代的户税》一文对户税、税户、税钱，户税的始终，户税税率，户税的用途，户税的意义进行了深入的考证分析。他指出户税不是租庸调破坏以后才发生的，大概与唐初定户等同时存在，户税最早记载为永徽元年。他认为户税是征收钱币的，与征收现物的租庸调不同；户税是一种资产税，与以丁规定的租庸调不同，户税按资产等级而异其税率，是合于赋税原则的；户税是王公官

---

① 刘道元：《两宋田赋制度》，上海新生命书局，1933 年版；《中国中古时期的田赋制度》，上新生命书局 1934 年版。
② 武仙卿：《魏晋南北朝田租与户调对立的税法》，天津《益世报·食货周刊》1936 年 12 月 13 日；《食货》半月刊 1937 年第 5 卷第 4 期。

吏可免的课役,与租庸调不同;户税指出了工商业的重要性,所以开元间税率,便规定百姓有邸店、行铺、炉冶,合加本户三等税①。鞠清远对唐代户税的研究,卓具见识,后世有学者称为"对户税拓荒性的研究"②。

《唐代的两税法》一文对两税法进行了深入探讨,估定了其价值,指出要在社会经济变化中理解两税法在历史上的意义。他认为"中国的赋税负担自汉代以来,大体上归着在田、户、丁三单位上面。汉代的田租、訾算、口赋是三种名称。曹操以后,通行了'户调'、'田租',自然丁身还是要负担徭役的。南北朝间,逐渐通行了租庸调制度。到隋唐时代,整理三税成为所谓租、调、庸"。"但这不是由户担负调,由田担负租的性质,'租庸调'乃是'丁'所担负的税的总称。"唐代建中以前,于丁身所担负的租庸调以外,另有两种由'户'与'田'担户的税。建中元年以后行的两税法"是夏秋两次征税的方法由地税而扩张,概及了户税"。"两税法于征收季节的改革外承袭了以前的户税与地税制度。其于依丁而定的租庸调,只是利用了自然的趋向,把它并省。此外,则一无所创造与改革。在相反的方面,它却把安史之乱中的乱杂的科率税额一并总集起来,作了一次重新的摊配"。"两税法的'摊配'使它建树不起一种固定的税率及各地一致的税率,所以两税法不是一种规模远大,制度宏阔的大帝国大统一国的赋税制度。它只是一种在破灭中的帝国与统一国家的应付财政困难的临时税制。它所具有的影响,是在临时税制按照一般历史原则成为固定的税制以后,把已在破灭中的统一国家使之更加粉碎。""因为有唐代的两税法,加以五代的紊乱,遂使继承其后的宋代建树不起一个全国一般的制度,使宋代自始即在税赋整理的烦恼中。这便是两税法的功绩。"③ 这一基本观点在《唐代经济史》也有进一步阐发。在第六章《财政制度》中论述唐代租庸调与两税制的内容时,通过对两税法制度演变史实的深入比较,认为两税制度"自来都只注意到夏税,秋税,征税时间两次。对于内容,都未深切注意,往往都只认作它是一种资产税,并且还有许多人,认为两

---

① 鞠清远:《唐代的户税》,《食货》半月刊 1935 年第 1 卷第 8 期。
② 李锦秀:《唐代财政史稿》上卷,北京大学出版社 1995 年版,第 468 页。
③ 鞠清远:《唐代的两税法》,国立北京大学《社会科学季刊》1936 年第 6 卷第 3 期。

税制度，似乎创造了新税制。实际上，并不是这样，我们可以说，两税的内容，主体还是两种税，地税与户税，这都是前一时期的制度，不过到本期，却由与租庸调并立的地位，跃进成为惟一的制度。租庸调，反归并到户税里面消失了它的存在"。① 这一颇为新颖独到的见解扫除了以前脱离前后的历史事实来理解两税法的方法，改变了人们长期以来认为两税法具有高深莫测改革意义的认识，成为学术界的重要一派②。袁永一指出"关于唐代租庸调与两税制的内容，作者见解颇为新颖，有它独到的地方"。这点创见给予读者不少新的启发了③。

食货派在色役的研究方面有开创之功。陶希圣、鞠清远在《唐代经济史》中最早论述了色役与资课问题，指出"在提供徭役的人们当中有一部分，提供特种徭役于特定的机关，这种徭役称之为色役。而提供这种徭役的人们，也称之为色役户。租庸调制度中，不是提供徭役时，即折纳现物。称之为庸，色役户，不提供色役时，也可纳现物或钱币代役，称之为资课"④。"资课钱与户税地税一样，是分解租庸调制度的因素。""资课上及贵族子孙下及官户杂户，与租庸调之庸，有许多人可免除，在负担者方面，资课似较广一点。""安使乱后，一部分色役，仍然存在，一部分已消灭。资课则一部分存在，一部分归于消灭"⑤。鞠清远在《唐代财政上的特种收支》一文中继续深入探讨了唐代三种特种收支中的"色役"与"赀课"。他认为官吏所需要的服役的人力，采取色役的形式来募集，不过经过时代的变化，色役逐渐都变赀课，机关所须用的人力以及各水手、渔师、屯丁等也是一样。勋官与品官的子弟，政府也给他们以特殊负担。勋官所担负的色役与赀课是免课一般赋役的代价。品官子弟所担负是封建社会中贵族子弟为上级贵族的服役，有时则把这服役改变为"赀课"式的特种税赋，并且因为中国历史的"任子"的现象，而使他们的"赀课"成了

---

① 陶希圣、鞠清远：《唐代经济史》，上海商务印书馆1936年版，第152页。
② 另一派以岑仲勉为代表，认为两税的内容依然是租庸调的正供，只因敛收以夏秋，故两税与户税、地税并无关系。详见张国刚主编《隋唐五代史研究概要》，天津教育出版社1996年版，第203页。
③ 袁永一：《书籍评论：唐代经济史》，《中国社会经济史集刊》1937年第5卷第1期。
④ 陶希圣、鞠清远：《唐代经济史》，上海商务印书馆1936年版，第163页。
⑤ 陶希圣、鞠清远：《唐代经济史》，上海商务印书馆1936年版，第168页。

一种"廢补"的补偿。至于贱民的赀课则更表示贱民身份的转向①。通常人们总是只从土地分配及商业发展等观点上来观察唐代社会，没有从这一角度里来加以观察，所以，鞠清远对"色役"与"赀课"的探讨非常有价值。

针对鞠清远提出的色役问题，武仙卿《南北朝色役考》一文对南北朝的色役进行了深入的研究。他认为色役在性质上只是一种税收，但"在社会史中却具有更重要的意义"，"色役的提出，可以使我们了解中国封建社会的另一个姿态"。他详细举出了防阁、白直、亭长、事力、白簿吏、吏、僮、干、军户、将门、塘丁、桥丁、三长、技巧杂户等名词并对其进行考证，认为它们多数是色役的名目。他指出："一国的人民，概括的说都是君主的领民，在封建社会中，一国领民对君主与主管官员（即领主）都应当从事某种没有权利的义务，不论你是壮丁，你是跛子瞎子，不论你是官人或是勋品，都有你应尽的义务。这种义务，因为门第身分的不同，职业财产的不同，及天赋肢体的不同，而产生出来差异。达官士族，兵役力役是免除了，然而，他们作官的升迁和出身，也不能不因其门第出生差异。""封建社会下的服务，正与其社会阶层同其参差，高者有高者应尽的义务，贱者有贱者应尽的义务，这种没有权利的义务，正是封建领主所需要的，也是他们所帖然享受的。""全体人民对政府的负担，有个均平的趋势；这就是说，政府教全体人民，要有近与其能力相等的负担。"他认为政府所需求于人民的，是要尽其可能的对政府的贡献，不见得故意要袒富压贫。所以，正规的税法役法以外，应有一种富者和免役者的特殊负担，来校正他们的不均。在唐代，户税地税是对租庸调制度的校正，离徭色役是对税法的校正。南北朝时，于田租户调丁役之外，色役是税役不均上的校正，然而他方面，唐代免役的人，官吏子孙，富人和勋官，在本分的义务以外，都有特殊的任役，富人要作驿将，要充胥士，半役人免役人要充桥丁屯丁门夫等役。南北朝时，赋税上的九等三袅，多少给富人加重了一点负担；同时，徭役中的色役，正是富人和免役人的特典外的特殊服务。他还认为色役按其性质"可分五类：一富人的特殊服务；二免役人的特殊服

---

① 鞠清远：《唐代财政上的特种收支》（下），天津《益世报·食货周刊》1937年2月9日。

务；三特殊技巧的特殊服务；四官吏子孙对政府官吏的特殊服务；五一部份平民的特殊服务"。中国古代的色役是由三国到宋，与中国的封建社会紧密结合。色役的演变的过程，也正和封建社会的演变过程一致。单从色役来讲，魏晋南北朝是典型时期，到了隋唐，大体都变为俸禄的一部，转变的端倪见于北齐。唐代没有变成俸禄的色役，大半都是地方政府或是地方性质，到北宋，又沾染了商业的性质。所以他坚持认为"南北朝的色役是色役的躯干，唐代色役是色役的尾巴，宋代的色役只是尾巴的尾端"。[①]武仙卿对南北朝色役的研究别具特色，颇见功力，对中国色役三阶段分期的认识，至今仍有极高的参考价值。

在财政史的研究方面，鞠清远卓有成就，这主要表现于20世纪三四十年代出版的《刘晏评传》（附唐刘吏部晏年谱）和《唐代财政史》两部专著。《刘晏评传》1937年在上海商务印书馆枣梨，该书以刘晏为中心，论述公元八世纪中国经济财政状况，又将当时经济财政大事，编入年谱，附载评传于后。评传分刘晏的家世、时代背景、刘晏传略、盐法的创革、税制的创革、经济思想与战时理财、刘晏逸事与逸文等十章，概述唐代财政经济、税收、转运、货币及经济思想等诸方面的变化，力图从刘晏所从事的财政活动中揭示中唐社会经济变迁，并把与刘晏大致处于同时代，也掌握朝廷财政大权的官员们官职升黜和事迹，以及刘晏执政前唐代财政、运输、经济状况中足以为刘晏施政依据或张本的资料都尽量录出，加以考订分析，用以说明刘晏与唐代财政的关系。《刘晏评传》在探讨唐代财政经济方面价值较高，引起了学术界的广泛关注。

《唐代财政史》于1940年由上海商务印书馆出版，该书分两税法以前之赋税（租庸调、户税地税、天宝建中间赋税），两税法（两税法及其创制、调整），专卖收入（盐铁、酒税与榷酒、税茶与榷茶）、官业收入与税商（铸钱事业、屯田经营、税商与借商）、特种收支（色役与资课、职田与公廨田及其地租、公廨本钱与利息），财务行政（各级财政机关、诸吏、预算及收支系统、审计、赋税之输送与转运，历朝国计概略）等六章。此

---

① 武仙卿：《南北朝色役考》，天津《益世报·食货周刊》1937年3月9日，1937年3月16日，1937年3月23日；《食货》半月刊1937年第5卷第8、第10期。

书自创体例,按题归类;摘引各史、志及类书资料甚多,考释谨严,书中原文均注原典出处;立论扎实,体例严整。"是唐代财政史研究划时代的著作","清晰而详确地论述了唐代的收入、支出与财政行政,奠定了这一领域研究的基础"[①]。被崛敏一誉为"对于唐代财政问题的优秀概说性著作"[②]。

此外,陶希圣对宋代的赋役财政经济也进行了初步的考察。《北宋初期经济财政诸问题》一文论述了北宋初期经济财政社会方面的货币问题、国内贸易之茶盐贸易、国外贸易与舶政马政、都市中的邸店与团行、土地的兼并与主佃关系、田赋不均与田赋减少、役法与社会经济、官僚军事组织的膨胀、重税高利之下的农户、均产运动的蓬勃等十方面问题[③]。《王安石以前田赋不均及田赋改革》一文分析了宋前期田赋严重不均及王安石针对这种现象采取的方田均税法[④]。《王安石的社会思想与经济政策》一文探讨了王安石的社会思想与经济政策的关系[⑤]。

对于赋役财政的重视,在食货派重振时期也有体现。曾资生《宋代发运使、转运使与地方财务行政》一文对宋代发运使、转运使与地方财务行政进行了研究,认为宋制的特点是:"宋代地方的财赋转运和轻重敛散之盐,大都操于发运使与转运使之手,此当财政使者所不可不注意之事,又转运使因综理地方财赋需要权重,结果朝廷又往往赋予纠举督察之责,结果转运使又兼有监督权。"[⑥]《王安石新法及其失败的原因》一文对新法的内容、均输法、青苗法、保甲法、保马法、募役法、市役法、方田法、贡举与科举、农田水利法等进行了探讨,认为失败原因一是低级官吏推行时的流弊太多,二是元老旧派官僚的反对势力太大,三是新法实行过于操

[①] 胡戟等主编:《二十世纪唐研究》,中国社会科学出版社2002年版,第389页。
[②] (日)崛敏一:《均田制的研究》,福建人民出版社1984年版,第449页。
[③] 陶希圣:《北宋初期经济财政诸问题》,《食货》半月刊1935年第2卷第2期。
[④] 陶希圣:《王安石以前田赋不均及田赋改革》,《食货》半月刊1935年第1卷第1期。
[⑤] 陶希圣:《王安石的社会思想与经济政策》,国立北京大学《社会科学季刊》1935年第5卷第3期。
[⑥] 曾资生:《宋代发运使、转运使与地方财务行政》,南京《中央日报·食货周刊》1947年10月22日。

急，四是南北经济的差异与南北政治人物的系别影响①。

三 寺院经济

寺院是一种宗教性的社会组织，魏晋南北朝隋唐五代是中国佛教的鼎盛时期。食货派对佛教寺院经济作了开拓性的研究，"开先河"的应是陶希圣②，但"拓荒之功当然仍是首推何兹全先生"③。何兹全认为："佛教寺院是中古中国史上一个重要现象。第一，从宗教史上说：中古中国时代是佛教思想支配下的时代，整个社会，整个人群的生活活动无不受佛家思想的影响及支配，但佛教之能如此发展，全赖寺院的活动、宣扬。佛教在中古中国史上的重要使寺院也成为重要。第二，从社会史说：中古时代的佛教寺院不但是宗教的组织而且是政治的组织。中古中国的社会是封建社会，寺院便是这时代社会的一个缩影，便是这时代社会的一面。要全面地考察中古中国社会的构造，要彻底了解中古社会的性质，寺院一定要拿来作一个主要的研究对象。而且因为寺院是披着一件宗教外衣的，所以在封建关系的表现上也特别显著。如政权的分割、人口的隐占等，在俗界庄园不甚显著，在寺院便非常显著。对寺院的研究更能使我们容易认识整个中古社会的性质。"④ 于是，1934 年 9 月，他在《中国经济》杂志第 2 卷第 9 期上发表《中古时代之佛教寺院》一文，从佛教输入与寺院之兴起、寺院的发展及兴强、寺院组织、寺院对国家及社会的服务、寺院生活之堕落与俗化、寺院与君主的三次大冲突、寺院的衰落等方面对三国到唐中叶即从 3 世纪到 9 世纪时期的佛教寺院进行了深入研究，论证了其时佛教寺院是一个很完备的教会组织。此文"大约是五四新史学出生以来，从社会史、经济史的角度讨论寺院史的第一篇文章"⑤。何兹全从社会史的新角度研究

---

① 曾资生：《王安石新法及其失败的原因》，南京《中央日报·食货周刊》1946 年 6 月 15 日。
② 游彪：《宋代寺院经济史稿》，河北大学出版社 2003 年版，何兹全序。
③ 张国刚主编：《隋唐五代史研究概要》，天津教育出版社 1996 年版，第 517 页。胡戟、张弓、李斌城、葛承雍主编：《二十世纪唐研究》，中国社会科学出版社 2002 年版，第 553 页。
④ 何兹全：《中古时代之佛教寺院》，《中国经济》1934 年第 2 卷第 9 期。
⑤ 何兹全：《我和中国社会经济史研究》，张世林编：《为学术的一生》，广西师范大学出版社 2005 年版，第 216 页。

寺院经济，开拓了经济史研究中一个长期被人忽视的领域，引起了学术界的重视，汤用彤和陶希圣都给予高度评价①。王宜昌在对此文提出批评建议的同时也坦言："近得读《中国经济史研究专号下册》，心中甚慰。翻完两册专号，最令我满意的，是何兹全君著之《中古时代之中国佛教寺院》一篇，因为它能'给阅者对于中古中国（严格的说，应是中国中古时期的一半）佛教寺院一种详细真切的认识。'""我虽然写《中国封建社会史论》及宗教，又写了《宗教与中国封建社会》，但在文字形式上，自己不大满意。因而我是满意何君的文章的。"②

另外，何兹全《中古大族寺院领户研究》一文研究了寺院经济中的依附关系和人口分割，对中古（三国至中唐）寺院的生产关系作了讨论。他首先考察大族寺院领户造成的方式，其次分析其内部经济上的关系。最后对大族寺院与国家之户口之争夺加以探讨。何兹全认为"这阶段主要的生产关系是庄园农奴制。土地集中在大庄园主手中，一般劳苦耕作的农民没有土地所有权，秦汉以来的'小土地私有制'是完全破坏了（此论是以北朝为主）一般耕作的农民，不但没有土地所有权，即自己的身份也是不自由的，在人格上他们隶属于主人，没有脱离主人的自由。而且束缚于一定的土地上，也没有离开的自由"。而"对大族寺院领户的研究，主要的意义就在从户口的领有方面来看大族庄园的发展，及庄园内部的生产关系"。同时，他指出户口在中古时期是社会主要的生产手段、财富泉源，为庄园领主间争夺的目标，其时寺院与世俗的大族一样，以种种方式分割国家的土地、劳力，组成封建国家庄园。寺院领民在经济上、人格上依附于寺院，与国家并无直接关系，这些领民实质上就是农奴。他们通过依附、招引侵夺、赐予、隐庇度僧等方式获得人口，占领领户，并随着魏晋间社会状况的变化不断扩大其农奴占有量。大族寺院领户的重要义务是给他们耕种，向他们纳课，并为大族寺院服役。他们与大族寺院的关系是一种隶属关系，具有超越经济强制的性质。因为大族寺院对领户的占有是对国家户口的分割，所以国家与大族寺院之间常发生争夺领户的斗争。中唐以后，

---

① 何兹全：《学史经验与体会》，《文史知识》1982 年第 4 期。
② 《通讯：王宜昌先生来函》，《中国经济》1935 年第 2 卷第 11 期。

庄园制度瓦解，大族寺院蜕变为地主，而领户也就变为自由劳动者了①。

何兹全的《南北朝隋唐时代的经济与社会》一文进一步指出："南北朝隋唐的寺院，不单单是一个宗教组织，而实在还是一个经济组织，社会组织，政治组织。在整个社会经济结构中，它和世俗贵族庄园同性质，自身是一个封建领主，领有广大的土地和农民。它和世俗贵族同地位，和国家发生过户口及财富的争夺。而且也和世俗贵族同命运，因交换经济的发达而破坏了它的发展的基础，最后为专制主义王权所打倒。""中国南北朝隋唐的寺院虽因种种条件的不同，未能做到独一无二的霸权的地位，但它的性质及其在整个社会发展上所代表的意义和西欧基督教会是无往而不同的。他的命运也是和封建制度联系着——它自身就是封建组织的一环——封建制度的发展，便是它的发展，封建制度的破坏，就是它的衰落。"②

陶希圣在天津《益世报·食货周刊》和《食货》半月刊上发表《唐代寺院经济概说》，此文为出版的《寺院经济》的序言部分。在这篇文章中，陶希圣对他们致力寺院经济研究的工作进行了反思与总结，批评国内研究佛教史、社会史学者普遍不重视寺院经济的现象，并发表了其对寺院经济研究的看法。他对寺院财产的构成、经营、用途以及僧尼的财产关系等进行了详细的论述。他认为寺院的常住资财与僧尼的资料，在政府法令和教会的戒律上，大有分别。常住资财是属于寺院，僧尼资财是属于教徒个人的。寺院财产制度与家族财产制度大体是相同的。家族公产之外有家属的私产，寺院公产之外有僧尼私产，"寺院的常住，从形式上看，是可以完全由寺院所有的财产。但在实质上，不是这样的。施舍财产于寺院的人们，往往指定用途"。贵官富族以自己的庄园或庄田，创立寺院。施主指定为寺产的财产，并不能完全转移给寺院的。在施主方面，有的承认这种寺院是独立存在的寺院，有的仍认定这种寺产是自己的庄田。特别是没落的施主的子孙，为了自家的生活与浪费，利用自家与寺院之间的特殊关系，对于寺产作种种的需索，或竟认为是自家的庄田。在寺产有免税特权

---

① 何兹全：《中古大族寺院领户研究》，《食货》半月刊1936年第3卷第4期。
② 何兹全：《南北朝隋唐时代的经济与社会——中国中古寺院经济·绪论》，天津《益世报·食货周刊》1937年5月18日，1937年5月25日。

的时代，地主们奏设寺院与施舍庄田，一面有逃税的意义，另一面还有更重要的意义，即在寺院财产的掩护下，实行土地兼并。创立寺院或施舍庄田，不独是一种投资，并且是在特权保护之下的投资。"常住庄田的经营，与世俗地主的庄田一样，是批给庄客种植，由寺院收取一定比例的田租，或一定数量的田租。""寺院财产在某种限度内，是豪贵富家兼并土地及其他财富的一种重要的手段。寺院多一分人力与富力，政府便少一分税田税户或税了。自东汉末年以来，政府对寺院的争执，随教会的发达而演进。"唐代政府对寺院与僧尼的限制或禁令：第一种方法是政府对于寺院的设立，取特许主义，设立寺院，必须向皇帝奏请；第二种方法是限制寺院常住田的数量，其方法是所谓"检括"寺产；第三种方法是检括僧尼。寺产与僧尼的检括运动，一直发展到武宗会昌灭佛①。此文是食货派长期研究唐代寺院经济的重要成果。这种研究为以后的寺院经济研究奠定了基础。

鞠清远的《唐宋元寺领庄园研究》与何兹全的《中古时代之佛教寺院》同期发表在《中国经济》上。此文分寺院庄园与僧徒庄田、寺院庄园之造成、寺领庄园之废置、寺领庄园的规模与四至、寺院庄园之经营、唐以前的寺产、寺院庄园与国家社会等部分探讨唐宋元各种宗教、僧道、景摩尼等寺领庄园情况②。此外，陶希圣与鞠清远还对元代教会主管机关、国立寺产的主管机关、寺数、寺户寺奴、寺庙商店、寺田及商店的税等问题，作了初步的论述③。武仙卿还对南北朝国家寺院士族协和与冲突的一些问题作了探讨④。

四 社会等级身份

等级制度是先秦时期开始出现的重要的社会制度。秦汉时期这一制度又有了新发展，并对中国古代社会的演变产生了极为深远的影响。魏晋南

---

① 陶希圣：《唐代寺院经济概说》，天津《益世报·食货周刊》1936 年 12 月 13 日；《食货》半月刊 1937 年第 5 卷第 4 期。
② 鞠清远：《唐宋元寺领庄园研究》，《中国经济》1934 年第 2 卷第 9 期。
③ 陶希圣：《元代佛寺田园及商店》，《食货》半月刊 1935 年第 1 卷第 3 期。鞠清远：《元代的寺产》，《食货》半月刊 1935 年第 1 卷第 6 期。
④ 武仙卿：《南北朝国家寺院士族的协和与冲突》，《文化建设》1936 年第 3 卷第 1 期。

北朝是人身依附关系较为严重的时代，唐代后半期人身依附关系有所松弛。这一社会现象引起了食货派的注意，他们对社会等级身份进行了考察。早在1931年，陶希圣撰有《辩士与游侠》一书从战国以前的贵族与奴隶转变为古代的僧侣与农奴说起，详细考察了战国时代的知识分子（士人）与无产者活动分子（游侠）的活动，把战国时代"这两种游闲分子最活泼最鲜明"两类个人活动"造成历史的集团行为尽量指示出来"①，在学术界产生了一定的影响。

陶希圣曾对部曲的沿革有过简单的论述，认为"从汉末及三国时代有所谓部曲的身份，即由后汉时期家臣的身份转化而来。唐代法制，部曲是半自由的身份。在后汉三国，这大约是私家将士而已。东汉的大私有土地制便是晋后的庄，私臣私将流为部曲"②。之后，他运用社会阶层史的研究方法论述西汉的客及王莽末年的豪家和宾客子弟。陶希圣认为"中古时期客的先驱——西汉时的客，是很有意义的社会一环，在政治与经济上都有很大的活动"。西汉时的客是不从事生产的，靠主人养活。他们担任军事首领或常用来刺杀仇人，或剽掠市里，与主人并没有固定的关系，既有固定性、又有流动性。西汉末年，客开始加入生产过程，尤其是参加农业耕种，以后就渐渐被役于农业生产，从而由自由的食客转变为半自由的农奴③。"西汉的'豪侠'是结客与养客的人的意思。在社会政治活动的方面，客的重要性不可忽视，军事方面，客往往构成其中的干部。客如属于养客的豪家，则其体力智力便贡献于豪家，大奴主大地主。客如贫苦的人们自动接纳，则其体力智力便帮助了贫苦的民众。客虽'没有自己的阶级'也没有'为自己的阶级'，但在社会阶级的抵触与冲突里面，他们是助手，甚至于是干部或组织人。""西汉末年，王莽藉了太皇太后王氏的内援，王氏五侯的积威，宾客的活动，取得了皇位。他的限田及限奴政策以及干涉商业高利贷的计划，得罪了豪宗大族及豪商大贾。这些豪侠便带了子弟宾客，结成反抗的军队，把他的政权打倒"④。

---

① 陶希圣：《辩士与游侠》，上海商务印书馆1931年版，绪论。
② 陶希圣：《中国政治思想史》第3册，上海新生命书局1935年版，第10页。
③ 陶希圣：《西汉的客》，《食货》半月刊1937年第5卷第1期。
④ 陶希圣：《王莽末年的豪家及其宾客子弟》，《食货》半月刊1937年第5卷第6期。

陶希圣对东周时代的农工商业与社会层进行了探讨，认为："周族及其他氏族依赖人身分而分配奴隶，土地，或'土地与人民'。于是有许多身分重重叠积。在国或都，最下层是奴隶，中层是自由民即国人，上层是贵族，以公族为中心。在鄙或野，最下层是农夫即野人小人或庶人。中层是统治族受田的自由民，即士，上层是受邑或县的大夫。大夫住在国内。国与野的最高与支配者是大族长，即公。""在私有制没有发达以前，奴隶与农夫虽受剥削，但氏族组织，还没有解体。奴隶与农夫是氏族公同支配的。氏族把他们依赖人的身分来分配：奴隶的生产及农民的贡助，依身分而分配。""这是以身分而决定财产的制度。等到私有财产制发达起来，便转成相反对的局面，即以财产决定身分的制度。春秋时代这个转变最为显明。"① 他还初步探讨了元代江南的大地主、满族未入关前的俘虏与降人、顺治朝的逃人及投充问题②。

鞠清远搜集大量史料，对三国两晋南北朝的客以及与客地位有些相近的门生、故吏、义附、部曲等社会群体进行了研究。他认为"三国时代的客，有种种不同的名称，不过实际上，各种名称的地位是相差不多的。或者名称的不同，是由于来源有些差异。与汉代的客的名称相衔接的是宾客，宾客虽然在某种意义上看去是较高贵的，是与主人平等。但除去一部分仍是'食客'的宾客以外，多数的宾客在西汉末年，已然是'役属'于主人的"。在三国时代，客的构成方法，约可归纳如下：一为较高的客，因为有依附或役属的关系，渐渐的降落。二为人民为避免徭役，而投为贵族的佃客或客，贵族亦或招募佃客。国家更招募贫民为屯田客，或强徙人民为屯田客。三为国家将正户民人，赐为贵族的客。四为奴隶之提升位"客"。"客"虽然名称有宾客、亲客、人客、私客、家客、复客、奴客、僮客、佃客等不同，但是实际上，除去少许的地位的差异外，大体上是相

---

① 陶希圣：《东周时代的农工商业与社会层》，《中山文化教育馆季刊》1935年第2卷第3期。

② 陶希圣：《元代江南的大地主——读元史元典章随笔之三》，《食货》半月刊1935年第1卷第5期；《满族未入关前的俘虏与降人——王先谦东华录摘抄之一》，《食货》半月刊1935年第2卷第12期；《顺治朝的逃人及投充问题——王氏东华录杂抄之二》，《食货》半月刊1936年第3卷第11期。

同的。他们是主人的"财产"。客在身份上，还是自由的。他们与主人的关系，只是一种隶属关系，或者说是一种荫庇关系。不过，当时的贵族已把这种私的隶属关系，当作主奴关系。客的职务自然与奴一样，要作侍从的工作，一部分要种田，与主人分谷，此外还有一部分只是求主人的荫庇，他们自己到处抢夺，主人也可得到一些脏物[①]。而门生、故吏、义附、部曲这几种人原来都以不同的事由而与他人或主人发生不同的关系，但其地位每下况愈，而近于奴家。门生本为研究学术而与所谓"师"者发生师徒关系。但自汉代以来，门生即不纯是研究学术的，有些纯粹是慕权或为其它目的而趋附师门的。到了晋初，则有一部分门生是为求师长荫庇，以免除课役而来的。从而产生了一种近乎隶属的门生与师长间关系。其地位已近于奴客，随从师长游历、作战、流徙以至抢劫。而关于故吏，南北朝时每个官员都可以分得政府拨给的吏僮，他们多数是自由民，地位相当于唐代的防阁、庶仆、白直。南朝的户籍在士族之外分为次门、役门、三五门、露户，役门多数是补"吏"的，官员对这些"吏"有役属关系，有叫、罚的权力。义附与故吏的地位相同。他们大约是因军事的或慕势而从，以求官位，或者是游食之人寻糊口的方法而投附于势家。部曲是正式的军队部属关系，是从公的关系到私的新关系的拓展。鞠清远指出"客、门生、故吏、义附、部曲等等，虽然各个的构成方式不甚相同，相互的地位也不甚相同，不过转变的趋向，则是一致的。他们总括起来，构成当时的一大问题，即荫庇问题"。荫庇是直接危害国家的财政的，荫庇户愈多，国家的收入愈少。"历代的君王、政府都很了解这一点。他们尽量的与贵族、士族、豪族或寺院争夺户口。不过他们的行动，又时时促使荫庇户口的事，继续扩张。国家搜括户口最多的时候，便是升平的时候，君权强固的时候；反之，便是政治紊乱，君权衰落的象征。"[②]

鞠清远还对元代系官匠户进行了研究。《元代系官匠户研究》一文征引丰富资料全面探讨了元代系官匠户问题。首先，对官局人匠、军匠、民

---

① 鞠清远：《三国时代的"客"》，《食货》半月刊1936年第3卷第4期。
② 鞠清远：《两晋南北朝的客、门生、故吏、义附、部曲》，《食货》半月刊1935年第2卷第12期。

匠之区别进行了探讨，认为元代的匠户，大致可分三类：第一类是系官人匠，他们在官局工作，物料，自管库支领，或支领物料钱，由官局或匠人自行收买。第二类是军匠，他们的户籍，在军籍中，战时是工兵，平时或许设局为军人造军器。第三类是民匠，他们可自由的造作货卖，有时也有定额的课程，有时官府也差遣他们，依例给他们口粮工价。他们与官局人匠不同的地方，是他们只是临时应用时，临时得支口粮工价，而官局人匠，则终年机关支口粮。其次，对系官匠户组织方法、系官匠户的地位与待遇、系官匠户工作形式、系官匠户数目的估计进行了深入探讨。最后指出：一元代系官匠户决不是奴隶，官局中或有奴隶与囚徒；二系官匠户的特权是免差，民户是不能免杂泛差役的；三系官匠户在官局的地位是雇佣性质，与宋代之"役兵"、"兵匠"相同；四系官匠户的盐钞比临时雇用的工匠要多一点的，但比军户少一点；五系官匠户是在官局作额定的常课，或不时的横造，但还有间暇作梯己的"生活"；六元代官局中有一种轮番制度，但绝不与唐代番匠，明代轮班匠相同；七元代系官匠户约在二三十万之间①。《元代系官匠户补记》是为补元代系官匠户研究而作②。这两篇是有助于了解匠役历史演变的重要论文。陶希圣认为："元代的匠户是不是奴隶？这个问题应得详细研究。元以游牧部落，入主中原，很迅速的从奴隶制进入封建制，同时江南的都市工商业和国际贸易的发达，很迅速表演他们的实力，引起绝对主义君主对于封建制的争斗。没有理由把元代社会看做奴隶社会的了。"③

另外，鞠清远还对魏晋南北朝官工业中之刑徒及元代奴隶进行了一定的探讨。《魏晋南北朝官工业中之刑徒》一文认为汉代的刑徒是作工的，而不是奴隶。在魏晋南北朝这一期中尚继承了汉制，刑徒是要作工去的，除去一些普通的劳役以外，在尚方，东冶，诸冶这类官工业机关中，刑徒的劳动是工业劳动。官工业机关中，虽不必完全依侍这种劳动，不过，由于常常提到很大数目的刑徒，并且中央与地方，都有收容刑徒的官工业机

---

① 鞠清远：《元代系官匠户研究》，《食货》半月刊1935年第1卷第9期。
② 鞠清远：《元代系官匠户补记》，《食货》半月刊1935年第2卷第2期。
③ 陶希圣：《编辑的话》，《食货》半月刊1935年第1卷第9期。

关，所以，刑徒的劳动也是有相当地位的。官工业机关中还有特殊的工匠，与以后的匠户是相同的，也有利用一般人民的徭役的地方①。《读元代奴隶考——奴隶解放九项原因之批评》一文纠正了日人有高岩《元代奴隶考》的几个重大错误认识②。

何兹全对三国时期国家的三种领民进行了探讨，认为三国以后社会所表现的一个最显著的特征，就是人口的分割，这时大族庄园兴起，大族庄园与国家平分了天下的人口。三国以前一切人都是国家的领民。三国以后国家人口为大族所分割，国家有国家的领民，大族有大族的领民。大族领民隶属于大族主，与国家毫无关系，没有隶属的关系，也没有租税的关系。三国时期国家领民一分为三，一是郡县领下的编户，二是屯田校尉、督尉领下的屯田课，三是军事长官领下的士家。他们的赋役负担和在身份上的依附化。"国家三种领民的地位，以州郡领民最高，屯田客次之，军户最低。"③ 另外，何兹全对"质任"这一社会身份问题进行了考释④。而武仙卿则对"庸"这一社会现象的社会史意义进行了辨析⑤。

以上表明，食货派对各时代的阶级阶层的社会等级身份进行了探讨，取得了诸多的成果。在食货派重振时期，陶希圣、曾謇继续保持这种研究兴趣。陶希圣《战国时期的农夫与商人》一文从农夫与商人的对立，货币的操纵，租税下的农民生活，奴隶生产的盛行等几方面，对战国时期的农夫与商人进行了探讨⑥。曾謇《战国时代的士人与客》一文通过对从春秋到战国社会的考察，探讨了战国时士人的身份地位，认为："士人是脱离了生产者地位的阶层，而其与其所客主的关系又不是重新结合于生产的关系之中而仅为社会政治作用的一种结聚，所以他们不固定于一定的关系之下而成为极富于流动性的集团，当其所客主失去了政治或社会的地位或有

---

① 鞠清远：《魏晋南北朝官工业中之刑徒》，天津《益世报·食货周刊》1937年1月1日。
② 鞠清远：《读元代奴隶考——奴隶解放九项原因之批评》，《食货》半月刊1935年第1卷第7期。
③ 何兹全：《三国时期的三种领民》，《食货》半月刊1935年第1卷第11期。
④ 何兹全：《"质任"解（一）》，《食货》半月刊1935年第1卷第8期；《与曾兴论"质任"是什么》，《文史杂志》1941年第1卷第4期。
⑤ 武仙卿：《"庸"字之一解》，天津《益世报·食货周刊》1937年7月13日。
⑥ 陶希圣：《战国时期的农夫与商人》，《大华杂志》1947年第1卷第1期。

某种不合于客的行动与态度时,客即自由散去。""战国时的养客与作客完全是社会政治意义的事物。自秦汉以下至于魏晋,一方面还仍然有社会政治意义的客的集团存在,另一方面则有一部分的客依附于其主人而转向于其主人的土地上以从事生产,他原有的自由人的身分降低而成为半自由的状态,最后在魏晋南北朝时则固结于主人的土地上而不能离,于是遂成为一种近于农奴式的地位了。"① 《秦汉时期的政治经济与社会阶级》一文指陈秦汉时期社会阶级的大概,认为其时阶级与阶级之间,虽然没有不可逾越的界限——如商人以其商业资本兼并土地,可以变成地主,商人地主以其优越的社会势力可以升为官僚,奴隶解放可以变为自由民。自由民由罪犯或卖身可降为奴隶等②。《秦汉时期的社会与流品》一文就依附于各阶级之间,不能明显划分阶级的各种社会流品如儒、侠、客、门生、故吏、部曲等进行了考察③。此外,他还探讨了"奴产子"与"家生孩子"的问题④。

五 手工业、商业、都市、市场、交通、货币及商人活动

在中国社会史论战中,学术界对社会经济史的研究明显存在偏重农业而忽视手工业和商业的倾向。正如时人所言:"因向来研究中国经济史者之不能把全体性与部分性就其对立与统一上来辩证的把握,于是在研究上便很容易引起一种错误,即对于生产过程,非常注重农业生产而极端轻视工业生产。不用着说,在中国古来的经济过程上,农业经济实处于支配的地位,故在中国经济史研究上,农业上的生产诸力及其劳动诸形态,当然是最主要的研究对象,然而我们却不能因此而把其'工业的'(手工业及工场手工业)生产之基本诸要素付诸等闲;何况如果要正确的把握中国农业经济的本质与其发展,必须进而更就其与工业生产,商品流通,货币流通等之相互关系上来把握,才有可能。"⑤ 食货派则在重视对农业问题探讨

---

① 曾謇:《战国时代的士人与客》,天津《益世报·食货周刊》1937年7月20日。
② 曾资生:《秦汉时期的政治经济与社会阶级》,南京《中央日报·食货周刊》1947年7月16日、1947年7月23日、1947年7月30日。
③ 曾资生:《秦汉时期的社会与流品》,南京《中央日报·食货周刊》1947年8月13日、1947年8月20日。
④ 曾资生:《"奴产子"与"家生孩子"》,南京《中央日报·食货周刊》1948年3月3日。
⑤ 石决明:《中国经济史研究上的几个重要问题》,《中国经济》1934年第2卷第9期。

的同时,也没有忽视农业之外的手工业、商业、都市、市场、货币、交通及商人活动等领域的研究。

在手工业的研究方面,鞠清远用力最深,1934年出版有《唐宋官私工业》一书。此书是第一部扎实细致地论述唐宋官私工业部门的学术专著,分研究的动机、范围与态度、官工业的组织(工厂组织、劳动者、原料来源及成品销路)、私工业的组成(作坊工业、工厂手工业、庄园及寺院工业、家庭工业、雇工之例)、私工业成品销售方式及流动资本之考察、工业种类与生产地域、工业的行会、结论七章。以官工业的经营管理探讨为主,重点探讨了工业经营形式及其内部分工与对外的关系、官业劳动者。在私工业中侧重经营形式成品销路与流动资本的考察。对于工业种类与产地,工业界的组织,作坊的及工匠的组织都进行了研究。"得出的结论,对于唐宋的社会研究,能有所贡献"①。他认为唐宋工业的种类,设场地点实一脉相承者居多,不过宋代,因一般工业的发达,而设场数目,亦行增加;唐宋官工业之劳动者之最大的不同点,是唐以短蕃匠为主体,而宋以招募匠为主体;唐代官工业劳动者,奴隶刑徒亦占有相当位置,降至宋代,则极行减少;唐代官业工匠的工资,大概初期多为现物的绢与食粮,及中叶而后,遂成为钱米二项,宋代仍沿其旧,但亦偶有将粮折为钱者,元代仍支二色;唐代已有类似包工的作头,宋代则官业之各部门中已多有作头;唐宋私工业之最通行的形式为作坊或坊,北宋时代作坊一类的店铺,已有发展为能雇用五六十人的店铺,南宋作坊的营业已趋于极端化;作坊货品的销售方式,在市场售货,门市交易以外,已有供给零售商店,或担贩者、批发者;工厂手工业,唐代在富商大贾卵翼之下出现于某种工业,宋代则更由印书而推行于其他工业,作坊之大者亦渐趋于工厂手工业的形式;庄园、寺院、家庭工业在唐代似亦有地位,宋代不甚通行;唐代雇用工匠在官府强制之下,组成"团"、"火",宋代在都市中已形成瓜分市场的行会组织,宋代中叶以后,由于商业发达,在工业经营形式方面,渐渐增多了工厂手工业的组织,在交易方式方面,发展了批发定货两种形式;唐代工业中心地域以黄河流域、四川为最,宋代则渐有南趋的趋势;

---

① 鞠清远:《唐宋官私工业》,上海新生命书局1934年版,第3页。

唐代工业的"行",初为特种工业品,因各行家数众多,故"行"虽为市区的组织,以作坊为单位,实已近于师傅与工匠的组织,宋代工业区制多数已破坏,"行"已为同业店铺的组织,以应付官府科买差役者①。手工业与农业是决定社会组织的基础。很多人忽略或没有力量指出手工业与农业的内部组织。尤其是手工业组织不为人们所注意。此书深入探讨了唐宋手工业的组织,出版以后产生了重大的学术影响。

鞠清远还对汉代的官府工业进行了研究。在《汉代的官府工业》一文中,鞠清远对汉代官府工业工厂的规模与分工、设厂地点、工人的情况进行了初步的考察,提出了一些颇值注意的问题,如汉代官工业中,是用奴隶刑徒居多还是用自由工人劳动为多及工人是就业于官场提供徭役还是长期受雇等②。此外,他还撰有《五胡北朝及隋的官工业机关》、《魏晋南北朝官工业中之刑徒》、《魏晋南朝之官工业机关》、《魏晋南北朝的冶铁工业》、《魏晋南北朝的匠师及其统辖机关》、《魏晋南北朝的纺织工业》等文对魏晋南北朝、五胡北朝及隋朝等官私工业多个方面进行了探讨③。

在商业与都市方面,食货派对之非常重视。在他们看来,"千年来中国经济发展的大势,可以拿都市发达的趋势去观察它。因为都市的繁荣与没落,都是当时农业和工商业变迁的反应,以此为中心来观察经济的发展,才不致茫无头绪"。④ 因此,重视都市与商业的研究构成了食货派社会经济史研究中的又一特点。陶希圣的《五代的都市与商业》一文根据搜集的新旧五代史的资料,初步地考察了长江以南都市的残破、都市与商业的复兴和繁荣、北方都市与商业的复兴和繁荣的商业情况⑤。这是从整体上研究五代城市较早的一篇文章。鞠清远《唐代的都市概说》是唐代经济史料丛编都市篇的序文。该文对唐代中国都市概况进行了分类,指出交通及

---

① 鞠清远:《唐宋官私工业》,上海新生命书局1934年版,第191—196页。
② 鞠清远:《汉代的官府工业》,《食货》半月刊1934年第1卷第1期。
③ 鞠清远:《五胡北朝及隋的官工业机关》,天津《益世报·食货周刊》1936年12月27日;《魏晋南北朝官工业中之刑徒》1937年1月1日;《魏晋南朝之官工业机关》1937年1月19日;《魏晋南北朝的冶铁工业》1937年2月16日;《魏晋南北朝的匠师及其统辖机关》1937年2月23日,1937年3月2日;《魏晋南北朝的纺织工业》1937年3月30日。
④ 陶希圣讲,齐植璐记:《中国经济史的引论》,《法商半月刊》1934年第1卷第1期。
⑤ 陶希圣:《五代的都市与商业》,《食货》半月刊1935年第1卷第10期。

市场对都市的影响，对市的状况、管理都进行了探讨①。武仙卿还对隋唐的扬州和唐代的汴州进行了探讨②。

食货派对与商业、都市密切相关的市场、货币、交通及商人活动等方面也进行了一定的研究。在商业市场方面，陶希圣对唐代的市与市制进行了研究。《唐代管理"市"的法令》一文叙述了唐代的市场法规，分析了市的管理制度。他认为唐代的市是和现代的市有所不同，现代的市"指城厢及城厢附近的郊野，市的界内有商场、住宅、田园各种区域。唐代的所谓'市'不是固定的区域，也不包含住宅田园等成分。市是可以迁移的"。他还从斛斗称度的平校、物价的评定、立券的限制、不合规程的货物的禁卖等方面对唐代管理"市"的法令进行了考察③。在乡村集市方面，鞠清远对唐宋时代四川的蚕市进行了研究。他通过对四川的蚕市情况的考察，认为"唐代成都及其附近的蚕市，有一种是由崇拜圣地而构成的季节性市场，往往以庙会作中心，类似于近代的庙会。另一种则毫无宗教意义，只是季节性市场。成都蚕市主要在春季举行，货物主要是农桑之具及各种药材。'蚕市'实际上是近代北方所说的'会'，也即欧洲中古时代的 Fair，是一种季节性的市场"。他指出"我们不应把蚕市，当作季节性的农器或农产品市场，它实际上是具备各种货物品的大市场，特别是农村能购买的城市工业的物品的市场。在另一方面，我们不应忽略了蚕市的循环，与新设蚕市时的约定期日。这是一种适应当时的商业制度。繁荣的成都仍然有很多的季节新的蚕市，我们也不能说蚕市，因为游人很多，结果只是一种零售的市场。在另一方面，它也是一种批发市场"。④

在货币、交通及商人活动方面，陶希圣《唐代官私贷借与利息限制法》一文研究了唐代诸司诸色本钱及利率，私人的贷借及利息率，公私贷借利息限制法等⑤。《唐代处理商客及蕃客遗产的法令》一文叙述了唐代处

---

① 鞠清远，《唐代的都市概说》，天津《益世报·食货周刊》1937年3月16日。
② 武仙卿：《隋唐时代扬州的轮廓》，《食货》半月刊1937年第5卷第1期；《唐代的汴州》，天津《益世报·食货周刊》1937年5月25日。
③ 陶希圣：《唐代管理"市"的法令》，《食货》半月刊1935年第4卷第8期。
④ 鞠清远：《唐代四川的蚕市》，《食货》半月刊1936年第3卷第6期。
⑤ 陶希圣：《唐代官私贷借与利息限制法》，国立北京大学《社会科学季刊》1936年第2卷第1期。

理商客及蕃客遗产的法令，指出从本地州郡去到别的州郡经商的商客，及从外国来到中国经商的波斯蕃客，如死在经商地，他的遗产在唐代法令上有特殊的处理方法①。他还注意到了元代回回人及犹太人放高利贷的情况，认为其放债利率高，索债严，扰民厉害②。另外，陶希圣还探讨了唐朝的钱荒和十六七世纪间中国的採金潮的问题③。鞠清远在对清开关前后的三部商人著作《商贾便览》、《江湖尺牍分韵》、《新酬世群芳杂锦》三书的进行了校勘、整理后发表了《怎样作商客》、《伙计须知》、《清代银锭的种类》、《商路与马头》等文，对清代的货币、交通及商人活动等多个方面进行了探讨④。

总之，食货派在手工业、商业、都市、市场、货币、交通及商人活动等问题的探讨中，视角新颖，启发性强，不断地开拓出新的研究领域。在抗战爆发以后，食货派沿着前期开辟的方向继续进行了深入的研究。陶希圣《战国时期商业都市的发达》一文对战国时期商业都市的状况进行了考察⑤。《中国经济史上之交通工具》一文对中国经济史上的交通工具进行了概述⑥。曾资生《汉代商人阶级与商业资本的发展》一文探讨了汉代商人阶级与商业资本的发展，认为"东汉商业资本的发展和商人阶级的势力较西汉已渐趋衰落。货币数量已减少，土地大多集中于豪宗大族，农民贫穷限于附庸，大地主兼营商业，农民独立与商人的交换行为条件消失。手工业也衰落了"。⑦何兹全《东晋南朝的钱币使用与钱币问题》一文探讨了晋元帝建武元年（公元317年）到陈后主祯明三年（公元589年），前后二

---

① 陶希圣：《唐代处理商客及蕃客遗产的法令》，《食货》半月刊1936年第4卷第9期。
② 陶希圣：《元代西域及犹太人的高利贷与头口搜索》，《食货》半月刊1935年第1卷第7期。
③ 陶希圣：《唐朝的钱荒》，国立北京大学《社会科学季刊》1936年第6卷第3期；《十六七世纪间中国的採金潮——读明史随笔之一》，《食货》半月刊1934年第1卷第2期。
④ 鞠清远：《怎样作商客》，天津《益世报·食货周刊》1937年4月13日；《伙计须知》，天津《益世报·食货周刊》1937年4月27日；《清代银锭的种类》，天津《益世报·食货周刊》1937年6月22日；《商路与马头》，天津《益世报·食货周刊》1937年6月29日。
⑤ 陶希圣：《战国时期商业都市的发达》，南京《中央日报·食货周刊》1947年5月14日。
⑥ 陶希圣：《中国经济史上之交通工具》，《西南公路》1944年第270期。
⑦ 曾资生：《汉代商人阶级与商业资本的发展》，南京《中央日报·食货周刊》1947年6月4日。

百七十余年中，南方东晋及宋、齐、梁、陈各朝钱币的沿革、钱的使用、钱与社会经济生活、钱与国家财政、钱币问题与政府的对策等问题，认为："南朝的钱币使用已经非常活跃，在公私经济生活中，钱货均占重要地位。钱的使用虽然尚未能完全把谷帛的使用排出于交换手段之外，但这只是由于南朝广大的地域中，各地经济未能平衡发展所致。""南朝钱币经济的发达并无伤于南朝整个经济的中古性。"①

六 宗族婚姻制度、民众暴动及农业生产

宗族婚姻制度是食货派研究的一个重要领域。早在1931年，陶希圣的《婚姻与家族》一书就考察了中国历史上家族、婚姻的问题。冯尔康认为"此书篇幅不大，但把生产关系演变与家族、婚姻的变化联系一起分析，有一定的深度"②。之后，陶希圣进一步探讨了与宗族关系密切的精神信仰问题。《周代诸大族的信仰和组织》一文对周族的母神崇拜，后稷的来源，世代层及兄弟相及制，半族（姓）与族外婚以及周以外各族，如长江流域大族——楚、长江下游及沿海的大族——吴越、齐燕的母系氏族遗迹、秦赵的多神教、蜀的石柱与洪水传说等信仰和组织进行了探讨③。陶希圣还对中国古代社会组织与仁义进行了研究④。陶希圣《十一至十四世纪的各种婚姻制度》一文则考察了赵宋宗族的买卖婚、契丹的掠夺婚传说、契丹的两姓世婚、蒙古的两姓世婚、女真的十族世婚、女真与蒙古的Levirate、通姓婚、阶级内婚、赘婿、强制结婚、国际婚及族际婚等十一种婚姻制度⑤。

在宗族婚姻制度方面，食货派学人曾謇主要着力于西周社会性质的考察和宗法社会、宗族婚姻制度的研究，对古代社会组织有深入的探讨。1935年由上海新生命书局出版的《中国古代社会》（上册）一书详细论述

---

① 何兹全：《东晋南朝的钱币使用与钱币问题》，国立中央研究院《历史语言研究所集刊》1945年第14本。
② 冯尔康等编：《中国社会史研究概述》，天津教育出版社1988年版，第315页。
③ 陶希圣：《周代诸大族的信仰和组织》，《清华学报》1935年第10卷第3期。
④ 陶希圣：《中国古代社会组织与仁义》，《华北日报·史学周刊》1934年12月25—27日。
⑤ 陶希圣：《十一至十四世纪的各种婚姻制度》（上）、（下），《食货》半月刊1935年第1卷第12期，1935年第2卷第3期。

了先秦中国社会中的民族、家族、婚姻等制度，内分绪论、殷周民族家族组织的比较研究、秦民族和楚民族的承继制、齐燕吴民族的婚姻与家族、青铜器铭文中所见古代民族婚媾和家族组织之一斑，普遍通行于贵族与富人阶级的一夫多妻制及形成一夫多妻制的两个主要来源、春秋时血缘婚与群婚制之孑遗、家族共同体的分解八章。此书收入陶希圣主持的中国社会史丛书，出版后在学术界产生了重要影响。他的《殷周之际的农业的发达与宗法社会的产生》一文则论述了先秦宗法社会形态问题，认为宗法社会实际就是氏族的关系犹存而又发展到了父系家长制阶段的自然产物，父系家长制特征是家族财产共有，这种家族出现在周初，宗法社会是伴随分封产生的[①]。《周金文中的宗法纪录》一文专门从金文考释周代宗法制度，认为西周有着极普遍而且极典型的宗法组织，它是在家产共有制下由嫡长子承继制度形成的[②]。《古代宗法社会与儒家思想的发展》一文是曾謇《中国宗法社会研究》的导论部分。该文认为"宗法社会的经济基础及其组织是变化的。由宗法社会的经济关系所形成的士人阶级也是变化的，依系于宗法社会而代表着士人阶级儒家的学说思想，当然也不能不相随而变"。宗法形态的特点一是家族财产公有，其管理和分配权操之于家长；二是嫡长子一支承继制的确立；三是一夫多妻制的实行[③]。以上曾謇论述先秦宗法社会形态问题主要是借鉴了西方民族学的理论，并使用了金文资料，这是其超出前人之处。曾謇对中国古代的族外婚制进行了考察[④]。他还撰有《北魏时代的婚姻家族》一文专门探讨北魏的婚姻家族组织，对北魏的皇室组织、门第婚姻与阶级内婚族居制度进行了论述[⑤]。该文对北魏的婚姻家族组织叙述清晰，对于隋唐的婚姻家族组织的渊源与形态的研究大有裨益。

武仙卿对魏晋南北朝时期的宗族组织进行了探讨。《南朝大族的鼎盛

[①] 曾謇：《殷周之际的农业的发达与宗法社会的产生》，《食货》半月刊1935年第2卷第2期。
[②] 曾謇：《周金文中的宗法纪录》，《食货》半月刊1935年第2卷第3期。
[③] 曾謇：《古代宗法社会与儒家思想的发展》，《食货》半月刊1937年第5卷第7期。
[④] 曾謇：《中国古代的族外婚制》，《食货》半月刊1935年第1卷第8期。
[⑤] 曾謇：《北魏时代的婚姻家族》，天津《益世报·食货周刊》1937年7月27日。

与衰落》一文通过对东吴的大族、侨姓大族的鼎盛与吴姓大族的无势、侯景乱梁与南朝大族、江南土著大族的抬头、南朝大族的衰落的论述，指出：一是东吴至陈六朝是大族的统治期；二是东晋宋齐梁四代是侨姓大族占优势，三是江南大族受排斥的时期；四是陈朝是土豪大族崛起的时期；五隋时南朝社会经济破坏，大族衰落①。《汉魏大族的概况》一文从大族兴衰与政治关系方面，专门对汉魏大族进行研究②。武仙卿的研究对我们全面认识魏晋南北朝的大族帮助极大。

民众暴动的研究是食货派用力较多的论题。陶希圣根据两宋及其他书册所记载，把宋代的各种暴动作了叙述，如蜀的均富运动，睦州的共产运动教徒暴动及反对现行佛教的佛教暴动，河北山东的暴动与梁山泊，红袄花帽等军，靖康以后的义勇军及各地暴动军，水上的徒党，茶商暴动，矿业暴动等。他认为宋代的各种暴动意义如下：第一，每一运动包含有经济运动的内容。即令民族的斗争，仍然是经济的运动。在人类社会里面，并不是没有"超人"的个人，却没有"超人"的群众。第二，宋代的暴动，多数是两种：一是贫民的运动，如均富共产式的运动；二是中间阶级的运动如茶商矿商反抗政府封建式剥削的运动。第三，教会对民众的诉求压迫，引起教徒群众的反抗。正如世俗社会里有贫民及中间阶级两种斗争一样，教会也有贫民及中间阶级的两种反抗运动，如弥勒教是贫民的，而白云宗便是中间阶级的③。他还考察了历代的各种暴动，并对元代长江流域以南的暴动进行了深入的探讨，认为各种暴动的直接的经济财政原因：1、括田起租，2、官吏贪暴，3、饥荒，4、归农屯田以弥变④。武仙卿对秦汉农民暴动进行了探讨，认为秦汉农民暴动的性质，只是一时的反抗，不是有计划的革命，所以他们生活的饥荒造成他们的暴动，社会经济的凋敝又形成他们一时的安静⑤。他还对西晋末的流民暴动进行了一定的研究⑥。鞠

---

① 武仙卿：《南朝大族的鼎盛与衰落》，《食货》半月刊1935年第1卷第10期。
② 武仙卿：《汉魏大族的概况》，北平《华北日报·史学周刊》1935年2月7日。
③ 陶希圣：《宋代的各种暴动》，《中山文化教育馆季刊》1934年第1卷第2期。
④ 陶希圣：《历史上的农民暴动（通信）》，《历史与现实》1934年第8期；《元代长江流域以南的暴动——读元史随笔之四》，《食货》半月刊1936年第3卷第6期。
⑤ 武仙卿：《秦汉农民生活与农民暴动》，《中国经济》1934年第2卷第10期。
⑥ 武仙卿：《西晋末的流民暴动》，《食货》半月刊1935年第1卷第6期。

清远也对唐代宗初年江南的暴动进行了研究①。另外，陶希圣认为"教会的暴动的材料的搜集，很有意义，并很有兴趣"。② 他对元代和明代弥勒教、白莲教及其他妖教的暴动进行了探讨③。

农业生产也食货派着意很多的课题。食货派对生产工具，动力、土壤、商品生产等方面进行了考察。曾謇《西周时代的生产概况》一文通过对西周社会生产工具、生产力的考察，认为"周初没有铁的发现，生产的工具是青铜器物。因为铜的天然蕴藏不能十分丰富的缘故。所以青铜的耕种工具很少。因而遂形成一种耦耕制"。藉田制是古代真正的田制。尽人皆知的井田制，只是战国时孟子一班人对土地分配的一种主张，这种主张在战国以前是绝对不能发生的，因为当时的生产力水平低下，实行的是耦耕制每一个农夫，不能私有一件工具，所以纵使领有百亩的土地也没法耕种④。在农业生产的动力方面，与当时不少的学者一样，食货派非常重视水流的作用。陶希圣对冀筱泉的《中国历史上的经济枢纽区域》一书进行了专门介绍。但他认为中国经济重心由西北向东南移动的趋势"是都市的南移，不是水利繁荣区域的南移。从历史的材料上，我看出中国的经济不全是自足农村经济。工商都市的地位和影响是不可忽视的"。⑤ 陶希圣特别重视水这个自然力，在农耕上，在交通上，在机械的运转上的重大的作用。陶希圣《唐代管理水流的法令》一文利用敦煌写本《水部式》结合唐代文献探索了唐代关于灌溉用水的管理、水碾的管理、河上交通的管理（航行法、津渡法、桥梁法）及海上运输的有关规定⑥。他还对《齐民要术》里田园的商品生产和田器及主要用法进行了探讨⑦。

抗战爆发以后，陶希圣、曾资生继续保持各自的研究兴趣，在宗族婚

---

① 鞠清远：《唐代宗初年江南的两大暴动》，天津《益世报·食货周刊》1937年6月22日。
② 陶希圣：《编辑的话》，《食货》半月刊1935年第1卷第9期。
③ 陶希圣：《元代弥勒白莲教会的暴动》，《食货》半月刊1935年第1卷第4期；《明代弥勒白莲教及其他妖贼——读明史随笔之二》，《食货》半月刊1935年第1卷第9期。
④ 曾謇：《西周时代的生产概况》，《食货》半月刊1935年第1卷第7期。
⑤ 陶希圣：《冀筱泉著〈中国历史上的经济枢纽区域〉》，《食货》半月刊1936年第4卷第6期。
⑥ 陶希圣：《唐代管理水流的法令》，《食货》半月刊1936年第4卷第7期。
⑦ 陶希圣：《齐民要术里田园的商品生产》；《食货》半月刊1936年第3卷第4期；《齐民要术的田器及主要用法》，国立北京大学《国学季刊》1935年第5卷第2号。

姻制度、民众暴动、农业生产等方面展开了一定地研究。曾资生《中国古代社会中异于宗法的各种婚姻家族制度》一文探讨了中国古代社会中异于宗法的各种婚姻家族制度①。《唐代士族门阀与军人门阀的没落》一文研究了唐代士族门阀与军人门阀的问题，认为"中古的士族势力发展，以庄园经济为基础，奴隶劳动，义附衣食佃客等为社会势力，以堡垒为自卫的政治保证。士族阀阅，遂形成典型的中古士族制度，到隋唐始开始衰落，唐代士族门阀与军人门阀的没落，社会遂形平民化的过程"②。《汉代儒家丧服制度的发展》一文对汉代儒家丧服制度进行了考察③。他还撰有《中国宗法制度》一书，从宗法制度的产生及其基础、周金文中的宗法记录、家族财产共有与嫡长子继承制、族外婚制与宗亲制度、宗法社会与儒家的礼制思想、典型宗法制度的分解等几方面对中国宗法制度进行了全面的论述④。《汉代的婚姻制度》则对汉代的婚姻制度进行了考察，探讨了赘婿制度之废除，君主贵族与豪富阶级的多妻制，妻妾及其及子女在家族中的地位，异性主名制度、门第与大族世婚的滥觞等问题⑤。曾资生对历史上各种动乱社会的暴动表示了极大的关注。《汉末祸乱与中原黄河流域社会经济的残破》一文对汉末祸乱的发生、中原黄河流域都市和农村的残破进行了探讨⑥。《汉末的社会政治经济与农民暴动》一文则对汉末的社会政治经济与农民暴动的进行了考察⑦。另外，曾资生对三国时期农业生产的动力水冶与水碓也进行了考察⑧。值得注意的是，陶希圣从豪宗大族、势族世家的角度对诸多历史人物进行了探讨，先后对项羽、马援、诸葛亮、王

---

① 曾资生：《中国古代社会中异于宗法的各种婚姻家族制度》，《文风杂志》1944 年第 1 卷第 4、5 合期。
② 曾资生：《唐代士族门阀与军人门阀的没落》，南京《中央日报·食货周刊》1946 年 9 月 21 日。
③ 曾资生：《汉代儒家丧服制度的发展》，《和平日报》1947 年 5 月 22 日。
④ 曾资生：《中国宗法制度》，上海商务印书馆 1946 年版。
⑤ 曾资生：《汉代的婚姻制度》，《大华杂志》1947 年第 1 卷第 1、第 2 期。
⑥ 曾资生：《汉末祸乱与中原黄河流域社会经济的残破》，南京《中央日报·食货周刊》1946 年 12 月 28 日。
⑦ 曾资生：《汉末的社会政治经济与农民暴动》，南京《中央日报·食货周刊》1947 年 11 月 19 日。
⑧ 曾资生：《水冶与水碓》，南京《中央日报·食货周刊》1948 年 3 月 30 日。

导、谢安、介之推、晋文公、管仲、商鞅、曹操等进行了一定的研究①。

综上，抗战爆发以前，食货派在中国社会经济史专题研究中投入大量精力，围绕"魏晋封建说"的阐发，他们在土地制度、赋税财政制度、寺院经济、社会等级身份、手工业、商业、都市、市场、货币、交通、商人活动等方面都有深入探讨，并扩展到宗族婚姻制度、民众暴动、农业生产等问题。与社会史论战时期相比，食货派无论从资料的广度还是研究的深度都要比前一阶段进步了许多。在秦汉至宋元时期的社会经济史领域内取得了不少的学术成果，为学术界进一步考察打下了坚实的基础。食货派学人在其重振时期基本秉持前期的研究旨趣，继续深入探讨，取得了一定的学术成就。他们所开拓的领域在今天仍有学者在进行研究。

第四节　国外社会经济史研究的译介

中国社会史论战一度陷入政论，社会经济史研究缺少学术的内涵，其关键是因为中国社会经济史研究刚刚兴起，人们对如何从事社会经济的研究缺乏理论与方法的指导。食货派深刻地意识到此问题的严重性。陶希圣认为食货会员虽然主要研究中国经济史，但"要想对中国经济社会史精深研究，必须就外国的经济社会史得到精确的知识"。② 吕振羽也曾致信陶希圣，建议在《食货》半月刊开辟世界史料栏目，以丰富大家的世界史知识。他说："关于方法论上的问题，我认为我们对世界史的知识，有要求进一步的丰富的必要。当我读到《读书杂志》里许多关于中国史的论文时，每每看见有许多本是世界史上一般存在着的问题，而被人特别的夸张，作为中国史的特殊形态去夸张，这不能不归咎于世界史知识之缺乏。因而在《食货》里似乎应该加辟世界史料一栏。"③ 陶希圣表示赞同，并指

---

① 陶希圣：《项羽与马援》，南京《中央日报·食货周刊》1946年6月15日；《诸葛亮·王导·谢安》，南京《中央日报·食货周刊》1946年6月22日；《再从曹孟德说起》，南京《中央日报·食货周刊》1946年6月29日；《介之推与晋文公》，南京《中央日报·食货周刊》1946年7月6日。

② 陶希圣：《食货学会本年六项工作草约》，《食货》半月刊1935年第1卷第6期。

③ 吕振羽：《对本刊的批评与贡献（通信）》，《食货》半月刊1935年第1卷第8期。

出"世界经济史的知识缺乏,是我们同所感觉的"①。

陶希圣在《食货学会本年六项工作草约》中拟定了详细搜集介绍外国论著的计划。外国文所作论著有关中国经济社会史者:(a)书籍则作读书报告或简单的叙述内容的概要。如是大家熟悉的论著,可只归入索引。(b)书籍中甚关重要的部分,可择译在食货发表。如全译则另行设法出版。(c)论文如材料充实或见解透辟,分工翻译,由食货发表。(d)曾有译本出版或在其他刊物发表者,归入索引,或在食货介绍批评。他还提出搜罗如下几种重要参考资料:(a)欧洲资本主义初发生发达时的各种现象,例如手工业作坊、订货制度、账簿组织等。(b)欧洲及日本等处的封建制度。(c)封建制度初生时的现象。(d)中古欧洲的东部,与商业经济同时存在的封建制度。(e)教会及寺庙财产制。(f)资本主义以前的帝国与资本主义发达时的殖民地侵略。(g)殖民地经济组织的特征。(h)半原始种族的经济社会组织②。在以上思想的指导和工作计划的安排下,食货派对于西方社会经济史的发展及研究现状表示了极大关注,除了认真研读西方经济学理论和经济史著作外,并从事了大量国外社会经济史研究的译介工作。

首先,在西方经济学理论方面,食货派特别推崇斯密·亚当。陶希圣认为"现在不是斯密·亚丹的时代了。现在是国家独占资本主义与社会主义对立的时代。新重商主义战胜了自由主义;社会主义也正代资本主义而起。但是,他是经济史学的开山宗师。还有,在工业革命正以特殊形式进行的中国,他的经济学也还有详读的价值。所以我们理当纪念他的名著"。③ 在《食货》半月刊第2卷第12期上刊出的《〈原富〉出版160周年纪念征文启事》中指出:"斯密·亚丹的《原富》是经济学的基础,同时也是经济史学的先锋。因为他娴熟历史,所以能产生彻底的理论,有了理论,更能进一步解释历史。而第三四卷的几篇文章,就是一部简明扼要的经济史大纲。明年(一九三六年)是《原富》出版一百六十周年纪念。

---

① 陶希圣:《编辑的话》,《食货》半月刊1935年第1卷第8期。
② 陶希圣:《食货学会本年六项工作草约》,《食货》半月刊1935年第1卷第6期。
③ 陶希圣:《编辑的话》,《食货》半月刊1936年第3卷第3期。

我们为纪念经济史学家的斯密·亚丹起见，拟于明年一月，发行特刊。"之后，在第3卷第3期上连士升和陶希圣合作发表了题为《斯密·亚丹论中国》的文章。文章中将斯密·亚丹对中国的看法进行了叙述，并在最后针对斯密·亚丹的中国论发表了两点评论。连士升还翻译了剑桥大学经济史讲师费著《论原富》的《原富》的纪念论文。该文对斯密·亚丹进行介绍的同时，对《原富》的优点和缺点进行了分析①。

其次，对西方经济史理论方法与西方经济史及史料的翻译与介绍。连士升在这方面用力最勤，"担任各派治经济史的方法论的介绍"②。连士升翻译了"当代研究'资本主义问题'最精勤的学者"德国经济史学家桑巴德的《经济理论与经济史》。桑巴德曾任教柏林大学十余年，著有《近代资本主义》、《无产阶级的社会主义》及《资本主义的将来》等书。《经济理论与经济史》一文阐述了经济理论与经济史打成一片的思想。同时对一些经济史学家由于经济学理论或经济史实研究的欠缺而带来的不足进行了分析与批评。桑巴德指出史学家应该把政治学、法学、经济学等科学的理论看成是一个系统的文化科学中连锁的小环。"假如著述历史的人不单想做古物家，那么他对于他的著述有关系的研究范围，应该有彻底的'理论的'训练。""只有理论的训练，才能造成真正的历史学家。没有理论就没有历史！任何科学史的著述都是以理论为先决的条件。"他认为历史学家应该熟悉他的专门问题的理论，经济史学家理所当然应熟悉经济科学所提出的理论。假如史学家不精通法学或神学，则一定不敢著述法律史或宗教史。因此，经济史研究需要经济学的理论。另外，桑巴德也指出经济史对经济学理论的重要性。他认为历史上各种经济时代，都适合经济学理论和各种经济制度的发展。因为"经济时代是指一段时间，在这世间里某种经济制度真正现于历史上，或者在这时间里，经济生活所现出的特点，正属于一定的经济制度。在各种经济制度的连续里，可以看出某种有规则的次第。这些次第是根据心理的公例，因为某种经济制度所固有的力量会生出承续它的经济制度。经济的民主政治承续经济的专制政治，经济的专制政

---

① 费著，连士升译：《论原富》，《食货》半月刊1936年第3卷第4期。
② 陶希圣：《编辑的话》，《食货》半月刊1935年第1卷第8期。

治又承续民主政治"。桑巴德还对英、德、法的几个最著名的经济学家有严厉的批评。桑巴德认为经济学家并没有给经济史研究者提供有用的经济学理论，当时主要的经济学——正统学派与边际效用学派的理论都不能给经济史学家作指南针，这是因为他们不注重那些影响经济原理的产生的历史力量，不讨论日常生活里的经济里的经济生产、经济组织、经济动力。当时的经济理论家是在非真实的抽象的世界里活动。他们的概念与方法之所以不正确，主要是因为对实现经济史实缺乏充分的了解与分析。桑巴德最后坚持认为："我的著述对于理论和历史都有贡献。我相信它会停止经济理论和经济间流行的毫无根据的敌对。理论和历史不是敌人。现在理论家们和史学家们应该知道，要产生有永久性的著述，只有由于二者的合作。"① 桑巴德对经济学理论与经济史关系的阐述以及对西方一些著名经济学家的批评，有助于认识西方经济史的发展状况与趋势。陶希圣认为："桑巴德与韦伯麦克思都是德国治经济史最有名的学者。他们的研究方法与理论是值得介绍的。"②

连士升对英国剑桥大学经济史教授克拉判特别推许，认为"克拉判的方法最精密，态度最客观，穷源究流，覃精竭思，只重事实，不顾其他"。举世闻名的剑桥中古史、剑桥近代史、剑桥不列颠对外政策史都有克拉判的专门论文。他的名著《不列颠近代经济史》和《法德经济发达史》更是不朽之作。伦敦大学经济史教授陶尼就职演讲时，曾推他为英国经济史学界的"先进"。所以连士升先后翻译了他的著述多篇。《经济史的纪律》一文重点论述经济史研究方法的统计方法的重要性与必要性。他主张经济史研究应当运用统计的方法，并对刚刚兴起的统计方法在英法德等西方国家的运用情况提出了自己较为客观的看法。克拉判还对经济史分期进行了探讨。他认为"为研究和教授方便起见，难免会将经济史进行分期，这种分阶段的计划是很危险的，假如时期和阶段不一致，假如分期的专家没有远见不知道他所选定的时期的前因后果，他便不能特别注意最普遍的意义的特点。假如经济史按照通史的习惯上的分期，它将会产生不好的结果，而

---

① 桑巴德著，连士升译：《经济理论与经济史》，《食货》半月刊 1935 年第 1 卷第 8 期。
② 陶希圣：《编辑的话》，《食货》半月刊 1935 年第 1 卷第 8 期。

且也不必这样干,带着纯粹经济性质的很确实的分期线尚没有产生,至少,大家还没有共同赞成这样的分期线"。假如有人承认各时期只是时间的片断,在各个时期里,某种特殊的经济现象——如奴隶制度、封建制度、初期资本主义制度等也许有特殊的意义,可是并不一定拒绝其他种类的现象,这种研究方法是严重缺点的。他还强调了理论修养的重要,认为经济史家应兼具历史学和经济学的理论素养,对德国历史学派意图化经济史为经济理论,或者以历史通论代经济理论的做法,则抱敬而远之的态度。另外,和经济史关系密切的社会史也不能忽视;而人文地理对经济的影响,也是研究时应该注意的。① 克拉判关于统计方法的论述较为客观,而经济史分期的论述无疑也是很有见地的,对三十年争论不休的中国社会史分期问题颇有参考的意义。陶希圣认为"克拉判的经济史方法论,最使我们感觉兴趣的,便是他对于数目字在经济史研究上地位的估价。还有他认为经济史分期与普通历史分期方法应有不同,也是有意义的话"。②

《论经济史的研究》一文上溯经济史前贤筚路蓝缕的工作,中述目前英国经济史学界所处的地位,末复指示经济史的前途。克拉判在文中明确提出要打破经济史学家与史学家、经济学家彼此隔膜的状态;对欧洲一些经济史家及其作品也进行了评价。他指出马克思主义学派所提供的理论和方法对经济史研究具有重要的指导意义。马克思主义是最有影响的三大理论之一,西方很多学术流派都受到马克思主义理论的影响。"马克思主义一面受人欢迎,一面被人拒绝,但它比其他任何学说在鼓励人从事经济史的思维和研究的工作,更有功劳——尤其是在德、意、俄三国。但是直至马克思的主要著作,或者他生前所出版的一部分,在德国流行了十五年,复由德文译成法文,及最后译成英文之后",直至19世纪80年代马克思主义的兴奋剂才发生效力,使经济史自然而然地纳入马克思主义的范畴中。克拉判还指出经济史是史学与经济学交界的科学,唯有经济学家与经济史家更进一步的合作,才能取长补短,使双方的研究范围与内容更加充实和完整。他认为经济学家应兼具历史学和经济学的理论素养。因为经济史是

---

① 克拉判著,连士升译:《经济史的纪律》,《食货》半月刊1935年第2卷第2期。
② 陶希圣:《编辑的话》,《食货》半月刊1935年第2卷第2期。

一种沟通史学和经济学的科学。"我们的任务是要和一切善意的史学家,善意的经济学家合作,以达到致用的目的。"研究近代经济史的须熟统计方法。攻价格史的,还得通晓价格学原理和方法。治古代经济史的,得旁通语言学、金石学和古文学。此外,所有的人都得学点法国史家特别重视的人文地理。①

连士升还翻译了多伦多大学教授约克曼《经济史的重要性》一文。约克曼是美国经济史大师给的高足。1861年,他著有《近代英国运输发达史》(剑桥大学出版)一部,详征博引,颇多创见。十年之后,他又著了一部《运输经济学》(芝加哥出版)对于铁路运费一项阐发无遗,现代谈运输学者多奉此书为圭臬。《经济史的重要性》一文强调要充分研究过去的经济史,才有判断现代社会经济问题的能力。关于方法方面,文章指出归纳法和演绎法并行不悖:"经济史纯粹的归纳法和纯粹理论的演绎法都不能得到良好的结果,只有兼用两种方法才行。一个人最好要知道经济史学家所提出的事实,因为过去的事实能够给我们以教训,同时经济史家所发现的真相对于纠正理论经济学家抽象的演绎也很有用处。"也就是说,经济史学家要将归纳的方法和演绎的方法融会贯通成综合的研究方法。在经济史研究中要综合运用经济学的演绎方法和历史学的归纳方法。经济史学方法的争论焦点在归纳方法与演绎方法之争。经济学的方法偏重抽象的演绎,而历史学方法在本质上是归纳法。文章还申明运用以上两种方法充分研究过去的经济史具有重大意义。"一个人如能彻底认识过去人类的努力和关系的广大范围,他一定觉得人生和进步的潮流会使他做一番有益的事业;不但如此,他会洞悉往古的真相,并且他所知道的不仅是经济上的事情。经济史不仅是史料,它是生活,在世的人都按照自己的思想行动的方式去做成经济史。"②

连士升所译《怎样研究社会事实》一文的著者是"当代研究工会的历史的最大权威"卫布思夫妇。他们俩合著的成绩很可观,最有名的如《英国地方政府》、《工会主义史》、《资本主义文化的没落》等书。他们还把一

---

① 克拉判著,连士升译:《论经济史的研究》,《食货》半月刊1935年第2卷第8期。
② 约克曼著,连士升译:《经济史的重要性》,《食货》半月刊1935年第2卷第12期。

生辛苦研究所得的经验写成《研究社会的方法》一书,《怎样研究社会事实》是其中的一部分。该文以科学的眼光,诚恳的态度充分肯定了分类和假设在社会研究中的重要性,认为"没有分类,那种种色色的事实的描述都没有法子利用,而且也没有法子明了"。而"假设也是一种有价值的必要的工具,假如没有假设作指导,我们就不知道要面观察什么,要找什么,或者要做什么试验"。"科学的研究者,不应该把定义、分类,或综合看得很严重",因为"这些东西不过是人类用一些词句来表现自己的感觉和思想,它们并不是人们想描写的现象"本身。卫布思夫妇以实际体验坚持科学思想史家持之多年的论断:"定义不能当做思想的基础,它只指出研究的途径。"它的真实意义须由观察的过程和结果中找出。他们指出"假设有人要找一种最后的独立的定义,并根据这一定义演绎一些结论出来,他一定徒劳无功"。而分类也只是一些"同时或继续试验的假设",须通过相关事实的比较去不断修正或否证。至于假设,亦同样不得视为结论。在研究的过程中,学者不应只有一种假设,而应持有"种种相互矛盾的假设"。因为"惟一的假设会使人陷于偏见"。为了避免偏见的陷阱,他们建议研究者留心"正统的学说",尽量搜集前人用过的假设,包括已证明错误的在内,并且经常思考他的研究题材,好"让一点模模糊糊的思想慢慢地一点一滴地变成一种很清晰的思想"。他们还讨论了如何选择问题,如何将资料进行分类以及提出假设等注意事项和掌握主题的方法,并根据亲身经历分析了"问卷"调查法的弱点与局限,指出"把问题表很广泛地送到任何地方去,除想得一点材料供给统计家外,往往没有什么用处。它不能用来作定量的分析。它也许能使我们的假设更可信,可是它很难使研究者已知的关于结构和功用的事实更为明白。所以在探讨毫无疑义的真理时,它并不是常常都能适用"。[1] 许冠三认为:"针对当时社会史文章议论多材料少的通病,连氏特译介英国工会运动研究权威卫布夫妇的《怎样研究社会事实》。这篇劝人从事实出发由小处入手的深入浅出的文字,极可能是三十年代中文书刊所见的最切实的社会研究方法论。"[2]

---

[1] 卫布斯夫妇著,连士升译:《怎样研究社会事实》,《食货》半月刊1936年第3卷第6期。
[2] 许冠三:《新史学九十年》(下),岳麓书社2003年版,第482页。

此外，连士升翻译了英国经济史大师之一温文的《经济史的目的》一文。该文对经济史的功能进行了探讨①。另外，为了介绍西方经济史理论方法与西方经济史的发展状况，连士升撰有《英国经济史学的背景和经过》一文。该文先从德美几国经济史研究发展的背景阐述，指出经济史研究的急先锋，不是法国重农派的经济学者，也不是英国正统派的经济学者，而是德国历史学派的经济学者。然后对近五十年来英国经济史的发展，做了个简明的叙述。他认为"英国经济史的趋势，越来越重视个别问题和区域经济的研究"。②此文对我们了解整个西方经济史的发展情况帮助极大。

连士升还在《食货》半月刊杂志上连续发表美国哈佛大学商学院的商业史教授格拉斯著《工业发达史》一书。格拉斯是美国经济史学界的最大权威，对于经济史的三大部门——农业史、工业史、商业史——都有极大的贡献。平生著作颇多，其中有几种如《英国的谷物市场》、《英国初期的关税制度》、《一个英国农村的经济社会史》都收在哈佛大学经济研究丛书中。关于农业通史，作者曾著一部《欧洲农业史》，此书由金陵大学万国鼎译出交商务印书馆印行。但是，连士升认为"作者最得意的著作，恐怕要算这部最晚出版的《工业发达史》"。"在这部名著里，作者见识的高超，学问的渊博，文字的简练，驾驭材料的能力，在在供我们取法。"于是，他把此书译成中文，"以就正于《食货》的编者和读者。将来如有汇订成书的机会时，当草一长序，详论作者的地位和本书的价值"。③1939年连士升对所译《工业发达史》的一文进行整理，冠名《工业史》在长沙商务印书馆出版发行，共计19章。该书是一部工业史大纲，叙述世界工业发展史的各重要阶段，其中以英美为主。第一、第二章分析了工业发展的第一阶段为使用和制造和第二阶段零售手工业的情形。第三章至第六章探讨了工业发展的第三阶段中的大批手工业制度下的独立状态，最初的工业团体行会和自由民，磨坊，第七章至第十四章分别研究了工业发展的第四阶段集

---

① 温文著，连士升译：《经济史的目的》，《社会研究》（北平晨报社）1935年第102、第103、第104期。

② 连士生：《英国经济史学的背景和经过》，《东方杂志》1935第32卷第1号。

③ 格拉斯著，连士升：《工业发达史》（译者识），《食货》半月刊1936年第3卷第9期。

中的制造中央手工业，英国的工业革命织物工业的工厂，新英格兰的工业革命棉花的制造，欧美铁铜工业的革命，美国尤其是马萨诸塞的鞋业，化学工业，电气工业，一个美国工厂的历史（一八四四年至一九三〇年），第十五章至第十九章则探讨了最近工业史上的发展概况，工业上的政府帮助和其他要素，现代工业上的团体雇主和工人，工业的艺术，现时的大规模和小规模的工业。此书"简略和不完备。各章的价值不同，有的是根据首要的材料和自己的观察，有的是根据次要的和有关所给的材料"。①

连士升还翻译了西摩勒尔《重商制度》一书中的《由村落到都市的发达过程——重商制度之首节》及第二段《由城市经济到领域经的发达》（上）两节②。西摩勒尔的《重商制度》是中国社会史参考用的《经济史名著选译》丛书之一。为此，连士升撰有《重商制度略说》一文对该书作者和书的内容进行了深入介绍，详论作者的地位和本书的价值。他认为重商主义是中古的欧洲社会崩溃以后，近代工业革命未爆发以前的几百年间支配欧洲各国的思想，或流行欧洲各国的制度。他还对重商制度发生的原因、发展过程进行了论述，讨论了重商主义的理论——贸易差额的理论，并举出它的代言人的主张，及后来攻击它最厉害的人的言论③。另外，连士升还选取了其他较有价值的的西方史学著作予以介绍。如为奥曼的 *A History of Art of War in the Middle Ages*，及温文 *Religion and the Rise of Capitalism* 二书撰写了书评，发表在《中国社会经济史集刊》上。前书是一部中古战术史也是研究中古军事史的人必不可少的参考书；后书讲述16世纪至17世纪中叶的宗教思想与当时的经济理论和社会政策的关系。④

鞠清远、陶希圣也对西方经济史理论方法与西方经济史译介工作报以极大的热情。鞠清远翻译了格拉斯的《经济史的兴起》一文。该文从古代

---

① 格拉斯著，连士升译：《工业史》，长沙商务印书馆1939年版，著者序。
② 西摩勒尔著，连士升译：《由村落到都市的发达过程——重商制度之首节》，《食货》半月刊1935年第2卷第10期；《由城市经济到领域经的发达》（上），《食货》半月刊1935年第3卷第1期。
③ 连士升：《重商制度略说》，《食货》半月刊1935年第2卷第5期。
④ 连士升：《书籍评论：A History of Art of War in the Middle Ages》（奥曼著），《中国社会经济史集刊》1937年第5卷第1期。连士升：《书籍评论：Religion and the Rise of Capitalism》（温文著），《中国社会经济史集刊》1937年第5卷第2期。

人们对经济史重要性的忽视，英美两国经济史学的发展中，讨论了经济史兴起的过程及其重要性。格拉斯认为经济史是文化史的一部分，可以和政治、宗教、法律、文学史等相比较，是人类史中之最基本的一部分。"经济史的出现，是由于多人的助力，而不是由于一人的设计，教士、官吏、自然科学家、政治家、史家及经济学家，都有贡献。"在格拉斯看来，经济史是一种连续事物，有三个不同的层次，第一是最简单的形式，即是经济现象的时间的连续体，或年代史，不过这种研究法，由于无真正的连贯，是很不能令人满意的。第二是一种进化的连续体，它不是记述年代，而是记叙发展的，是用发展的观点来研究经济史、研究制度、习惯、改革的发生、初生及以各种形式的再生。第三是一种因果关系的连续体的观念经济发展的研究。既然经济史是由年代发展，因果关系来研究经济现象的，经济史研究的进步，则一方面要依据史料的扩展与分门专题的研究；另一方面又需要理论与方法的修养，这就是"应有一种智慧的训练，使创造的想象，与统计学的判证，并行起来"。格拉斯还认为美国的经历大致与欧洲无异，也是先商业史，次经济史，最后才是社会史。与德英法各国有别的是，美国经济史是"创造性想象与统计学判证"的统一，不只注重量的变迁，也有质的进化。格拉斯虽肯定"发展"或"进化"观点为经济史研究所提供的便利，但丝毫未忽略它的缺陷。德国历史学派兴起之前，大多数正统派里经济学家不大注意经济史，主要运用逻辑学方法研究经济。而以李斯特为代表的经济学中的历史学派，"在科学研究中，他们注重归纳法，而不大注意演绎法"。格拉斯还提倡经济史应注意文采，使科学性与艺术性兼而有之。他最希望的"是拉丁之着重'美'的观念，可以介绍到经济史的表现方面，这样，它能有更多的艺术性，而又不至于减少科学性"。[①] 鞠清远还翻译了英国沙利曼的皇庄法，这一西方法令对认识英国社会生产形态及其历史变迁帮助极大[②]。

陶希圣所译《古代社会的经济》一文是从科窪流夫、涅克拉棱夫、老

[①] 格拉斯著，鞠清远译：《经济史的兴起》，《食货》半月刊1935年第2卷第3期。
[②] 鞠清远：《经济史之兴起》，《食货》半月刊1935年第2卷第3期；《沙利曼的皇庄法》，《食货》半月刊1937年第5卷第8期。

特尼加斯、斯米尔诺夫等人合著的《先资本主义的构成史概论》摘录下来的。该文论述约二千年前地中海地方的古代希腊和罗马奴隶人的社会。文中首先说明奴隶制发达的各种原因，其次简单记述希腊罗马的经济生活，依基本的项目来叙述——工业及农业的奴隶劳动，商业及商业资本、货币资本，以奴隶所有人的生产式样的没落及向封建生产样式移转的原因的阐明为终结①。此文虽是西方的古代社会的发展过程，但对理解中国的古代社会有一定地借鉴作用。

最后，食货派还翻译介绍了日本的中国经济史研究的著作。陶希圣翻译了"九州帝国大学教授"重松俊章的《初期的白莲教会——附元律的白莲教会》一文。该文分白莲教会的产生及教团、白莲教会的教义行法及法脉系统、初期白莲教会特别是元律中的白莲教会等三部分探讨了中国的白莲教问题。重松俊章认为"中国佛教的异端宗门，最著名的莫如唐宋时代的弥勒教会及宋元明清时代的白莲教会。前者是附会隋代弥勒教的兜率净土及他的再来降生的佛传，发生出来的秘密经会的一种；经隋末唐五季到北宋末期之间，是全盛。元末的大乱的时候，他们一时与白莲教会的势力混合活动"。所以他对白莲教会的活动非常感兴趣②。在此文的影响下，陶希圣撰有《元代弥勒白莲教会的暴动》一文。他指出"重松俊章作教授论《初期的白莲教会》时，说白莲教是火宅僧。在元代，不独白莲僧，凡是'有媳妇的和尚'一律没有免税的特权。所以这些异端宗门信徒，又多受一层限制"。于是，他对与其较为类似元代弥勒白莲教会的暴动进行了探讨③。何兹全也翻译了日本道端良秀《唐代寺院的统制组织》④一文。该文的译介推动了当时唐代寺院研究的深入开展。此后这一领域的研究产生了两大分支，一是专门研究寺院经济；二是专门研究僧官制度⑤。

食货派在其重振时期，连士升继续从事西方经济史理论与方法的介

---

① 陶希圣：《古代社会的经济》，《食货》半月刊1935年第2卷第9期。
② 重松俊章著，陶希圣译：《初期的白莲教会——附元律的白莲教会》，《食货》半月刊1935年第1卷第4期。
③ 陶希圣：《元代弥勒白莲教会的暴动》，《食货》半月刊1935年第1卷第4期。
④ 道端良秀著，何兹全译：《唐代寺院的统制组织》，北平《华北日报·史学周刊》1936年1月30日，2月6日，2月13日。
⑤ 张国刚主编：《隋唐五代史研究概要》，天津教育出版社1996年版，第516页。

绍。他先后翻译了克拉判著《近代法德经济史导言》、《近代法德经济史译本序》《近代法德经济史绪论》、《铁路时代以前的法国农村生活和农业》、《铁路时代以前的德国农村生活》等文,对认识德法经济史帮助极大。他还撰有《世界经济剧变与中国》一文探讨了近代世界经济与中国的关系①。

总之,国外社会经济史研究的翻译与介绍是食货派的主要学术活动之一。食货派先后翻译介绍了西方经济学理论、西方经济史理论方法与西方经济史及史料以及日本学者的中国经济史研究,尤其将注意的焦点集中在对西方经济史各家各派经济史理论和方法译作介绍,如桑巴德、克拉判、约克曼、西摩勒尔、格拉斯、卫布思夫妇、温文、奥曼等。他们这些人的学术观点和研究方法都是当时国际学术界最前沿的理念,对他们的介绍拓展了中国学者的学术视野。食货派对日本学者的中国经济史研究成果的翻译介绍,促进了中国史学与世界学术的融合。食货派的国外社会经济史的译介活动,不仅在介绍西方社会经济史方面的学理,而且要把西方社会经济史研究的方法介绍给读者;不仅在报告西方社会经济史研究的结论,而且要唤起学术界对中国社会经济研究的兴趣并指示其研究的途径。译介的内容除社会经济史理论方法外还有西方史料的刊布;除专论外并注意西方社会经济史书籍的介绍和批评。但食货派对马克思主义唯物史观很少有专文予以集中介绍,只是在介绍其他经济史名家的著述中略有提及。这主要是因为五四前后李大钊等人的大量宣传,唯物史观作为研究中国社会经济史的一种最重要的理论方法,已经被多数人接受。而且在社会史论战中,马克思唯物史观已存在意识形态的争论。食货派从纯学术研究的角度出发进行译介,想摆那些无谓的争论,这应是其未对马克思主义进行大量介绍的主要原因。但并不表示他们不重视马克思主义史学的关注,《食货》半月刊上也刊载有一定的文章介绍马克思主义方面的文章②。抗战爆发以后,食货派因为政治立场的原因,对马克思主义采取敌视的态度,所以南京《中央日报·食货周刊》上未见有马克思主义文章的介绍。

---

① 连士升:《世界经济剧变与中国》,南京《中央日报·食货周刊》1946年8月24日。
② 例如卢森堡著,李秉衡译:《对于经济史的两种见地》,《食货》半月刊1936年第3卷第8期。李秉衡著:《经济史学上的恩格斯》《食货》半月刊1936年第3卷第12期。

第五节　中国社会经济史研究的特点

食货派的中国社会经济史研究，如前所述，他们既对中国社会史的分期进行了探讨，又对社会经济史料进行了搜集与整理，既开展了大量的社会经济史专题研究，又积极从事国外社会经济史研究的译介工作。通过他们的中国社会经济史研究的内容，可见他们史学研究的特点。这主要体现在以下三个方面：

其一，抓住生产关系对秦汉至宋元时期进行深入探讨。

食货派的社会经济史研究主要是为了论证其社会形态说——"魏晋封建说"，其特点是"社会组织以庄园经济为主"，"中唐以后，中国进入商业资本独特发达的农业手工业社会"。[①] 因此食货派的主要成果也集中于汉代至宋元代这千余年间。他们从直接的生产过程出发，以社会生产关系为中心，来考察整个魏晋南北朝的社会形态。他们除了对农业、手工业的生产过程进行探讨外，还对交换过程中的商业、都市、市场、交通、货币及商人活动等方面也有深入地分析，并探讨了社会生活诸关系之上的宗族婚姻制度和民众暴动的问题。因为食货派抓住人们在直接的生产过程形成诸种社会关系，对魏晋南北朝社会经济史中较重要的问题均加以考察，所以对魏晋南北朝社会经济的特征，以及内部各种社会生活情形均能有较为正确地把握。

从食货派的研究内容来看，食货派更多地是从生产关系而非生产力方面来研究中国社会经济史，但并不表明食货派不重视生产力方面的研究。陶希圣在《食货》半月刊第 2 卷第 4 期《编辑的话》中针对杨中一与陈啸江的农业技术史的一个问题的辩论，曾指出生产力在社会经济中非常重要。他说："农业技术史的研究，我想作一个专门的工作，由本会想法开始。其方法，先考察陕西、河南、山东等处现存农器和耕种技术，上而推求清、明、元、宋以至古代农业的记载。陈啸江先生在二卷一期里曾就广东的农业技术推测古代，杨中一先生在本期里也用这个方法。我想周代的

[①] 陶希圣：《潮流与点滴》，台湾传记文学出版社 1979 年版，第 145 页。

技术，要从现在的技术去推测，时代了远一点。要从广东的情形推测，地点也远了一点。我提议的这个专门工作，要做有相当的头绪，陈杨的辩论或者可以得到解决。"① 可见，陶希圣对生产力研究是非常重视的。事实上，食货派也对生产力进行了一定地探讨，曾謇认定西周为奴隶社会就是从生产力上去论证的。但是因为研究生产力需要大量相关的专门技术方面的知识，且资料较少，所以食货派在生产力研究方面的文章较少。鞠清远在探讨唐宋手工业问题时曾明确指出："工业问题中，技术问题自然也很重要，但是我们愧非专家，并且记录也很少，所有的较详细的记录，已晚至明末。我们不想讨论这个专门的问题。"② 这即是食货派研究生产力较少，而把精力集中在生产关系方面的关键所在。

其二，注重专题研究，走由"专"到"通"的治学路径。

食货派认为中国的史料浩如烟海，又由于大部分的史料还没有确定，甚至还没有发现，所以要迅速整理出一部完备的《中国经济史》，绝不是短期间中所做得到的。因此，在治学路径上，食货派强调在史料搜求的基础上，对各时代的"特殊问题"进行专门研究，由局部扩充到整体，以期获得对中国社会经济史的正确认识。陶希圣在《食货》半月刊创刊号的《编辑的话》中说："中国社会史的理论争斗，总算热闹过了。但是如不经一番史料的搜求，特殊问题的提出和解决。局部历史的大翻修、大改造，那进一步的理论争斗，断断是不能出现的。"③ 对于为什么要从事专题的研究，陶希圣在《食货》半月刊第1卷第2期《编辑的话》里对中国社会经济史的通史研究与专题研究的关系进行了重点详细的阐述。他说：

> 我们应当把两种要求分开：一个要求是替大家预备社会经济通史的要求，一种是急速得到通史的知识的要求。前一个要求，只有多数人分工的把基本的史书方志详读，再涉猎别的书如笔记文集，最后把工作成绩综合起来，写成一部社会经济通史。后一个要求，我可以这

---

① 陶希圣：《编辑的话》，《食货》半月刊1935年第2卷第4期。
② 鞠清远：《唐宋官私工业》，上海新生命书局1934年版，第2页。
③ 陶希圣：《编辑的话》，《食货》半月刊1934年第1卷第1期。

样的解决：我可以向那想求中国社会经济通史的知识提出下面几件事来：一、一部中国社会经济通史不是一篇论文能够说尽的。凡是用一篇论文从古到今说尽的，你只能把他当作一种见解，不能当作结论。二、你总要明白历史的大势，及各朝代的特点。空洞的抽象的理论于你没有决定的贡献。三、你总得接触两部最重要的史书。单听别人做成的论文或小册子，是靠不住的。①

以上陶希圣对中国社会经济史的通史研究和专题研究的论述表明，食货派虽然承认通史的研究很重要，但现在动手写一部中国社会经济通史尚非其时。在他们看来，中国各历史阶段的社会经济问题还没有弄清楚之前，绝不应作中国经济通史的研究。而他们所作的搜集史料和专题的研究正是中国社会经济通史的一个奠基工作。在这种思想指导下，他们所从事的大多是某一部门或某一代的某一问题的研究。食货派社会经济史专题问题的探讨，无论是断代研究和部门的研究，"为部分之中国史，而实际不敕为中国通史筑一坚固之基础"②。他们的专题研究大大突破了论战时期的领域，为将来创造贯通的社会经济史通史作了准备。另外，食货派对国外社会经济史研究的翻译工作不仅使得中国学术界对西方经济史的理论与方法有了一定的了解，而且也由此进一步促进了食货派的史学研究向具体的专题研究的转变。

抗战爆发以前，因为社会经济史的研究在当时是一种开荒的工作，没有什么基础，所以食货派对中国社会经济通史研究和专题研究的地位及其辩证关系的认识较为正确，适应了其时史学发展的主要趋势。中央研究院社会科学研究所的汤象龙曾撰文指出"研究经济史的不能图急功近效，因为这种研究的第一步仍然是一种拓荒的工作。本来我们不能和外国相比，在外国收集资料的工作已经有了多少学者下过苦功的。我们能够在二十年中将中国经济史的头绪找着，三十年内写出一部像样的经济史，就算不错。实在，经济史的范围是太广了，同时资料的搜集是异常困难的"。"所

---

① 陶希圣：《编辑的话》，《食货》半月刊1934年第1卷第2期。
② 《禹贡学会募集基金启》，《禹贡》1935年第4卷第10期。

以我们研究经济史的人野心不要太大，不应图急功近效，我们只能一步一步的走，将来经济史的写成不一定要在我们的手。我们目前的责任最主要的仍是收集资料。这种收集资料的工作虽是一种不成名不讨好的事业，可是我们不作这种工作，中国经济史将来永远是没有写成的日子"。① 然而，抗战爆发以后，食货派这种忽视通史撰述的倾向没有应时而变，致使其在通史撰述方面取得的成就相当的微小。

其三，强调史料的价值、问题的新视角，表现出清冽的"示范"心态。

食货派致力于中国社会经济史研究，重在搜求史料，目的就是让学术界从理论的争论中转向史料的搜集，从泛泛而谈转向具体问题的探讨。因此，食货派非常重视史料的价值和问题的新视角。他们的很多文章所论列的问题在社会经济史上是极其重要的，但并未进行系统的研究，就快速的发表出来，其目的只是为引起旁人的意见来纠正、批评和补充，以期构成更加完备的中国社会经济史。为了引起学术界对史料的重视，食货派不断从社会经济史的角度来揭示与评定不被人注意而非常有价值的经济史料。鞠清远在《校正江湖必读》一文中认为从清开关前后的三部商人著作《商贾便览》、《江湖尺牍分韵》、《新酬世群芳杂锦》中，可看出一点商业组织的改变，特别是货币问题。要研究开关前后商业组织的转变，这几部书是相当重要的。于是他对其进行了细致的校勘与整理。陶希圣在《食货》半月刊创刊号《王安石以前田赋不均及田赋改革——读宋史随笔之一》一文的绪言中指出："本文只就《宋史》的记载，摘录若干条关于田赋不均及田赋改革的，供研究这个问题的人参考。"陶希圣不懈于"读史随笔"及杂抄类文章的写作，乃有倡导史料收集之意，这一点陶希圣在第 1 卷第 3 期《编辑的话》中曾有明确表示："《读史随笔》用意在把所得的正史中材料收集在一起，便于查用。"② 这些文章涉及社会经济史的多个方面，虽然具有一定的研究性质，但由于其主要目的在于偏重史料收集，故其研究不免欠深入细致，对于中国社会经济史只是提出一些比较重要的问题来略加讨论而已，有些问题甚至未下结论。然而，这对刚刚兴起而未形成学术

---

① 汤象龙：《对于研究中国经济史的一点认识》，《食货》半月刊1935年第1卷第5期。
② 陶希圣：《编辑的话》，《食货》半月刊1935年第1卷第3期。

规范的中国社会经济史研究而言，或许是难免的。因为史料搜集的榜样即为学术界树立了典范，为进一步研究指明了前进的方向。

社会经济史资料散碎，需要对它加以搜集、整理、汇编和出版，这项工作在其时甚为迫切。食货派遂尝试编印《唐代经济史料丛编》八册，从唐代开始搜集史料，既能快速向学术界展示史料搜集成果，又能起到示范的作用。食货派在《唐代之交通》的《凡例》中说："把一个时代的经济史料，详尽搜集，原形编排，供给经济史学界的参考，这种作法。在我们还是一种试验。因为我们人数很少，又因我们想在第一年的试验期内，作出一点成绩，我们选定经济史料的现在分量比以前丰富，又比以后少些的唐代，五代时期很短，又与晚唐很难分开，一并附入。"① 他们选取较易也能较快出成绩的唐代，进行史料的搜集，确实如其所愿，很快引起了学术界的高度重视。但是从《唐代经济史料丛编》八册中已印行的《唐代之交通》、《唐代土地问题》、《唐代寺院经济》三册来看，因急于展示史料搜集的成果，编辑似相当快速，无论是史料上还是研究中都出现了错误情况。如宇都宫在介绍《土地问题》时，指出该书不仅没有把所有的史料网罗殆尽，而且对史料的分类欠缺妥当之处，关于文献的出处也有错误。他说："各项目下的史料分类方法缺乏指明史料源流的意图，特别是对史料的裁剪方法的不当以及不充分造成史料文意晦涩，和其它类似史料的比较、互校不方便方面，还有印刷时由于校对的粗糙造成文字的脱落有两三处。应该说作为史料集，与普通叙述体的论著比较起来，这是更为重大的缺点。"②

与当时"有的人完全没有任何的观点，贯穿他们全部的研究，结果，只是为中国经济史的研究工作，作了初步的尝试，搜集一些零碎的史料，随便堆在那里"③ 而言，食货派更强调问题的新视角。陶希圣在《五代的都市与商业》一文的最后曾特别指出："邸店是什么样的组织，是研究中

---

① 鞠清远：《唐代经济史料丛编·唐代之交通》，国立北京大学出版组1937年版，凡例。
② 宇都宫：《土地问题—中国经济史料丛编·唐代编之二》，（日本）《东洋史研究》1937年第2卷第6号。
③ 杨及玄：《民生史观的中国社会经济史研究发端》，《中山文化教育馆季刊》1935年夏季号。

古史最重要的问题之一。明了邸店内部的关系，便可以明了中古的商业便再加发达，也不会使社会脱离中古的阶段；邸店的研究，我希望有人致力。"① 何兹全的《中古时代之佛教寺院》一文是从社会经济史的角度对佛教寺院进行研究，给宗教史的研究打开了一个全新的视角。这些问题是食货派凭借敏锐的洞察力和深厚的学术功力提出的，用意在引起大家共同的研究兴趣。食货派从社会经济史的角度发掘新领域，显示出社会经济史研究中的新气象，具有非常可贵的示范性，对于研究者寻找新的研究领域有重要的帮助，能使治学者达到事半功倍的效果。然而，因为研究具有示范性，对所开掘问题的探讨不够全面系统，而且出现了一些疏忽之处。譬如，王宜昌对《中古时代之中国佛教寺院》一文不像陶希圣君那样满意，并指出两大缺点："第一，何陶二君以唐宋以后禅宗对佛教所起的变化作用，看成中古佛教的完结，这是错误的。中古佛教，在唐宋实在只是达到变化期，唐宋以后变化的佛教，是要研究了道教的兴盛和儒教之成立才能解明。第二，何君较陶君思想还落后一点，即陶君在《中国政治思想史》第三分册中，虽没明确道出佛教在农民战争中的作用，但还略举了沙门作乱等材料。何君倒完全忽略了这点，前一缺点是时代研究的不充分，后一缺点是性质研究的不充分。"② 事实上，何兹全对自己研究的不充分早已有所注意。他说："我的打算本想把中古时代的佛教寺院从兴起到衰落作一个全过程的考察，纵着要看它的发展及变化，横着要看它的发达及组织。但心是如此，力却不足，限于自己的学识，各方面的叙述都没有作到预期的目的。我不敢希望它能给阅者对中古中国佛教寺院一种详细真切的认识，只希望能由此引起人对它加以注意，来作进一步更详深的研究。"③ 另外，食货派两部最具代表性的著作《唐代经济史》和《南北朝经济史》亦因为从搜集史料到出版过于迅速，出现资料搜集不全，研究粗糙的现象④。

---

① 陶希圣：《五代的都市与商业》，《食货》半月刊1935年第1卷第10期。
② 《通讯：王宜昌先生来函》，《中国经济》1935年第2卷第11期。
③ 何兹全：《中古时代之佛教寺院》，《中国经济》1934年第2卷第9期。
④ 参见袁永一：《书籍评论：唐代经济史》，《中国社会经济史集刊》1937年第5卷第1期；梁园东：《读物介绍：唐代经济史》，《商务印书馆出版周刊》1936年第201期（新）；《读书提要：唐代经济史》，《人文》1936年第7卷第7期；皮伦：《评陶希圣、武仙卿著〈南北朝经济史〉》，《文史杂志》1944年第4卷第5、第6合期。

这是食货派受人指责的主要原因之一。这也是应当引起我们今人注意之处。

综上,食货派作为一个学术群体,他们在中国社会史分期、中国社会经济史料的搜集与整理及专题研究等方面投入大量的精力,大大拓宽了研究领域,在诸多方面取得了突出的成就。他们在国外社会经济史研究的译介方面也不遗余力。食货派学人的社会经济史研究除了有共同的关注点外,还有各具特色的着力点。陶希圣始终处于学派的中心地位,涉及社会经济史的各个领域。鞠清远着力于唐宋社会经济史的研究,包括农业、手工业、商业等各个部门。武仙卿的研究集中在魏晋南北朝的大族、均田制、色役赋税方面。何兹全主要研究汉至隋唐的社会经济史及中古寺院经济。曾謇重点研究西周社会性质和中国宗法社会、宗族婚姻制度。连士升的兴趣在国外经济史的译介方面。沈巨尘在陶希圣指导下专攻中国政治制度史之外,也从事了社会经济史料搜集的工作。抗战爆发之后,食货派学人基本保持了以前的研究着力点,继续在中国社会经济史领域内耕耘。他们的社会经济史研究具有抓住生产关对秦汉至宋元时期进行深入探讨;注重专题研究,走由"专"到"通"的治学路径;强调史料的价值、问题的新视角,表现出清冽的"示范"心态的显著特点。以上三个中国社会经济史研究的特点反映的是食货派的史学思想和治史方法。

第三章
食货派的史学思想

中国近现代史坛可谓学派林立，异彩纷呈。侯云灏认为食货派是20世纪前期十二个史学流派中的重要一支①。食货派作为第一次中国社会经济史研究高潮中的一个重要方面军，他们不仅高揭"史料搜集"的旗帜，力矫社会史论战之弊，又与中央研究院社会科学研究所及马克思主义学者大异其趣。食货派所以成为食货派，从根本上说，是由于他们在史学研究中，体现了自己别具特色的史学思想，无论后人臧否毁誉，其史学方法的优长与失误，都主要集中体现在这里。

第一节　"接近唯物史观，却并不是唯物史观"的社会史观

瞿林东指出，20世纪中国史学最显著的进步应当是历史观的进步，即从古代历史思想的积极成果朴素的历史进化论观点到近代进化论，从近代进化论到唯物史观②。20世纪上半期各种形式的历史观不断出现，有进化论、马克思的唯物史观、生物史观、生机主义史观与"文化的生物学观"、社会有机论、文化形态史观，英雄史观、政治史观、道德史观和函变史观、"综合史观"等③。中国社会史论战时期，唯物史观"像怒潮一样奔腾

---

① 侯云灏：《20世纪前期中国史学流派略论》，《史学理论研究》1999年第2期。
② 瞿林东：《百年史学断想》，《中国史学史纲》，北京出版社2005年版，第837页。原载《世纪评论》1998年第1期。另见瞿林东：《中国史学的理论遗产》，北京师范大学出版社2005年版，第173—175页。
③ 参见蒋俊《中国史学近代化进程》第8、9章，齐鲁书社1995年版。

而人"①。食货派深受当时学术界这个流行的社会思潮影响,在积极的迎受这一理论成果的同时,形成了"接近唯物史观,却并不是唯物史观"的——社会史观,提倡运用"社会史观"从事中国社会经济史的研究。

早在 1925 年上海发生五卅惨案之后,食货派创始人陶希圣由商务印书馆编译所同人的推介,受聘于佑任创办的上海大学,"担任了'法学通论'功课"。"学校的设备是然简陋,但洋溢着革命精神和气氛。"②李大钊、瞿秋白、张太雷、安体诚、蔡和森、恽代英、任弼时、萧楚女等一批早期马克思主义者皆曾于该校任教③。"上海大学的里分大门之外,设有一书店,名为'上海书店',发行上海大学的讲义和小册子,其中有瞿秋白编译的'社会科学概论'分册陆续印行。"④ 此外,瞿秋白、安体诚等编著的《社会科学讲义》,"陈望道译《共产党宣言》,瞿秋白、恽代英等著《反戴季陶的国民革命观》,恽代英著《反对基督教运动》等书,以及共产党内部刊物《向导》周报,《新青年》季刊、《向导》丛书等悉由该店发行或代售,是传播马克思主义的一个重要阵地"⑤。陶希圣在"上课之余,亦购买此类小册子回家浏览"⑥。陶希圣还与商务印书馆《东方杂志》与《小说月报》社一些有共产主义思想倾向的同人多有交往,其中包括郑振铎、叶圣陶、胡愈之、沈雁冰等人。因为上海的思想界积极宣传马克思主义思想,所以陶希圣不仅阅读了"马克思与列宁的著作与论文,从英文及日文译本上,下了工夫。同时对于批评马克思主义的论著,也选读不少"。⑦ 他在 1929 年 6 月为李膺扬所译《家族私有财产及国家之起源》的《序》中指出:"在介绍本书时,有应当说到的是,莫尔干的《古代社会》在近来是民族学家社会学家批评之矢所集中。恩格尔的这本书也是马克思主义文献中最受批评的一种。今日的民族学家社会学家没有不从批评或确认《古代社会》着手的,而今日的社会思想家也莫不从批评或确认马克思的唯物

---

① 吕思勉、童书业编著:《古史辨》第 7 册(上),上海古籍出版社 1982 年版,第 64 页。
② 陶希圣:《潮流与点滴》,台湾传记文学出版社 1979 年版,第 81 页。
③ 钟叔河、朱纯编:《过去的学校》,湖南教育出版社 1982 年版,第 508—511 页。
④ 陶希圣:《潮流与点滴》,台湾传记文学出版社 1979 年版,第 81 页。
⑤ 钟叔河、朱纯编:《过去的学校》,湖南教育出版社 1982 年版,第 504 页。
⑥ 陶希圣:《潮流与点滴》,台湾传记文学出版社 1979 年版,第 81 页。
⑦ 陶希圣:《潮流与点滴》,台湾传记文学出版社 1979 年版,第 111 页。

史观与经济学说着手。本书所受批评最多，便由于此。"① 陶希圣对恩格尔《家族私有财产及国家之起源》的维护之心溢于言表。但是，当时陶希圣的"社会政治关系左至共产主义，右至国家主义，可以说是广泛的"。他的"社会政治思想路线，左亦不至共产主义，右亦不至国家主义"。②

对风靡一时的唯物史观，陶希圣有着自己独特的看法。陶希圣指出"历史的唯物论不是创自马克斯。马克斯不过综合黑格尔的辩证法，韦科及其他唯物的历史观，及法国唯物论。但是这种辩证法的唯物论自有特点，与一般的历史的唯物论不同"。他认为"唯物史观包括两个部分：一是辩证法的唯物论的方法。一是把辩证法的唯物论应用到社会所得到的论断，这两个部分是应当分别观察的"③。显然，陶希圣对待唯物史观采取的是一分为二的方法。在1929年《中国社会与中国革命》一书中，陶希圣宣称自己持"唯物的观点"。他说观察中国社会应该持三个观念，第一是历史的观点，因为现实的社会"是动的，是几千年历史运动所造成的"；第二是社会的观点，因为中国社会的构造及政治组织，虽由大人物造成，但"大人物是社会的创造物"；第三是唯物的观点，因为"中国历史不是心的发展或观念的发展"，而是"地理、人种及生产技术与自然材料所造成的"。④ 陶希圣在以上观察中国社会应取的三个观点中的"唯物的观点"颇为看重。在1932年《中国社会形式发达过程的新估定》一文中，他表达了"把唯物史观的中国史在中国学术界打下一个强固的根基"的愿望⑤。当唯物史观在学术界受到猛烈攻击的时候，他极为愤慨，认为唯物主义这个方法的毛病是"在用来指破历史上隐蔽在内幕或黑暗里的真实。因为他指出别人不肯又不敢指出的真实，便易受别人的攻击"。⑥ 所以时人认为"中国近日用新的科学方法——唯物史观，来研究中国社会史，成绩最著，影响最大，就算陶希圣先生了"。"陶氏在近五十年中国思想史之贡献，就

---

① 李膺扬译：《家族私有财产及国家之起源》，上海新生命书局1929年版，陶希圣序。
② 陶希圣：《潮流与点滴》，台湾传记文学出版社1979年版，第81—82页。
③ 陶希圣：《社会科学讲座：马克斯的社会进化论》，《新生命》1929年第2卷第5号。
④ 陶希圣：《中国社会与中国革命》，上海新生命书局1929年版，绪论。
⑤ 陶希圣：《中国社会形式发达过程的新估定》，《读书杂志》1932年第2卷第7、8合期；《中国社会史论战》第3辑，上海神州国光社1932年版。
⑥ 陶希圣：《编辑的话》，《食货》半月刊1935年第2卷第4期。

在他用唯物史观的方法来研究'中国社会史'影响颇大。"① 陶希圣《中国政治思想史》一书因为运用唯物论来解剖中国政治思想,被认为是研究政治思想不可不读之作。在其宣传广告中亦称:"国内以唯物辩证法叙述古代政治思想的发达概况及各派主张之详细内容者,本书实首屈一指。"② 后来,何兹全也指出:"他(陶希圣)读过马克思、恩格斯、考茨基等人的著作,受有他们的影响。他标榜以辩证法、唯物史观治史,使他成名、在学术上高出别的人,正是辩证法和唯物史观。"③

与陶希圣一样,其他食货派学人也深受马克思唯物史观的影响,赞成积极吸纳唯物史观这一理论武器来研究中国社会经济史。何兹全回忆说:"随着北伐军向长江流域的突进,马克思主义思潮也跟着向长江流域突进,也向全国各地蔓延。我这个身在山东穷乡僻壤菏泽县的小国民党员也读到马克思、恩格斯、列宁的著作。"④ "大约1926—1927年,我还在山东菏泽南华初中读书,从同学中中共地下党员处借到一篇列宁的《远方来信》,这是我第一次接触马列的著作,佩服得五体投地。这篇文章的政治意义,我当时是完全不懂得,我佩服的是列宁讲说问题的逻辑性,真是周密、细致、深刻。""在北大一二年级,读到恩格斯的《家庭、私有制和国家的起源》、《德国农民战争》,考茨基的《托马斯·穆尔及其乌托邦》、《基督教之基础》。马克思《资本论》第一卷和第三卷都只读了一部分。从日本人那里翻译过来的唯物史观、辩证法、社会经济史的书,当时很'潮',读了不少。印象比较深刻的是河上肇讲的辩证法和唯物史观。""在上述一些马、恩等人的著作中,对我以后形成的史学思想中影响最大的是恩格斯的《家庭、私有制和国家的起源》、《德国农民战争》和考茨基的《基督教之基础》。"⑤ 以上表明,何兹全已经接触了马克思主义,深受唯物史观的影响。曾謇在《中国古代社会》(上)"自序"中也承认:"西洋的两位学习

---

① 郭湛波:《近五十年中国思想史》,山东人民出版社1997年版,第179页。
② 参见《食货》半月刊1935年第2卷第2期,第5页。
③ 何兹全:《我的大学生活》,《史学理论研究》1997年第3期。
④ 何兹全:《何兹全文集》第1卷,中华书局2006年版,自序。
⑤ 何兹全:《我的史学观和我走过的学术道路》,《何兹全文集》第6卷,中华书局2006年版,第3230页。

者——莫尔甘和恩格斯,他们的著作对于我的影响也极大,我理解的中国的古代社会也多是以他们的学说为根据而参加我自己的主张的。虽然还有其他一二位西洋学者的学说也给我以帮助,但较之莫恩二氏,已是很微细的了。"[1] 曾謇研究中国古代宗法社会与儒家思想的发展时,认为"宇宙一切的事物都是变的。没有一个一成不变的永久范畴存在。所以我们只能以动的或变的观点去把握。社会的物质基础也是时在变化与进展的,建筑于此物质基础上的一切社会组织与一切作为最上层建筑物的思想和学说,也无不随时随地跟着物质基础的变化而或迟或早地相依而变。所以在动态中,社会的物质基础及一切建筑于此基础上的文物制度与思想学说都不断的在完成它们的产生发展与消灭的诸过程"。因此,他坚持从宗法社会的物质基础分析到宗法的社会组织,"从物质基础与社会组织探讨到宗法社会的意识形态的起源"。[2] 连士升也认为"经济史就是人类使用种种方法发展物质生活的历史"。"人类社会的经济的构造是一切形而上的基础,所以我们要了解过去的历史必须先从经济史做起。"[3] 他主张从社会经济入手来认识中国的社会。

总之,食货派虽然接受马克思主义唯物史观的途径有所不同,但都对唯物史观持开放的心态,主张积极吸纳马克思主义唯物史观这一理论成果,在中国社会经济史的研究中不断运用马克思主义唯物史观。瞿林东先生曾指出:"何先生的治学道路,有一个理论的起点。""大致是按着唯物史观的要求,考察社会经济史,应认真考察生产关系中各方面的具体情况;从而把握这种生产关系的症结和实质,并以此认识社会历史发展之阶段的确立和划分。"[4] 黄静也指出:"在'魏晋封建说'的构建上,食货派学人依据马克思主义原理,把考察重点放在决定生产方式的两个基本要素

---

[1] 曾謇:《中国古代社会》(上),上海新生命书局1935年版,自序。
[2] 曾謇:《古代宗法社会与儒家思想的发展——中国宗法社会研究导论》,《食货》半月刊1937年第5卷第7期。
[3] 连士升:《研究中国经济史的方法和资料》,天津《大公报·史地周刊》1936年10月9日。
[4] 瞿林东:《择善而固执,上下而求索:何兹全先生的治学道路和学术成就》,《北京师范大学学报》1991年第4期。

劳动力和生产资料上。"①

但是，食货派的思想方法，并非完全接受唯物史观，而是对唯物史观有着自己独到的看法和取舍方法。他们主张把唯物史观与马克思主义区分开来："这个方法与什么主义又不是一个事情。"② 然而，唯物史观与阶级斗争理论、无产阶级专政学说是紧密结合的。恩格斯曾指出：

> 每一历史时代的经济生产以及必然由此产生的社会结构，是该时代政治的和精神的历史的基础；因此（从原始土地公有制解体以来）全部历史都是阶级斗争的历史，即社会发展各个阶段上被剥削阶级和剥削阶级之间，被统治阶级和统治阶级之间斗争的历史；而这个斗争现在已经达到这样一个阶段，即被剥削被压迫的阶级（无产阶级），如果不同时使整个社会永远摆脱剥削、压迫和阶级斗争，就不再能使自己从剥削它压迫它的那个阶级（资产阶级）下解放出来。③

显然，在马克思主义者看来，既要重视生产力、生产关系，也强调阶级斗争和无产阶级专政学说。如李大钊把在日本东京留学期间以各种形式接触到的马克思主义理论深藏在心中，一旦实行这种思想的外部条件成熟时，就将其作为自己思想的内在发展而开始确认这一理论。李大钊认为："中国哲学家的历史观，遂全为循环的、神权的、伟人的历史观所结晶。一部整个的中国史，迄兹以前，遂全为是等史观所支配，以潜入于人心，深固而不可拔除。时至今日，循环的、退落的、精神的、'唯心的'历史，犹有复活反动的倾势。吾侪治史学于今日的中国，新史观的树立，对于旧史观的抗辩，其兴味正自深切，其责任正自重大。"④

与李大钊等一批马克思主义者把三者有机地结合起来不同，食货派对唯物史观进行自己的取舍。陶希圣除了广泛阅读马克思的著作外，对于奥

---

① 黄静：《食货学派及其对魏晋封建说的阐发》，《学术研究》2005 年第 2 期。
② 陶希圣：《编辑的话》，《食货》半月刊 1935 年第 2 卷第 4 期。
③ 恩格斯：《〈共产党宣言〉1883 年德文版序言》，中共中央马克思恩格斯列宁斯大林著作编译局编：《马克思恩格斯选集》第 1 卷，人民出版社 1995 年版，第 252 页。
④ 李守常：《史观》，《史学要论》，河北教育出版社 2002 年版，第 296 页。

本海默尔、考茨基、桑巴德等人的著作亦有涉猎①。陶希圣对马克思依据唯物史观分析所得的一些结论并不认同，而比较倾向于奥本海默尔、考茨基、桑巴德等人的观点。陶希圣曾在其所译的奥本海默尔《国家论》的《译者序言》中指出："著者的论断与马克斯原有根本不同之点。著者以为原始国家的发生是由于一种族对他种族的征服。著者对于马克斯是反对的，而马克斯主义者对于著者的论断却不得不为之首肯。""马克斯则以为国家的发生是由于社会内部的分裂，换句话说，国家是阶级社会自发的阶级统治。""以为征服是国家成立的诸形式之一种，最纯粹最典型的形式却是氏族社会内部发生阶级对立而直接成立的国家。"而他们"相同的是认定国家为剥削阶级对被剥削阶级的统治"。陶希圣认为："本书的国家论在出发点与归宿点上皆与马克斯主义国家论有别。至于其中的精神则任何论敌皆不能否认。译者从此书受了多少的暗示，在最近所作中国社会史论文中，颇有引用之点。"②可见，陶希圣深受奥本海默尔的影响，在对待国家起源这一历史认识上与马克思主义唯物史观有着极大的区别。他后来指出："我用了力，翻译奥本海默尔的《国家论》。这本书无异于表现我自己的社会史观的方法论。"③陶希圣之所以这样来看待唯物史观，主要是与当时社会史论战中大多数论者一样，陶希圣进行中国社会经济史研究，其根本目的在为自己的革命理论寻找历史的依据。当时因为陶希圣的政治身份与政治立场决定了他在运用马克思主义唯物史观时只注重生产力与生产关系的关系，而抛开阶级斗争理论和无产阶级专政学说。何兹全曾指出，"他（陶希圣）也用功选读马克思与列宁的著作，以及批评马克思主义的著作，他的思想方法接近唯物史观，却并不是唯物史观。他重视马克思、恩格斯的作品，更欣赏考茨基的著作，用心读过他的《基督教的基础》。然而他的思想方法仍不局限于此，他用的是社会的历史的方法，简言之即社会史观。但在所谓正统马克思主义者的眼中，他的史观是不纯的"。④

陶希圣对马克思唯物史观的认识，对食货派学人的影响非常大。曾謇

---

① 陶希圣：《潮流与点滴》，台湾传记文学出版社1979年版，第111页。
② 奥本海默尔著，陶希圣译：《国家论》，上海新生命书局1929年版，译者序言。
③ 陶希圣：《潮流与点滴》，台湾传记文学出版社1979年版，第111页。
④ 何兹全：《爱国一书生》，华东师范大学出版社1997年版，第54页。

也认为"奴隶制的来源,并不是由于氏族内部一部分成员因为社会财富的变动而沦落,而是由于战争的结果以俘虏来充当的"。① 此时何兹全虽深受唯物史观的影响,但他的"马克思主义不正统",因为考茨基对他也有较大的影响。尤其是考茨基的《基督教之基础》和《托马斯·穆尔及其乌托邦》二书②。

陶希圣在创建食货派的过程中,积极提倡运用所谓"接近唯物史观,却并不是唯物史观"的社会史观来进行中国社会经济史研究。陶希圣在批评朱亦芳"谩骂式文字"时说:"这样的谩骂,他说原来是《资本论》的著者传授的。不,叫骂人的才算马克思。马克思是打倒了别人就是他的天下的。"③ 当学术界对于唯物史观的猛烈攻击时,陶希圣声明:"(一)食货学会会员不是都用唯物史观研究历史的。(二)这个方法又与什么主义不是一件事。"④ 可见,食货派在研究中接受和运用了唯物史观的某些观点和方法时并不把马克思主义当作一个完整体系来看待,也不把它当作一个"主义",而是企图把唯物史观从马克思主义的整体中剥离出来。也就是说,抛开作为马克思主义不可分割的一部分即阶级斗争和无产阶级专政的学说。1936年,陶希圣在《研究中国社会史的方法和观点》中阐述他的社会史的方法和观点时,详细论述了自己的社会史观:

> (一)一件事必为变动过程中的一点!每个事实(Event)都是动的,而非静的,固定的。(二)由各方面观察研究——竭力采求我们研究的对象与社会各方面的关系,由这个错综复杂的整个关系中,找寻这个因素的性质、功用和地位。(三)各种变动有悠久的来源,由微至显——每个大变动都是由长时期的小变动累积而成的。(四)物质条件为社会变迁之基本因素——此处所谓物质条件非仅指经济组织而言,广括所有看得到,摸得着的客观存在的东西。如:气候、地势、土壤等地理条件亦在其内。仅仅物质条件也不会发生决定的力

---

① 曾謇:《中国古代社会政治发展的阶段》,天津《益世报·食货周刊》1937年6月29日。
② 吉书时、许殿才:《何兹全先生访问记》,《史学史研究》1990年第1期。
③ 陶希圣:《编辑的话》,《食货》半月刊1935年第1卷第5期。
④ 陶希圣:《编辑的话》,《食货》半月刊1935年第2卷第4期。

量。物质条件必须透过人的努力，亦即人类之生产劳动力，才能有效，在社会物质生活充裕后，始能有进步可言。经济组织受物质条件的影响，而发生决定其他社会组织的力量。同时，社会的其他方面，亦可影响经济组织。如思想可影响政治，政治亦可影响经济。思想界的大变化，往往引起经济组织的变化，进而酿成社会的改造。我们并不否认艺术和道德的力量。艺术道德虽都受经济组织的影响，但是，他们也反而可影响经济组织。我们也不否认个人的重要。天才或英雄在历史上自有他的相当的地位。假如个人能把握住一般人的要求，他便可以领导群众影响历史。但是，个人的成功，必受客观条件的限制和决定。是以，经济制度为社会构造的基本组织，物质条件有决定社会上层建筑的伟大力量。经济组织的重要，只能从社会事实的变动，社会各部门的关系中观察出来。我们也只有从整个社会现象的矛盾，冲突，和这种矛盾的发展中去明了社会史的发展。总之，在社会史的研究上，思想方法和工作方法必须双双并重。我们必须在发（变）动过程中，由整个社会各方面的关系里，了解物质条件的重要以及各个制度的性质、发展、功能和地位。①

以上陶希圣所倡导的研究中国社会史的思想方法，即是社会的、历史的与唯物的社会史观。陶希圣在后来的学术回顾中，指出了自己早年的中国社会经济史的研究的思想方法是"接近唯物史观。却并不是唯物史观。与其说我重视马克思恩格斯的作品，毋宁说我欣赏考茨基的作品，例如考茨基的《基督教的基础》，就是我用心读过一本书，然而我的方法仍不拘限于此。我用的是社会的历史的方法，简言之即社会史观，如桑巴德的《资本主义史》和奥本海默尔的《国家论》，才真正影响我的思路"②。这一回顾反映了陶希圣在创建食货派时运用的社会史观。正是由于食货派"唯物史观"的不纯，在积极运用这一理论成果时，进行了自己的取舍，导致了学

---

① 陶希圣讲，贾文黉记：《研究中国社会史的方法和观点》，天津《益世报·社会研究复刊》1936年12月9日。
② 陶希圣：《潮流与点滴》，台湾传记文学出版社1979年版，第111页。

派卷入政治的漩涡以后，缺少了革命的生气，显得与时代发展极不相适宜。

综上，食货派在致力于中国社会经济史研究的时候，形成了"接近唯物史观，却并不是唯物史观"的社会史观。他们在研究中接受和运用唯物史观的某些观点和方法，但并未把唯物史观当作一个完整的历史哲学的命题来看待，而是企图把唯物史观从马克思主义的整体中剥离出来，有条件、有限度地运用唯物史观进行学术研究。抗战爆发以后，因为食货派的政治立场原因，没有像马克思主义学者一样，积极地把唯物史观与中国历史发展的特殊性相结合，从事战时的史学研究。我们看到的是，食货派站在反马克思主义的阵营中，在学术的交锋中逐渐落伍。食货派力量不但没有得到壮大，反而逐渐减弱，直至学术生命过早的终结。需要特别说明的是，新中国成立以后，何兹全先生意识到"接近唯物史观，却并不是唯物史观"的社会史观的弊端，为了从这一史学思想中走出来，有意识地提倡"辩证唯物史观"，在学术界产生了重大影响，并取得了突出的学术成就[①]。

第二节 从探寻中国社会形态的演变到"新经学"的研究旨趣

一 探寻中国社会形态的演变

陶希圣致力于中国社会经济史研究的初衷即为探寻中国社会形态的演变。这主要是来源于陶希圣在社会史论战时期提出的"中国社会是什么社会"的问题意识。陶希圣后来明确指出"民国十三年至十六年，北伐的革命怒潮冲洗了中国，也震动了亚洲和世界。我亲眼看见且亲身经历社会结构普遍强烈的变动。在这大时代里，我有一种志愿与企图，要采用社会科学的理论和方法，向历史探求中国社会演变的轨迹，以印证并解答现代中国的问题，民国十六年以后，与我同有这种志愿和企图者一再掀起中国社

---

① 参见何兹全：《我在史学理论方面提出过的一些问题——离开母校（北大史学系）60年的一点学术汇报》，《北大史学》第3期，北京大学出版社1995年版。

会史论战"。① 1929 年，陶希圣还在《历史法则可否成立》一文中阐述了历史学的任务是探索社会现象因果关系的法则，即所谓的社会形态的演变。他说："科学是探求因果关系之法则的学问。科学的使命，在从混沌错杂的现象中，探求因果关系法则。""由自然现象抽出的法则是自然法则。由社会现象探求的法则是历史法则或社会法则。"他坚信"社会的史的法则"是可以成立的。②

在食货派的心目中，中国社会经济史"就是要研究我们的祖先怎样使用种种方法发展物质生活，使我们能够明了过去，把握现在，推测未来"③。现在的社会经济制度，是过去的社会经济制度进化的结果，所以他们认为研究现在的社会经济制度不能单从现有的形态中去探求，必须从它的历史的进程中去探求。陶希圣说："社会经济史研究与现代社会经济研究相互为用。""明了过去的社会如何发展，可以明了现代社会如何发展，反之，看清了现代社会，也可以推知历史上的社会。如果对于现代社会不了解，则对于历史的认识是死的，反之，如果对于历史不了解，则看现代也是死的，必须了解历史，更能洞察现代，才能相互参照，才有意义。"④所以，陶希圣创办《食货半月刊》"绝不以专攻旧书为任务。研究过去本是为了明了现在的"⑤。

与社会史论战中的学者们一样，食货派仍然以阐明中国社会形态演变为主要目标。食货派治史重在史料收集，但他们不是仅仅满足于个别事实的考证与因果关系的探讨以及说明各时代社会经济制度的本身状况，而是在史料的基础上寻委溯源，以探寻中国社会形态演变为主要研究目标。陶希圣说："中国社会的发达过程，究竟怎样的看取，有许多问题是必须解决的。这些问题的最后的解决，须等经济社会史料，大规模有系统搜集到比较齐全以后。但是，这类史料搜集以前，或搜集的时期，需要理论的指

---

① 陶希圣：《食货复刊辞》，《食货》月刊 1971 年第 1 卷第 1 期。
② 陶希圣：《社会科学讲座：历史法则可否成立》，《新生命》1929 年第 2 卷第 1 号。
③ 连士升：《研究中国经济史的方法和资料》，天津《大公报·史地周刊》1936 年 10 月 9 日。
④ 陶希圣：《中国社会经济史研究的方法》，北平《晨报·社会研究周刊》1934 年 11 月 14 日。
⑤ 陶希圣：《编辑的话》，《食货》半月刊 1935 年第 3 卷第 2 期。

导，假定的建立。这社会形式发达过程的初步估定，是有益的甚至于必要的工作。"① 在这一治史思想的指导下，不论是"一鳞片爪"的材料整理，还是专题的研究都成为食货派认识中国社会形态演变的基础。如鞠清远《校正江湖必读》一文虽是史料的校正文章，但这类文字与书籍整理的目的乃是要指示人们探讨社会形态中商业资本主义的问题时应注意的史料。他说："我们争过许久，有些人愿称秦汉至清末为封建社会，有些人称为商业资本主义，有些人称之为先资本主义，大家相互间，起了许多争执，实在大家都没有能把握到中国历史上所谓'商业'的本质，'行商'与'坐商'的差别。大规模的贸易，是由行商，商客来完成的。商客与邸店，即现在所谓牙行，或者是所谓'安寓客商'的'客栈'，他们完成了大量贸易。这两种东西，是中国商业史中的两大支柱东西，不能把握到他们的性质，是永远不能了解所谓中国的商业资本主义的性质。"②

食货派的中国社会经济史的专题研究主要是为了达到对中国社会形态演进问题的认识。中国社会形态究竟如何演变？这涉及对土地所有制的性质，与所有制相联系的主要的阶级矛盾的性质，社会主要劳动者身份，地租和赋税的性质，工商业发展的程度以及商品经济的性质等，这些都是食货派确定社会形态关键性的问题。食货派对魏晋南北朝土地制度的全面考察，即是为了阐发他们的"魏晋封建说"。他们认为拓跋魏在南下前才进入奴隶制时期；但在其南下后，企图以奴隶制加于封建制发展到了高度的汉族地区，因而便形成两种生产方式的矛盾，结果先进的克服了落后的。自西晋的所谓占田法到北朝的均田制，系由于长期的战乱而造成耕地的荒芜和劳动人口的缺失（死亡或移徙）统治阶级为维护其剥削系统，便以均田制去重新组织农业生产和把农民束缚于土地上面。这种办法延续到隋唐。而在均田制下，并不排斥地主的土地占有，而且还继续进行秦汉以来的土地的剧烈兼并；在地主阶级的土地上劳动的农民，继续秦汉以来的佃耕制，向地主和地主阶级的国家提供实物地租的贡纳和徭役（或代役钱）。

---

① 《中国社会形式发展史特辑征文》，《食货》半月刊1935年第2卷第1期。
② 鞠清远：《校正江湖必读》，《食货》半月刊1937年第5卷第9期。

而在南朝仍完全是秦汉以来的佃耕制度的继续和发展①。以上食货派致力于土地问题的探讨，主要是想从土地制度来探寻中国社会形态的演进。他们从北朝的均田制和形式上的庄园组织出发，断定三国魏晋为封建社会，秦汉为奴隶制时期，成为食货派在社会史分期中最主要观点之一。

武仙卿《南北朝色役考》一文对色役的内容及演变过程的探讨是要通过"了解了中国封建社会的另一个姿态"，来更深入地认识魏晋南北朝庄园经济②。曾謇《西周时代的生产概况》一文对井田制进行的讨论，与1920年胡适与胡汉民、廖仲恺等人辩论井田制有不同。曾謇讨论井田制的文章，其目的乃是通过讨论井田制来证明其所主张的西周社会是奴隶社会经济形态的观点。曾謇认为西周社会的一个中心问题即是铁在这一时期是否已经发现与使用。他通过对西周社会生产工具、生产力的考察，认为周初没有铁的出现，生产的工具是青铜器物。藉田制是这一时期真正的田制，西周的社会是父家长制的奴隶社会③。婚姻制度是食货派学术研究中着力较多的一个专题。他们之所以对其进行研究，是因为"婚姻制度是社会组织的一断面。不独这个制度本身是一种社会组织，又可以指示一般社会组织的性质"。"婚姻是道德的关系，但他的内容乃是财产关系。这种财产关系当然受社会的基本财产关系的决定。所以婚姻制度可以指示一般社会组织的性质。"④因此，食货派的婚姻制度的研究多是从生产关系的发展演变与婚姻形态的变化联系起来进行分析，同时也注意到政治、文化等其他方面的影响，以达到探寻中国社会形态演进的规律。另外，民众暴动的研究也是如此。他们认为："群众的暴动之研究，可以指示那一时期社会的经济组织的性质。"⑤

总之，食货派的专题研究均是以探寻社会形态的演变为最终目的，在专题研究领域不断开拓的基础上，形成了的"魏晋封建说"这一共识，在

---

① 参见陶希圣、武仙卿：《南北朝经济史》，上海商务印书馆1937年版。
② 武仙卿：《南北朝色役考》，《食货》半月刊1936年第5卷第8、第10期。
③ 曾謇：《西周时代的生产概况》，《食货》半月刊1935年第1卷第7期。
④ 陶希圣：《十一至十四世纪的各种婚姻制度》（上），《食货》半月刊1935年第1卷第12期。
⑤ 陶希圣：《宋代的各种暴动》，《中山文化教育馆季刊》1934年第1卷第2期。

学术界产生了极大的反响。值得注意的是，食货派的译介活动不是要从事西方经济学和经济史研究，而是试图通过借用西方经济学理论和中外历史的比较对照，寻绎中国社会历史发展的特点与规律。陶希圣在其所译科奎流夫等著《古代社会的经济》的导言中明确指出："我译出这篇的意思，是想我们大家洗涤几样的成见，如以奴隶的数量为奴隶社会的决定条件，又如封建社会无须有奴隶社会先行等等。"①

此外，食货派十分重视对中国社会形态演变问题的专门讨论。陶希圣在《食货》半月刊第2卷第9、第11期，和第5卷第3期上三次刊行《中国社会形式发展史专号》②。他还重点提出以下问题进行探讨："一社会发达过程是不是有一定的阶段？二如有，世界各地社会发达阶段是不是同样的？亚洲或是中国的社会形式以及发达过程是不是特殊的？三中国社会的发达，是不是各地又各有不同的过程：如长江黄河流域的差别，如沿海及山领地带的差别？四西北部落的侵入，对社会发达过程有怎样的影响？欧洲资本主义的影响怎样？五以前各家的估计及其批评。六自己的意见。"③为此，食货派就封建社会断限和特征、商业资本主义社会、奴隶社会有无和断限等问题进行了广泛深入的探讨。从《唐代经济史》一书对唐代经济事象的论列与解释来看，陶希圣把唐代的社会经济形态，是当作由"中世"向"近世"即所谓"先资本主义时期"的过渡形式阐发的，是从属于他的所谓"商业资本主义社会"、"先资本主义社会"说的。《南北朝经济史》更是为食货派的"魏晋封建说"打下了一个强有力的基础，在书中极力表达了魏晋南北朝能独立成一段的思想。

食货派有着强烈的探寻中国社会形态演变的学术研究旨趣。他们想在史料收集的基础上，通过局部问题的提出与解决，然后形成对整个中国社会历史形态及其发展过程的正确解释。同时，他们从这一研究旨趣中也获得了巨大的推动力量，取得了较高的学术成就。何兹全至今仍然"认为社会史研究的对象、内容，应该是社会经济、社会结构、社会形态"。"社会

---

① 科奎流夫等著，陶希圣译：《古代社会的经济》，《食货》半月刊1935年第2卷第9期。
② 《中国社会形式发展史专号》，《食货》半月刊1935年第2卷第9、第11期。
③ 《中国社会形式发展史特辑征文》，《食货》半月刊1935年第2卷第1期。

经济史——生产方式、社会结构、社会形态，才是社会史研究的中心内容，核心内容。这是研究人类社会总体的发展和人类社会总体发展的规律。掌握人类社会发展规律、发展方向，知道人类社会向何处去，这是社会史研究的主导方面。""社会史的研究方面，可以是多方面的，但社会经济——生产方式、社会形态是主要的。"①

二 "新经学"：经世致用之学的发扬

抗日战争爆发以后，食货派积极投身政治，专注于参政、论政。他们探寻中国社会形态演变的研究旨趣也悄然发生了变化。食货派在学术上大力提倡经世致用的所谓"新经学"。早在1935年陶希圣《再谈读书》一文就曾提出，读书必须学以致用，不能为学问而学问②。1942年曾资生在《两汉文官制度》中明确提出研究历史的目的是经世致用，必须使经世之学的精神"复活与发扬"。他说："要明白历代社会政治经济之渊源演变，利害得失，以供现在改革之镜鉴的。处现在整个国家民族生死存亡之际，舍利用厚生救之图存的经世之学不讲，来追随那些安坐于大学的讲座之上的教授们来言心言性，谈玄说理，徒见其作文字之游戏，头脑之幻想而已。顾亭林先生有言：'舍多学而识，以求一贯之方，置四海之困穷不言，而终日将危微精一之说，我弗敢知也。'"③ 1944年陶希圣在为曾资生《中国政治制度史》第一册作的序文中认为："自著作内含的思想来说，史学著作又可分为两种：一种是拜古的，一种是用世的。所谓拜古者，执笔摇头之际，其神与古会，而以为凡是古的，就是善的。他说：所谓用世者，直承中国古来'经世之学'，而其讲求史学的用意，在使现前实际发展与变化的途径和法则，客观的寻了出来。"④ 1946年陶希圣在《食货周刊复刊记》中又再次重申读书致用的思想，并强调这一思想是南京《中央日报·食货周刊》今后必须走的方向。他说："读史书也不是读死书。历史的事实是过去的。历史的教训是现在的。例如在抗战时期，多少人在努力

---

① 何兹全、郭良玉：《三论一谈》，新世界出版社2001年版，第159—160页。
② 陶希圣：《再谈读书》，《读书季刊》1935年第1卷第2号。
③ 曾资生：《两汉文官制度》，重庆商务印书馆1941年版，自序。
④ 曾资生：《中国政治制度史》第1册，重庆南方印书馆1942年版，陶序。

解决物价问题。他们提出的甚至实施的方案，在一个经济社会史家看来，有许多都是历史上讨论过的甚至实行过的问题。这是说，历史的教训可以帮助现在的人少耗一点精力。不独是物价问题如此，今天中国整个的局面，也只有读史书而明了历史的教训的人，才看得出危机之迫切。但是食货周刊只欢迎经济社会史的论文，不愿意泛论大局。如有论到当前经济社会问题而且有史学的眼光者，我们是加倍的欢迎。"①

至于如何经世致用，1946年8月17日，曾资生在南京《中央日报·食货周刊》发表的《新经学》一文中进行了深入的阐释。他指出"所谓新经学者，乃系指经世致用之学而言"。"要使经世致用之学有新的内容，新的意义，新的发展，新的体系"。为此，他揭橥数义：1、新经学就是要多学而识，要研究四海周穷的道理与匡济的谋猷。第一要多识前言往行以蓄其德，新经学与史学不能分家；第二要谙习世事，新经学与现实的事物要保持接触，在历史的经验与现实的事物之中体认、学习、磨炼；第三，要所求四海困穷的道理与匡济的谋猷，则政事、经济、法律，以及典章制度等，不可不讲，而一切的得失利弊，又不可不明。以上新经学的下手方法，同时也是新经学的基本功夫。2、新经学不仅认为道不兼乎经济不可以利用，而且进一步认为没有人类整个经世致用之学的经验的积累和发展，任何所谓"道"即根本不能认识，道本身的存在，也将不与人生发生联系。3、经世致用之学归结起来，要在笃实力行，此与自强不息生生不绝之人道与人性是一以贯之的。之后，曾资生在《论新经学与科学》中论述了新经学与科学的关系时，进一步阐释了新经学的意义。他提出："今天我们需要科学，实际所谓科学就是实事求是笃实践履的经世致用之学。中国欲科学昌明，富强隆盛，只有经世致用之学术思想精神与近代欧美科学相结合，乃能使精神和物质两方有新的发展，新的内容，新的境界，舍此之外，不过萎靡、颓唐、混乱、涣散、落伍和败亡而已。"② 1948年曾资生又在《中流》第1卷第1期《论经世学》一文中不遗余力地阐释新经学的旨意，除前述三义外，又提出经世学与科学结合的第四义。他说："百

---

① 陶希圣：《食货周刊复刊记》，南京《中央日报·食货周刊》1946年6月8日。
② 曾资生：《论新经学与科学》，南京《中央日报·食货周刊》1946年8月31日。

年以来，中国人常以玄学或理学的思想和精神以与近代科学接触，结果不是拒绝科学，便是曲解科学，于是科学在玄学或理学的思想精神之下长期窒息。今天我们拿经世致用之学的真儒精神以与科学结合，乃能融贯无间，这是新经学的第四义。"另外，陶希圣也撰有《谈经世之学》一文，比较了西洋与中国历史上的经世之学的区别，对进一步认识"新经学"意义较大①。

曾资生和陶希圣分别撰写倡导"新经学"为主题的文章，从多个方面概括"新经学"的意义和作用，给传统的经世致用之学不断添加时代的新内容。这一治学目的一直贯彻到"以研究各种历史的及现实的社会经济问题为宗旨"的食货学会召集当中②。他们指出："食货学会论学的宗旨，是讲求经世致用的"，"（一）将世务与学术打通，（二）将社会经济的史的研究与现实的社会经济问题联系。"③ 在"新经学"思想的指导下，食货派的中国社会经济史的选题与治史方法发生了明显变化：

一是强调中国社会经济史研究的资治作用。他们强烈的经世致用思想，反映于他们的殷鉴意识，史学研究选题的关注点集中在具有现实意义的问题上。如曾资生《汉代的社会经济政策》一文从两汉国家对于社会各阶段及各种社会制度所采用的政策：国家压抑商贾阶级的政策、国家对于豪宗地主与农民的政策、国家的统制政策、土地的改革政策及其失败、其他的政策五方面进行叙述，认为"国家的社会政策，对于当时的社会制度和组织，颇有交互的影响"，"在某种社会制度和组织之上，通常可以促使国家建立某种政策，而在国家某种可使社会制度发展或改变而有其成功，在相反的场合之下，又不能不归于失败，所以国家的社会政策与社会制度，有其相互依存的关系"④。不难看出，曾资生探求汉代的社会经济政策的成败，评论得失时，体现了其明显的撰著意图在于吸取历史经验和教训，警示国民党的统治者，助益国民党政权之建设。《汉末的社会政治经济与农民暴动》一文旨在探讨农民暴动的原因，认为："农民由破产与无

---

① 陶希圣：《谈经世之学》，南京《中央日报·食货周刊》1946年9月7日。
② 《食货学会简章》，南京《中央日报·食货周刊》1948年1月28日。
③ 《通讯》，南京《中央日报·食货周刊》1948年2月18日。
④ 曾资生：《汉代的社会经济政策》，南京《中央日报·食货周刊》1948年1月14日。

法生活而兴起暴动的主要因素有下列诸端：一、土地过度的兼并与集中，与商业资本的侵略农村，使农民脱离土地与生产工具被逼而陷入流亡的命运。二、田租与徭役的苛重。三、官僚势族政治的迫害。四、天灾的流行。"① 曾资生广征史料，对汉末政治经济成败和农民起义原因的分析，就是为了取鉴当代，警示今人。他们选择在南京《中央日报·食货周刊》上发表的论文也多强调要有资治的意义，在1948年3月3日的《通讯》中曾指出："本期发表了两篇关于常平、社义、三仓的文章，这些具有重要经济效用的仓制，历代多所讲求，我们希望能进一步分别时期，加以精详的研究。"

二是重视"世务"的研究。因为经世致用思想的发扬，他们对现实的社会经济研究表现了极大的兴趣的，史学研究进一步拓展，如对土地问题、货币改革的重视。他们认为土地问题与货币问题是"世务、学术和现实均极紧密相关的问题"，必须加强研究②。为此，陶希圣、曾资生撰有大量重视"世务"的论文发表于南京《中央日报·食货周刊》。如陶希圣的系列文章《经济社会政策赘语》以及曾资生的《论以国家的力量解决土地问题》、《解决土地问题的时期与途径》、《历代土地改革运动的三种制度》、《建议创制限田法令》、《论征收财产税》、《再论财产捐》、《论政治经济的改革》等③。这些论文研究的目的多是为政府决策提供理论服务，当然，对建议改善国统区人民的生活也不无裨益。食货派重视现实的社会经济问题，无疑扩大了中国社会经济史的研究领域，并取得了一定成绩，在国统区产生了一定的影响。可以说，抗战以后，食货派能在学术界又占有自己的一席之地，很大程度上是其致力于"新经学"的结果。

需要指出的是，他们的学术研究中存在为国民党的社会经济政策张目，积极对抗共产党的各项政策的一面。如曾资生在《解决土地问题的时

---

① 曾资生：《汉末的社会政治经济与农民暴动》，南京《中央日报·食货周刊》1947年11月19日。
② 《通讯》，南京《中央日报·食货周刊》1948年2月18日。
③ 曾资生：《论以国家的力量解决土地问题》，南京《中央日报·食货周刊》1947年1月11日；《建议创制限田法令》，南京《中央日报·食货周刊》1947年10月8日；《论征收财产税》，南京《中央日报·食货周刊》1947年6月11日；《再论财产捐》，南京《中央日报·食货周刊》1947年8月27日；《论政治经济的改革》，南京《中央日报·食货周刊》1947年9月10日；《解决土地问题的时期与途径》，南京《中央日报·食货周刊》1946年10月12日。

期与途径》一文中所说："国民党一贯的政策,是由平均地权,以达耕者有其田的目的的。此与历来国家以公平解决土地问题为其职责的传统精神是一致的。但我们党的政策并未见诸实行,而土地问题的严重性依然客观存在,这是我们应该认识的事。在此种情形之下,结果共产党以土地革命为号召诱惑的本钱,这是十分值得遗憾的。值得我们深省的。""共产党今天所实行的土地政策,一方面以没收土地以农民对地主争斗方式而形成农村中的对立,另一方面则以此土地用豆腐干块式的方法给予农民,使农民获得一时之利,藉此以获得群众。这完全是一种落伍的方式,决不足以言根本解决。今天我们如果能面对土地问题,采取一种进步的高级的土地政策,则不但可以塞绝乱源,而且可以根本解决国计民生的重要问题"。① 文章的字里行间蕴含对共产党的各项政策不满的情绪,将"新经学"与维护国民党的统治相联系。这是受政治立场因素影响而具有宣传性的论文,其学术研究毫无表彰可言。

三是出现专注经世致用,忽视学术"求真"的倾向。经世致用之学,是中国学术思想的主流,同时也是中国学术思想的正鹄,远在先秦,诸子之学,实无一而非经世致用之学,亦无一而不以天下国家与人民社稷为其依归。刘知几云:"史之为用,其利甚博,乃生人之急务,为国家之要道。"② 抗战爆发以后,食货派试图通过提倡"新经学"的史学研究,或对抗战建国,或给国民党政权的统治有所助益,是当时"理学派历史观"思潮的一部分。但食货派只是一味地倡导"新经学",没有致力于中国社会经济史理论与方法上的深入探讨,与当时其他学派相比,有明显落伍的倾向。正如劳贞一在评论曾资生《两汉文官制度》一书时指出:"讲'经世致用',从清末以来,早成熟调。现在诚然有几个专讲形式逻辑的教授,但他们只是古调独弹,并非现世学术的主流。就一般青年志愿而论,志愿学哲学的和志愿学经济的数目上简直不能相比。所以现在的问题是如何将'经世致用'的理论使其更切于实际。而不是将顾亭林的主张再来一个复

---

① 曾资生:《解决土地问题的时期与途径》,南京《中央日报·食货周刊》1946年10月12日。
② 刘知几撰,黄寿成校点:《史通·外编·史官建置》,辽宁教育出版社1997年版,第89页。

活。再就学术本身来说，人类生存于大宇宙之中，整个宇宙都是人类知识的对象。所有知识研究的范围，要包括整个自然现象和人类活动。所有一切学术上的分类，都只是为研究便利上的勉强分割，任何学术研究上的最终目的，都只是单纯的求知。所有一切应用方面，都只是几种相关的学术在某一部分获有结论以后所产生的效果。在研究过程中决无从预料到。倘若每种学术在研究时件件都要想致用，恐将失掉知识的整个性，而研究的结果也许要受到不利的影响。"[1] 人们在抗战以后普遍认识到，史学研究应该求真与致用的有机结合，在保证科学性的前提下，尽可能使自己的史学研究"有意义"，能够服务于抵抗侵略的民族解放事业。食货派经世致用的具体内涵是维护国民党的统治，而不是力主在求真基础上的致用，难免影响自己的学术价值。食货派虽然仍持"一鳞片爪"的史料搜集，但文章选题宏大，多概述性介绍，缺少深入的学术探讨。如曾资生的《隋唐统一时期社会经济政治军事的建设概况》一文在短短的篇幅中分货币与度量衡的统一、交通运输的建设、均定土地与轻减赋役、开设科举与拔擢孤寒、勤行考绩与整饬吏治、兵制建设、政制改革与建设、法律与礼制的确定八方面进行论述，史料明显单薄[2]。《西汉土地所有制度概况》一文亦是如此，分皇室所有土地、郡国公田、屯田、私有土地四方面介绍[3]。这些中国社会经济史的研究论文，只是一味地突出资政的功能，存在明显忽视学术"求真"的倾向。

必须说明的是，食货派在"新经学"思想指导下从事的史学研究中，并没有放弃前期对中国社会形态演变的探寻。如陶希圣把以前授课讲义《中国社会史研究》整理后冠名《中国社会史》（古代篇）出版，其意图是欲将中国社会形态演变作一全面的考察。该书开篇即云："中国社会发达的阶段怎样划分？答案是分歧的。从前我把周代划为封建时期；从战国时代到唐末五代为一期。宋到清为一期；清末到现在为一期；战国到清末是商业资本主义的阶段，当时对于西晋到唐的封建制度未能充分注意，只

---

[1] 劳贞一：《书籍评论：两汉文官制度》，《中国社会经济史集刊》1944 年第 7 卷第 1 期。
[2] 曾资生：《隋唐统一时期社会经济政治军事的建设概况》，南京《中央日报·食货周刊》1946 年 7 月 14 日。
[3] 曾资生：《西汉土地所有制度概况》，南京《中央日报·食货周刊》1947 年 5 月 21 日。

以为这是商业资本的衰退及现物经济的代兴,引起来的社会逆转即封建制的再建。但当时有两点现在觉得要加改正:第一,没有把中古的封建制度单划为一个阶段。第二,当时我没有显明指出两汉社会与宋以后不同的特征。现在我想作新的尝试,重估中国社会进化的阶段。"① 于是,他在检讨自己以前的中国社会史分期方法之后,又提出了自己的新认识,即"五阶段说"。而曾资生更是在新形势下,赓续前期的研究旨趣,大力阐发自己对社会经济形态演变的新认识。《论汉魏时期自然经济的发展》一文探讨了中古的自然经济现象逐渐普遍的原因,认为币制紊乱、都市破坏、交通滞塞、工商业停顿、坞堡兴起是汉魏时期自然经济抬头的几个主要原因,指出自东汉经三国以至于晋,实系中古自然经济抬头的时期,物物的交易实较货币的使用占主导的地位②。《略论古代社会到两汉社会》一文则从社会阶级或社会组织、货币经济与商业资本的发展、婚姻制度和家族财产关系、社会形态等方面,指出两汉的社会制度与古代的社会制度差别③。当然,他们的这些中国社会形态演变的探讨,与抗战爆发以后马克思主义者把唯物史观与中国历史发展的特殊性相结合展开的深入研究相比,取得的成就要微小得多。

综上,食货派的研究旨趣在其发展过程中出现了由探寻中国社会形态演变转向"新经学"的倾向。前期由于关注于纯学术的探讨,取得了突出的史学成就,推进了中国社会经济史的研究。而抗战爆发以后,食货派的研究旨趣逐渐转向了经世致用之学,受政治立场的影响,虽然仍具有保持着前期学术的研究旨趣的一面,但取得的学术成就大不如前。

第三节　重视史料但绝不忽视理论

一　"史料第一主义"

在社会史论战中,食货派深感史料的缺乏,认为搜集和整理史料已成

---

① 陶希圣:《中国社会史》(古代篇),文风书局1944年版,绪言。
② 曾资生:《论汉魏时期自然经济的发展》,南京《中央日报·食货周刊》1947年12月24日。
③ 曾资生:《略论古代社会到两汉社会》,南京《中央日报·食货周刊》1948年1月7日。

为研究者必须重视的第一项迫切任务。陶希圣说："中国社会史论战只产生了一些论文，一口吞尽长江水。江水的具体流行，很少人详加研究。"① 他们认为要纠正当时"把方法当结论"② 的空疏风气，非得从史料的搜集与整理上下手不可，要求研究者亲自搜集史料，从史料的诠释中研究历史。他们"所以这样做，是有鉴于今后如果还是空谈方法，使方法论仍旧杜留在观念的王国里，方法一定没有进步的可能"。③ 他们认为充分掌握各种相关的中国社会经济史料，是研究的基本前提和重要基础，提出"史料第一"的主张。陶希圣把史料的收集比作木厂为木匠准备木石砖瓦的工作，并表示"想做一片工厂，准备大匠们的采择"④。食货派认为"搜集史料是不能讨巧的工作"，"现在没有大研究室或记录室，只有一点一滴去集累"⑤。于是，他们在积极倡导史料搜集的同时，身体力行地开展了大量搜集史料的工作。

食货派的学术活动受到学术界的广泛关注，并得到一些社会经济史研究者的支持与响应。汤象龙撰文指出："食货的宗旨我是很赞同的，各人研究的方法也是很可佩的，因为中国经济史非大家努力，一点一滴搜集整理，切实互相指点，恐怕是难有面目发现的；同时非有许多同志分工合作，经长期的努力也不会有好的成绩产生的。"汤象龙还对史料的收集发表了自己的看法。他赞成陶希圣搜读二十四史和地方志的建议，但认为"研究经济史的资料是浩如烟海，尤其是关于近代的，除了一部二十四史，几千部地方志外，要搜读的资料不知有多少，其中许多的价值比起书本之外，要搜读的资料不知有多少，其中许多的价值比起书本来或者还要高一些，而且是研究中国经济史的人不可不涉猎的"。第一种是明清中央政府的档案，这些档案是研究中国近代财政经济社会法律的头等资料；第二种是各地方政府的卷宗档册，这些资料虽然是官方的文件免不了有不实的地

---

① 陈啸江：《〈西汉社会经济研究〉宣传启事》，《食货》半月刊1935年第2卷第4期，第14页。
② 陶希圣：《编辑的话》，《食货》半月刊1934年第1卷第1期。
③ 陶希圣：《研究中国经济史之方法的商榷（附注）》，《食货》半月刊1934年第1卷第5期。
④ 陶希圣：《编辑的话》，《食货》半月刊1934年第1卷第5期。
⑤ 陶希圣：《编辑的话》，《食货》半月刊1934年第1卷第1期。

方,可是要研究地方财政经济社会的情况,这要算是头等的资料;第三种是各种账簿,如农民或家庭的流水账、店铺的生意账、公司的营业账以及其他关于量的性质的记载,从这些资料中可以看出各时各地的农民经济、物价、生活程度、工商发达的情形以及社会动荡组织。他还在文中强调"食货大家来一点一滴搜集,一个一个小题目研究的办法是很对的。"并相信"大家采取这种办法一步一步的做法,将来也不会发生以前那样空洞的论战,因为一切都根据的是事实,有了充分的事实摆在面前,大家也无庸空论了"。①

汤象龙对史料的看法引起了食货派的高度重视,但他们最终仍没有把档案材料列入大规模的史料搜集范围之列。陶希圣解释了其中的原因:"我们大半只涉猎些历史的著作,我们还很少搜求到原始的材料。地方志的搜集还没有大规模开始。档案的整理,是食货学会现有的能力所不许的。我们还在利用别人的成绩的地位。"②食货派没有把史书以外的史料纳入搜集的范围一度受到王沉的指责。陶希圣对此表示接受的同时,并进一步作了解释:"王沉先生的信,说的话是很有益处,应当领受的。食货已出十二期,有多少是从史书以外的材料辑起来的文字?不过,这没有物质能力的集合和刊物,还难有多方面的搜求。我计划较大规模搜集宋以来的经济史料,仍然没打算把档案列在工作以内。中央研究院社会科学研究所,已经在那儿一点一滴的整理档案里的经济财政史料,我们想多多在历史著作以及文集笔记小说等成书里去做。因为这种工作是没有共同设备的多数人,或有小设备的少数人能够做到的。"③

吕振羽也给陶希圣写信肯定了史料搜集的重要性。他认为"把方法论的探讨与史料的收集作为均等的重要意见,是完全正确而必要"④。食货派注重史料收集的主张也得到了陈啸江的支持。应陶希圣之请,陈啸江在《食货》半月刊上介绍了自己从二十五史中搜读经济史料的方法。他的"二十五史文化史料汇编凡例中经济史料之部分,仍以生产、流通、分配、

---

① 汤象龙:《对于研究中国经济史的一点认识》,《食货》半月刊1935年第1卷第5期。
② 陶希圣:《编辑的话》,《食货》半月刊1934年第1卷第11期。
③ 陶希圣:《编辑的话》,《食货》半月刊1935年第2卷第1期。
④ 吕振羽:《对本刊的批评与贡献(通信)》,《食货》半月刊1935年第1卷第8期。

消费四大门分类，而以经济思想殿之"①。

在人们肯定食货派倡导史料搜集的同时，也招致不少的非议。他们认为专去搜集史料的工作，容易引人到实证主义那里去。必须严守历史科学的理论和方法去做才行的。王宜昌和朱亦芳对于食货派的中国社会经济史研究方法有所指责。王宜昌认为："陶希圣对于历史科学，很显明地是持订正派的态度，而且他以此指导着其徒众的。""陶希圣是不承认历史科学底世界性，甚至于不承认历史科学，而只能有玄学的各种'史学'"。王宜昌"不反对搜寻史料，反之，却在历史科学底法则指导之下，更举行精密钩沉工作"。② 在他看来，"理论是最重要的东西"。理论确定其研究的观点与方法，观点与方法从而又决定其研究的材料之搜集。正确的方法排斥完全归纳法的迷惑于众多材料之中，也排斥以一概全法的武断。他主张"吸取适当的必须的材料"。但材料是难以穷尽也不必穷尽的。只需有适当数量的材料，便足供观察把捉得住真的趋向。从纯理论上说，历史科学的理论与法则，是要从历史材料中绅绎而出的。但在世界已经有历史科学存在的今日，还要单研究中国史实以再绅绎历史科学的理论，而不直接地利用科学，以作进一步的探讨，是愚不可及的。他说："过去社会史论战及其以前，颇多蜘蛛，以一二事例来推断全史。现在颇多蚂蚁，只搜集材料。我希望有蜜蜂，能将历史科学武装他的头脑，以自己之力消化所挑选的材料。"③ 朱亦芳也强调理论方法比史料更重要。他说："我的方法，又和陶先生的方法不同，必须有了理论的根基，方能于现实的社会解剖上去。"④

李秉衡主张理论胜过一切，认为史料并非万能，使"史料"验证吾人之理论与方法则可，凭"史料"以求理论与方法则弊。若于"史料"中提供理论与方法，如解释为一种方法中的技术，似尚可以；否则，方法将陷于部分的、呆板的、不连贯的之误。"理论与方法即是结论"，"先有结论在心里是必要的"，"须以伟大的方法，照耀着、贯通着、运用着，一切材料"。"《食货》除收集材料外，似应将过去中国社会史论战所遗下之第一

---

① 陈啸江：《二十五史文化史料收集法》，《食货》半月刊 1935 年第 1 卷第 5 期。
② 王宜昌：《论陶希圣最近的中国经济社会史论》，《中国经济》1935 年第 3 卷第 1 期。
③ 王宜昌：《关于反对读历史的话》，《食货》半月刊 1935 年第 1 卷第 8 期。
④ 朱亦芳：《为什末研究历史和怎样去研究历史》，《中国经济》1935 年第 3 卷第 1 期。

要点，即方法的再事修养与确定——不是再度论争，应是切实的奠基。"①王瑛也持类似观点。他说："我认为研究中国经济史把方法当结论，在原则上是妥当而正确的，亦惟有把方法当结论才能有所成就。"② 又说："我们认为昧于一般的方法理论去研究中国经济史是胡闹，绝对说不上是什么研究！因之，我们一再提起注意方法理论的重要，不要大家跟着别人胡抓乱绕！研究中国经济史：第一，应先把握一般的正确方法及理论；第二才能去进行所谓'广搜史料'。"③

稽文甫在为马乘风《中国经济史》作的序文中对食货派的"最近倾向"也有所批评，认为"似乎是偏重材料的搜集，而轻视理论的探讨，没有相当的理论指导，便使搜集材料的工作无从著手，并且许多理论问题纵使翻遍中国史籍，堆集大批材料，也找不到解答"。④ 何干之也批评了陶希圣轻视方法论。他认为"有了方法就什么也不管固然不对，但不管方法，只知搜罗材料也是不行的。因为方法是无数现象的抽象，像这个抽象来认识世界，那是最靠得住的法门"。他举例说："假如认识某甲，你在认识他之前没有'人'的一半概念，是不行的；又如你想认识日本资本主义，也是一样，缺了对于资本主义的一半了解，也是不行的。"⑤ 翦伯赞也认为陶希圣"寄生于新兴历史科学与实验主义之间"，"假借新兴科学的名词以执行欺骗青年的政治任务"。⑥

以上学者均强调理论方法的指导作用，认为在史学研究中理论方法拥有无可置疑的优先权。理论与方法不能由史料中产生是他们的基本的共识。针对学术界完全相左的意见，食货派进行了回应与答复。

陶希圣回应李秉衡时，指出"如果把方法当结论，虽不是机械主义，却易陷于公式主义。历史的研究必须顾到历史的事实。实验主义不尊重确定的理论或思想，公式主义不尊重事实或材料"。对于"假设"——以一

---

① 李秉衡：《方法与材料》，《食货》半月刊1935年第1卷第9期。
② 王瑛：《研究中国经济史之方法的商榷》，《食货》半月刊1935年第1卷第5期。
③ 王瑛：《研究中国经济史的大纲与方法》，《食货》半月刊1935年第2卷第5期。
④ 马乘风：《中国经济史》，中国经济研究会1935年版，稽文甫序。
⑤ 何干之：《中国社会史问题论战》，《何干之文集》，中国人民大学出版社1989年版，第273页。
⑥ 翦伯赞：《历史哲学教程》，河北教育出版社2000年版，第214—220页。

般的理论应用到中国史上，构成"假设"，由此出发，搜集材料，作成与一般的理论一致的结论，他完全同意①。陶希圣对王瑛也作了答辩。陶希圣虽然承认研究之始必须有方法，否则无从搜集材料，但认为："把方法适用到中国的历史现象时，预先描写那个图案，只可说是假设。根据这个假设，我们可以下手得到应得的材料。所得的材料对于假设，或是证实，或是充实，或是发展，或是修正。由此所结成的结论，比假设是高一等的。而此高一等的结论，对于以后的研究，又是新的假设。"他的意思是"没有方法的劳作，和没有劳作的方法，一样是无用的。没有方法的劳作，所得到的只是史料的排列。没有劳作的方法，只是哲学或公式罢了"。陶希圣很愿意有人时时提醒大家"严守方法"。不过，"不愿意大家只以方法自足。方法也须从观念里面走到历史现象里去，把历史的合法则性指出来，才算得是真确的方法"。②

1936年陶希圣在瞿宣颖纂辑《中国社会史丛钞》的序文中，针对学术界的批评进行了全面的申论，兹引述如下：

> "材料的搜集，可使方法更熟更精。"这话，我自己很能相信得过。方法没有适用以前，不过是脑海里有留的一个观念，这一观念既不精，又不熟，并且不像是自己的东西，不过人云亦云罢了，方法用过以后，那脑海里面的观念，才从材料里面产生出来。许多在以前领会不至的细目，如今可以领会了。
>
> 我又说过一句令人指责的话，是"不要把方法当结论。"我是说，不要把那脑海中的观念当做结论。只有从材料中再产生出来的方法才可以说是结论。如果把自己从别人袭取来的观念，当做结论，那只有障碍自己的进步。因为这样一来，材料大可以不收。学术只有信正在别人已达到的程度，那里可以再进一步呢？
>
> 可惜如今还有不少玩弄观念而轻视材料的人，他们背诵了几句经

---

① 李秉衡：《方法与材料》，《食货》半月刊1935年第1卷第9期。
② 陶希圣：《研究中国经济史之方法的商榷（附注）》，《食货》半月刊1935年第1卷第5期。

文,以为够了。他们看见我们进行的材料搜集工作,眼中冒火。有时他们向我们说道:"你们的材料一条也用不得!"不错,我们的材料的积累,可以把观念玩弄者打下论坛来,难怪他们眼中冒火!

我并不是说,不用方法,单堆材料。我是说,你便把方法论弄得再熟,不找材料,仍然是"说梦"而不是"治学"。①

以上表明,陶希圣针对社会史论战滥用理论、轻视史料及自身史学研究局限性的认识,是相当深刻的。在学术的争鸣当中,食货派有高度重视史料的倾向。"历史是社会科学,当然决不轻视理论,但比理论更重要的是史料"②。"史料"在他们看来是第一位的,他们执着于"史料第一主义"。陶希圣深感中国社会形态的争论"只争一些抽象的理论,只争几个名词"、"所谓方法,不过是把少数的材料,向预定的几个抽屉里一摆"③。参战文章绝大多数是空论有余,证据不足,存在严重忽视材料的倾向。食货派承认社会经济史研究者应该怀有一定的理论、方法,带着疑问和假设去搜集材料、驾驭史料。但他们认为社会经济史的理论不是从一个理论推论出来的空洞理论,而是对大量丰富的史料作具体的观察以后,从历史事实中归纳出来的有事实根据的理论。何兹全深刻地指出:"一个历史研究者的态度至少是应该理论和材料并重的。我们固然一方面要以前人的研究成果为基础,在其研究成果上作出发点,来作新的研究,但另一方面我们的新研究也决不能为前人的见解及其所达到的境界所限制,而不敢作进一步的发展。"④ 因此,食货派强调历史是社会科学,应以理论为指导,但比理论更重要的是史料。食货派主张史学研究应"讲求方法,同时注重资料,必须从资料中再产生之方法,才是正确的方法"⑤。在这一"正确方法"的指引下,食货派"史料第一主义"的实践结出了诸如《南北朝经济史》、《唐代

---

① 瞿宣颖:《中国社会史料丛钞》甲集(上册),上海商务印书馆1936年版,陶序。另见陶希圣《瞿兑之先生中国社会史料丛编序》,天津《益世报·食货周刊》1937年5月4日。
② 黄宽重:《陶希圣先生与食货杂志》,台北《湖北文献》1990年第94期。
③ 瞿同祖:《中国封建社会》,上海人民出版社2003年版,陶序。
④ 何兹全:《与曾兴论"质任"是什么?》,《文史杂志》1941年第1卷第4期。
⑤ 陶希圣:《夏虫语冰录》,台北法令月刊社1980年版,第334页。

经济史》等一系列丰硕的果实，有力地推进了中国社会经济史研究的发展。

"史料第一主义"始终是食货派学术研究的思想核心，这一思想后来也一直影响着南京《中央日报·食货周刊》创办的整个过程。1946年6月8日陶希圣在《食货周刊复刊记》中说："我们对于战后中国的学术风气，更抱定一种愿望。我们期望战后中国学术风气，崇尚笃实，祛除浮躁。这也是甚高难行之论。譬如治史学，必先看几本史料，根据历史的事实来作史论，就算得是笃实的。"若先有成见，依此成见来作斗争，那最好是谈哲学。哲学家可以单凭空想。任使你怎样想。如谈历史，必读史书。① 食货派重视史料得到各方学者和食货会员的赞誉和支持，发表的论文内容逐渐充实，在学术界产生了一定的影响。曾资生在1948年5月24日南京《中央日报·食货周刊》的《通讯》中指出，很多读者来信说明其时资料缺乏，搜集不易，"在大学里教中国经济史，多得助于食货云云"。因此，食货派仍"想在编辑方面更加努力以类相从，编出各种专号，使读者更能有参考的便利"。②

然而，食货派也敏锐地意识到高树"搜集史料"旗帜，容易被人视为忽视理论与方法。于是，他们在自己的研究中有意识扭转这种风气，提倡搜集史料的同时，强调不应忽视理论的重要性。

二 绝不忽视理论

食货派十分重视史料的搜集和整理工作，但绝不忽视理论。他们"希望——虔诚的希望有相同兴趣的人，理论与材料一同下手。几年之后，中国经济史的系统著作一定要出现的"。③ 关于史料与理论、方法的关系，陶希圣认为："'一分见解，一分材料；一分材料，一分见解。'没有见解，材料无从下手。没有材料，便没有见解了。单是材料的集合，只是'长编'，不是史学。单是理论的陈述，只是翻译，不是史学。单是批评或简

---

① 陶希圣：《食货周刊复刊记》，南京《中央日报·食货周刊》1946年6月8日。
② 《通讯》，南京《中央日报·食货周刊》1948年5月24日。
③ 陶希圣：《读中国经济史研究专号上册以后》，《中国经济》1934年第2卷第10期。

直单是谩骂，只是批评或只是谩骂，也不是史学了。"① 在《食货》半月刊创刊号《编辑的话》中，陶希圣对理论与方法的辩证关系作了精湛的分析：

> 史学虽不是史料的单纯的排列，史学却离不开史料。理论虽不是史料的单纯的排列可以产生，理论并不是仅原形一摆，就算成功了的。方法虽不是单纯把材料排列，方法却不能离开史料独立的发挥功用的。有些史料，非预先有正确的理论和方法，不能认识，不能评定，不能活用；也有些理论和方法，非先得到充分的史料，不能证实，不能精致，甚至于不能产生。

陶希圣认为"把方法当结论，不独不是正确的结论，其实这不过是外国社会史拿来代替中国社会史罢了。说了多少话，写了千万字，一点与中国社会史没有干系。正确的方法是能够把握历史上社会现象的内部关系的方法"。但是，"不把方法当结论，也不是没有一点什么疑问，没有一点什么假设，单纯排起材料来的"。"这个半月刊要集合，要欢迎在切实的方法之下搜集的材料。"②

陶希圣的论述表明，食货派首先强调重视史料，通过史料搜求、具体史实考证来推进理论进步，但并非忽视理论、方法的指导作用；而是兼顾史料与方法、理论的平衡，两不偏废，相互为用。陶希圣说：

> 我们应当承认中国经济史社会史的研究，还在初步。理论的修养和材料的供给，两面都还差的很远。世间还没有人创一个神妙的方法，使我们一朝得到这个方法之后，万年的万事皆通。因为人不是神，所以任何伟大的理论家，只能指示我们一个观察事物的眼光，解释事物的见地，批评事物的立场。任何伟大的理论家不能如创世纪所说的那样，替我们创造历史。
>
> 所以我们在创刊本刊的时期，便决定注重材料的搜集的工作。我

---

① 陶希圣：《读中国经济史研究专号上册以后》，《中国经济》1934年第2卷第10期。
② 陶希圣：《编辑的话》，《食货》半月刊1934年第1卷第1期。

们绝不忽视理论和方法。我们以为理论和方法只能使我们用来研究历史,并不能代替历史的本身。①

陶希圣创办《食货》半月刊,把重在史料收集作为办刊方针,努力使史学研究建立于实证基础之上。食货派的论著的确都是以丰富的史料为基础,而作严谨的推论。但是,他们注重史料不同于胡适实验主义。"实验主义只是一种方法,只是研究问题的方法。他的方法是:细心搜求事实,大胆提出假设,再细心求实证。一切主义,一切学理,都只是参考的材料,暗示的材料,待证的假设,绝不是天经地义的信条。实验主义注重在具体的事实与问题,故不承认根本地解决。"② 实验主义的特点"是标榜求真,提倡治史从科学的方法入手,而不重视史观的作用,用功的重点在史料的鉴别、考释、扩充,史实的考证,而不汲汲于鸿篇巨制"。③ 实验主义非常重视史料,也讲"科学的方法",但它是限于史料考订层面的、技术性的方法,与处于历史阐释层面的、理论性的方法相去甚远。实验主义的方法,"拿证据来!""但是它只是研究历史的'必要条件',却不是'充分条件'。它可以在'乾嘉学派'里的经生们所搞的'考据学'和'训诂学'里'充分'发挥其功能"。它也是西洋传统史学所搞的圣经"版本学"和"历史语言学"里所必守的戒律。然而,它最多只是一种"古事研究学"或考证学;是"方法学"的一部分而不是"历史学"的本身④。食货派以探寻社会形态演变为研究旨趣,属于释古一派。陶希圣说:"近几年,史学从疑古走到古史的社会学民族学的建立一步上来了。从信古,到疑古,到古史的社会学民族学的建立来,正是黑格尔的正、反、合的论理过程。最近冯友兰先生在师大史学会演讲,曾这样的指出,我的意见也是一样的。"⑤ 曾謇认为以顾颉刚疑古学派学说"对于二千年来史学界上盲目的尊古与信古的传统思想"给它以极大的打击。"但它的功绩也就仅此

---

① 陶希圣:《编辑的话》,《食货》半月刊1935年第1卷第11期。
② 胡适:《我的歧路》,《胡适文存》二集第3卷,黄山书社1996年版,第332页。
③ 蒋俊:《中国史学近代化进程》,齐鲁书社1995年版,第7页。
④ 唐德刚:《胡适杂忆》(增订本),华东师范大学出版社1999年版,第110页。
⑤ 陶希圣:《编辑的话》,《食货》半月刊1935年第2卷第2期。

而止。始终是在对于盲目的尊古与信古否定这一点。至于研究的工作，这一派的学者，大都没有跳出史料真伪辨别的范围，史料固然是建筑历史的资材，但它终于不是历史的本体。""这从盲目的信古到极端的疑古，正是'正'与'反'对立形态的发展。但现在已经是'合'的时代了。社会学民族学古史体系的建立与社会学民族学的古史解释，正是'信古''疑古'对立发展的综合。这是依于整个辩证法的发展的法则，是不可抗御的事实。"① 因此，食货派以辩证法的发展的法则不断地对中国社会经济史进行阐释。

食货派重视史料也不同于以傅斯年为代表的史料学派所主张的"历史学只是史料学"。史料学派主张：一是"凡能直接研究材料，便进步。凡间接的研究前人所研究或前人所创造的系统，而不繁细密的参照所包含的事实便退步"。二是"凡一种学问能扩张他们研究的材料便进步，不能的便退步"。三是"凡一种学问能扩充他作研究时应用的工具的，则进步，不能的，退步"。他们"反对疏通"，认为"只是要把材料整理好，则事实自然显明了。一分材料出一分货，十分材料出十分货，没有材料便不出货"。他们对待材料的态度是"存而不补"，处置材料的手段是"证而不疏"。② 史料学派专注于史料的考辨整理，在历史观或历史解释方面缺少建树。显然，食货派的方法也不同于史料学派的方法。而食货派一方面强调史料搜集，另一方面"绝不忽视理论和方法"，以"疏通"为研究的重要工作。

食货派重视史料，其命意不是要追循实验主义和史料学派的治史旨趣，而是谋求摆脱原来偏重理论而忽视史料的研究倾向。食货派的难能之处就在于，并未局限于史料而忽视理论，从未放弃对理论方法的追求。食货派大力倡导"以社会科学的理论与方法来研究中国社会经济史"③。陶希圣指出《食货》素为公开讨论之刊物，尤其是"方法论"多一派之理论即可供一参考。"这话正合于本刊的宗旨，因为本刊稍重材料，有不少的人以为我们是实证主义者。其实我们正苦于理论方法之不充实。断不敢也不

---

① 曾謇：《古代宗法社会与儒家思想的发展——中国宗法社会研究导论》，《食货》半月刊1937年第5卷第7期。
② 《历史语言研究所工作之旨趣》，国立中央研究院《历史语言研究所集刊》1928年第1本。
③ 陶希圣：《食货学会本年六项工作草约》，《食货》半月刊1935年第1卷第6期。

愿拒绝方法论的写或译的。"① 重视史料，主张论从史出，并不是说他们不关心理论与方法，而是变换了关心的方式。陶希圣在《食货》半月刊中为理论与方法的探讨刊有专号，如《经济史理论与方法专号》②，辟有各种专栏，如方法与理论、理论与方法、方法、研究方法等③。他们主张"理论"与"史料"的融合，在理论的指导下进行史料的搜集。他们在文章中发表自己对理论方法的看法，在研究中积极利用各种理论与方法。食货派有目的的组织理论及方法论的讨论以及组织力量译介一些国外的研究著作，相当有力地促进了相关的学术研究。

总之，食货派高度重视史料，但又与实验主义和史料学派不同。他们通过多种途径对中国社会经济史研究的理论方法或直接进行深入的探讨，或间接地传播自己的治史理论与方法，对中国社会经济史研究范式的建立起到一定的作用。食货派是重视史料但绝不忽视理论。这是食货派学术研究中最重要的治史思想之一。陶希圣自己回忆说："主编《食货半月刊》，讲求方法，同时注重资料，必须从资料中再生产之方法，才是正确的方法。食货半月刊出版两年半，自成一种学风。"④ 何兹全也认为"《食货》对待材料和理论、方法的态度，大体是合理的"⑤。正如学者所指出《食货》的成功，得益于陶希圣在会通史料与理论之研究理路上的探索⑥。

食货派倡言搜集史料，归根结底，在实践上最终表现为推动社会史论战之后学术研究向史料与理论方法并重的道路上前进，其本质是使中国社会经济史研究脱离政论，步入学术发展的轨道，而非忽视理论方法的单纯史料搜集技术员。食货派虽然重视史料，却不忽略理论。陶希圣指导下的食货派在从事中国社会经济史的研究时，不断地运用各种社会科学的理论与方法。所以顾颉刚坚持认为："陶希圣先生对于中国社会有极深刻地认

---

① 陶希圣：《编辑的话》，《食货》半月刊1937年第5卷第11期。
② 参见《食货》半月刊1937年第5卷第11期。
③ 参见《食货》半月刊1936年第3卷第6、第8、第12期，1935年第2卷第4、第5期。
④ 陶希圣：《夏虫语冰录》，台北法令月刊社1980年版，第342页。
⑤ 何兹全：《我和中国社会经济史研究》，张世林编：《为学术的一生》，广西师范大学出版社2005年版，第220页。
⑥ 参见向燕南、尹静：《中国社会经济史研究的拓荒与奠基——陶希圣〈食货〉的史学意义》，《北京师范大学学报》2005年第3期。

识，他的学问很是广博，它应用各种社会科学和政治经济学的指示，来研究中国社会，所以成就很大。"①

食货派史料与理论方法并重的史学思想，在抗战爆发以后成为大多治史者的共同努力的方向。1941年周予同指出，"七七事变"后，中国史学的机兆是"取疑古、考古、释古三派的优点加以批判的综合"②。1946年顾颉刚在天津《益世报》中《史苑周刊发刊词》中认为："要使历史学走上科学的阶梯，必须使方法与史料合而为一。即用科学方法，进行史料收集，整理与批判；又用史料，进行对科学方法衡量与考验。使方法体化于史料之内，史料融解于方法之中。"③齐思和也指出："今后的史学家，要以理论来作选择问题的启示，要以材料中获得理论。'理论与材料合一'，这是我对于现今中国史学界的第一个要求。"④

"食货所定的任务，是重在搜求史料"，同时绝不忽视理论，是食货派一以贯之的治史思想。1946年6月8日，陶希圣在南京《中央日报·食货周刊》的《食货周刊复刊记》中说："食货半月刊问世，我提出了多找材料，少谈理论的主张，论战潮流为之改变方向。今天我们复刊食货，我们是继续向这一方向走。""少谈理论，决不是没有理论，不过单有理论，不成其为史学。既是'史'学，就不能轻视史料。同时单有史料，也不能成其为史学。既是'史'学，就不能缺少理论。食货的方向，是重视史料，而不固执一种理论。尽管来稿所持的理论是与编者观点不同，甚至相反，我们一样的刊载。惟一的条件是他们不抹杀史实。"⑤ 在以上治史思想的指导下，食货派的中国社会经济史研究同样强调在搜集史料的基础上大力加强各种社会科学理论与方法的运用。

然而，食货派偏重史料的消极影响也是无可否认的。食货派极力倡言的"史料第一主义"淡化了理论的修养，此种偏重史料的情感与取向，与其时整个学术界的现实相关。自然，这种情形我们只能视为食货派对中国

---

① 顾颉刚：《当代中国史学》，辽宁教育出版社1998年版，第91页。
② 周予同：《五十年来中国之新史学》，《学林》1941年第4期。
③ 顾颉刚：《史苑周刊·发刊词》，天津《益世报》1946年8月3日。
④ 齐思和：《现代中国史学评论》，《大中》1946年第1卷第1期。
⑤ 陶希圣：《食货周刊复刊记》，南京《中央日报·食货周刊》1946年6月8日。

社会史论战的反思造成的，是对社会史论战流于空论的纠偏补弊。但我们无须否认，它毕竟影响了食货派对理论在史学研究中所起作用一定程度的忽视。最终不能不陷入仅仅满足于搜集史料的狭小圈内，而淡化"经济理论的陶冶，历史哲学的引导"[①]。他们强调史料收集，企图以此矫正中国社会史论战轻视史料的弊病。但矫枉之时，往往难免不过正。为扩大史料的搜集，求得诸多的史料，《食货》半月刊稿件取舍标准是：只要有相当的材料，足够提出一个问题来，或足够说明一个项目，便可登载。对于成熟的系统的论文，固然万分的喜悦，便是一断片，一段落，都可以收罗[②]。食货派的不少文章，由于过于重视史料而轻视研究与论述，许多学者对此提出了批评。杜若遗指出《食货》力矫社会史论战的弊端，是"不尚空谈，注重实际史料的收辑的刊物"，但也常常容易犯两个毛病：一是把史料割裂得太碎，会发生歪曲其本质的危险，二是动手搜集材料时，不从一个中心的问题出发，联系到各方面，而是无目的地，部分地，不加解释地，随见随录，那会发生虽多无益，仍与未经整理无异[③]。

以上过于偏重"一鳞片爪"史料的状况在南京《中央日报·食货周刊》表现得更为突出。《食货周刊》因篇幅的限制，甚至对系统研究的论文表示不予发表。在1947年11月26日的《启事》中明确指出："本刊欢迎三四千字社会经济史论文与现实经济问题之论文，现有许多长篇巨作，内容丰富，以篇幅所限，实难发表。"因为系统长篇论文难以刊载，所以，见到的多是"一鳞片爪"的史料搜集文章，这也就影响了他们的学术研究性。

第四节　倡言学术的合作

食货派认为中国社会史论战毫无结果的主要原因之一就是研究陷入政论以致谩骂，到处充满了互相排斥的意见。陶希圣说："争论者，常严守他的逻辑：'你说的错了，因为是你说的；我说的才对，因为是我说的。'"

---

① 陶希圣：《编辑的话》，《食货》半月刊1935年第1卷第11期。
② 陶希圣：《编辑的话》，《食货》半月刊1934年第1卷第1期。
③ 杜若遗：《介绍〈食货〉半月刊》，《文化建设》1935年第1卷第4期。

"根据这种逻辑的人,不独是唯我论者,并且是正统论者。他争得满头大汗的是'只有我这说法是真正的马克思学说。'"在他看来,这种习惯"只能说是文人的积习。中国的文人,最会自命正统,自立门户"①。为了从纯学术的立场来研究中国社会经济史,使研究步入学术发展的轨道,食货派宣称摒弃政论,主张放弃门户之见,开展学术的合作。陶希圣创办《食货》半月刊,创建食货学会的目的之一就是为了把社会史论战中的中国社会经济史研究由政论导入学术的正规,正如陶希圣后来所说:"民国二十四年至二十六年,我主编《食货半月刊》,要把这个研究,从政争扭转到史学。"② 故在《食货》半月刊宣言中明确宣告: "不谩骂,更不做政论。"③ 1936 年陶希圣在天津《益世报·食货周刊》同样贯彻不作谩骂的原则与立场,并作了深刻的阐释:

> 凡是中国社会史的作家,尤其是在他发刊一个刊物的时候,例须挑出几个历来研究这门学问的别人,一一加以"批判",然后显出自己的本领,最后再说几句谦恭求教的话,当做书的序论,或刊物的发刊词。我们的周刊第一期第一文也应当一样的做,但我们不这样做。
>
> 第一,一般社会史家首先要"批判"的一人就是本刊主编陶希圣。我们不袒护陶希圣主义,我自己也抱"昨非今是"的自己批评的态度。不过自己也没有专骂自己的兴趣。
>
> 第二,我们不争正统。中国社会经济史的研究仍然是在萌芽期,谁也没有取得正统的资格和学力。即令为了争正统,把一切专名词喊得震天价响,不合于客观的事象,也是枉然的。况且自立门户,刚心愎气,拒绝人家的优越的见解,护自己的短,这是学问进步的阻碍。学问的进步是一斗争的过程。但那些坚护老毂不让他蜕的,就是这里说的阻碍了。
>
> 第三,我们不以为"文章是自己的好",至少也不说"人家的文

---

① 瞿同祖:《中国封建社会》,上海人民出版社 2003 年版,陶序。
② 陶希圣:《社会史讨论会献言》,《第一届历史与社会变迁研讨会》上册,台北中央研究院三民主义研究所 1982 年版,第 4 页。
③ 陶希圣:《〈食货半月刊〉宣言》,北平《晨报·社会研究周刊》1934 年 11 月 14 日。

章都不好",为自己争一个先着,只要有方法有工力,准也能有一点儿贡献。有方法的治学,一定是后来居上,我们更不敢拦住后来的人的路。

第四,我们要求各家各派的合作并进。我们不主张互相排击,我们主张互通消息,互换意见,互供材料,但也不放弃互相批评,不过不主张以谩骂作批评。

第五,我们也不说谦恭的话,骂街之后再四面叩头是一矛盾。同时,我们也不是没有一点贡献,虽然不大,我们对于唐宋及以前的社会经济史料曾下过并正在下一点工夫,我们愿在食货半月刊及本刊里把我们一点工夫贡献大家,态度诚挚,不在乎叩头。①

可见,陶希圣深刻的认识到谩骂有碍于学术研究的分工与合作的实现,坚决反对论战中那种谩骂的风气,主张学术的合作。但是,食货派摒弃政论,提倡学术合作的思想一度受到学术界批评。倪今生(王宜昌)主张对付那方法不正确的史家,唯一手段只是谩骂,并赞成"国骂文化"。他认为"对于派系完全不相侔,堂堂正正地摆出自己的派系的人,则道不相同不相为谋,讨论时只好客气些;对于同派系的人,如果是故为曲解,则只有不客气,因为这里包含有一种取巧的成分在内,其取巧便是可恶的一点"。他希望食货派也来赞同"骂的哲学"。②对此陶希圣在《食货》半月刊第 1 卷第 7 期《编辑的话》中声明了自己的立场:

为了学术思想来谩骂,我并不反对。不过本刊不主谩骂,也有一点小意思。编者并不是没有主见,也不是不会根据自己主见谩骂别人。编者以为(一)骂于史料的搜索没有利益,于本刊本会的主旨不相合;(二)骂别人更有一番坏处,即是为本刊本会立下坚强的门户之见,使中国经济社会史的研究尤其是史料搜集上失去大家合作的可能。本刊第五期《编辑的话》第二段里偶有犯却此戒的嫌疑,已使编

---

① 陶希圣:《食货周刊创刊的意思》,天津《益世报·食货周刊》1936 年 12 月 6 日。
② 陶希圣:《编辑的话》,《食货》半月刊 1935 年第 1 卷第 7 期。

辑者抱憾万千了。所以本刊本会以及本人今后重行坚定如下态度：——听凭人骂，断不骂人。①

吕振羽也认为中国社会经济史的问题很烦杂，所以相互的批评非常之必要。他说："批评是相互交换意见暴露错误之最好的方法；易言之，这是我们接近真理的最好办法，——尤其是知识分子的我们。我对您以及对其他许多学者的意见有所批评，便是基于这一觉悟之上的。您只注重积极的'立'的工作，似乎未免忽略了消极的'破'的意义。"② 然而，陶希圣始终认为学术合作才是中国社会经济史研究的出路。他说："如今是一个斗争的时代，'三个人与两个人斗，两个人与三个人斗。'没有调和的余地，也没有共进的心理。在这时期，我们提议同究此学的人们的大谅解、大合作，当然遭遇许多这样的阻碍。唯一的方法只有先破除我们自己的意气，虚心的忍受并且欣受一切的指斥，充分尊重理论的进步。只要于学术有进益，一切都不成问题。我们再进而要求大家'相互批评的合作。'不因批评便不合作；不因合作，避免相互的批评。"③ 为了导正社会史论战的"盲争瞎斗"现象，陶希圣提出不谩骂，不作政论的原则，强调平心静气的讨论和研究，鼓励大家相互批评合作。陶希圣的这一学术主张，值得我们今人认真思考。

食货派认为搜集史料与鉴别史料是一个极其困难的工作，唯一能有效解决的方式就是分工与合作。他们极力赞成采取分工合作的方法来搜集和整理史料。陶希圣说："我们考究中国社会经济史料既有许多困难，应当怎样解除呢？这就不得不提及研究的人数了。如果研究的人员增加，如果各人都经过充分的训练和充分的劳力，彼此研究，相互考核，这个难题倒也容易解决。"④ 这一治史思想陶希圣早在社会史论战中就一直在酝酿。因此，陶希圣在《食货》半月刊的创刊号中称："几年以前，就有不少的人

---

① 陶希圣：《编辑的话》，《食货》半月刊1935年第1卷第7期。
② 吕振羽：《对于本刊的批评与贡献（通信）》，《食货》半月刊1935年第1卷第8期。
③ 陶希圣：《编辑的话》，《食货》半月刊1935年第1卷第11期。
④ 陶希圣：《中国社会史经济史研究的方法》，北平《晨报·社会研究周刊》1934年11月14日。

感觉到大家分工合作的必要。"① 连士升在《经济与地理》一文中也大声疾呼学术上应"分工合作"。他说:"我们需要相互依赖,我们需要分工合作,没有合作则分工为无意义,没有分工则合作为不可能。""我希望国内少数专门研究经济史的学者能够与专门研究地理沿革史的学者,作切实的联络,大家实行分工合作;积之有年,不但这门科学各得其利,而且必须能促进经济地理学的充分发展。"②

为了推进学术的合作,食货派做了大量的工作。第一,在《食货》半月刊上和天津《益世报·食货周刊》发表了大量与食货派意见相异,观点相左的文章。当时中国社会经济史学界由于研究的动机与目的不尽相同,很少合作,甚至由于政治上的因素,彼此之间还出现过"对着干"的现象。如吕振羽在李达的指导下,在中大政治系教"中国政治思想史",其目的之一便是针锋相对地与陶希圣在北大、清华、北师大教授的《中国政治思想史》对着干,"唱对台戏"③。然而,尽管吕振羽对陶希圣一直存在激烈的批评,但陶希圣认为吕振羽是"方法与技术兼有修养的人",公开表示希望吕振羽能为《食货》半月刊撰稿。陶希圣说:"他(吕振羽)对于中国社会发达的过程的见解虽与我不同,并对我有严重的批评,但对《食货》的工作,他很热心的。我盼望他以后能够有文字在这小刊物里发表。"④ 陶希圣又给与食货派辩论"魏晋封建说"的陈啸江写信,说明"道不同相为谋"之必要,希望陈啸江能为《食货》半月刊撰稿,阐发学术见解。他说:"弟深感'道不同为谋'之必要,吾人居今日初步研究之时,尚非固执时也。故弟甚重兄之见解,而以为无论见解之歧异为如何?皆足以使社会之性质更加明晰也。兄可为食货投文,将此见解促使食货学会会员之注意乎?"⑤ 陈啸江在给陶希圣的复信中对"魏晋封建说"进行了辩论,但非常赞成"道不同宜相为谋"的观点⑥。后来,陶希圣在回信中

---

① 陶希圣:《编辑的话》,《食货》半月刊1934年第1卷第1期。
② 连士升:《经济与地理》,《禹贡》1935年第2卷第11期。
③ 江明:《展读遗篇泪满巾——记李达与吕振羽的交往》,《文献》1980年第4期。
④ 陶希圣:《编辑的话》,《食货》半月刊1935年第1卷第5期。
⑤ 《学术通信:奴隶社会还是佃庸社会A》,《现代史学》1936年第3卷第1期。
⑥ 《学术通信:奴隶社会还是佃庸社会B》,《现代史学》1936年第3卷第1期。另参见陈啸江《中国社会史略谈》,《食货》半月刊1936年第4卷第4期。

对陈啸江的"魏晋封建说"的商榷与驳斥,表示接受的同时,指出"前所谓相为谋,是指批评的合作,决不是强欲求同"①。通过陶希圣积极联络,谋求合作,吕振羽、陈啸江等都在《食货》半月刊上发表过文章。20世纪30年代中期,《食货》半月刊杂志为社会经济史研究者提供了一个可以自由讨论与发表研究成果的园地,中国社会经济史学界逐渐形成了以《食货》为媒介的学术合作的局面。另外,天津《益世报·食货周刊》的编辑也发挥着类似的作用,除发表食货派学人的文章外,还有柴僧、方济需、非洋、何健民、胡翠贤、桑毓英、王毓铨、吴士贤、孟椥、颜子愚、余庆生、张锡纶、周乾溶等人的作品②。

第二,在《食货》半月刊上陆续刊载了近三十年来各种杂志上中国社会经济史论文的索引。随着社会史论战的发展,研究社会经济史的人日益增多,对以往研究成果的了解及当前研究现状的认识已显得非常迫切。而一些从事社会经济史研究的人在这方面的信息缺乏必要的了解,影响了学术研究的进一步发展。食货派意识这一问题的严重性,遂积极地倡导中国社会经济史研究论文索引的搜集与整理。陶希圣说:"在收稿的当儿,我发现想做中国经济通史的人多,想做专题研究的人少。原因是研究的人并不能得到经济通史的知识,又不知道那些问题有人做过,那些问题还没人做过。本刊以后将陆续发表近三十年来中国经济史论文索引。索引也是零碎的。希望食货学会会员每人供给几条。如有心专做索引的,请通信与我。"③ 食货派认为"以社会科学的理论与方法来研究中国经济社会史,虽为时不久,但中国经济社会史的问题曾经试行解答或已全解答的,不在少数;史料曾经搜集的更多"。于是,1935年,陶希圣在《食货学会本年六项工作草约》中,提出了详细的分工合作编制关于近三十年来中国经济社会史论文索引的计划。"本年应对这些以往的成绩结算一下。其方法是:搜集此种论著,列举(一)论题,(二)著作人,(三)出版物名称及(四)出版日期及版数,(五)收藏地,(六)极简单的内容纲要。此种索

---

① 陶希圣:《中国社会史略谈(附信)》,《食货》半月刊1936年第4卷第4期。
② 以上作者发表文章的情况可参见本书附录二。
③ 陶希圣:《编辑的话》,《食货》半月刊1935年第1卷第3期。

引依各该论著所关涉的时代分类之后,再依所关涉的事项分类。"外国论著中"如是大家熟悉的论著,可只归入索引"。"曾有译本出版或在其他刊物发表者,归入索引,或在食货介绍批评。"① 在《食货》半月刊杂志第1卷第6期刊登的《南方各大学杂志中中国经济社会史论文索引》中,陶希圣进一步指出:"索引的做法,先由各人就他容易到手的刊物,搜集下来,或略加整理,或先行发表,再加整理。日本出版物内的论文索引现已得到五百条以上。关于近百年中国经济社会史的论著索引,有人已得五百条,可交本刊。现先发表南方大学刊物中这类论文的索引。编者是陈啸江先生。"于是至《食货》半月刊杂志第3卷第10期,陆续刊登了19期近三十年来国内学术界已发表有关中国经济社会史研究的论文索引。除陈啸江的《南方各大学杂志中中国经济社会史论文索引》、《北平社会调查所有关论文》外,还有姬信之的《北京大学刊物中这类论文索引》、南京金陵大学吴云端的《三十八种刊物中中国经济社会史论文目录索引》等。陈啸江、姬信之、吴云端等人对陶希圣提出索引的搜集整理积极响应,做成的索引搜集的范围非常广泛,涉及中国社会经济史的各个方面,合计共征引各大学或学术机构的出版期刊52种,论文数目达到400多条。后来《中国经济社会史重要论文分类索引》搜集的范围继续扩大,连一般杂志也征引,论文数量大大增加,共计1000多条。值得注意的是,他们还依据论文性质进行了专题的分类②。

食货派社会经济史论文索引的刊布,特别是按专题的分类方法制作的索引利用起来非常方便,对学术界贡献极大。姬信之指出:"'那些问题有

---

① 陶希圣:《食货学会本年六项工作草约》,《食货》半月刊1935年第1卷第6期。
② 《中国经济社会史重要论文分类索引》中的分类如下:研究方法、总论、工业、农业经济、土地问题、金融经济、商业与贸易(现代)、交通(近代)、中国财政、税制与苛捐、中国合作事业、中国的人口、华侨经济、田赋现状、中国的灾荒与民食、中国的劳动问题、中国的渔业、中国的盐业、中国的米麦业、中国的林业、牧畜业及其他、中国现阶段的意识形态、赤区问题、东北问题、币制与白银问题、经济政策与统制经济、中国社会史发展阶段总论、中国古代社会史、亚细亚生产方式、奴隶社会、封建社会、商业及商业资本、专制主义、秦汉以来的社会形态、农业的发展、土地制度之史的发展、历代的田赋制度、阶级斗争与农民暴动史、金属的使用与矿业的发展、中国历史上的货币、历史上的交通、工业与都市、中国社会史上的寺院经济、古代的财政及合作制度、盘古及禹贡、中国民族之史的发展和断代经济社会的研究、家族之演变、意识形态的变迁、其他。

人做过,那些问题还没有人做。'这的确是我们研究学问所最感觉痛苦的一件事。我们研究历史,材料的不凑手是一件痛苦,工具的不凑手也是一件痛苦,要求材料的凑手,这是不容易的,非得国家富足,政治上了轨道,设立规模宏大图书馆,把可以寻得的记载都搜罗到不可。但是要求工具的凑手却比较容易,只要我们肯从搜集材料和研究问题时所感到的困难和费去的不经济的工夫上着想,以少数人的精力为多数人谋便利,不厌其工作之繁碎,这样定能有极完备的工具。"他还进一步指出:"现在学术日繁,一人的精力究竟有限,就令终年孜孜,而所得者也不过'九牛一毛''太仓一粟'。在各人既经苦功,当然视若奇见,沾沾自喜,那知这毛粟之微的东西,或竟是他人已搜集过研究过的,那么我们仍然去搜集材料,编比史实,这样不从于时间上牺牲过大,就是在整个学术上也是枉费精力,无大贡献。从前的学者有一种误解,以为研究历史的人都应当博闻强记,过目成诵,最好到应用时不必费去检查的工夫。于是他们只要熟读到可以不检查,不要求检查的方便。"他认为搜集以往各杂志报章登载的论文作成索引为我们参考,有三件便利:"一、他人研究过的问题,搜集到的材料,我们可以节省许多冤枉工夫。二、他人研究过而不周密的问题,搜集到而不完备的材料,我们可以补充。三、他人因材料不完备而见解谬误的地方,我们可以加以纠正。"①

很多学者还对食货派制作索引的倡议和已经刊出的索引制作方法提出了自己的意见。罗绳武认为《食货》半月刊杂志关于近三十年来中国经济社会史论文索引的范围应该扩大,"不仅限于杂志上的论文。而且包括书、报,不仅限于中文,而且包括外文。在索引方法上,最好按性质分类,如方法论,中国社会形式发展论,按时地分别的研究等。而且能撮录各书文的要旨,在相当时间的分工合作之后,可以出一索引之单行本,此后每一年续出一本"。②李秉衡也认为"陶先生的倡议,在研究便利上说,很为需要。因为,Index 这种工作,不单是搜集材料之行径,且为研究之一种引线。何况中国社会史,一面走向深刻的研究,一面在清算过去的论著,做

---

① 姬信之:《中国经济社会史论著索引》(3),《食货》半月刊 1935 年第 1 卷第 9 期。
② 罗绳武:《陶希圣主编食货的介绍及批评》,《中国农村》1935 年第 1 卷第 11 期。

起来，的确有意义"。他还提出了编制提要的建议，认为"索引是给预备研究的人，关于过去所有研究过的问题底标示，而提要是就所有过去研究过的问题的内容，撮要地提取出来"。他认为制作近三十年来国人研究中国社会史论文提要，原则上有几点须加以注意："（1）论文的假设及其方法论；（2）其所根据的资料；（3）其结论。"另外，"提要或纲要不单给人以扼要的指示，尤须正确的实质的指示"。他还想把"食货会员或同志"分为两组：一组专作索引，另一组专作提要。在决定作的时候，仍须请陶先生任指导。提要同索引一样陆续依上述表格在食货上发表。将来汇集成册①。可是，因提要的编制所费的工夫与精力自然要大得多，一时也不易做成，《食货》半月刊杂志也没有刊行。总之，食货派的索引制作的探讨和刊载为当时的中国社会经济史研究者提供了极大的便利，这一学术举措大大有利于学术研究的进一步合作。

第三，陶希圣通过《编辑的话》"尽力沟通研究中国经济社会史的人们的消息"②，扩大合作的范围。《编辑的话》除专辑之外，每期都有，前后累计达2万多字。在《编辑的话》中，陶希圣重视同读者的交往与沟通，关注史学界最新动态。陶希圣"想把各位师友的研究题目，在以后的本刊陆续发表出来，以便看出（一）现有那些题目，有人着手，（二）那些还没有人做到。整理好了以后，本刊便想讨论分题和出题的方法"。③ 因此，他在介绍《食货》半月刊的作者所在单位以及对他们的文章进行简要的评介时，特别重视对其正在研究的题目以及研究的方法介绍④。《编辑的话》中含有大量的学术信息，陶希圣除对读者来信或就某些问题发表的个人的学术见解外，常常提出一些有重要意义的研究课题，申明食货派的研究计划。总之，从《编辑的话》中，我们可以了解食货派和当时社会经济史研究者以及他们正在从事的研究。这种沟通工作，大大有益于了解当时中国社会经济史的研究状况与发展趋势，扩大了进一步合作的范围。

---

① 李秉衡：《近三十年国人研究中国社会史论文提要拟议》，《食货》半月刊1935年第1卷第10期。
② 陶希圣：《编辑的话》，《食货》半月刊1935年第1卷第6期。
③ 陶希圣：《编辑的话》，《食货》半月刊1935年第1卷第10期。
④ 关于陶希圣在《编辑的话》中对《食货》半月刊作者及其研究情况的介绍可参见附录一。

第四，食货派开展了大量的学术合作活动。陶希圣在《食货》半月刊第 1 卷第 5 期《编辑的话》中指出：吴景超的"两汉社会组织的论文，因篇幅太长，另交清华学报发表"。可见，食货派创办的《食货》半月刊与《清华学报》有一定的合作。食货派与中央研究院社会科学研究所梁方仲等人也展开了一定的合作。陶希圣曾给梁方仲写信约其主持《食货》半月刊的日文翻译工作。陶希圣在《食货》半月刊第 3 卷第 10 期的《编辑的话》中指出："清水泰次先生的明代田土田赋研究的论文，自五月起将由中央研究院社会科学研究所梁方仲先生主持翻译，陆续在本刊发表。"① 在第 4 卷第 1 期《编辑的话》又指出："《明代中国之对外贸易》这译文曾经中央研究院社会科学研究所梁方仲先生们校正过的。以后陆续发表的明代经济史文译稿，都是经过他们校正的。"②

食货派与禹贡派的顾颉刚等人在学术上展开了长期大量的合作。他们之间还有个约定，"《食货》收到关于地理的稿子转给《禹贡》，《禹贡》收到关于经济社会史的稿子交给《食货》。只有经济地理的稿子是两个刊物都要'据为己有'的"。③ 有学者指出，禹贡派和食货派之间保持学术往来，有合作也有竞争。这种学术关联在一定程度上揭示了 20 世纪 30 年代中国史学发展的特点及走向，是一代学人对中国史学发展做出的相同思考④。陶希圣在《食货》半月刊第 2 卷第 2 期《编辑的话》中指出："顾颉刚钱宾四诸位先生，还约着洪煨莲姚从吾诸位先生，正在筹画一个史学月刊，想在二十五年一月创刊。主编者也是筹画的一个助力。这刊物将登载地理沿革及经济史以外的各类史学论文。""嵇文甫马非百马乘风诸先生正在筹划一个经济史季刊。并想广约同志，尤其是付筑夫李剑农诸先生。这个季刊是想与《中国经济》与《食货》做联号的。这两个刊物都有出版家承办，只等筹备好了就可以付印。"⑤ 1935 年顾颉刚被北平研究院史学研究会聘为历史组主任，上任后遂聘陶希圣、钱穆、吕思勉等人为史学研究

---

① 陶希圣：《编辑的话》，《食货》半月刊 1936 年第 3 卷第 10 期。
② 陶希圣：《编辑的话》，《食货》半月刊 1936 年第 4 卷第 1 期。
③ 陶希圣：《编辑的话》，《食货》半月刊 1935 年第 2 卷第 7 期。
④ 黄静：《"禹贡派"与"食货派"的学术关联》，《学海》2003 年第 3 期。
⑤ 陶希圣：《编辑的话》，《食货》半月刊 1935 年第 2 卷第 2 期。

会会员。1936年顾颉刚邀陶希圣、冯友兰、白寿彝、张荫麟等人，在《申报》办《星期论坛》，于1937年1月10日发刊①。为了扩大中国史学的国际影响，陶希圣还和顾颉刚一起与国际历史学会会长田波莱商量加入国际历史学会的事宜。田波莱教授认为："顾教授陶教授是中国史学界的真正代表人物。""他们的成绩很可观，不过因为语言文字的关系，欧美人士还不甚认识他们。"所以田波莱极力与陶希圣和顾颉刚合作，欲促成中国史学会加入国际历史学会。田波莱在中国的访华活动期间，连士升和顾颉刚一直在陪同在他身边②。可惜，因抗战的爆发，中国史学会没有建立起来，而加入国际历史学会也未果。

食货派与从德国移居美国的哥伦比亚大学国际社会研究所主任马克思主义者魏特夫格（Karl A. Wittfogel）在社会经济史方面也有过一段时间的深入合作。虽然魏特夫格与食货派的学术观点有很大差异，但食货派还是帮助魏特夫搜罗资料，并讨论有关学术问题。陶希圣说："魏特夫格博士到中国搜集材料，已过一年。他时常与编者过从。编者对于他搜集材料的工夫，也有一些帮助。他的见解的确定，态度的虚心，很使编者佩服。编者对于他坚持的原则虽不同意，但对他个个事件的评定，有时极感兴味与钦佩。"③《食货》半月刊还刊载了由冀筱泉翻译，魏特夫格博士著《中国经济史的基础和阶段》一文。冀筱泉认为"魏博士研究中国经济史多年，著述甚富，乃治该学之先进学者。本文为其在中国经济史上所贡献的理论之统叙，言短而义长，可谓魏博士学说之精髓。"而陶希圣在编者注中强调："一九三六年魏博士在北平研究并大规模搜集史料。他的见解自然是进步很大——虽然基本原则是没有变化的。我们期待他更巨大的作物的出现。"④ 陶希圣后来回忆说："威博士在北平居留了一年。他委托我们经济史研究室替他搜辑辽金经济社会史料。我们替他做了大批的卡片。七七事变之后。他带回美国去，编成了辽代社会史。""威博士认为中国社会，是

---

① 参见顾潮编《顾颉刚年谱》，中国社会科学出版社1993年版。
② 连士升：《记国际历史学会会长田波莱教授》，《大众知识》1936年第1卷第5、第6期。
③ 陶希圣：《编辑的话》，《食货》半月刊1937年第5卷第3期。
④ 魏特夫格博士著，冀筱泉译：《中国经济史的基础和阶段》，《食货》半月刊1937年第5卷第3期。

马克斯所说的'亚细亚社会',亚细亚社会是什么?那就是以单纯再生产为基础的社会。它的国家组织起源于水利工程的集体劳动,而与西方的国家起源于阶级斗争不同。"① 可见,食货派与不同见解的外国学者也进行了广泛的合作,推动了学术的发展。

第五,食货派积极组建的食货学会,无疑是他们倡言学术合作最集中的体现。食货学会实际上在一定程度上发挥着现代学会学术合作的功能。20世纪二三十年代,成立学会,进行研究上的分工与合作,已逐渐成为中国史学界的一种共识。1928年傅斯年创办《历史语言研究所集刊》时指出"历史学和语言学发展到现在,已经不容易由个人作孤立的研究了,他既靠图书馆或学会提供给他材料,靠团体为他寻找材料,并且须得在一个研究环境中,才能大家互相补其所不能,相互引会,相互订正,于是乎孤立的制作渐渐的难,渐渐的无意谓,集众的工作渐渐的成一切工作的样式了。这集众的工作中有的不过是几个人就一个题目之合作,有的可就是有规律的系统研究"。② 陶希圣深感中国社会经济史的搜集与整理工作刻不容缓。鉴于史料繁多与散漫,他认为绝非少数人在短时间内所能完成,必待众多合作者共同完成不可。于是,陶希圣筹建的食货学会,打算定期进行中国社会经济史的理论学习和问题讨论,其设想是:(A)会员已在研究的题目,由半月刊发布消息。二人以上所任题目相同时,请求共同进行的方法。(B)会员并得随时提出未经研究题目,由半月刊发布,征求研究人。提出题目时,应说明要点及已知的材料,并列举未知的项目。如能附加书目更好。(C)会员研究心得及成绩,或作成论文或写出纲要,由半月刊发表。(D)进行研究所用的技术及方法,在半月刊公开,以便讨论。(E)会员知有外国或本国有关于中国经济社会史的书籍论文,随时介绍于半月刊发布。(F)会员研究的心得成绩,相互通知,互相批评,不限于以上所举的方法③。

食货派在《食货学会本年六项工作草约》中还提出了详细的分工合作

---

① 陶希圣:《潮流与点滴》,台北传记文学出版社1979年版,第137页。
② 《历史语言研究所工作之旨趣》,国立中央研究院《历史语言研究所集刊》1928年第1本。
③ 《食货学会会约》,参见《食货》半月刊各期附页。

计划。一是结算以往成绩。二是介绍外国论著。三是搜罗参考资料。四是分时分地研究。对中国经济社会史研究除通史的准备以外,注意于每一史料的时与地。并渐进于分时的研究(断代经济史)及分地的研究(地方经济史),一扫从前往往以别为通的缺点。五是发表工作心得,除讨论思想方法外,注重自作或征求别人研究技术上的心得的报告。例如看书的次序,钩稽的方法,抄录的技术,整理的项目,档案整理的要点,搜求史料时的心得感想意见。或作成论文,或取通信的方式,一有所得,务请写来。六是彼此互告消息。个人的研究兴趣,研究题目,或得知他人已在研究的题目及成绩。陶希圣特别强调:"如果大家想到或做到别的重要工作,希望多人合作者,请通信补充,或修改上列六项工作。会员或非会员,相识或不相识,如对六种工作有兴趣有成绩,务请各就兴趣,各随环境,分别担任,互相转告。"① 食货学会的集体分工合作的计划得到学术界的广泛支持。高耘晖对分工研究的方法提出了不同的意见,主张"先分类,后断代"。② 陶希圣后来指出:"分工的研究计划,食货学会初组的时候,便决定如此。但是拟定和实行,又要稍稍的等候调查和索引的进行,所以稍稍的迟下去了。高耘晖先生的提议,是希望大家研究一个具体办法。"③

值得一提的是,食货派学术成就的取得与他们这一团体的分工合作密不可分。食货派学人"术业有专攻",他们很多论文论著都是陶希圣先布置研究课题,然后写出论文,通过大家一起讨论、启发和驳诘,互相修改或补充材料或润色,最后作为食货派的研究成果出版或发表。《唐代经济史》和《南北朝经济史》两部食货派的代表作即是他们集体创作的结晶。

食货派倡言学术合作的治学思想一直延续到食货派重振时期。1946年6月8日陶希圣在《食货周刊复刊记》中说:

> 在中国社会史论战的潮流里,我个人的论著是受批评最多的。有一些论者,除了批评陶希圣之外,没有别的表现。他们的批评,有的

---

① 陶希圣:《食货学会本年六项工作草约》,《食货》半月刊1935年第1卷第6期。
② 高耘晖:《分工研究的方法》,《食货》半月刊1935年第2卷第2期。
③ 陶希圣:《编辑的话》,《食货》半月刊1935年第2卷第2期。

不过是谩骂。他们这种谩骂是"理论斗争"。食货对于经济社会史方法及理论是尊重的,但是我们对这种"理论斗争",不愿鼓励。因为在所谓"理论斗争"中,史料不过被用为炮弹,而不曾被视为根据。这种争论,越争便距离史学越远。

食货派正是按照上述的办刊思想开展学术活动的。首先,仍然刊发与食货派观点不同的文章,主张学术的批评。他们在1948年5月24日南京《中央日报·食货周刊》的《通讯》中指出:"王宜昌教授,参加中国经济史的研究很早,对于中国社会性质的估定,与编者的意见有的相同,有的不同,我们是尊重别人意见而有自己的看法的。《食货》的园地从来就有不同的许多见解。"此外,他们还积极主张不同观点的学者之间进行平等的学术批评。为了促进土地问题的深入讨论,南京《中央日报·食货周刊》相继发表了劳榦《正视土地上的现实问题不要空谈理论》一文,以及万国鼎《与劳榦先生论"正视土地上的现实问题不要空谈理论"》的回应文章。食货派对这种学术的批评表示了极大的赞成。曾资生说:"劳干贞一先生在本刊上期内发表了《正视土地上的现实问题不要空谈理论》的一文,引出了万国鼎孟周先生本期的大文。劳先生是中央研究院历史语言研究所的台柱,万先生是土地问题的专家,现任国立政治大学地政系主任。在学术的研究方面都极笃实认真,他们都是我的论学的好友,我们常能互相推崇,同时也相互批判的,这种学风,我以为值得提倡。"①

其次,在《通讯》中尽量对南京《中央日报·食货周刊》的作者及其研究状况进行介绍②。为了推动学术的合作,食货派除了在《通讯》中介绍作者及撰著的概况外,还积极建立起联系的桥梁。1948年3月17日南京《中央日报·食货周刊》的《通讯》中说:"本会老会员连士升教授,最近由南洋返国,不久将作欧游,他精通英德法三国语言,是一个社会主义的学者,他对于英国及大陆各国的经济史有精湛的研究,本会会员对这

---

① 《通讯》,南京《中央日报·食货周刊》1948年6月21日。
② 关于南京《中央日报·食货周刊》的《通讯》中对作者及其研究情况的介绍可参见本书附录三。

方面有兴趣，可由本会介绍与连先生通讯联络。"他们还在极有限的篇幅内仍然刊登读者来信以达到沟通与合作的目的。1948年7月5日南京《中央日报·食货周刊》的《通讯》中不惜全文对劳幹的来信进行刊登。劳幹在信中指出："看到万孟周先生批评我意见的长文。我的感想是万先生文中有些地方不错，有些地方仍然不敢苟同。不过我不愿作详细的答复，因为我不愿再引起论战。"此信登载之后，万国鼎未就土地问题继续展开"论战"，可见已达到了沟通的目的。

最后，继续与各学术团体进行合作。食货派在学术家研究中继续保持与顾颉刚等人的广泛合作。曾资生在1948年1月21日南京《中央日报·食货周刊》的《编辑的话》中说："有长至一万字以上之长文数篇，内容精彩，本刊无法登载，又不忍忽然退稿，上星期顾颉刚与编者谈及，他将恢复文史杂志，要编经济史专号，将来可以商请顾先生放在专号里。现在稿子仍替作者妥存，作者可以放心。"另外，食货派还加强了与中国社会科学院研究会的合作。1947年6月4日南京《中央日报·食货周刊》刊载的《中国社会科学院研究会启示》中云："本会定于六日下午七时假中央日报三楼会议室举行专题讨论会讨论'如何克服当前工业危机'。希各会员出席（可自由）参加。特出通知。"食货派也认为土地问题是一个严重的现实问题，食货派遂决定与社会科学研究会联合举行座谈会公开研讨，提供意见。1948年4月12日南京《中央日报·食货周刊》的《通讯》中食货学会和中国社会科学研究会仝启：

> 兹定本月十二日下午七时假新街口中央日报会议室，联合举行第一次中国土地问题座谈会，以后当继续举行多次，一俟此项讨论在会内获得相当的结果后，拟再邀请其他学会或专家以及地政当局，进一步交换意见。凡两会中会员对此问题有研究与兴趣者请自由参加为盼。

可见，食货派重新筹建的食货学会也同样发挥着现代学会学术合作的重要作用。为了扩大合作范围，食货派非常"希望新旧食货会友，能踊跃参加

（食货学会）并以详细的地址与研究的项目奉告"[①]。需要特别指出的是，此时他们合作的范围已经明显较《食货》半月刊时期要小得多，尤其是因为政治立场的原因，缺少和马克思主义学者的交流与合作。这就难免影响其取得较高的学术成就。

从总体上看，食货派的史学思想既体现了鲜明的时代特色，又凝聚着他们自身的体认。他们以中国社会经济史为治史旨趣，以"接近唯物史观，却并不是唯物史观"的社会史观为指导，以探寻中国社会形态为研究旨趣，既注重史料也不忽视理论方法，倡言学术的合作。他们身处社会史论战之后学术亟待改进的时期，他们的史学思想对改变空疏的学风和政论的习气起到了重要的推动作用。他们对史学发展的内在逻辑，弊端的概括和判断合乎历史实际。"批评着过去的中国社会史论战运动的缺点，又指示着此后应走的途径。"[②] 食货派史学思想的成就不能全盘抹杀。如果我们注意到食货派在"新经学"思想的指导下从事的社会经济史研究，同样强调史料也不忽视理论方法，主张摒弃政论、倡言学术的合作。那么我们应当肯定，食货派对史学发展的认识所表现出来的执着精神是怎样的难能可贵。必须指出的是，食货派的史学思想在给学术界注入巨大的活力的同时，由于学派自身的局限性，没有对唯物史观认真总结。在抗战爆发以后，他们未能从战时史学的发展中去理解和把握史学研究进一步发展的本质要求，仍津津乐道"史料第一主义"的论说，憧憬食货派的复兴，结果由于缺乏革命性以及与马克思主义者的学术合作致使其史学思想黯然失色。

[①] 《通讯》，南京《中央日报·食货周刊》1948年2月18日。
[②] 杜若遗：《介绍〈食货〉半月刊》，《文化建设》1935年第1卷第4期。

第四章
食货派的治史方法

　　食货派所定的任务是重在史料的搜集，学术界一度目之为忽视方法论的单纯的史料搜集技术人员，加以贬低。事实上，在1934年11月14日陶希圣就撰有《中国社会史经济史研究的方法》与《〈食货半月刊〉宣言》一起刊载于北平《晨报·社会研究周刊》。1936年7月陶希圣又在《西北风》杂志第7期发表《从旧书中找社会史料的方法》一文，1936年12月9日在天津《益世报·社会研究复刊》发表《研究中国经济史的方法和资料》一文。连士升也在1936年10月9日天津《大公报·史地周刊》发表了《研究中国社会史的方法和观点》一文。这些文章专门探讨了中国社会经济史的研究方法问题，在学术界产生了较大影响。他们注重从中国社会经济史学科自身特点上探讨研究方法，从而获致了独特的方法论视角。显然，探讨食货派的治史方法，不仅是本书的一个重要内容，也可深化对整个20世纪三四十年代学术界的认识。

第一节　从问题入手，广搜史料，审查史料

一　从问题入手

　　食货派注重的是专题研究，所以特别强调从问题入手去研究中国社会经济史。陶希圣认为在搜集材料之前，必须先提出问题："要研究什么问题？要搜集什么材料？向什么地方找材料？"他指出研究一门学问，怎样能够提出问题是一个难关。他说："怎样能够提出问题，却是研究学问的先决条件。如果那儿堆下许多材料，而不能够找出问题所在，这些材料是

没有意义的，没有价值的。"① 为了探讨社会经济史的便利，陶希圣主张从社会问题入手。他说："从问题入手是一个常用的办法。但是只单独的明了各个问题是不够的，要紧的是要明了问题与问题间相互的关系，因为问题都彼此关连，没有一个问题是能单独解决的。""这些问题很多，如贫穷问题，人口问题，犯罪问题，强盗问题，家庭问题，妇女问题，劳动问题等每个问题都可搜集许多许多的材料去做研究的解释"。陶希圣本人研究中国社会经济史就是从具体的社会问题入手，即从关注第二次国内革命战争时期的封建土地问题开始的②。与陶希圣主张从社会问题入手不同，连士升从中国社会经济史研究的选题角度，指出治史必须从适当的问题入手。他说："治史的人须善于选题，既不宜过于宽泛，又不宜过于复杂，须范围狭窄，自成段落的题目，才能够作深刻的研究。"③

食货派以探寻社会形态的演变为研究旨趣，恰当的选题对食货派的史学研究来说至关重要。鞠清远说："要明了中国社会史的全体，必须先明了各时代，各个问题的真相，由某时代的各个问题的综合研究，方能描画某时代的真面目。由相连的几个时代的特殊问题的比较研究，方能明了某一特殊问题的进化的实况。明了各个特殊演化的真象以后，方能估定两个或几个相连的时代的真价值。明了各个特殊演化的真象以后，方能估定两个或几个相连的时代的真价值。"④ 所以他们认为要看出中国社会经济制度的演变过程，必须从各时代的"特殊问题"入手来研究中国社会经济史。那么，食货派如何选择有利于自己探寻中国社会形态演变的"特殊问题"呢？鞠清远的社会经济史研究选题的方法在食货派学人中颇具代表性，这里不惮其繁，兹录于此：

　　本着上述的信念，使我们注意到特殊问题。在特殊问题中，生产

---

① 陶希圣：《中国社会史经济史研究的方法》，北平《晨报·社会研究周刊》1934 年 11 月 14 日。
② 陶希圣：《中国社会史经济史研究的方法》，北平《晨报·社会研究周刊》1934 年 11 月 14 日。
③ 连士升：《研究中国经济史的方法和资料》，天津《大公报·史地周刊》1936 年 10 月 9 日。
④ 鞠清远：《唐宋官私工业》，上海新生命书局 1934 年版，第 1 页。

关系问题，自然是最基本的。在生产关系中，自然可分为两方面，农业的与工业的。

农业问题的中心是土地问题，换句话说，就是土地所有形式问题，这在中国出版界中，已有几本土地制度的著作。这显然是近几年来的新倾向、新成绩。

工业问题中，技术问题自然也很重要，但是我们愧非专家，并且记录也很少，所有的较详细的记录，已晚至明末。我们不想讨论这个专门的问题。

工业经营形式及其内部分工与对外的关系，方是我们研究的中心，关于时代，我们选择了唐宋。这种选择只是研究的便利，将来如果可能，我们也想对各时代都研究一下。选择的时候，并无任何成见或信念。

在研究时节，我们首先注意到官工业。一方面，由于材料容易搜集，一方面，也由于相信，官工业不能超越了一般的社会条件。在官工业研究中，我们将特别注意官业劳动者。因为这种研究，可使我们明了官工业内部的剥削关系，并且也可指明一般社会进化的程度。

私工业的研究，自然也注意到剥削关系，只要材料允许我们，我们就尽量的研究。经营形式成品销路与流动资本的考察，更是我们注意的中心。由经营形式的研究，可使我们明了私工业的本质。成品销路使我们明了工业界与社会的关系，流动资本的考察，更使我们明了工商界的连系的密切与否。

同时，对于工业种类与产地，由于我们想明了工业内部专门化的程度，及工业对经济界的影响，与庞大的中国，各区域发展的一般状况，所以我们也要研究一下。社会分业的结果，必然要有一部分从事工业的人们，所以对于工业界的组织，作坊的及工匠的组织，我们都要研究，我们要注意到它们演化的痕迹与组织的作用。①

以上所述清晰地表明了鞠清远在官私工业方面选题的视角。第一，为了避

---

① 鞠清远：《唐宋官私工业》，上海新生命书局1934年版，第2—4页。

免陷于"公式主义",更好地认识中国社会经济史全貌,他所选之题均要对探寻中国社会形态的演变有所助益,"可指明一般社会进化的程度"。因此,他认为对于社会物质生产过程中的生产力和生产关系必须加以精确的分析,对于社会经济生活的各方面加以全面的考察。第二,他主要想通过阐明社会的经济组织结构及其变动为基础,以达到对于中国社会形态的正确把握,所以特别"注意到它们演化的痕迹与组织的作用"。同时,他认为对于要探讨它们之间的互相作用也极其重要,所以在探讨官私工业的直接的生产过程中各种组织内部关系的基础上,对于交换过程中的商品流通、货币流通也要有一定的考察。第三,他所选之题必须是在专题研究或论文内可论列者。既不宜过于宽泛,亦不应过于复杂,尤其是在研究者能力范围之内有解决之可能。专题研究必须根据现有史料作深刻的探讨,唐宋史料多就先研究唐宋。这样研究的结果才可能对学术界有所贡献。在工业技术方面,没有专业知识之前,非短时间之内所能做到,就略而不作,而不致枉费精力。正是在上述选题思想的指导下,鞠清远在唐宋时期的官私手工业"特殊问题"的研究中,由于选题得当,"得出的结论,对于唐宋的社会研究,能有所贡献"。张国刚认为该书"在广泛搜集材料的基础上,研究工业经营形式、内外部分工、对外关系、对经济界的影响、工人的组织及演化程度等,是居于开创性的高水平论著"[1]。可见,鞠清远的选题对我们今人作中国社会经济史研究仍不乏启示作用。

为更好的探寻官私工业"演化的痕迹与组织的作用",鞠清远还深入研究了魏晋南北朝的官私工业,先后撰有《五胡北朝及隋的官工业机关》、《魏晋南北朝官工业中之刑徒》、《魏晋南朝之官工业机关》、《魏晋南北朝的冶铁工业》、《魏晋南北朝的匠师及其统辖机关》、《魏晋南北朝的纺织工业》等文对魏晋南北朝、五胡北朝及隋朝等官私工业的各个方面进行了探讨[2]。因为鞠清远在北大法学院经济史研究室工作的便利,在研究时段上,

---

[1] 张国刚主编:《隋唐五代史研究概要》,天津教育出版社1996年版,第158页。
[2] 鞠清远:《五胡北朝及隋的官工业机关》,天津《益世报·食货周刊》1936年12月27日;《魏晋南北朝官工业中之刑徒》,1937年1月1日;《魏晋南朝之官工业机关》,1937年1月19日;《魏晋南北朝的冶铁工业》,1937年2月16日;《魏晋南北朝的匠师及其统辖机关》,1937年2月23日,1937年3月2日;《魏晋南北朝的纺织工业》,1937年3月30日。

他选择了唐宋。在农业的特殊问题中，鞠清远重点考察了唐代之际均田制制度的演变。《唐代经济史》对均田制度的产生、发展和解体过程做了扎实细致地研究。为深化均田制的认识，他又撰文《曹魏的屯田》，指出"均田制之转变仍然不能不追叙到魏之屯田制度"①。与土地制度联系最紧密的赋役财政制度这一"特殊问题"，鞠清远亦对之加以深入剖析，《唐代经济史》、《唐代财政史》以及《唐代的户税》、《唐代的两税法》等著述，对有唐一代的租庸调、地税、户税、色役、杂徭、两税法和商税等做了较系统全面的阐述，"对唐的赋税制度提出了不少的新解，与从来只略说租庸调制以为唐代税制的主要形式或唯一形式者绝不一样"②。

值得注意的是，鞠清远还开拓了当时学术界少有涉及的"特殊问题"——社会等级身份问题。《元代系官匠户研究》和《元代系官匠户补记》二文征引丰富资料全面探讨了元代系官匠户。前文探讨了官局人匠、军匠、民匠之区别，系官匠户组织方法、地位、待遇、工作形式和数目估计等内容③。后文则研究了官局童男之娶妻与匠户寡妻之改嫁，匠户的地位，江南的人匠，工匠的工粮，匠户的社与罢工等问题④。《两晋南北朝的客、门生、故吏、义附、部曲》和《三国时代的"客"》两文分析了该时期客、门生、故吏、义附、部曲等含义及其身份地位的变化⑤。这些都是从全新的社会经济史视角开拓的研究领域，受到当时学术界高度重视。另外，他的《唐代财政上的特种收支》一文针对研究唐代经济史的人"常常不甚惹人注意"的"几种没有统一的管辖机关，而将特定的人丁、田地、钱物、指配与官吏或特定机关，使他们自己管辖，经营，收得一定的收入，以供他们自己的开支的财政上的特殊收入"进行探讨，从这种特殊收入的性质与转变来理解唐代社会经济，取得了较大的突破⑥。总之，鞠清远选择研究的这些"特殊问题"均是理解中国社会经济史全貌的关键问

---

① 鞠清远：《曹魏的屯田》，《食货》半月刊1936年第3卷第3期。
② 陶希圣：《编辑的话》，《食货》半月刊1935年第1卷第8期。
③ 鞠清远：《元代系官匠户研究》，《食货》半月刊1935年第1卷第9期。
④ 鞠清远：《元代系官匠户补记》，《食货》半月刊1935年第2卷第2期。
⑤ 鞠清远：《两晋南北朝的客、门生、故吏、义附、部曲》《食货》半月刊，1935年第2卷第12期；《三国时代的"客"》，《食货》半月刊1936年第3卷第4期。
⑥ 鞠清远：《唐代财政上的特种收支》（上），天津《益世报·食货周刊》1936年12月6日。

题。能有独特的眼光,抓住关键问题进行深入的探讨,是鞠清远取得较高成就的原因之一。

其他食货派学人的社会经济史研究也多能有独特的问题视角。陶希圣、武仙卿拟撰《南北朝经济史》时,非常注意自己的问题意识。他们指出一般研究中国经济社会史的人们,总把秦汉至满清划成一个段落,以为此间的中国社会经济差不多完全没有什么变动。而他们认为"东汉以后,中唐以前,无论在经济、社会、政治、思想上都自成一段落,与以前的秦汉及以后的宋明,各有不同之点。最重要的特征是大族与教会的经济特权及政治特权"。虽然"中国经济史本是未开的生地。'斩之蓬藿荆棘',是件最苦最难收效的事情"。① 他们却因独有的问题视角,在广搜南北朝经济史料的基础上,"发见东汉中唐以前的中国社会自有它的特点,可以自成一个段落"。② 他们利用新发现的史料,言人之所未言,究人之所未及,引起读者的广泛注意,在学术界产生了重大影响。武仙卿的《魏晋时期社会经济的转变》一文则抓住"魏晋为中国史由奴隶制转入封建制的时代,南北朝为中国史之封建主义下的庄园经济时代"③ 这一关键问题深入探讨,指出魏晋时代社会的变迁,对食货派构建"魏晋封建说"贡献极大,在学界产生了不小的影响。曾謇的《中国古代社会》(上)一书研究古代的政治宗教和思想时,首先"就认定决不能在研究方法上与一班流俗的所谓学者同辙","必须有一个科学的方法——真正科学的方法——才行",所以他"研究古代的政治宗教和思想,首先就去研究古代经济的发展与人类家族的结构,从这些关系里面去探求古代的政治宗教思想的起源及其演变"。缘此问题意识他在中国宗法制度方面获致诸多创见④。

在中国学术史上,佛教寺院经济是个从来未被重视的问题。清末民初,一直到五四时代西学东渐,西方思想文化传入中国,在宗教、哲学、史学、文学等方面,都引起了很大影响,出现了一些划时代的著作,而对

---

① 陶希圣、武仙卿:《南北朝经济史》,上海商务印书馆1937年版,自序。
② 皮伦:《评陶希圣、武仙卿著〈南北朝经济史〉》,《文史杂志》1944年第4卷第5、第6合期。
③ 吕振羽:《对本刊的批评与贡献(通信)》,《食货》半月刊1935年第1卷第8期。
④ 曾謇:《中国古代社会》(上),上海新生命书局1935年版,自序。

于佛教寺院经济，却一直无人问津。所以，何兹全加以审查与分析前人对此问题之研究后，认为"讲中国佛教的只讲到思想问题、宗教问题，从没有人讲到寺院"①。于是，他从佛教寺院入手，关注佛教寺院经济，撰写《中古时代之中国佛教寺院》一文，从而开辟了这一研究新领域。关于寺院经济的重要性，陶希圣在《唐代寺院经济概说——唐代经济史料丛编寺院经济篇序》中开篇即言："中国佛教史的研究，现在多限于教理的流派及演变。教会的历史及寺院经济史的研究，纵有也不过是初步的，后一部门更是少见。我们注意到寺院经济，于今共五六年。但我们的力量也只用到寺院的田地，商店，人口，像设等项富力与人力的数量，和寺院与政府就于富力人力的冲突。换句话说，我们从前也只有研究到教权与政权的经济财政的冲突。在寺院的内部，我们曾注意到教徒的身份等级。说到寺院财产与僧尼财产的关系，施舍财产的人与寺院的关系，寺院财产的构成和经营方式，戒律与法律对于寺院财产与僧尼财产的规定，我们以前却是没有致力，有的还不能致意。实在的说来，这不曾致意致力的几点，正是我们了解寺院经济乃至教会组织的内容及性质最重要的几点。""可惜的是我们不曾致意致力的研究的问题，甚至我们略略研究到的问题；一般的佛教史家及社会史家都不曾致意或致力；更可惜的是所谓社会史家有些还不知道教会和寺院财产和人口在历史上的重要性，根本不曾作这方面的意想。"② 所以他们尝试把唐代经济史料搜罗一下，把关于寺院的部分，辑成《寺院经济》一册。此册至今仍对佛教寺院经济研究具有极大的帮助。

由上可见，食货派学人在中国社会经济史研究中的问题着力点各有不同，但主张从问题入手，突出问题意识，却是他们的共识。在当时是胜过同时代人的识见，在今天也仍给人以启迪。食货派成绩之大小，大半系乎其所选之问题是否妥当。但是，他们的问题意识主要来自对中国社会经济结构、社会形态的认识，很少关注基层社会，普通群众的日常生活，问题视域不免狭窄。他们对东汉至中唐时期土地、赋税、人身依附关系等具体

---

① 何兹全：《中古时代之中国佛教寺院》，《中国经济》1934年第2卷第9期。
② 陶希圣：《唐代寺院经济概说——唐代经济史料从编寺院经济篇序》，天津《益世报·食货周刊》1936年12月13日。

经济现象的考察，实际上也大多是旨在阐发学派的"魏晋封建说"而已。

二 广搜史料

问题既已选定，即当着手于史料的搜集。在食货派看来，社会史论战中的研究者们最大的毛病，"是把方法当结论"，"各人既有了结论在心里，只有向书籍里去找印证，不必广搜材料"。① 陶希圣说："要知道科学与常识不同，甚至与常识相反。我们的历史常识是最与我们的方法见解全不相同甚至相反的史家给我们的。我们那能拿这种常识去作论战，求伸张我们的方法及见解？""如果只用相对人所根据的书籍或常识来相斗争，那便除了空斗空争一番以外，别无他法了。"② 又说："大家都是这样远离现实，驾雾腾云，也难怪一封建制度便从古到今，一资本主义便从今到古了。我们固然要把理论应用到材料上去，可惜材料是架空的。在数学上，零加零仍旧等于零。在这里，空加空不仍然是一个空？"③ 何兹全回忆说："20世纪20年代末30年代初参加中国社会史论战的战士，真正研究中国史的人很少，大都是些理论家，读了一些马克思主义的书。因此，论战虽然很热烈，但争来争去多半是些理论问题，很少真正涉及中国历史的实质。可以肯定，很少人读过二十四史，遇到问题临时查查《文献通考》之类的书就写文章。"④

为避免瞎引外国的方法和结论，陷入公式主义，食货派认为除了从问题入手外，非得广搜史料。与许多人在有限的材料中作诡辩的论争不同，他们认为应该不"预有成见"的广搜史料，不赞成利用省事的现成的《食货志》、《通典》、《通考》等书中录出来的史料，"来抽索自己所需要的社会或经济变化的根据"⑤。食货派坚信惟有广搜史料，开拓史料才能明了中国社会经济史的特征，探寻出社会经济的演变过程。连士升明确指出："题目既定，即当着手搜集材料。材料的搜集，以详尽为主，兼收并蓄，

---

① 陶希圣：《编辑的话》，《食货》半月刊1934年第1卷第1期。
② 陶希圣：《读中国经济史研究专号上册以后》，《中国经济》1934年第2卷第10期。
③ 陶希圣：《搜读地方志的倡议》，《食货》半月刊1934年第1卷第2期。
④ 何兹全：《我所经历的的20世纪中国社会史研究》，《史学理论研究》2003年第2期。
⑤ 鞠清远：《唐代的两税法》，国立北京大学《社会科学季刊》1936年第6卷第3期。

细大不捐，所以学者须预书目卡片材料卡片两种，以严加鉴定，以辨它的真伪和可信的程度，如字句的校对，版本和作者年代的考证，文字内容的探讨等。这样得来的材料，才适合详尽精确的条件。"须要注重如下材料：二十四史、十通、方志、文集、档案、账簿、古迹和钱币。①

然而，系统的中国社会经济史料的记载是非常缺乏的，它们多是零星的、片断的，太过于散漫与庞杂。陶希圣认为中国社会经济史，"材料太杂乱，太零散，难以搜集。许多地方虽可散见这种材料，但多不是直接的记载，而是从侧面或反面写出，或是在无意之中把这种事实记下，在作者本人也没有记载社会经济的用意，所以我们去搜集整理，极感困难"。② 连士升也认为："中国历史上数字的记载极少，即有也很笼统。所存的纪录又随史家主观的观察，变成了事实的断片的解说的阴隐。"他还指出研究古代经济史的困难是因为没有充分的材料；研究现代经济史的困难是因为材料太多。他说："至于近代的史料又因为卷迭繁多，纷散各处，同时分类与索引的工作正在萌芽，应用时也有很多的困难。"③ 以上表明，食货派深刻地认识到，在社会史论战中，史料经前人利用的限于极小一部分，大部分需要进一步的搜集与整理。而且前人已经利用的史料也有重新审查与批评的必要。因此，要从浩若烟海的旧史中去寻找中国社会经济史的史料简直比沙里淘金还难。事实上，这种史料搜集的困难一直延续至今，直到目前的中国社会经济史学界仍感觉研究难有重大突破的主要原因，是由于大部分的史料还没有确定，甚至还没有发现。所以，以何种方式、手段和途径搜集整理史料至关重要。

食货派认为搜集史料是一个极其困难的工作，然而并非一个不可能的工作。与社会史论战时期研究者的做法大相径庭，他们坚信中国社会经济史料的搜集，只要遵循一定的方法，不断的训练，定会有许多新的发现。

---

① 连士升：《研究中国经济史的方法和资料》，天津《大公报·史地周刊》1936年10月9日。
② 陶希圣：《中国社会史经济史研究的方法》，北平《晨报·社会研究周刊》1934年11月14日。
③ 连士升：《研究中国经济史的方法和资料》，天津《大公报·史地周刊》1936年10月9日。

陶希圣说："我们考究中国社会经济史料既有许多困难，应当怎样解除呢？这就不得不提及研究的人数了。如果研究的人员增加，如果各人都经过充分的训练和充分的劳力，彼此研究，相互考核，这个难题倒也容易解决。还有一层，这些研究的人应当知道怎样找材料，有了材料摆在眼前，又应当知道利用它，不把它失掉，不把它放弃，同时眼光必须放大，见解必须周到。若非如此，很难得到功效。"① 连士升也指出只要注重经济学、史学方法、西洋经济史名著、语言文字等方面基本的训练，"埋头苦干，前途一定大可乐观"②。因鉴于史料的缺乏和史料的不易搜集，是造成学术界长期陷入政论的原因之一，为了扫除这个障碍，食货派遂准备对于历代社会经济史资料作一番系统地搜集整理工作。他们主张围绕问题广泛地进行中国社会经济史料的搜集与整理。

关于如何搜集史料，梁启超在《中国历史研究法》一书中曾经论述了史料的搜集与鉴别的法，它虽然是就一般的通史立论，然而在梁启超的启发下，陶希圣对如何在旧书中找史料提出了自己精到的认识。他在《从旧书中找社会史料的方法》一文中首先明确了何谓史料及其范围。他把旧书分为三类，第一类史书，其下又分为十小类：a 正史；官书如二十四，别史如华阳国志。b 编年：如资治通鉴。c 纪事本末：通体如通鉴纪事本末，别体如平定粤寇方略。d 政书：通体如通典文献通考，别体如大清会典小记如汉官仪。e 杂史：综记如国语，琐记如世说新语，诏令奏议如陆宣公奏议。f 传记：通体如国朝先正事略，别体如个人的年谱。g 地志：通体如天下郡国利病书，别体如游记纪行等。h 学史：如明儒学案。i 史论：理论如史通，事实如历代史论，杂论如二十二史札记。j 附庸：外史如西域图考职方外纪。考据如禹贡图考，注释如斐松之三国志注。第二类为笔记小说戏剧。四库全书总目归于子部杂家小说家类。收集笔记小说的丛书如稗海、记库、宋人笔记、唐人说荟笔记大观、清稗类抄等。第三类为文集诗集③。

---

① 陶希圣：《中国社会史经济史研究的方法》，北平《晨报·社会研究周刊》1934 年 11 月 14 日。
② 连士升：《研究中国经济史的方法和资料》，天津《大公报·史地周刊》1936 年 10 月 9 日。
③ 陶希圣：《从旧书中找社会史料的方法》，《西北风》1936 年第 7 期。

以上所列搜集的史料的范围，实质上是找到了史料搜集的途径。所需书籍找到之后，人们到底找什么样的记载。这是完成史料搜集任务最重要的问题。陶希圣在《从旧书中找社会史料的方法》中为我们指出了史料所在之处。先让我们列表考察其所分类。从表4—1中，我们可以明确地获知陶希圣对搜集社会经济史料的认识。

表4—1　　　　　　　　　　找什么样的记载

类别	内容	注意事项
直接的记载	制度的记载	
	实况的记载	重要是当然的。
	批评的记载	大抵属于批评的记载为多。我们于此，要先定记载人的立场，再把它的阶级及党派偏见去掉，或从其偏见之中，推定事实的真相。
	叙述的记载	
	追述的记载	此类如系后一代的人，追述正前一代的事实，当然是要紧的材料。要留意的是把他依他那时的社会环境而看前代的事实所起的误解去掉。现前的记载，要审查记载者阶级及党派。假托的记载是某时代的事实而假托为前朝的记载。
	假托的记载	
	现前的记载	
间接的记载	旁证的记载　推测的记载	一件事实，没有正面的记载，只有与此相关的旁证，又或从与此相联系的事实的记载，可以推测此事的存在。列如唐史列传里，常记有广州太守发财的事情，证明广州贸易的发达，便是旁证的记载。又如笔记记载着当时世家容易破坏的事情，便可推测当时土地买卖的频繁。又如世家豪族的生活描写，其中含有推测当时土地集中的事实之记载，这便是推测的记载。
	反证的记载	由士大夫的批评和叙述的记载，可以测定正相反对的。士大夫的见解是地主阶级的，是偏见的，他们叙述农民无产者的活动，可以做农民无产者活动的反面记载看待。例如记载张献忠对士人的残酷，可以作为农民对官僚地主憎恨的活动之反面记载。又如士大夫对贼盗的记载可以作为农民蜂起中农民无产者对土地私有制的反抗活动的反面记载。
	理想的叙述	这里可以看出当时的实况，或与著者的理想相反，或作著者理想的材料。
	幻想的描写	这里面材料少。幻想所凭依的背景，及构成幻想的材料，有些应当列入直接记载里面，有些可作推度当时实况的根据。

上表乃陶希圣所指出的找什么样的记载。他认为关于史料的搜集范围应力求其广，数量应力求其多，凡是直接或间接与中国社会经济史有关的史料，都要兼收并蓄，于一切有价值的史料无不力求备览。陶希圣认为《材料所在的处所》可分为三种情况：第一，著述者不经意的处所。不经意的记载常是较为真切的记载，因为这些没有经过著者以偏理偏见来断丧改变的处所。第二，议论家不取的处所。著者因记载真实事实而受史论家或其他议论家裁抑的处所，是最合于真实的处所。例如史论家所裁抑的史记货殖列传游侠传，是西汉以前社会最宝贵的材料。第三，一般读者不经意处所。如某人列传末尾及开头关于某人身世及逸事逸闻的记载，又如某甲列传中附带记载某乙逸闻逸事的处所。大凡正式记载某一制度的处所，如"志"、"略"、"书"虽有不少正面的记载，但总少实况的记载，不合于典制事实，总在列传或其他幽隐的地方存在着①。

另外，在此文中他还指明了材料是些什么。他制成了详细搜集中国社会经济史料时所用的纲目。兹据陶希圣《从旧书中找社会史料的方法》一文指出的所要搜集的史料整理成表4—2。

表4—2　　　　　　　　　　材料是些什么

物质生活的记载	生产过程	生产工具	生产工具所用材料（如铜器、石器、铁器之类），工具的形式。
		生产技术	工具的用法，原料的制法（如肥料种子及工业原料的施用法），水利，生产量。
		生产组织	耕地划分的状态；工业店铺的状况；农家的组织。
	交换过程	交换的物品：商品	商品所占生产物的成分，商品的种类，出产地及销场，运输屯积方法，价值与价格。
		交换的住所	都市，市街的形状，行会。
		交换的媒介	自然型的货币，物品的属性——如谷帛银类，量的单位，铸造型的货币（形式、数量、流通量及速率、作用）。

---

① 陶希圣：《从旧书中找社会史料的方法》，《西北风》1936年第7期。

续表

物质生活的记载	生产机关的分配	土地所有形式	土地所有的各种形式，地租：物品的属性、数量——与全收获的比例、交纳方法（地主仓库，地租的收集者：地主的收租客、佃户的首领——庄首之类），农民所存留的收获物及其数量，地租以外的苛例：徭役劳动、物品贡纳、人格蹂躏，农民劳动的状况：必要劳动、剩余劳动、劳动季节，副业：副业的种类、副业经营方法、副业收入与耕地收入的比例、其他。
		工业机关	家庭工业，独立工业组织，工业主：店主的情况、店主的组织——行会、店主与商人的关系，工匠及学徒：工匠的资格、工匠生活状况即工资和出路、学徒的生活状况。
	生产与交换的关系	商品生产	自给的生产，商品的生产：农业（丝麻、茶棉、其他商品），农村副业：布帛、耕具、肥料、其他，工业采掘业（盐硝、铁、煤、其他）。
		商业与工业	农产物的交换，商业主对于手工业的关系（作坊、原料之供给与制品的贩卖），牙行，商业行会，其他。
		商业资本	商业发达的概况，商业资本蓄积的概况，商利贷资本（利率、抵押及典当、质库、收债的手段、债务人所受的压迫）。
社会生活的记载	社会阶级	地主	地主家族（人口的拥抱力、家族组织法、家长的权威、家族维持的状况——世家、家族奴隶、婚制、妾制、交际与结纳），教育与出路：家庭教育之实况（所教之教材、师道）、子弟之出路：考试、寅缘；法律之地位（身份之保障、身份之封琐）。
		农民	农民家族（家长对家族的剥削、人口拥抱力、妇女之地位、儿童劳动、长工及短工、婚制等），农民的分类（富农、贫农、佃户、农村无产者），农民的分化（农民的佃农化、奴隶、农民家族的地主化、其他），债务与佃租，地税之交纳及经手人。
		手工业者	
		商人	商人生活之概况，商人之法律地位，商人与官府之接纳，商人与资本奴隶，商人与地主（商人之土地购买、商人对农民之放债及土地兼并），大商人与小商人（大商人与行会之操纵、批发商与零售商、其他）。
		无产者	职工，游民无产者。
		知识分子	
		绅士	绅士的种类及行动，绅士与官衙的接纳，科甲出身之文士，武举与武士，退休之官僚，官亲。
	各阶级之人口状态	生育死亡率	早婚与迟婚，多妻与生育，医术之状况与魔术祈禳，农民无产者所感受的病疫，其他。
		过剩人口	其生产，其活动，其对社会之影响。

续表

政治生活之记载	政治支配者	吏	吏的出身，其资格及给养，其职守及作用，其行动。
		官僚之附属物	幕友，官亲，长随等。
		官	官僚的来源，其资格及俸给，其活动，其意识形态。
		官制及其实际	
		军官及军制	
	赋租	田赋	
		口赋	
		赋役行政	
		征权	商税、其他。
	公田职田屯田等	公田	
		职田	
		庄田	
		屯田	
		牧场	
		其他	
	行政	行政制度	
		行政之实行状况	裁判（案件及其裁判方法、依法裁判与不依法裁判），执行（差役之骚扰、绅士之参预、其他），公文，报销主义的种种。
		水利行政	
	政策实施之实际	政策的阶级性	
		政策实施的实况	
社会与政治变动	农民无产者蜂起	蜂起的表现	宗教团体，政治集团，军事组织，宣传，对官豪家及私有制度的态度。
		指挥团体	指挥团体的成立，人物的分析，集团的腐化与转变。
		军队的变动	兵士的生活，军官对士兵的态度，变乱的来由及状态。
		地方权利的割据	地方官的权力，中央的解纽，割据现象及其根基。
		地主商人的情况	自卫的组织，归付与接纳。
		财富的聚散	仓库的占领，豪家及侠行，商人资本与土地的分割。
		新政权的成立	指挥者的属性，成立的根据及方法，统一战争，地租地税的保护。
		人口变动	都市的变动，农村人口的状况，移民（流徙的情形、确定户籍的方法）。

续表

精神生活	思想状况	知识分子之来源	
		知识分子之生活与修养	
		思想	伦理的（政治思想、政治意见、改革与保守之倾向，每个思想之社会意义、政治思想以外的伦理观念、出世的思想），科学的，思想派别（源流系统、特点及变迁）。
		每一个时代的支配思想	时人的估定，后人的估定。

上表是陶希圣精心为指导学生所开列的从旧书中搜集社会经济史料的内容。他指出搜集以上史料时要一一记录下来。因为搜集史料范围广，数量多，体系复杂，所以强调分类搜集。他以物质生活的记载、社会生活的记载、政治生活之记载、社会与政治变动、精神生活五大类为核心，按照史料的内容与性质分别排纂成各种不同的类别，这样容易形成关于社会经济史的整体观念，而且使用时非常方便。以上的分类在一定程度上显示了食货派研究的趋向。食货派所关注的问题主要是社会史论战期间所讨论的主要问题，包括生产力、生产关系，以及他们所关心的社会、经济、政治、思想等各种问题。而且他还把这些问题细化为各种专题，如土地所有形式、商品生产、社会阶级等。这些正显示了食货派主张专题研究的取向。以上是食货派搜集史料最常用的方法，这种方法超越简单地时空观念，具有更多的逻辑归纳性质，带有更大的专门性，有着极强的学术性，充分反映出陶希圣对中国社会经济史的学识。陶希圣广搜史料的方法，为当时的中国社会经济史研究提供了很大的便利，但他还坚持认为："以上十几个纲目，每个还可分为若个子目，但因篇幅的关系，也不必细述，这个纲目最适宜初学者，不过精研者也可参考。关于经济史料自然要在故纸堆中去找，应当有人去搜集起来，以作研究的根据。除此以外，研究经济史，还少不了实地的调查。"[①]

[①] 陶希圣：《从旧书中找社会史料的方法》，《西北风》1936年第7期。

与人们重视史料的搜集而忽视社会调查不同，食货派主张到社会生活中去搜集经济史料。陶希圣说："社会的生活处处都是经济史的理论和材料。书只是一小部分的历史遗迹，绝比不上一个都市一个村落的富于教训。"① 连士升后来也指出，"除书的研究外，最重要的是丰富的经验和广泛的旅行。旅行能够供给我们以亲见亲闻的资料，经验能够补充我们的书本的知识。理论和实践兼施，读书与旅行并进，切实扼要，有质有文，这才是务学之本。"② 所以，连士升不断去各地旅行，并进行了大量的社会经济调查。

食货派广泛搜集中国社会经济史料的途径中，既重视旧书中的材料，也强调通过实地调查、采访搜集资料。因此，与滥用理论，轻视史料的研究者截然不同，食货派在史籍中钩沉出大量新材料来充实研究的内容。他们的中国社会经济史研究以史料丰富见长，从搜集和整理的史料中得出自己的新见解。如《南北朝经济史》"由于作者关于南北朝经济史料搜集的辛勤，这本书对于中国中古社会的特色遂有确切和精采的论断"。"中国社会长期停滞的论调，自陶希圣武仙卿两先生合著的南北朝经济史于抗战前不久出版以后，显然要大受打击"。"把过去人们忽略史料，以为秦汉至满清的中国社会有长时间的停滞说法完全打倒，这在中国经济史的研究上自然有很大的贡献"。③ 鞠清远的《两晋南北朝的客、门生、故吏、义附、部曲》一文，因资料丰富，论证全面，陶希圣提醒"大家注意鞠清远先生这篇论文"，"这篇论文已经搜集可搜的材料的大部了"④。陶希圣曾撰文盛赞鞠清远的《唐宋元寺领庄园研究》和何兹全的《中古时代之中国佛教寺院》对"中古时期教会财产及权威的叙述，可以算得最有特色"。"中国经济史研究方法的论文渐渐注重到史料"⑤。他还认为鞠清远《元代系官匠户研究》一文是"精细矜慎"⑥。曾謇在《中国古代社会》（上）的自序中称

---

① 陶希圣：《编辑的话》，《食货》半月刊 1935 年第 1 卷第 11 期。
② 连士升：《连士升文集》，新加坡世界书局 1963 年版，第 82 页。
③ 皮伦：《评陶希圣、武仙卿著〈南北朝经济史〉》，《文史杂志》1944 年第 4 卷第 5、第 6 合期。
④ 陶希圣：《编辑的话》，《食货》半月刊 1935 年第 2 卷第 12 期。
⑤ 陶希圣：《读中国经济史研究专号上册以后》，《中国经济》1934 年第 2 卷第 10 期。
⑥ 陶希圣：《编辑的话》，《食货》半月刊 1935 年第 1 卷第 9 期。

他此书能够获得较大的成功,与搜集了大量先秦金文的史料分不开,其中包括王国维和郭沫若在金文中整理的大量史料。他"自己觉得比较是算重要的"《青铜器铭文中所见古代民族婚媾和家族组织之一斑》一章,是在一部一部地读金文的基础上,才开始发现"很可贵的关于家族方面的材料"。曾謇真心地"希望对于金文有特别兴味而对于古代社会又有志去搜讨的人们,能作一个更详尽的研究"。他认为其中"也许还能有许多新的发现"①。

综观食货派所出版的中国社会经济史著作以及发表的大量研究论文,一个重要特点就是史料丰富。可以说,他们的每一篇中国社会经济史研究论文均可视为相关问题的史料汇编。他们的研究论文由于资料丰富,结论从史料中来,学术价值极高。食货派的史学研究不尚空谈,注意史料的搜集,提出了搜集史料的广泛范围。但由于不具备全面搜集史料的人力、物力与财力条件,他们只是就正史、地方志及文集等各种成书进行搜集,并没有把档案、文书等列为搜集的对象。而中央研究院社会科学研究所的汤象龙等人则非常重视史书以外的史料的收集与利用,认为其中的许多史料的价值比起书本来或者还要高一些,在整理清朝故宫档案的经济史料方面倾注了大量的精力,取得了较大的成绩。与故宫博物院文献馆,中央研究院历史研究所,北京大学国学门研究所,清华大学图书馆、北平禹贡学会有系统的收藏了大批档案②,利用所收藏的档案进行整理与研究,取得了较大的成就相比,食货派成果寥寥。食货派只是在唐宋正史中的社会经济史料的搜集和整理方面取得了突出成就。而地方志他们也只是提出了搜读的提议和方法,没有开展大规模的搜集,不能不说是一个遗憾。至于文集的史料搜集也仍嫌不足。

需要指出的是,食货派不"预有成见"地去搜集史料的时候,常常是把史料割裂得太碎,发生歪曲其本质的危险。他们每每引用史书中的一两句话,去证明一个结论,但在原书中,那两句话的意义与被引用时的意义

---

① 曾謇:《中国古代社会》(上),上海新生命书局1935年版,自序。
② 连士升:《研究中国经济史的方法和资料》,天津《大公报·史地周刊》1936年10月9日。

又是大不相同的。这就难免不出现史料解读的错误。如他们为了迁就学派构建的魏晋封建说，即有曲解史实之处。皮伦在《评陶希圣、武仙卿著〈南北朝经济史〉》中指出"这本书在中国经济史上，固然有它的贡献，但亦有可供批评或商榷的地方。这以第五章关于南北朝货币问题的论述为尤甚"。"作者因为要做到他的翻案文章，便不惜曲解史实，故意大大减轻当时钱币停止使用的史料的重要性，结果自然要失之毫厘，差之千里了。"①袁永一评论《唐代经济史》时亦认为，全书一是"每段都有精彩，且于材料之解释，颇多发明"，尤其是"关于唐代租庸调与两税制的内容，作者见解颇为新颖，有它独到的地方"，但多处"诠释似颇牵强"，而且有史料"全然遗漏"之处②。二是搜集材料不是从一个中心的问题出发，联系各方面，而是无目的地，部分地，不加解释地，随见随录，与未经整理无异。杜若遗认为鞠清远《汉代官府手工业》一文即犯有此病。"鞠先生搜集许多关于汉代官府手工业的分类，工厂的规模与分工，设厂地点，工人等项的材料，然而，他处理他们所得的材料，仍像是一堆无意义的东西"③。食货派检寻出来的史料相当丰富，却不对其进行深入的阐发，使史料的价值能够表现无遗。这是食货派在"广搜史料"中暴露出来的最大局限性，也是我们今人在搜集史料时应该警惕之处。

三 审查史料

食货派主张广泛搜集史料，但并不是对于史料毫不审查，见有一种史料，即无条件采用。而是强调必须对所有的史料彻底周密的审查。首先，他们对各种社会经济史料质量的优长加以检讨与规定，确定了其价值。陶希圣指出："九通和二十四史里有《田赋考》与《食货志》，比较着已是分类整理的好材料，但《田赋考》《食货志》多半是国家财务行政，不是我

---

① 皮伦：《评陶希圣、武仙卿著〈南北朝经济史〉》，《文史杂志》1944年第4卷第5、第6合期。
② 袁永一：《书籍评论：唐代经济史》，《中国社会经济史集刊》1937年第5卷第1期。
③ 杜若遗：《介绍〈食货半月刊〉》，《文化建设》1935年第1卷第4期。

们所要的社会经济材料。"① 而地方志的材料虽是转手的材料，但"人口食货等项不少原始的记录，这些都是从功令档案里来。尤其纂修者讲到一地的风俗，或财政经济制度利弊的文字，把这些都弄得很清楚"②。鞠清远进一步指出有名学者们所作的地方志，有许多有用的材料写的很详尽。有时他们所记的材料，在他处，很不容易找到。因此，其重要性非但不在二十四史之下，在经济资料方面，还在二十四史之上③。鞠清远还认为文集中存有价值极高的丰富的社会经济史料，可以弥补、参正史籍记载之不足。他在《元代的寺产》中的《作者附识》中云："陶先生在第三期上（《元代佛寺田园及商店》），已以元史、元典章中的材料，作详细的论述，本文则只用文集中的材料，可说是陶先生之文的补充。"④ 武仙卿则认为骚人雅士"为当时环境而写文章作诗是一层，所写的文章和所作的诗的实在性又是一层"。因为诗人感觉性的灵敏，所以"不要忘掉他们的好夸大"。因此，"诗人在经济史料上的地位，是好像重要而又不重要的"。⑤ 连士升在《研究中国经济史的方法和资料》中对中国社会经济史料价值进行了较全面的评估，认为二十四史《食货志》是普通的经济的史料入门书，但材料太少而且有错误；《十通》便于学者的参考，但引用时须找出原书对照一下，把遗漏和错误的地方补正才行；方志是研究一地的历史最方便的书；文集有价值很高的丰富的社会经济史料。档案材料不敢说每一个字、每一个数字都是千真万确的，但可靠的程度比其他材料高些，在经济史料极贫乏的中国，档案实在有它的价值，尤其是在研究近代财政经济史的方面；账簿是研究商业史的人不可多得的材料，这些材料不是普通的书本上所能得到的；古迹钱币这些辅助的材料有时能帮助我们更容易明了过去的情形⑥。以上是连士升从总的方面论述中国社会经济史料的价值，基本概括

---

① 陶希圣：《中国社会史经济史研究的方法》，北平《晨报·社会研究周刊》1934 年 11 月 14 日。
② 陶希圣：《搜读地方志的提议》，《食货》半月刊 1934 年第 1 卷第 2 期。
③ 鞠清远：《地方志的读法》，《食货》半月刊 1934 年第 1 卷第 2 期。
④ 鞠清远：《元代的寺产》，《食货》半月刊 1935 年第 1 卷第 6 期。
⑤ 武仙卿：《唐代几首描写农村生活的诗》，天津《益世报·食货周刊》1937 年 5 月 4 日。
⑥ 连士升：《研究中国经济史的方法和资料》，天津《大公报·史地周刊》1936 年 10 月 9 日。

了各类史料的优劣所在。

其次，食货派认为对史书的辨伪与文句的校勘也非常重要。陶希圣说："古代的文字与现代的文字多有不同，古代文字到后来废置不用的很多，能释改变的很多。秦汉以前的书尚易了能，隋唐以后则困难了。秦汉以前的名词多用一个字，唐宋以后多用两个字，现代的名词则更长了。前后对照，实在给了我们不少的麻烦。而且隋唐以后许多古文运动家把文章弄成了不能装置任何内容的空架子。我们看贯这种文章，对于史书，仍然是不易明了的。何况清末以来，文章的格局又有大变？如果是专学白话文的人，那便更难了。"① 因此，食货派对大量的史书进行了文句校勘和史书的辨伪。鞠清远《校正江湖必读》一文即是对乾隆四十七年合刊的《江湖尺牍》里的《买卖机关事宜》、咸丰四年刊行的《新增酬世群芳杂锦》中的《买卖机关事宜》、乾隆五十七年刊行的《商贾便览》中的《江湖必读原书》的校勘。他认为以上三书相同之处甚多，可能都源出于《江湖必读》一书，而且它们具有极高的社会经济史料价值。因此对其进行了校正。他说："这类文字与书籍，理应现在还有许多，不过我见到的只有这几种，我希望人们注意到这类材料的搜集。如果搜集得多了，我们也许可以找出江湖必读的原始面目，与最初的著作年代。现在读大家只把它当乾隆以前的材料来看好了。"②《校正江湖必读》在社会经济史方面可以补充正史史料的不足，其学术意义不可低估。江湖必读这类史料在他处没有记载，对其校正非常必要，若不及时收录校正，将来定会遗忘。因此，鞠清远对其校正既体现了他的社会经济史的史识，也是他有意识的保存文献资料，值得肯定。

食货派在编辑《唐代经济史料丛编》时更是非常注意对史书的辨伪与文句的校勘。武仙卿《唐代土地法令叙说——唐代经济史料丛编法令集序》一文谈及他们编校的方法与态度时指出："唐律疏、诸唐六典、通典、唐会要、文苑英华、册府元龟、唐六诏、新旧唐书、宋刑统、文献通考诸

---

① 陶希圣：《中国社会史经济史研究的方法》，北平《晨报·社会研究周刊》1934年11月14日。

② 鞠清远：《校正江湖必读》，《食货》半月刊1937年第5卷第9期。

书中","选出记载比较翔实,年代比较明确的材料,互相校雠,反是,年代记载都较模糊的材料,则予以舍弃。如新唐书、文献通考两部书,关于唐代田令的记载,年代都不是很明确,内容亦颇凑杂"。他还指出"欧阳永叔修新唐书时,武德令,贞观令,永徽令,开元令,尚都存在,著者所录,系据何年令文,并未加以说明,若以其内容看,又颇似综合以上各次令文所成,间用己意删削增补。文献通考又是根据新唐书,内容同样的模糊"。为慎重起见,他们不愿这两部书里的均田令收入这篇法令里。所以,他们"这次用来互相校雠的书,就是除去新唐书文献通考以外的上列几部书。以均田令的年代为准,分成三部,第一部是武德七年令,以唐会要为主,校以旧唐书"①。可见,他们对史书辨伪与文句校勘的重视。

最后,食货派还强调对史料的内容进行鉴别。陶希圣说:"即使历史上有了记载,我们可以搜到材料,但是记载的可靠与否,还是问题。""写书的人有他自己的哲学,有他自己的成见,如果不明白他个人的哲学,则难以辨别他记载的意义。"② 又说:"历史家并不把全部社会现象都写下留给我们。他用他的哲学剪裁史实,用他的社会描摹前代,缀成他的著作"。③ 这是陶希圣从史料作者的学识与心术等方面来论述史料内容审查的必要。他认为社会经济史料的记载与史实往往有出入,史料的认识是不能依表象与外形,必须以理论与方法来揭示,最后才能确定其是否真实和可信。对此,连士升甚至主张用疑古的精神来审查社会经济史料,认为无论是古史之史料,还是近代史之史料,非经审查不能用。他说:"中国历史上数字的记载极少,即有也很笼统。所存的纪录又随史家主观的观察,变成了事实的断片的解说的阴隐。两汉以前的史乘和典籍尤其是靠不住,大抵经过汉儒的伪造。这种伪造的史料非经过一番科学的辨伪工作,实在不能随便使用的。至于近代的史料又因为卷迭繁多,纷散各处,同时分类与索引的工作正在萌芽,应用时也有很多的困难。""材料收完之后,须详为

---

① 武仙卿:《唐代土地法令叙说——唐代经济史料丛编法令集序》,天津《益世报·食货周刊》1937年2月2日,1937年2月9日。
② 陶希圣:《中国社会史经济史研究的方法》,北平《晨报·社会研究周刊》1934年11月14日。
③ 陶希圣:《常识之科学的解释》,《食货》半月刊1935年第3卷第2期。

分类，严加鉴定，以辨它的真伪和可信的程度，如字句的校对，版本和作者年代的考证，文字内容的讨论等。这样得来的材料，才适合详尽精确的条件。"① 连士升以严肃地态度对待所搜集的社会经济史料，指出非经过一番参互考证、去伪存真的审查工夫不行，这是值得肯定的。

正是基于以上对史料的认识，食货派作了很多中国社会经济史事项的考证工作。何兹全为了纠正学术界对"质任"问题的误解，对"质任"这一社会身份问题进行了考释，指出质任是中国自古以来的以子弟作质的"质"的制度。"质任"是"人"而不是"服役和应役的义务"②。武仙卿对"庸"这一社会现象的社会史意义进行了详细的考释，认为"'佣'是一种债务的偿付，不论是金钱的现物或劳动的，都说不了当时的债权者与债务者的社会关系。如果以劳力偿付债务，则这种劳动必与当时的劳动形态趋于一致"③。曾謇则从公羊传里考证了秦民族的家族④。而鞠清远的成就主要体现在对户税、两税法的澄清和考辨上。食货派考辨史实，均能得出一家之说，这一治史态度值得肯定。

第二节 "排比事实"，"寻绎结论"

一 "排比事实"

食货派认为只有从搜集和整理的史料中，排比史实，得出新见解，才属唯一正确的方法，所以他们"尽量排比事实"⑤。食货派著述除了史料丰富外，其另外一个突出的的特点就是在大量搜集史料的基础上，将史料分门别类的征辑排比。《食货》半月刊创刊号上的第一篇鞠清远《汉代官府工业》一文，即是大量的"排比事实"。该文探讨了汉代官府工业的工厂

---

① 连士升：《研究中国经济史的方法和资料》，天津《大公报·史地周刊》1936 年 10 月 9 日。
② 何兹全：《"质任"解（一）》，《食货》半月刊第 1 卷第 8 期；《与曾兴论"质任"是什么》，《文史杂志》1941 年第 1 卷第 4 期。
③ 武仙卿：《"庸"字之一解》，天津《益世报·食货周刊》1937 年 7 月 13 日。
④ 曾謇：《中国古代社会》（上），上海新生命书局 1935 年版，自序。
⑤ 鞠清远：《唐宋官私工业》，上海新生命书局 1934 年版，第 4 页。

的规模与分工、设厂地点时,对史料进行了大量的分类排比,很少进行论述和下结论性的断语。《唐宋元寺领庄园研究》一文同样大量征引史料,分类排比,举例说明唐宋元寺领庄园的情形。如在《寺领庄园之造成》一节中,对寺领庄园的来源分为四类:皇帝宣赐,信徒、僧众施舍,购买及典押,占佃官田。每项之下征引数条材料证明①。鞠清远"排比事实"是既注重传世文献的考据,辨析制度条文内容,又对史料做出一些不同于《食货志》、《通典》、《通考》等传统典志的编纂、阐释和评论,致使其在史学研究上屡有创新。如鞠清远在《唐代财政史》一书有意识地运用近代西方的经济学和财政学的理论,重点分类叙述财政收入和财务行政二方面,对收入项目的归类比较科学,在财务行政的论述中摘引各史、志及类书资料甚多,按题归类,原文均注原典出处。此书历来被认为是唐代财政史研究"开山之作"。"自创体例,考释谨严,长期为治史者必读,奠定了这一领域研究的基础。"②

陶希圣在研究社会阶层时也是进行细致入微的分类排比。如《东周时代的农工商业与社会层》一文探讨东周时代的农工商业与社会层时,分农业、工商业、商业及商人、市与乡的分化、各种身分的累积五部分。全文都是材料,排比史实,分类精确,极少议论③。陶希圣《齐民要术的田器及主要用法》一文根据四部丛刊和日本东京临堂校正本补刻版《齐民要术》中摘出田器和主要用法,分条列举。对人的手脚、牛羊、犁耙等在劳动中的使用领域进行了分类探讨,给研究中古农业技术人们以极大的参考④。武仙卿《秦汉农民生活与农民暴动》一文也非常注意史料的分类排比。文中征引博洽,堆积之资料,犹如蜂之采蜜,按时代的顺序,将"秦汉两代的农民生活的波浪"加以推敲。在《农民的通常负担》一节中,探讨秦汉的赋役制度大同小异时,分别对地税、算赋及口钱、户赋及献费、

---

① 鞠清远:《唐宋元寺领庄园研究》,《中国经济》1934年第2卷第9期。
② 张国刚主编:《隋唐五代史研究概要》,天津教育出版社1996年版,第181页。
③ 陶希圣:《东周时代的农工商业与社会层》,《中山文化教育馆季刊》1935年秋季号。
④ 陶希圣:《齐民要术的田器及主要用法》,国立北京大学《国学季刊》1935年第5卷第2号。

山泽园池市肆之征、赀算、兵役与更赋进行大量的分类排比①。

总之,食货派的研究文章多是在广搜史料的基础上,下一番"整辑排比,参互搜讨"的工夫。他们对搜集的史料并不是简单的铺陈,而是按照不同的性质,进行分类,编次、整列中国社会经济史实,然后按时间先后再进行编排,使之前后呼应,虽然仅仅是材料的排列,但是因为把关于这问题的史料搜集得详尽无遗,编排有序,分类妥当,所以也很有价值。譬如《食货》半月刊第1期陶希圣的《王安石以前的田赋不均与田赋改革》和第2期陶希圣的《十六七世纪间中国的採金潮》,武仙卿的《魏晋时期社会经济的转变》等文,"就都活用着所得的材料,每一条和问题的中心相连,有结论作解释,不但用功甚勤,而且准备也很充足"。② 食货派的中国社会经济史研究以史料丰富见长,从搜集和整理的史料中,"排比事实"得出自己的新见解,这是食货派较为显著的治史风格。

二 "寻绎结论"

中国社会史论战中的研究者们最大的毛病是"只知瞎引外国的方法和结论,而并不顾及本国历史上的史料"。③ 人们对于中国社会经济的结构以及社会生活诸形态没有充分的分析,而只是将其硬嵌入欧美社会经济发展的方式之上。陶希圣曾指出:"'一步未到莫轻评。'没有照顾到的材料很多很多,便下断语,是太快了的。'科学家'的治学态度连迷信家都赶不上,是不应该的。"④ 鞠清远也指出,因为中国古代典籍中的社会经济史资料,分散于经史子集各部中,前人没有作过系统的整理。社会史论战中的研究者来不及系统地搜集史料,"便在缺乏已整理的史料的情况下",利用省事的现成的史料,"来抽索自己所需要的社会或经济变化的根据"。著作中只看到由《食货志》、《通典》、《通考》等书中录出来的"已成说法,了无新意,间或有所发挥,也都不是正确的意见"⑤。为纠正"把方法当结

---

① 武仙卿:《秦汉农民生活与农民暴动》,《中国经济》1934年第2卷第10期。
② 杜若遗:《介绍〈食货半月刊〉》,《文化建设》1935年第1卷第4期。
③ 杜若遗:《介绍〈食货半月刊〉》,《文化建设》1935年第1卷第4期。
④ 陶希圣:《读中国经济史研究专号上册以后》,《中国经济》1934年第2卷第10期。
⑤ 鞠清远:《唐代的两税法》,国立北京大学《社会科学季刊》1936年第6卷第3期。

论"的风气，食货派不仅主张广搜史料，而且强调要在"事实、例证"允许的范围内寻绎结论，从已知推未知，得出可靠的结论。

　　与社会史论战中研究中国社会经济史时的公式主义或猜迷式的曲解态度不同，食货派主张不预有成见地"寻绎结论"①。他们认为寻绎的结论，必须从史料中来，但在寻绎结论时必须先创立假设，由已知推未知，才能得出可靠的结论。陶希圣说："根据这种假设，我们可以下手得到应得的材料。所得材料对于假设，或是证实，或是充实，或是发展，或是修正，由此所构成的结论，比假设是高一等的。"②又说："未知事件皆以已知事件为根据，已知事件愈多，那么判断未知事件亦愈正确。""有了已知事件之后便可创立假设，有了假设，搜集材料也比较容易，在研究社会史经济史的时候，材料虽是散漫，真象虽难获见；然而我们可以从其他已经明白的部分，已知的事件，去创立假设，多方求证。这些已知事件可由现代社会调查获得，也可由历史材料中发现；这些已明白的部分，无论其为政治的宗教的或教育的，都可拿来参考对照，因为现象是连带关系，不可分开的。"③可见，陶希圣主张从已知的可靠的史实出发，创立假设，由已知推未知的逻辑方法来寻绎结论。他还特别强调在寻绎结论的时候不能全靠实证的方法，要注意联系、比较、概括等哲学思辨的运用。他说："假设的创立，材料的探讨，由已知推未知，都和个人的眼光见解有连带的关系，虽然个人见解不应太拘泥，然而毫无见解，则不足与言考究。社会现象既是连锁关系，一种现象发生变动，其他现参（象）自然受到影响；所以我们从研究一个问题，往往牵连许多别的问题，甚至等到下结论的时候，或许推翻先前的假设，这种事实也常碰到，不足为奇。"④陶希圣指出寻绎结论时，既重视可靠的已知史实，又突出思辨和理论的色彩，非常值得我们今人的借鉴。

---

① 鞠清远：《唐宋官私工业》，上海新生命书局1934年版，第4页。
② 陶希圣：《研究中国经济史方法的商榷（附注）》，《食货》半月刊1935年第1卷第5期。
③ 陶希圣：《中国社会史经济史研究的方法》，北平《晨报·社会研究周刊》1934年11月14日。
④ 陶希圣：《中国社会史经济史研究的方法》，北平《晨报·社会研究周刊》1934年11月14日。

食货派依照上述寻绎结论的治史方法，形成了与社会史论战用史料来填充理论的情形完全不一样的治史风格，在史学研究中，"排比事实"，"寻绎结论"。何兹全《与曾兴论"质任"是什么?》一文在针对曾兴所著《中国社会史上的奴隶制度问题》中套用曲解中国社会经济史的情形，强烈地指出："前人的理论，能帮助我们作新的研究，新材料及新的发现也可用来修正前人的理论，我们不能只迷信前人的教条，而作他们的应声虫。一个作学术研究的人至少要有这一点的客观态度。中国社会史的研究，近几年固然有极大的进步，但到处背诵公式，而不向中国史实中去找材料，或虽找，也不肯深入用功夫，只是投机取巧，东飘西窃的以图欺世盗名。"何兹全通过深入地研究，指出"质任"是"人"而不是"服役和应役的义务"①。何兹全不是局限于已有成说，力图以史料为依据来寻绎结论的治史方法和治史态度应值得肯定。曾謇在《中国古代社会》（上）的自序中指出，第四章《齐燕吴民族的婚姻与家族》对齐燕民族婚媾家族习惯的认识，是"承希圣师把他所得的关于齐燕婚姻家族的材料见示以后"，配以"史记齐世家"才"发现就出来了"。他"发现陈民族的有宗法，不但金文中的陈逆簋陈逆殷有记载，齐世家中'田逆杀人'的这一段也就是记陈民族有宗法的。而'田逆杀人'的田逆，正是陈逆簋中的少子陈逆与陈逆殷中的陈氏啻逆"。通过这两部分史实，曾謇很容易知道田代之所以篡齐，是与家族组织有极大的关系。"知道在一个氏族遗习很浓重的齐氏民族里面有着一个家族组织很坚固的氏族存在，前者是在嫡庶不分与篡弑争乱，而后者都是宗族和睦，这样，无怪齐国的子我要畏懼田氏，也无怪田氏可以代姜而有齐国了"②。

食货派对待史料寻绎结论非常之审慎，一切均要"论从史出"。若无直接史料证明结论的，就采用间接史料来细细地寻绎，对缺乏史料的则存疑待考。武仙卿在《魏晋时期社会经济的转变》一文中坦言："屯田法真相如何，因史无明文无从知晓；但以史书上的散漫的事实，作为旁证的考察，屯田似无离开土地的自由。因无正面的证据，所以关于屯兵之是否黏

---

① 何兹全：《与曾兴论"质任"是什么?》，《文史杂志》1941年第1卷第4期。
② 曾謇：《中国古代社会》（上），上海新生命书局1935年版，自序。

附于屯地，不能确切指出。"① 武仙卿对魏晋南北朝的田租与户调对立的税制探讨，主要是建立在史料分析的基础上。西晋的田租是个疑惑人的问题，"日人志田不动磨氏及左野利一氏都说西晋没有田租，到东晋成帝咸和五年才开始征收，共有五十年间没有收田租，且认为是晋朝一件惠政"。武仙卿认为这是大错特错，他"试打开晋书武帝大康三年太康四年都有免除田租的纪录，晋惠帝永兴二年也曾有户调田租三分减一的诏令。隋唐食货志叙述东晋的税法，曾说：其田亩税米二斗（疑为升之误），又是东晋有田租的记录"。但是魏晋南北朝田租的数量，又是一个难以解决的问题。曹操规定每亩四升，但西晋的田租数目无从确知。"东晋亩税二升，是某一时期的田租税额，成帝咸和五年又定为每亩三升，哀帝即位时曾减为亩二升。咸和五年的'始定百姓田取十分之一'，被日人认为晋代开始征服田租的根据。"武仙卿认为这条史料"不能认作是始收田租，应认作是始度田收租"。"两晋有两条息息相关的田制和税制——占田制与户调制——赋与一定的田，征纳一定的税，这是定田收租的。占田制的渐趋破坏，使人民的负担与土地所有失其平衡，度田收租正是对破坏的定田收租的一种补正。""孝武帝以前，并行着度田与定田两种收税法，到太元二年始予以清算。太元二年既除度定田收租之制，定为王公以下口税三斛，唯蠲在役之身。八年又增税米口五石。"这种巨额的地税（田租），曾为古代学者所惊异；但若把过去定田收租和度田收税两种税额综合去看，实减轻了当时人民的负担，并无足惊异之处②。武仙卿把对西晋田租的寻绎建立在史料的耐心搜集与分析的基础上，最终证明西晋有田租并对田租进行了较为客观的估计。

值得注意的是，武仙卿在探讨南北朝色役问题时，虽然史料不是很多，但因注意寻绎结论时充分运用假设和思辨的方法，获致了重大突破。武仙卿根据鞠清远研究唐代资课的现象，发现不少的资课在南北朝时这些名目都是存在的，有的名同义也同，有的意义同名却不同。"色役的躯干"

---

① 武仙卿：《魏晋时期社会经济的转变》，《食货》半月刊1935年第1卷第2期。
② 武仙卿：《魏晋南北朝田租与户调对立的税法》，天津《益世报·食货周刊》1936年12月13日；《食货》半月刊1937年第5卷第4期。

是南北朝,但色役的史料很缺乏,所存的史料,不足供他直接叙述。武仙卿指出富人的特殊服务和免役人的特殊服务,"虽没有正面的材料去作注脚,但衡以唐代的桥丁驿将屯丁帖丁等役,是以免役人、富人和勋官充任,则南北朝时的桥丁桁丁埭丁,也有以免役人勋官及富人所充任的可能。再则,上边曾列吏将多富人,则作将与作吏又似为富人特殊服役的一种了。大凡人民免除这种服务,必要另担负他种服务,这虽然不能说是必然的经常的,但却有这种趋势。如魏晋南北朝曾有发出客、奴、将、吏、及三正免丁之充兵役力役,就是很好的例证"。可见,武仙卿虽然只是从唐朝回溯,才多少得一些零碎的史料,但这些史料的杂积,使武仙卿认识了中国封建社会中另一个特别的姿态。"国家庄园的势力,实笼罩了寺院庄园及大族的庄园,在社会上表现着全国领民对政府有较密切的关联。君主是国家庄园的领主,同时又是全国的最高领主。"所以,他坚持认为,虽然文献不足,却有强调提出的必要。他指出:"唐代的色役,只是色役的尾巴,南北朝的色役,才是色役的躯干。进而言之,宋代的色役(差役)。仅仅是尾巴的尾巴了。"① 这一重要研究成果,直到今天对于我们认识中国色役的发展亦极具参考价值。

与武仙卿一样,鞠清远从史料中寻绎结论也非常之谨慎。在《唐宋官私工业》中论述唐宋历史上市场交易的特点时,列举了十几条史料,却首先指出对于缺乏史料的"市制及坊场制度不能详述",留待后人有了材料再来论述,只就已有材料主要论述"每日之市也"。②《汉代的官府工业》一文对汉代工厂的规模与分工、设厂地点和工人情况探讨后,指出"汉代工业中,用奴隶刑徒劳动居多,或用自由的工人劳动为多,尚是一问题,至于工人就业官场,为提供徭役,或长期受雇,亦一问题。解决这两个问题,尚须多搜集证据"。可惜,鞠清远之审慎态度却被杜若遗认为研究未到位。杜若遗说:"他(鞠清远)不曾指出,汉代的官府工业的生产品是专供贵族阶级享用的呢,还是供给全体社会使用的?他又不曾指出汉代官

---

① 武仙卿:《南北朝色役考》,天津《益世报·食货周刊》1937 年 3 月 9 日,1937 年 3 月 16 日,1937 年 3 月 23 日;《食货》半月刊 1937 年第 5 卷第 8、第 10 期。

② 鞠清远:《唐宋官私工业》,上海新生命书局 1934 年版,第 81 页。

府业中所用的工人是奴隶呢,还是雇来的自由民!这两个问题是研究汉代官府工业的社会史的意义时至少应该解决的。要是我们知道了汉代官府工业完全是贵族阶级享用的工业,其工人是奴隶,而其规模如是之大,那么,根据最普通的常识,就可以断定西汉时代的社会是最发达的奴隶社会,否则那便有另外的意义了。不过,从鞠先生已得的材料看来,我们已可断定那实在是奴隶社会的专供贵族的享用的工业,而工人多属奴隶。鞠先生有如许的材料,而不引用理论和他种事实加以解释和比照,虽见谨慎,可是也显得太无成见了。"① 杜若遗的推断正确与否,我们姑且不论,在他激烈的批评当中,我们从一个侧面看到鞠清远对待史实的审慎公允的态度,这也使得其许多论著经得起时间的考验,长久的保持着较高的学术价值。

以上表明,食货派学人寻绎结论方法的侧重点虽有不同,但注重从中国历史的实际出发,通过对大量史料的具体研究和分析来寻绎中国经济史自身所固有的特点和规律则是他们的共识。于是,他们对"一鳞片爪"的史料也表示欢迎,希望窥见中国社会经济史的真相。由于他们不断探索,"寻绎结论",最后得出了与当时观点迥异的"魏晋封建说"的共识。食货派的研究在纠正那些只是一味的套用比附,忽视中国特殊性方面作出了重要贡献的同时,也开拓了他们研究的新领域。

综上所述,食货派在中国社会经济史研究中能屡有创获,显然与他们能始终强调问题意识,从问题入手,广搜史料,审查史料,在大量史料的基础上"排比事实",寻绎中国自己的社会经济史分不开。可是,食货派坚持认为理论与方法应当从史料中产生才是正确的方法,要以真实的史料,发正确的见解。这是"鉴于今后如果再空谈方法,使方法论停留在观念的王国里,方法一定没有进步的可能"②。这种治史方法对当时盛行的马克思主义唯物史观进行了自己的取舍,史学研究不愿完全以其为指导,将理论方法的探讨和史料的考察视为有联系但又相互独立的两个研究领域。

---

① 杜若遗:《介绍〈食货半月刊〉》,《文化建设》1935年第1卷第4期。
② 陶希圣:《研究中国经济史之方法的商榷(附注)》,《食货》半月刊1935年第1卷第5期。

由于忽视唯物史观的理论指导作用，在当时"疑古"和"释古"的学术风气中，在运用理论方法解释历史时，食货派是非常谨慎。在当时一些人看来，食货派已有调和疑古、释古之意。陶希圣在《疑古与释古》一文中说："近来有些人对于疑古的工作发生反感。他们一反疑古者怀疑古史的态度，把古史的记载随意的使用。""这种对于疑古运动的反动，是由于释古的风气盛行起来了。疑古家不信一切古史记载；释古家会用种种方法，把古史上的神话传说，都解释成史实，会把汉儒伪作的古史，解释成史实。依我的意见，单纯的疑古固然也不能做到的事情，也有疑得过分的处所；单纯的释古更是不妥当的。古史的记载时代如果是汉，我们就汉人的记载，当做上古的事实来解释，固然解释的通了，也无非把上古社会解释成汉代的社会。所以单纯释古者往往把古代社会估得太高。"① 在《常识之科学的解释》一文中又说："历史家并不把全部社会现象都写下留给我们。他用他的哲学剪裁史实，用他的社会描摹前代，缀成他的著作，我们现在单去用我们的眼光，或他的著作所留下的成为常识的历史，解释一下，就算成就了我们的历史科学了吗？我们的眼光所要发现的史实，是与他的哲学所存留的史实不一样的。我们必须本于我们的眼光去重新的发见。单靠他留给我们的常识，只有受他的骗。我们总得要用一点劳力，单学会一套解释的本领是不够的。"② 以上表明，单纯的"疑古"与单纯的"释古"皆非陶希圣所欲，而释古者的"解释"尤为其所反对。所以人们批评食货派强调史料收集具有向实验主义与考据学"投降"的倾向。由于食货派对唯物史观的指导意义认识不够，史学研究缺乏正确理论的指导，显得不那么得心应手。"出版的作品都变成了技术的东西。内容非常干燥，非常贫乏！而且有时还发现很大的错误。""许多人都变成简单的技术人员了！""著述工作变作了'排列'，著述的人变成了机械！"③ 这突出显示了食货派治史方法上的重大局限。

---

① 陶希圣：《疑古与释古》，《食货》半月刊 1935 年第 3 卷第 1 期。
② 陶希圣：《常识之科学的解释》，《食货》半月刊 1935 年第 3 卷第 2 期。
③ 王毓铨：《通信一束》，《禹贡》1935 年第 4 卷第 10 期。

第三节　重视统计与比较方法的运用

一　统计的方法

随着第一次中国社会经济史研究的兴起，人们逐渐认识到统计方法具有极其重大的意义。《中国近代经济史研究集刊》的《发刊词》明确指出研究经济史，要特别注意资料量的方面的统计，认为"研究经济史需要的资料特别是注意关于量的方面。一般的特殊历史所用的资料只要得到叙述的记载，便可认为满意；实在说，有许多的历史事实如国际的关系，制度的改革，思想的变迁不能用量的方法计量的，也不能用量的方法表示的，独有经济事实是具体的可以用量计的，如财富，生产，消费，户口，租税，都可以一定的单位与一定的数目表出，所以经济史所运用的资料必求精确的记载"①。

与当时学术界逐渐注意运用统计的方法来从事中国社会经济史研究一样，食货派也非常重视统计方法的运用。对于统计方法的运用，早在1928年《中国社会之史的分析》一书中就被陶希圣视为极其有效的社会经济史的研究方法。陶希圣明确把"统计方法"作为中国社会史研究的主要方法，并对统计方法的定义、使用时的局限及应注意之处进行了说明。他指出要对社会现象及其发展的趋势得到比较正确的认识，必须要有统计方法。他说："在一群现象中，发现一定特征以如何次数实现及以如何程度实现之量的研究，叫统计方法。不过，中国的数字的记录在历史上非常缺乏，便有也靠不住，即如人口的官厅报告大抵不甚正确，因为满清以前，赋税是按人口抽收，所以匿报是原则的情形。近百年来，统计的记录较多，但正确的还是很少。"② 统计的方法在研究社会经济史时必不可少而且非常有用，但若运用不当，则有偏离史实的危险。刘节曾指出陶希圣运用统计的方法有不当之处。以此"整理史料则可，若用之排比事实，求一贯

---

① 《发刊词》，《中国近代经济史研究集刊》1932年第1卷第1期。
② 陶希圣：《中国社会之史的分析》，上海新生命书局1929年版，绪论。

之因果关系,则尚不足。盖历史进化,决非事实之积聚,乃各种事象之交幅发展。求其一鳞片爪,皆属片面理由。何况概括与统计二法,尚不能脱离形式逻辑中求同求异之理,且考证家所用之法。至于抽象法,则所寓之危险性更大,一有不慎,必至抹杀证据而后已"。①

正是基于早期运用统计方法的基础之上,陶希圣在积极倡导运用统计方法的同时,对统计方法的认识也逐渐深入。陶希圣在《中国社会史经济史研究的方法》中说:"统计的功用很广,许多现象都可用统计数字来代表。""但是须要注意有的现象固然可以用数字表现,同时更有许多重要的事实不能用数字来表现,那就是社会现象间的具体关系。但看数字我们没法了解这种具体的关系,而且不了解着中间具体的关系,单看统计的数字是没有意义的。如果了解了这种具体的关系,则是不但了解统计表的本身,更要紧是了解了统计表所指示的意义了。因此,单靠统计的数字无论如何是不够的,明白数字与数字中间的关系和连锁,才能求得社会现象的真相。"②

连士升在翻译介绍西方经济史理论与方法时,也非常注意统计方法的倡导和避免其局限性。连士升翻译的英国经济史学家克拉判的《经济史的纪律》一文对统计方法的必要性和局限性作了全面阐述。克拉判认为统计方法只有在研究较近时期的历史,即有调查及其他官方统计的时代才能够应用。但"二十世纪以后,任何时期的价格史都有丰富的文件,因此要研究价格史,必需懂得现代研究价格的方法和指数的原理。最近的时期的研究,需要比较完全的统计设备,因为种种统计材料的丰富,所以能够应用更精密的统计方法。这种工作自然要让归纳法的经济学者来干"。他还认为:"经济史是普通制度的一个部门——就是研究过去社会制度的经济情形的学科。它的方法的特点,大抵在于显著的数量的利益,因为这缘故,它应该变成史学里最精确的一个部门。""每个经济史研究者应该得到所谓统计的意识,就是关于某制度、政策、团体、运动,须时常提出下列问

---

① 刘节:《陶希圣著〈中国政治思想史〉》,《图书评论》1933 年第 1 卷第 12 期。
② 陶希圣:《中国社会史经济史研究的方法》,北平《晨报·社会研究周刊》1934 年 11 月 14 日。

题：多大呢？多久呢？几次呢？代表是怎样呢？这种需要似乎很明显。""至于制度组织和功用的研究，数量的方法就不能应用了，经济史的方法与通史的方法实在没有什么区别。"他还举例指出了统计方法的局限性。例如从前的史学研究者以为广大的土地产业很能代表纪元前1世纪初期的罗马经济生活，其实不然，大陆学者关于都市的起源的许多理论，提出代表是怎样的问题。德国的学者想把经济的发展情形列成表，即进行经济史分期的计划，也由于忽略了代表是怎样的问题，结果遭致失败。除最近的时代外，由于统计材料的缺乏，只要作出粗疏的不精确的数量研究。但如果统计材料充实，使用数量的方法来研究经济史是有效的。最近时期经济史研究，由于有丰富的统计材料，能够应用更精密的统计方法。克拉判对刚刚兴起的统计方法在英法德等西方国家的运用情况也提出了自己较为客观的看法[1]。陶希圣认为，克拉判的这篇文章中关于统计方法的论述让人很感兴趣："克拉判的经济史方法论，最使我门感觉兴趣的，便是他对于数目字在经济史研究上地位的估价。"[2] 食货派对统计方法的大力推介在学术界产生了较大的影响。

食货派认为在土地、赋役财政、人口、民众暴动等方面的研究中，运用统计的方法加以分析，效果尤为显著。于是，他们在实际研究中积极地对统计方法加以运用。陶希圣《明代王府庄田之一例》一文主要运用统计的方法。他依《晋政辑要》一书"顺手摘下的一点数字"，对明代王府庄田的分布区域、纳税地、更名地进行了数字统计，并制成长表格。陶希圣认为表虽然是枯燥的，但我们从中可以看出一些意义来：第一，王府庄田是分散在各县的。第二，各县的庄田多少不一定。第三，庄田最多的处所是田地较好的处所。第四，边疆上，大同是要塞，又是繁华场所，庄田一千多顷。第五，繁荣市区及肥沃农区大抵受庄田盘踞。以全省计，庄田总数占纳税田数，约四十分之一强等[3]。陶希圣的《盛唐户口较多的州郡》一文也主要运用统计的方法。为了考察当时的社会状况，他以《新唐书·

---

[1] 克拉判著，连士升译：《经济史的纪律》，《食货》半月刊1935年第2卷第2期。
[2] 陶希圣：《编辑的话》，《食货》半月刊1935年第2卷第1期。
[3] 陶希圣：《明代王府庄田之一例》，《食货》半月刊1935年第2卷第7期。

地理志》的记载，对唐天宝时期户口较多的州郡，以户口数目为等级标准，制成七万户五十万口以上的州郡和四万户十万口以上的州郡两个统计表，进行数字分析。他认为"《新唐书地理志》记载的州郡户口，是根据天宝时调查的。在括户运动之下，这些数目最近与当时实在的人口数目。从这些数目里，我们可以找出各种的意义来"。通过统计分析，他指出唐代天宝时期的宋州、睢阳是河淮之间的农业平原的交通中心，户口繁盛，均在十万户之上。从中可以知道这地方为什么当时能抵抗安禄山的军队而保障淮河流域以南的半壁江山。宣州在太湖与长江的中间，也是商业与农业繁荣的区域[①]。陶希圣《宋代的各种暴动》一文根据两宋及其他书册所记载，把宋代的各种暴动作了较为全面的探讨，在嘉靖以后的各地暴动军一节中，搜集了大量材料，列有各地暴动军的活动情况的表格[②]。因为材料翔实，统计准确，对认识当时的各具特色的暴动价值极大。陶希圣利用统计方法，作出史学分析，增强论点的准确性和说服力，避免定性分析中主观性的误解。这是他的史学研究能够经得起时间考验的重要原因之一。

鞠清远《元代系官匠户研究》一文在对元代系官匠户数目的估计时，主要是通过对记述官匠户史料的有效数字认真搜集，细致地考释，以统计方法将所搜集得来的数据分门别类，辨别数字中的真伪，然后进行排列、分析和解释，最后达到在定量的基础上的系统化。元代系官匠户，究竟有多少，元史百官志中记述的数字很不完备，且有时有错误。假如根据一局的匠户数，而推论全国，往往有许多不妥的地方。但是日本学者有高岩"根据 Batuta 记载杭州的匠户数，更引据元史江淮等处财赋都总管府属下，有杭州织染局，于是便假定杭州织染局有八千或七千奴隶工匠之全体或半数，更推论全国各局，也应有约略同样之数。最后更假定三千位标准数，而总计全国与杭州官局类似的百余局，有三十万奴隶工匠"。鞠清远认为有高岩的推论不妥，为避免了有高岩所犯过的错误，他估计元代官局中的工匠数目时，"要求一较确实妥当的方法"。他利用元代匠官品级与所管匠户数目的关系探讨，"将元史百官志中之局院名称及匠官品级，与元典章

---

① 陶希圣：《盛唐户口较多的州郡》，《食货》半月刊1935年第2卷第10期。
② 陶希圣：《宋代的各种暴动》，《中山文化教育馆季刊》1934年第1卷第2期。

卷七职品之各局匠官品级作一比较，然后统计各品级的局院有多少，最后按照官品与匠户的关系"来估计。鞠清远在制作元史中各局院的的数据统计表时非常细致。"属于捕打鹰房人匠等总管府的匠户，既多无数目，又无匠官官品，元典章中亦无此类匠官品级，则暂从略，但估计时，仍不遗漏这类匠户。至于各小局院，多无品级，估计时，则暂就其总属机关官品估计之。元史所无之匠官，则据元典章补入，另列一表附后。"通过耐心的统计分析，鞠清远坚持认为："元代的系官匠户数，当在二三十万之间，即令有全家入局，户出二丁，或有带徒弟的，恐人数亦不过四十万人。不过，元代官匠，常常有废置的，而淘汰匠户的记事，亦常常见过"，所以"匠户二三十万，或者还要多一点，也未可知"。① 鞠清远通过对元代系官匠户数字的精密分析，统计了各品级的局院有多少，按照官品与匠户的关系来估计，全面勾画出元代手工业的发展水平，来给予模糊问题以正当的解决，从而得出极具价值的结论。鞠清远把史学研究放在定量的基础上，用来说明事物量的发展，从数量的发展中，达到对社会经济形态的认识，得出的结论弥补了仅靠宏观考察推导而导致说服力不强的缺陷。这种研究的价值极高，可靠性强，确实值得借鉴。难怪陶希圣盛赞鞠清远《元代系官匠户研究》一文是"精细矜慎"②。

此外，鞠清远在探讨财政问题时也大量使用统计的方法。为了看出唐中叶以后，盐税收入及榷盐价前后之变化，他专门搜集《册府元龟》中的资料列出《天宝后历朝盐利收入》和《天宝后历朝盐价榷价表》③。鞠清远把分散的材料贯通起来，按照年代先后顺序排比，制成表格，使读者一目了然，其目的在找出变化的规律和发展的趋向，取得了较为显著的成就。

二 比较的方法

食货派在重视统计方法的同时，也非常重视比较的方法。与社会史论

---

① 鞠清远：《元代系官匠户研究》，《食货》半月刊1935年第1卷第9期。
② 陶希圣：《编辑的话》，《食货》半月刊1935年第1卷第9期。
③ 鞠清远：《唐代财政史》，上海商务印书馆1940年版，第67页。

战中的研究者一样，食货派认为中国社会经济史研究的主要目的是要认识中国社会形态的演变。为此，必须首先弄清各时段的社会经济状况，"在寻绎结论的时节，将特别注意到比较与搜求演化的痕迹"①。食货派以研究中国社会经济制度演变过程为对象，着重揭示它是怎样演变和引起这种变化的具体因素。陶希圣说："各种变动有悠久的来源，由微至显——每个大变动都是由长时期的小变动累积而成的。如：唐之两税法系由户税，地税因土地之兼并渐渐变化而来。商鞅变法亦系晋时代许多小变化积聚而成的结果。""凡物发展至最高阶段必起变化而渐渐衰落。大变化的发生，乃社会各部间彼此影响的必然结果。一方发生变化，影响他方，而产生变迁。大变动后，继续的小变动，仍是难免的现象。"②可见，陶希圣认为要了解一个社会经济制度，必须从它的变化过程中去理解，须将任何一种因素加以细微的分析。

食货派认为探讨社会经济制度，不仅要追溯它最近的过去，而且要上溯到它最初的顶点。因此，食货派的史学著述多是先叙述中国社会经济制度的沿革，往往从最早的源头谈起，然后再论所研究主题的特点，最后谈及其延续状况。如鞠清远《唐宋元寺领庄园研究》一文中除对唐宋元三代寺领庄园进行了历史的考察外，还对唐以前的寺产进行探讨，指出"寺院庄园当自佛教输入后不久，既有雏形"③。而《皇庄起源论》则采用倒溯的方法，从明代的皇庄，宋代的宫田与财赋总管府，金代的宫籍与监户，两宋的御庄、奉宸庄、后妃庄田及标充御前的庄田，五代的宫庄与后宫田产，唐代的宫与内庄宅使，北魏之太子田园与宗子稻田，两汉的少府水衡田产，春秋时期的公室的顺序来探讨皇庄起源。最后得出"皇庄绝不是明代的创造物"，"皇庄的起源至少应是春秋时代的公室"这一真实可信的结论④。何兹全《与曾兴论"质任"是什么？》一文同样注意从中国社会经济制度渊源说起。他在与曾兴论"质任"是什么时，从"质任"这种制度

---

① 鞠清远：《唐宋官私工业》，上海新生命书局1934年版，第4页。
② 陶希圣讲，贾文蕙记：《研究中国社会史的方法和观点》，天津《益世报·社会研究复刊》，1936年12月9日。
③ 鞠请远：《唐宋元寺领庄园研究》，《中国经济》1934年第2卷第9期。
④ 鞠清远：《皇庄起源论》，《中国经济》1934年第2卷第7期。

的起源谈起，对质任的历史发展过程进行了梳理。指出"质任"是"人"而不是"服役和应役的义务"①。陶希圣《十一至十四世纪的各种婚姻制度》一文对婚姻制度的研究，主要是把婚姻放在社会整体背景之下，从各种婚姻制度的产生、发展以及最终没落的发展轨迹去把握与具体的分析②。

运用比较研究的方法，既可突出社会经济制度的特征，又可把社会经济制度变迁的过程展现出来，对社会经济整体性认识非常必要。武仙卿的《魏晋时期社会经济的转变》一文通过秦汉时期、魏晋时期、南北朝时期的社会组织进行比较，"很明显的看到秦汉奴隶社会已经解体，新的社会制度——封建社会正在演进。魏及西晋就是这个新社会制度的发端，五胡时期，东晋及南北朝就是这个新社会制度的典型时期"③。武仙卿对魏晋南北朝的整个时期是田租与户调对立的税制阶段的探讨，主要建立在对魏晋南北朝各时段经济制度的比较分析之上。他指出骤然谈到"制度化"的南朝课税，似乎有些骇人听闻；但是，"根据正规的政府组织，不会没有正规的税制为之支持的信条"。他从堆积零星材料作起，通过细心地比较，"发现了南朝税制仍是承袭魏晋而来，仍是所谓田租与户调对立的税制。宋齐梁陈书中都有田租的记载，宋书柳元景传文有义租的记载，陈书宣帝纪又有禄秩的记载，这些名词都是魏晋税制中的税目"。加以混合税目的颁布，在南朝史中屡见不鲜，更可以明了南朝税制的真相。他认为"南朝的户调，虽没有多些材料，供我们从根到顶的叙述；但宋孝武帝大明五年定制以后，从没有看到修改或消灭，就可知道经过宋齐梁陈，并没有什么变更"④。可见，武仙卿通过不断深入的比较魏晋南北朝的税制，解决了诸多模糊不清的税制问题。

鞠清远在《唐宋官私工业》中也采用比较研究的方法，指出唐宋官私工业中各项内容的不同点和演化过程实"有其渊源"，而元代之官私工业

---

① 何兹全：《与曾兴论"质任"是什么?》，《文史杂志》1941年第1卷第4期。
② 陶希圣：《十一至十四世纪的各种婚姻制度》（上）、（下），《食货》半月刊1935年第1卷第12期，1935年第2卷第3期。
③ 武仙卿：《魏晋时期社会经济的转变》，《食货》半月刊1935年第1卷第2期。
④ 武仙卿：《魏晋南北朝田租与户调对立的税法》，天津《益世报·食货周刊》1936年12月13日；《食货》半月刊1937年第5卷第4期。

实乃唐宋官私工业之延续与演变。这种比较搜求在研究的系统性以及对官私工业发展形态分析方面产生了重大影响。又如唐代两税法的来源与变化由于唐代文献未留下明确记载，使两税法处于不清不明状态。鞠清远对各种谬说进行了较全面的清理考证。鞠清远指出：

> 近年来，因为社会史经济史研究的勃起，许多人在缺乏已整理的史料之情况下，想利用省事的现成的财政史料，来抽索自己所需要的社会或经济变化的根据。又因改革田赋的要求，产生了许多"地方专家""田赋专家"谈田赋田制的书籍便也盛行起来。在社会史经济史研究者及地政田赋专家的著述中，两税法极被推崇，被确认成了划时代的税制。可惜我们在这些人的著作中，仍然只能看到由食货志陆贽奏议及文献通考等书录出来的已成说法，了无新意，间或有所发挥，也都不是正确的意见。这一种缺憾是完全由于人们不明了两税法以前的赋税制度，因之，对于两税制度不能正确了解。许多人并不亦不能从两税法实行以后所遭遇的问题及改革的了解中去理解两税制度。因此，两税法的了解脱离了前后的历史事实，而成为一种空洞的摸索。①

鞠清远撰著《唐代的两税法》，"目的在扫除以前的理解两税法的方法，从两税法以前的赋税制度，两税法本身，两税法实行以后的诸问题上来研究两税法，探讨其内容，估定其价值。特别想在经济社会变化中理解两税法在历史上的意义"。因为鞠清远澄清了许多史实，对两税法的税项内容及来源提出不同看法，提出"两税法于征收季节的改革外，承袭了以前的户税与地税制度"的新见解。鞠清远强调两税法是由唐前期资产税性质的地税和产税发展而来，认为"两税"指户税和地税。这一基本观点在其《唐代经济史》和《唐代财政史》均有反映。如《唐代财政史》第一章《两税法以前之赋税》写道："两税法本身，没有什么独特的创革，它的内容、税制、税法，都在天宝到建中年间奠定下基础，到这时候，方水到渠成，使天宝前与租庸调对立而不占重要地位的户税与地税，反而代替了以人丁

---

① 鞠清远：《唐代的两税法》，国立北京大学《社会科学季刊》1936 年第 6 卷第 3 期。

为课税客体的主要赋税。这指明经济组织的转变，使财政制度也必然要转变。"① 鞠清远能始终以探寻两税法的制度演变为宗旨，考察其施行的社会经济条件，通过深入地比较，究明其特点，把原来历史文献记载语焉不详而制度本身又十分烦琐的历史事实系统化，致使其两税法的研究成果具有极高的学术价值，延至今日仍为学术界所引用。

综上，食货派认为统计和比较的方法在探讨中国社会经济制度演化的"痕迹"中非常重要，所以他们在史学研究中不断加以运用。他们通过统计和比较的方法对若干具体的社会经济制度问题作了深入细致的观察，力求把复杂、分散的材料，通过运用分类、统计、比较等方法，使之系统化和简明化，对于认识整个中国社会发展史有所助益。他们所以重视此两种方法乃是为了更好的认识各种社会经济现象和制度在整个的社会发展中的相互关系及其变迁和影响。另外，食货派认为要认识中国社会形态的演变，也离不开中外历史的比较，他们非常强调借用西方经济学理论和比照西方社会经济史。

第四节　强调借用西方经济学理论和比照西方社会经济史

20 世纪 30 年代，西方经济学理论和经济史的大量输入，开阔了人们的视野，为中国社会经济史研究方法的丰富和发展注入了新鲜血液。而中国社会经济史研究刚刚兴起，理论方法、研究领域亟须建设与开拓。因此，参考借鉴外国学者的理论方法及研究成果，是研治中国社会经济史的一种有效的途径。

与其时的社会经济史研究者一样②，食货派认为西方经济学理论和社会经济史可以为中国社会经济史研究提供全新的审视视角、思维方法和研究手段。连士升在《研究中国经济史的方法和资料》中指出："经济史是探讨过去的经济生活的问题，所以我们必须有经济理论的素养，使我们能

---

① 鞠清远：《唐代财政史》，上海商务印书馆 1940 年版，第 34 页。
② 这一时期活跃于中国社会经济史坛的另一支重要学术力量——以吴晗为首的史学研究会，也顺应时代学术趋势，引进社会学、经济学和统计学的理论与方法，致力于中国历史的阐释。参见陈锋《两级之间的新史学：关于史学研究会的学术史考察》，《近代史研究》2006 年第 1 期。

够洞悉问题之所在。同时又能帮助我们解释经济史料。这理由很简单。我们都认识中国字，我们也能写中文，可是我们不敢下笔写中国医学史，或中国算学史，因为这一类的书只有懂得医学或算学的人才有资格写。同样的，著述中国经济史的人必须懂得经济学的理论。因为史学家的任务是把个别的事实只当做连锁中的小环看，所以他自己应熟悉理论的系统，彻底了解各种事实的要素及其相互关系。换一句话说，假如著述经济史的人不想做个古董，那么他对于有关系的研究范围，应该有彻底的理论的训练，否则他一定不能提出他的问题，解释他的材料。"① 可见，他认为社会经济史，正如同医学史，算学史，都不是普通的历史，研究者若没有专门经济学理论知识是不能胜任的。连士升还强调要学习西方社会经济史名著，因为它们"可以供给我们参考，如题目选择，材料的驾驭，组织的严密，解释的彻底，叙述的生动，书目的精详，这几点都是我国学者所缺乏的地方"。"精读几种西洋经济史名著，采取他们治学的精神来研究具体的问题的方法。然后应用观摩的心得来研究中国经济史，自有左右逢源之乐"②。以上表明，食货派认为对中国社会经济史的研究者来说，除掌握丰富的史料之外，还需要进一步学习和掌握相关经济学的知识以及外国社会经济史，只有熟悉和掌握了这些理论与方法之后，才能去观察、分析和比较历史上各种具体的社会经济问题或社会经济现象。

为了借用西方经济学的理论和比照西方社会经济史，食货派对西方经济史理论、方法保持着一种开放的态度，除了认真研读西方经济学理论和社会经济史著作外，并从事了大量的西方经济学理论和社会经济史的翻译与介绍活动。在这大量地译介活动中，连士升用力最勤，"担任各派治经济史的方法论的介绍"③，先后翻译介绍了桑巴德、克拉判、约克曼、西摩勒尔、格拉斯、卫布思夫妇、温文、奥曼等西方经济史名家的著述④。而

---

① 连士升：《研究中国经济史的方法和资料》，天津《大公报·史地周刊》1936年10月9日。
② 连士升：《研究中国经济史的方法和资料》，天津《大公报·史地周刊》1936年10月9日。
③ 陶希圣：《编辑的话》，《食货》半月刊1935年第1卷第8期。
④ 连士升的译述情况详见本书第二章第四节的部分。

鞠清远亦热衷此项事务，翻译了格拉斯著《经济史之兴起》和英国的《沙利曼的皇庄法》①。另外，《食货》半月刊自第 4 卷起，也辟有"理论与比较"和"比较与参考"专栏，翻译或摘录国外社会经济史研究的理论方法，介绍国外有关中国社会经济史的论著，开阔了人们的学术视野。显然，食货派的译介活动不是要从事西方经济学和西方社会经济史研究，而是试图通过借用西方经济学理论和中外历史的比较对照，寻绎中国社会历史发展的特点与规律。陶希圣认为比照中外社会经济史的异同，有助于中国自身社会经济史的理解。他说："中国社会经济在历史上发展的情形，与欧洲社会发展的过程可比较的地方很多，不但大纲目可以比较，就是小节目也可比较的。我们看出无论是那个社会，有相似的环境和条件就能产生相似的结果。由此更可以使我们相信，社会现象的发展与自然现象的发展是相同的，在自然现象中有法可寻，在社会现象中也有同样的法则可寻。也就是社会科学与自然科学都可以发见的法则。"② 又说："要想对中国经济社会史精深研究，必须就外国的经济社会史得到精确的知识。在比较参佐之下，中国经济社会的现象的意义、特征、及各种现象的相互关系，历史发达的必然法则，才能看得出来。"③ 陶希圣在拟定《经济史名著选译计划》时强调："我们选译外国经济社会史名著时，并不是因为那是名著，便拿来译。我们选译的标准，是那名著的全部或一部，里面所叙述或讨论的具体现象（制度或思想或政治等），是研究中国经济社会史必需的比较或指示。""我们选译，要有这样的标准：为了解析中国经济社会史最重要的关键，选译外国名著里社会经济过程可以拿来比较的类似的段落的研究。"④ 鞠清也在其所译的《沙利曼的皇庄法》一文中指出："在中国历史上，几乎没有可与这篇法令相比较的文字。如果勉强的寻求，则曹操的屯田令，令多种稗以备荒旱，北魏均田令之劝种桑麻榆树，在烦琐方

---

① 鞠清远：《经济史之兴起》，《食货》半月刊 1935 年第 2 卷第 3 期；《沙利曼的皇庄法》，《食货》半月刊 1937 年第 5 卷第 8 期。
② 陶希圣：《中国社会史经济史研究的方法》，北平《晨报·社会研究周刊》1934 年 11 月 14 日。
③ 陶希圣：《食货学会本年六项工作草约》，《食货》半月刊 1935 年第 1 卷第 6 期。
④ 陶希圣：《经济史名著选译计划》，《食货》半月刊 1935 年第 2 卷第 1 期。

面，正不亚于此。"① 可见，鞠清远对《沙利曼的皇庄法》的译介主要是通过比较来引起学术界对我国类似法令的关注。

食货派在推广社会经济史研究新的理论和方法上，除了在译介方面不遗余力外，在他们的著述中斯密·亚当的经济学、马克思的政治经济学、摩尔根的人类学、考茨基的宗教学的有关理论被他们大量援引，作为分析问题的工具，立论的依据。鞠清远的《唐代财政史》有意识地运用近代西方的经济学和财政学的理论，在财政收入和财务行政方面的归类比较科学。"自创体例，考释谨严，长期为治史者必读，奠定了这一领域研究的基础"②，成为唐代财政史研究的开山之作。曾謇在研究中国古代社会时，自称摩尔根和恩格斯的著作对其影响极大。他理解中国的古代社会"多是以他们的学说为根据而参加我自己的主张的"。在辩证唯物史观的古史研究上，多采用中外近、现代史学家的研究成果③。

何兹全致力于研究中国佛教寺院经济，是受考茨基《基督教之基础》的启发。"考茨基此书，主要是写早期基督教教团的起源、组织和生活"，引起了何兹全"研究中国佛教寺院经济生活和社会活动的兴趣"④。何兹全在《中古时代之佛教寺院》一文中指出："在性质上，中古中国之佛教寺院与中古西欧之基督教会是完全相同的。两者都于宗教的组织外成功为一个政治的社会的经济的组织，都是占有大人口及大土地的庄园领主；所不同的只是在政治上成功的大小差异。西欧中古的教会在政治上发展到最高点，教会凌驾俗界君主权势以上，作了人间的最高统治者。而中国中古时代的寺院，在政治权势上永没有超越俗界君主。""但西欧中古教会以在政治上的成功而被人注意。讲欧洲中古史谁能不讲教会？谁能不讲教皇？谁能不讲政教冲突？谁能不讲宗教改革？而和它有同样性质，走同一路线发展，在中国中古史上占极重要地位的佛教寺院，却一向被人忽视，忽视

---

① 鞠清远：《经济史之兴起》，《食货》半月刊 1935 年第 2 卷第 3 期；《沙利曼的皇庄法》，《食货》半月刊 1937 年第 5 卷第 8 期。
② 张国刚主编：《隋唐五代史研究概要》，天津教育出版社 1996 年版，第 181 页。
③ 曾謇：《中国古代社会》（上），上海新生命书局 1935 年版，自序。
④ 何兹全：《何兹全文集》第 1 卷，中华书局 1996 年版，自序。

了一千多年没人提。"① 何兹全后来指出他"写佛教寺院和寺院经济，也是学《基督教之基础》的写法，先写这一时代的社会，再写佛教寺院和寺院经济的发展成长"。欧洲史和中国史对比研究的方法对他的影响很大。他的汉魏之际社会分期想法，把汉魏之际看成中国古代社会和中世纪封建社会的分期时期，就是受学习欧洲古代、中世纪史的影响。此外，何兹全还自认为在读过的书中，对他影响最大的是恩格斯的《家庭、私有制和国家的起源》和《德国农民战争》，其次是考茨基的《基督教之基础》。这些书使他懂得，研究任何历史问题都要从当时的整个时代、社会出发，都要从历史发展的大形势出发。"任何历史现象，从纵的方面说，都是历史长河中的一点；从横的方面说，都是当时全面形势中的一环。不了解历史发展大势和当时社会全面形势，就不会真正认识任何历史现象和问题的本质。""恩格斯为了说明 15 世纪的德国农民战争，在《德国农民战争》的第一章里，就先讲了 15 世纪德国的社会和各阶级的发展、对抗形势。考茨基为了说明早期基督教的起源和教会的发展，也首先讲述罗马帝国时代的社会思潮。"② 以上学者的研究内容及方法这对何兹全分析历史问题、解释历史问题都有很大的启发和指导作用。

食货派承认可以借用西方社会形态学理论来认识中国的社会形态，因之，食货派的中国社会史分期也是根据唯物史观的理论方法和参照西方社会经济史来研究的。曾謇《中国古代社会》（上）一书里面主要是依据摩尔根，恩格斯的家族形态来分析③。而《殷周之际的农业的发达与宗法社会的产生》一文中对殷商社会的认识也主要是参照了西方的社会形态。他自认为"所发见的殷商社会，还是一个氏族的社会，在婚姻和家族方面，也还在脱离典型的彭那鲁亚婚不久的一个阶段上"。④ 武仙卿的《魏晋时期社会经济的转变》一文对魏晋时期与庄园的探讨，是参照了西欧庄园这一社会组织而进行分析的。他认为："避乱避役的人民聚集在大地主庇护之

---

① 何兹全：《中古时代之佛教寺院》，《中国经济》1934 年第 2 卷第 9 期。
② 何兹全：《学史经验与体会》，《文史知识》1982 年第 4 期。
③ 曾謇：《中国古代社会》（上），上海新生命书局 1935 年版。
④ 曾謇：《殷周之际的农业的发达与宗法社会的产生》，《食货》半月刊 1935 年第 2 卷第 2 期。

下,都是屯'垒'相保。这'垒'的形式,如同欧洲中古的 castle 一样,是领主保护自己附庸的防御物。他的名称,或名坞、堡、或屯、垒、壁。"他还指出:"流亡与贫弱的依托,造出多数的农奴,又于此处指出豪强的屯聚,形成领主的庄园,所以封建社会的庄园与阶级组织,遂形完成,这就是中世纪封建制度的到来!"① 何兹全的《南北朝隋唐时代的经济与社会——中国中古寺院经济·绪论》一文认为考茨基论西欧中世纪基督教会与封建社会的关系认识,对探讨中国南北朝隋唐寺院的性质及其在整个社会发展上所代表的意义帮助极大。而库斯摄左夫指出的四五世纪罗马帝国国家向封建制度演化过程"在中国魏晋时期是同样的演奏着的"②。所以何兹全的中国中古寺院经济研究是在以上西方社会形态比照之下展开的。

以上表明,食货派对古代社会庄园经济、寺院经济以及其他方面研究,无疑是受欧洲历史经验的启发,通过借鉴和参照西方的社会经济形态而作出的比较研究。食货派顺应时代的学术潮流,在中国社会经济史研究中强调借用西方经济学理论和比照西方社会经济史,从方法论的角度为中国社会经济史学指引了门径的同时,也取得了丰硕的成果。

需要指出的是,食货派在中西比照的研究中曾相当注意避免重蹈社会史论战中,以外国历史发展模式来套入中国历史的覆辙,认为"正确的方法是能够把握中国历史上社会现象的内部关系的方法"③。早在1929年,陶希圣就指出"不能因袭欧洲学者解剖社会所得的结论而漫加演绎。须知各种不同的社会形式,各有不同的社会法则。中国社会的各要素,虽大抵与欧洲社会史上曾经发现的各种要素,不甚悬殊,但自要素的结构来说,却各有特殊之点。基于要素结构之同点,于是许多人抄袭欧洲社会的法则。基于要素结构之异点,于是许多人又完全拒绝欧洲社会所产生的社会学方法之应用。这两点都是不对的"。另外,他还强调要避免"把中国社会构造当作位于西欧丛山半岛之中的小国家来看";"把名词的含义混淆

---

① 武仙卿:《魏晋时期社会经济的转变》,《食货》半月刊1934年第1卷第2期。
② 何兹全:《南北朝隋唐时代的经济与社会——中国中古寺院经济·绪论》,天津《益世报·食货周刊》1937年5月18日,1937年5月25日。
③ 陶希圣:《编辑的话》,《食货》半月刊1934年第1卷第1期。

了";"排斥不合于成见的社会成因"①。陶希圣在《战国至清代社会史略》一文主要是探讨中国社会史的分期问题，但他认为可以从时间序列上把历史分为三期：（一）古代社会（西元前五世纪至后三世纪）；（二）中古社会；（三世纪至九世纪）；（三）近世社会（十世纪至十九世纪中叶）②。这显然是陶希圣基于对中国历史自身发展特点的考虑，想摆脱用原始社会、奴隶社会、封建社会等抽象名词概念来区分中国社会形态的一种划分方法。陶希圣在1935年出版的《中国政治思想史》一书中，他没有按照马克思唯物史观社会形态的分期，而是把中国历史分为神权时代（殷商）、贵族统治时代（西周春秋）、王权时代（战国至清末）和民国时代。

对于中国社会发展的独特性，何兹全也与陶希圣有着同样的认识。他在《南北朝隋唐时代的经济与社会》一文中指出：

> 研究社会发展史，有两点应注意：一是地区问题。中国地方太广了，研究时我们必须注意到它的地域性，否则一定闹出许多错误的结论。一个是社会发展形态的不典型化问题。一种社会组织，是由各种复杂的生产关系组合而成的，它包含有前一时代生产关系的遗迹，它又包含有后一时代生产关系的胚芽，而且还有许多次要的生产关系。
>
> 西欧社会经济的发展，各种形态虽比较典型，但也决不会像理论化了的一般社会形式发展史所讲的那样典型，那样简单。中国社会形态的发展，则是更不典型的。譬如我们说中国两汉是奴隶社会，但另方面小农经济确也是很发达的。我们说唐代以后封建制度崩溃，但农奴经济就是在宋在元确是仍很发达的，假如你只研究一个阶段时，你很容易被这种复杂的不典型的社会关系所混淆，而不能认识它的本质，究竟是哪一种生产方式占支配的地位。不过你要从整个阶段的演变过程上看，你便会发现各阶段究竟哪种关系占支配地位，及它是怎样向另一社会上转变的。③

---

① 陶希圣：《中国社会与中国革命》，上海新生命书局1929年版，绪论。
② 陶希圣：《战国至清代社会史略》，《食货》半月刊1935年第2卷第11期。
③ 何兹全：《南北朝隋唐时代的经济与社会——中国中古寺院经济·绪论》，天津《益世报·食货周刊》1937年5月18日，1937年5月25日。

以上何兹全对中国社会经济史的认识是比较准确的,所以他在研究中也非常注意中国历史发展的特殊性。何兹全《东晋南朝的钱币使用与钱币问题》一文探讨中国的钱币问题时曾指出:"中国东汉以下的中古社会经济,大体上可与罗马末年日耳曼人入侵后的欧洲中古社会相比,但因彼此所承继的前代遗产不同,在内容上是必然有差异的。最明显的便是都市交换经济的破坏,中国较欧洲为轻。城市破坏轻,使中国没有退步到农村支配城市,农业生产支配一切的地步。"① 因此,他抓住中国都市经济的特点对东晋南朝的钱币使用与钱币问题进行研究,取得了较大的成就。

然而,由于在中国社会经济史研究受西方历史经验的制约,与有些人喜欢把中国古代历史比附古代希腊、罗马和中世纪欧洲的历史而没有考虑两者之间的历史条件一样,食货派在以西方的历史为比较而作出的研究中,难免存有以中国历史比附西方历史的情形。如何兹全后来对自己三十年代关于汉魏之际唐中叶社会的认识中坦言:"这认识中有正确的地方,有教条主义、生搬硬套的地方。"他举例说:"庄园制度是欧洲中世纪封建社会时代的制度。这个名词大概是从日本的译文借用过来的。中国古史记载中有庄、有田、有庄田、田庄、庄宅等词,没有庄园。不能说没有像欧洲式的庄园存在,但不典型。""农奴也是如此。中国史书上没有这个词。用依附民,泛指一切身份高于奴隶、低于自由民的半自由的人是可以的,用农奴这个近乎欧洲中世纪专称的词来指中国历史上中世纪的农民劳动者,似乎也不合适。不能说没有像欧洲那样的农奴的存在,但也不典型。"② 何兹全坚持认为"庄园、农奴,都是上世纪30年代从欧洲中世纪封建社会抄来的,纯是教条主义在作祟"。40年代以后,他就不用这些词了③。所以,在其出版的《中国古代社会》一书里虽认为战国秦汉时期是一般称为"奴隶社会"的时代。但他摒弃了"奴隶社会"这一名称,而是使用了古代社会一词④。

---

① 何兹全:《东晋南朝的钱币使用与钱币问题》,国立中央研究院《历史语言研究所集刊》1945年第14本。
② 何兹全、郭良玉:《三论一谈》,新世界出版社2001年版,第165页。
③ 《何兹全文集》第1卷,中华书局2006年版,第104页。
④ 何兹全:《我所经历的的20世纪中国社会史研究》,《史学理论研究》2003年第2期。

总之，食货派在中国社会经济史研究中，大力强调借用西方经济学理论和比照西方社会经济史。食货派诸多社会经济史研究新领域的开拓，无疑是借用了西方经济学理论和受西方社会经济史的启发。他们译介了一系列西方社会经济史理论和方法，并在具体的中国社会经济史研究中大量的加以运用，但是同时也出现了生搬硬套的比附欧洲社会经济史的现象。不过，他们从吸取西方经济学的理论与方法以及作中西比较的史学研究的思路无疑是中国社会经济史研究中一种有效和必要的途径。

第五节　倡导"综合研究法"

食货派认为当时存在两种走极端的中国社会经济史研究方法，亟须改进。陶希圣说："近来的史学著作，自其材料与方法上说，可分为两种：一种是只有材料，而无系统；一种是只有系统，而无材料。有材料而无系统者，可以说是'学而不思'，其弊为支离。有系统而无材料者，可以说是'思而不学'，其弊为空虚。我总想有一班人做一些有系统有材料的书册，使材料不失于支离，而系统不陷于空虚。"① 连士升感叹著述中国社会经济史的书籍，"不是说空话，就是堆砌材料，离西洋的经济史大师，如陶尼、格拉斯、克拉判、桑巴德等人的著作标准还很远"。② 他认为其时的经济史研究方法可分为三种：一是把经济的史料搜集在一块，然后按时代的先后排列起来作系统的叙述，这种叙述式的经济史只注重具体的经济事件的变迁，忽略经济事件在社会上的作用；二是应用马克思的唯物史观来证明和解释历史，注重事件的因果关系，忽略经济以外的条件；三是研究人类历史中经济因素和其他因素的相互关系，但不拥护经济决定主义之绝对正确。他进一步指出："叙述式的经济史，长于考证材料，辨别时代，及研究问题，然而它的短处在于呆板，琐碎，干涩。""唯物史观式的经济史，长于解释事实，富于趣味，及把握重要问题，然而它的短处在于容易

---

① 曾资生：《中国政治制度史》，重庆南方印书馆1943年版，陶序。
② 连士升：《研究中国经济史的方法和资料》，天津《大公报·史地周刊》1936年10月9日。

把复杂万端的历史变成公式化、理想化、简单化。""综合式的经济史重视材料,而不忽视理论,有了理论,而又能善用材料。这种有统一性、联系性的经济史正是我们目前最需要的东西。"①

在食货派眼中,叙述式的社会经济史,以叙述各时代零碎地经济事实为能事,不懂经济现象之间的关系,在探索中国社会经济史特点和规律方面无所适从;而唯物史观式的社会经济史忽视经济以外的因素,欲把中国社会经济史硬嵌入某种经济发展的公式,这种不重史料分析的公式主义的研究趋向对学术发展的阻碍作用尤其严重。鞠清远批评道:"在移植外国理论的时节,在急于'成一家之言'的时候,都往往只是粗疏地,朦胧地将轮廓抽画出来,对于社会内容与实际情况,多不作精细的研究。社会史论战的结果,除去显现出一些外国理论的差别,和对于中国社会史的轮廓的个别见解以外,使人对于实际的、各时代的、个别问题的实况,仍然不能明白。"②

在他们看来,既然唯物史观式的社会经济史在社会史论战中已暴露出了诸多弊病,研究方法必须应时而变,否则史学研究不能继续前进。为此,食货派极力倡导综合研究方法。这就是:"先划定一个时代,然后把这时代里的中心问题有关的经济材料作一网打尽的搜集、考证、分类。等这中心问题彻底了解之后,便进一步研究这问题对于同时代的其他问题的作用或影响。这样一来,著述的内容有中心问题作线索,免得丰富的材料流于琐碎、芜杂,同时因为材料的详备,免得高深的理论陷于贫乏、空疏。"③ 食货派循此治史路径与方法,注意"综合研究",其研究成果学术价值极高,历来为学界所重。如陶希圣的《王安石以前的田赋不均与田赋改革》和《十六七世纪间中国的探金潮》,武仙卿的《魏晋时期社会经济的转变》等篇,"都活用着所得的材料,每一条和问题的中心相连,有结

---

① 连士升:《研究中国经济史的方法和资料》,天津《大公报·史地周刊》1936 年 10 月 9 日。
② 鞠清远:《唐宋官私工业》,上海新生命书局 1934 年版,第 1 页。
③ 连士升:《研究中国经济史的方法和资料》,天津《大公报·史地周刊》1936 年 10 月 9 日。

论作解释，不但用功甚勤，而且准备也很充足"。① 又如《唐代经济史》围绕有唐一代经济生活中田制与农业、交通与都市、工商业及财政制度等问题探讨，由于"论述系统、材料充实，书中提到新见的庄园、草市、行会、色役与资课、盐铁、漕运与东南财库、客户、客商与邸店、柜坊与飞钱等问题，一直成为此后学界论述的重点，该书为治经济史者的必读作"②。

当然，以上食货派对唯物史观的批判，明显地存在简单化的倾向。唯物史观科学地揭示了经济在社会结构和社会发展中的基础性地位和决定性作用，给予人们观察社会和历史锐利的思想武器，激发了人们研究社会经济及其发展问题的重视，促进了20世纪20年代末30年代初中国经济史热潮的形成③。食货派对唯物史观的批评显然有失偏颇。这是其在方法论认识上不成熟的表现。唯物史观并不是经济史观，它既强调经济因素的决定作用，又兼顾到政治、文化等其他因素，不割裂事物之间的固有联系。唯物史观被视为经济决定论，是社会史论战者因对唯物史观的理论方法的过分崇拜而胡乱套用使然，非唯物史观本身如此。但是，食货派指出其时唯物史观式的社会经济史忽略经济以外的因素，陷入公式主义，无疑又切中肯綮。

食货派还试图纠正那种只重经济因素，忽视地理、社会、政治、思想、文化因素而流于经济史观的偏向。连士升《经济与地理》一文就主要从生产与地理、人口与地理、交通与地理三个方面论述人类与自然的关系，经济与地理密不可分的相互联系。他认为："人类的经济活动，是离不开自然环境的影响的。我们如果要研究各种经济活动，第一步工作就必须探讨那些影响经济活动的自然环境，否则我们只能够看到外表，不能洞悉原因所在"。"一个人要深切了解经济，他必须懂的地理；要彻底研究经济制度的沿革，他必须懂的产生该制度的国家的地理沿革。"④ 陶希圣在评价武仙卿的《南北朝色役考》时指出："假如对于'色役'本身，再加以

---

① 杜若遗：《介绍〈食货半月刊〉》，《文化建设》1935年第1卷第4期。
② 张国刚主编：《隋唐五代史研究概要》，天津教育出版社1996年版，第145页。
③ 李根蟠：《二十世纪的中国古代经济史研究》，《历史研究》1999年第3期。
④ 连士升：《经济与地理》，《禹贡》1935年第2卷第11期。

分析，将它与社会、经济、政治各方面的复杂关系，将与'色役'类似的一些东西，加以考察，或许对于南北朝社会的性质的理解，又要改变一些。这是富于开发性的一个题目，希望大家多注意一点。"① 陶希圣还曾针对张玉林《隋文帝的社会政策及其经济手段》一文主要从农业经济的破产入手，分析隋初的统治政策，着重点在经济，表示异议。他以为"要从南北朝时代王权与贵族的冲突这过程里了解"隋文帝的统一与他的政策②。后来张玉林写信给陶希圣，从政治入手补充了上文③。可见，陶希圣不但自己没有忽视政治因素而流于经济史观，而且纠正了别人只重视经济而忽视王权与贵族的冲突的偏向。付筑夫曾指出陶希圣的各种暴动研究，特别注意各时代的政治状况，便是由于他认定政治的、道德的与经济变化，是相互联系，相互影响的，产业的进步常为新的政治所激起④。曾謇亦在《古代宗法社会与儒家思想的发展》中也认为："一切的事物——经济的、政治的、思想的——在社会发展过程中，都有它们相互的联系与依存。换句话说，就是它们并不是彼此孤立的东西。"⑤ 总之，食货派已深刻地认识到中国社会经济史问题是相互错杂，相互影响，人们在研究时必须要具有总体的视野。这也是食货派之所以倡导综合研究法的重要原因。

综上所述，食货派对社会史论战中唯物史观暴露出来的公式主义的流弊不满，极力打破中国社会经济史研究陷入理论之争的局面，对中国社会经济史研究方法展开了积极地探讨。主张从问题入手，广搜史料，审查史料；"排比事实"，"寻绎结论"；重视统计与比较方法的运用；强调借用西方经济学理论和比照西方社会经济史以及倡导"综合研究法"；形成了学派鲜明的治史风格。食货派治史方法既强调加强对问题意识的关注，重视史料的作用，又提倡注意其他方法的运用。用今天的眼光来看，他们的治史方法论不失为一家之言，仍有其可资借鉴之处。但其治史方法又存在明显的不足与局限。这主要表现在问题视域的狭窄；提出广搜史料的范围

---

① 陶希圣：《编辑的话》，《食货》半月刊1937年第5卷第8期。
② 陶希圣：《编辑的话》，《食货》半月刊1936年第3卷第9期。
③ 张玉林：《通信一则》，《食货》半月刊1936年第3卷第12期。
④ 付筑夫：《研究中国经济史的意义及方法》，《中国经济》1934年第2卷第9期。
⑤ 曾謇：《古代宗法社会与儒家思想的发展》，《食货》半月刊1937年第5卷第7期。

和途径却未能持续下去；寻绎结论时对正确理论的指导作用缺乏应有的重视；用中国历史比附西方历史等。更为重要的是，他们未能全面正确地认识马克思主义唯物史观，他们的思想方法是："接近唯物史观，却并不是唯物史观。"食货派的治史方法终究未能尽脱非理性情志的制约，对唯物史观未予以应有的关注和作积极的评价，其治史方法便不能不因之顿然减色。所以食货派并未像郭沫若、吕振羽为代表的马克思主义学者一样，逐渐壮大自己的学派，发展为中国史学界的主流。他们在近现代史学史上的命运，与其治史思想方法的缺陷不无干系，值得认真地总结。

第五章
食货派的影响与历史地位

食货派的学术研究曾风靡20世纪30年代中期的学术界，对第一次中国社会经济史研究的兴起产生了重大影响。在40年代的中后期，食货派的学术活动也一度对中国社会经济史研究产生了积极的影响。更为重要的是，新中国成立以后，食货派的学术研究无论是在大陆还是在中国台湾及海外，亦产生了深远的影响。就后来食货派的影响而言，食货派的"魏晋封建说"成为中国"五朵金花"讨论中极具影响力的一种学说。食货派的一些学术观点化为了现代学术的一部分，被学者频频引用。《食货》半月刊与南京《中央日报·食货周刊》成了台湾《食货》月刊复刊的学术渊源。从食货派绵远的学脉谱系中，何兹全和沈巨尘（沈任远）的学术成就也成为了一道淡雅的风景。这些都应该成为我们全面认识食货派所必需。否则，我们很难给予食货派一个客观公允的评价。

第一节　食货派的影响

一　食货派对民国史学的影响

1931年9月—1937年6月陶希圣任教于北京大学，讲授中国社会史及中国政治思想史等课程，但主要致力于中国社会经济史研究。他先后出版中国社会史丛书，创办《食货》半月刊，积极筹建食货学会，在北大法学院设立中国经济史政治史研究室，编辑天津《益世报·食货周刊》。鞠清远、武仙卿、何兹全、曾謇、连士升、沈任远等一批青年学子群起相从，被学术界目为"食货派"。他们陆续印行了几本重要的中国经济史政治史的著作,如《唐代经济史》、《南北朝经济史》、《秦汉政治制度》、《唐代经济史料丛编》中的《唐代之交通》、《唐代寺院经济》、《唐代土地问题》三册等。由于食货派的积极活动,其史学研究在学术界产生了广泛的影响。

首先,陶希圣苦心经营的《食货》半月刊在学术界引起了巨大的反响。在《食货》半月刊上发表文章的作者,除食货派成员外,还有曾经参加社会史论战中的名角王宜昌、梁园东、马乘风等;也有全汉昇、杨联陞、汤象龙、吕振羽、陈啸江、李秉衡、王瑛、王毓铨、莫非斯、傅衣凌、张家驹、马非百、刘兴唐、齐思和、周一良、李文治、龚化龙等一时俊彦和后起之秀,其中不少人后来成为中国史学界极有成就的名家。由于得到当时从事中国社会经济史研究者的响应、支持与参与,《食货》半月刊在学术界的影响极大。据陶希圣言:"本刊发行满了一年了。顶先每期只印两千份,打算发出一千五,留五百预备作合订本,供给将来的需要。创刊号发出以后一星期,发行人被迫再版一千。到了第一卷五六期,发行人便每期印四千,发出三千三百,赠阅食货会员两百,留下五百份做合订本。"① 其中"北平六百份,日本方面销售不少"②。大夏大学的梁园东曾致信陶希圣说:"《食货》在大夏为最风行之读物,大夏出有《历史社会论文索引》,对《食货》论文几无篇不索,可见同学等之爱好。"③ 钱穆也回忆说:"时(顾)颉刚在燕大办一《禹贡》,陶希圣在北大办一《食货》,两杂志皆风行一时。诸生来余舍,请余办一《通典》,谓当与《禹贡》、《食货》鼎足而三。余拒之。"④ 可见《食货》半月刊在当时学术界的影响之大。杜若遗认为:"《食货》的编辑人陶希圣先生,是数年以来致力于中国社会史的研究最勤的人。陶希圣先生主编的《食货》半月刊,批评着过去的中国社会史论战运动的缺点,又指示着此后应走的途径。《食货》是不尚空谈的,是注意实际史料的搜辑的刊物。"⑤

---

① 陶希圣:《编辑的话》,《食货》半月刊1936年第3卷第1期。
② 长江:《陶希圣与食货》,北平《晨报》1935年1月18日。
③ 梁园东:《中国经济史研究方法之诸问题》,《食货》半月刊1935第2卷第2期。
④ 钱穆:《八十忆双亲师友杂忆》,三联书店1998年版,第170页。
⑤ 杜若遗:《介绍食货半月刊》,《文化建设》1935年第1卷第4期。

食货派的种种虔诚苦心，得到了学术界支持的同时，也通过《食货》半月刊培养了大量的"食货"人才。20世纪30年代，"中国史学界诸流竞起，但以学术文化的中心北平而言，与西方'科学的史学'相汇合的考证学仍然居于主流的地位。其次则《食货》派的社会经济史也很快地激起了波澜。由于陶希圣先生任教北大，又同时在清华兼课，考证派中的许多青年史学人才都被吸引到这条路上来了"①。全汉昇、杨联陞、唐德刚等人虽同受教于胡适、傅斯年、钱穆、陈寅恪等人，但在陶希圣的影响与鼓励下均走上了研治中国社会经济史的学术道路。全汉昇回忆说："我在1931年进入国立北京大学攻读史学系，在师长的指导和勉励之下，确立了我的治学方向和治学态度。当时，政治系教授陶希圣先生讲授'中国社会经济史'，我对这门课极感兴趣。陶先生不但使我了解经济史对于解释人类历史演进的重要性，而且使我感到眼前呈现一片新境界，亟待开发，于是决心研究中国经济史。""1934年我写成《中国行会制度史》，希圣师阅稿后即推荐发表，于时希圣师创办《食货》半月刊，目的是促进国人对社会经济史的研究，我也写了几篇论文，在这个刊物上发表。"② 全汉昇先后还在《食货》半月刊上发表了《宋代都市的夜生活》、《中国庙寺之史的考察》、《中古佛教寺院的慈善事业》、《宋代女子职业与生计》、《南宋杭州的外来食料与食法》、《宋代东京对于杭州都市文明的影响》、《清代西洋医学传入时国人所持的态度》等一系列论文。这些论文讨论的"寺院制度"、"行会制度"显然都是主编陶希圣竭力倡导的研究题目。1935年他大学毕业后，进入傅斯年主持的中央研究院历史语言研究所，仍以社会经济史研究为旨趣并终其一生。此间，他除著有《唐宋帝国与运河》外，"受陶希圣经济史观的影响，全汉昇在《中古自然经济》（《历史语言研究所集刊》1947年第10本）的长文中，系统地论述了这一时期社会经济的总体面貌。"③ 同样，在清华大学读书的杨联陞也深受食货派的影响。陶希圣曾在清华兼课，杨联陞在选修陈寅恪的隋唐史课的同时，还选修了"陶希圣先生'中

---

① 余英时：《现代学人与学术》，广西师范大学出版社2006年版，第100页。
② 全汉昇：《回首来时路》，杜正胜主编：《新学术之路》，中央研究院历史语言所1988年版，第489页。
③ 曹文柱、李传军：《二十世纪魏晋南北朝史研究》，《历史研究》2002年第5期。

国社会史'课,上课亦在三院,亦每得晋谒于同一之教员休息室。陶师与《食货》诸君,对联陞皆有影响,经济史之转向,实发于此。但《食货》所载《四民月令》一文,本陶师班中习作"。①杨联陞先后在《食货》半月刊上发表的文章除《从四民月令所见到的汉代家族》外,还有《唐代高利贷及债务人和家族连带责任》、《陈啸江西汉社会经济研究一斑》等。唐德刚也回忆说:"陶希圣教授对我来说,原是我的一位未见面的老师,他在北大所开创的'社会史学派'。我自己就是这一新行道的学徒之一。笔者青年期所写的第一篇考据论文,《中国郡县起源考》,就是一篇社会史学的习作。当时个人史学思想,就颇受 30 年代'社会史论战'和《食货》杂志的影响。"②

其次,陶希圣在创办食货学会的过程中,表现出了极高地学术组织能力,在学术界掀起了一股所谓的"食货运动"。食货学会筹建的最主要目的就是搜集史料,所以他们不断在各种场合积极倡导史料的搜集与整理。陶希圣认为"如从清代《赋役全书》里把各省的更名田及田的分配情形给录下来,明代王府庄田的实在情形可以明了许多"。所以"希望会员有人做这点笨活"。③张锡纶"听了这话,跑到故宫,把现存的《赋役全书》(只三十五册)翻阅一遍,结果失望",书中"并没有找到'更名田'的记录"。但"另外得到一种极好的资料,即《明代户口的逃亡与田土的荒废》"。他"据《明史·食货志》一户口及《续文献通考》合而观之"。按陶希圣的研究方法,对明代丁口的原额和逃亡额、土地的原额和荒废额的数目进行了统计,制作成表格,加以分析,在《食货》半月刊上发表了《明代户口逃亡与田土荒废举例》一文④。而王兴瑞依据陶希圣在《食货》半月刊第 2 卷第 2 期编辑的话中的提议,正当暑假开始时期,希望大家"回乡的作本乡的经济史调查,在城市的利用暇时多作书本上的搜讨"。他回家乡搜集资料撰成《广东一个农村现阶段的经济社会》一文。受陶希圣

---

① 杨联陞:《打像为誓小考》,北京大学中国中古史研究中心编:《纪念陈寅恪先生八十诞辰百年学术论文集》,北京大学出版社 1989 年版,第 282 页。
② 陶恒生:《"高陶事件"始末》,湖北人民出版社 2003 年版,唐德刚序。
③ 陶希圣:《编辑的话》,《食货》半月刊 1935 年第 2 卷第 7 期。
④ 张锡纶:《明代户口逃亡与田土荒废举例》,《食货》半月刊 1935 年第 3 卷第 2 期。

的影响，王兴瑞也认为："现实的农村经济社会的调查，不仅在理解现阶段中国经济社会上有重要的意义，进而对于中国社会发展史之探讨，其效用亦不亚于书本上的搜集。"① 陶希圣还在《食货》半月刊"研究资料"专栏连载马非百整理的《秦汉经济史资料》十余万字的珍贵史料，内容涉及秦汉时期手工业、商业、农业、货币制度、人口及土地、奴隶制度、租税制度等各个方面。此资料的搜集产生了重大的学术影响。陶希圣宣布将收入中国社会史丛书，"日本人著作中引用者亦不少"②。这些史料对于进一步研究秦汉时期社会经济史奠定了学术基础。

由于食货派的积极努力，当时中国社会经济史的研究者纷纷要求加入食货学会，而《食货》半月刊则"已成食货学会的公共出版物"。③ 学术界依托《食货》半月刊掀起了一股强大的"食货运动"。郭湛波指出："因为解答中国社会问题，非先解中国经济问题不可；要想明了中国社会史，非先要明了中国经济史不可，所以近日发刊《食货》半月刊，组织'食货学会'，来解决中国经济问题，这是中国社会史研究的一个新趋势。"④ 王毓铨在1935年《禹贡》半月刊第4卷第10期《通信一束》中认为"自从《食货》出版后，在学生群中对于中国社会史的研究掀起一个新浪潮，每人都能找点材料作点文章，这确是个好现象"。长江也认为"陶希圣的研究工作到现在已经有相当结果的表现，在中国思想界已经起了相当的影响，因此它的学术研究生活的变迁，是值得认识与参考的"。这种"食货"运动代表中国社会史研究上的一个"新的动向"⑤ 杜若遗积极"号召有志于中国社会史研究的人们，能踊跃参加食货学会"。⑥ 食货派倡导"搜集史料"受到广泛地关注的同时，其学术贡献，也逐步被人们所认识。高耘晖说："我以为现在国内对于中国社会史从事研究的人，虽然不少，可是真正具体组合的，还只是食货学会。事实上，食货学会在现在或不久的将来

---

① 王兴瑞：《广东一个农村现阶段的经济社会》，《食货》半月刊1935年第3卷第2期。
② 马非百：《马非百自述》，高增德、丁东编：《世纪学人自述》，北京十月文艺出版社2000年版，第126页。
③ 陶希圣：《编辑的话》，《食货》半月刊1935年第3卷第1期。
④ 郭湛波：《近五十年中国思想史》，山东人民出版社1997年版，第180页。
⑤ 长江：《陶希圣与食货》，北平《晨报》1935年1月18日。
⑥ 杜若遗：《介绍〈食货〉半月刊》，《文化建设》1935年第1卷第4期。

一定会成为中国社会史研究的一个中心。所以对于将来的研究，似乎应当有精密计划的必要。"① 何干之也指出："自从《读书杂志》停刊以后，中国社会史问题，也沉寂下来，一直到陶希圣先生创办《食货》（1934年12月），这问题方才再引起人们的注意。但《食货》的特点，在于'搜集''史料'和'搜求''社会现象'。""《食货》的好处，是向有志于中国社会史的朋友，提供丰富的史料。"②

最后，食货派的中国社会经济史研究的内容引起了当时诸多学者的注意，人们纷纷在食货派开辟的新领域内不断地探索。如食货派对社会等级身份的研究，是在全新的社会经济史的视角下提出的新问题。杨中一认为对于部曲最好的解说，是陶希圣《中国政治思想史》第3册第10页里的几句话，"陶先生很简括的给了我们一个部曲沿革的轮廓。但只是一个轮廓，于详确的了解部曲的沿革，还是不够的"。然而，"对于部曲沿革的考究，仍然不是无意义的事"。③ 于是，他作了进一步的考察，撰有《部曲沿革考》一文，深化了人们对部曲的认识。可见，杨中一的部曲研究是沿着陶希圣开辟的道路前进的。而杨中一《唐代的贱民》一文也是受陶希圣和鞠清远唐代贵贱的等级研究的启发而深入研究的。他说："陶希圣先生以唐代贵贱的等级，为：一、良人，二、太常音声人及部曲，三、杂户官户，四、奴婢。（中国政治思想史第三册页三七六）唐宋官私工业的著者鞠清远君则说：官户本身，分为三级，即官奴婢、番户、杂户是也。（唐宋官私工业页二二）这两种说法显然是不同的。那末，那一说法是对的，抑或都有可商之处呢？这，我们不能求之于这两种说法的本身，应该从旧有的记载中加以探究。"④ 因此，他就看到的史料对唐代的贱民施以考察。又如何兹全对寺院经济的讨论，是从全新的社会经济史的视角下提出的新问题。全汉昇《中古佛教寺院的慈善事业》一文即是补何兹全的文章之用。全汉昇说："中古时代的中国佛教寺院，是一种很完备的教会组织，

---

① 高耘晖：《分工研究的方法》，《食货》半月刊1935年第2卷第2期。
② 何干之：《中国社会史问题论战》，《何干之文集》，中国人民大学出版社1989年版，第266—267页。
③ 杨中一：《部曲沿革考》，《食货》半月刊1935年第1卷第3期。
④ 杨中一：《唐代的贱民》，《食货》半月刊1935年第1卷第4期。

何兹全君在《中古时代之中国佛教寺院》（载中国经济第二卷第九期）一文中，已论证得很清楚。关于中古时代中国佛教寺院的慈善事业，何君文中亦有提及，可是因为何君那篇文章讨论的范围太广了，所以说得不大详细。弥补这一个小小的缺点，就是作者草此文的动机。"① 可见，许多当时学术界不曾涉及的新领域、新问题被食货派开拓出来后，逐渐为学术界所重，纷纷对之加以深入地探讨。

抗战军兴，《食货》半月刊停刊，食货学会没有正式建立起来，中国经济史政治史研究室的工作停止，天津《益世报·食货周刊》停止编辑，《唐代经济史料丛编》沦没其五，食货派的学术活动被迫陷于停顿。抗战结束以后，食货派秉持中国社会经济史的研究旨趣，创办南京《中央日报·食货周刊》，重新筹建食货学会。他们的学术活动在国民党统治区也产生了不小的影响。

首先，南京《中央日报·食货周刊》也发挥着上述《食货》半月刊类似的学术影响。因为《食货周刊》专辑经济社会史及经济社会问题之论文，刊载的论文多注重材料，用大量的篇幅来对新搜集的史料进行研究和介绍，所以在学术界掀起了又一轮的"食货运动"。同时，通过《食货周刊》培养了一批优秀的社会经济史研究人才。曾资生在1948年6月7日的《通讯》中指出："吴云端先生埋首于中国经济史的搜集与研究已十余年，自《食货》在京复刊以来，他发表的文字很多。这是食货学会发现出来的一个研究经济史的人才，他有中国经济史的大著，已交由商务出版。"在1948年3月30日的《通讯》中，曾资生也认为谷春帆是《食货周刊》培养出来的人才。此外，《食货周刊》不仅刊载新材料的文章，而且也发表了许多利用新的材料进行研究的文章，除翻译介绍西方经济史的内容外，还有对当代西方经济的评论。

其次，再次筹建的食货学会依托《食货周刊》也组织开展了一些学术活动，推动了当时社会经济史的研究。他们将社会经济史的研究与现实的社会经济问题联系在一起，注重近现代经济史的专题研究，尤其关注土地问题与货币问题。他们的这些研究新领域成为学术界不断探讨的问题。

---

① 全汉昇：《中古佛教寺院的慈善事业》，《食货》半月刊1935年第1卷第4期。

《食货周刊》不仅刊载了许多在中国历史上关于土地问题的研究文章,而且与社会科学研究会联合举行土地问题座谈会,就历史和现实两方面来公开讨论,提供意见①。《食货周刊》除不断刊载改革币制问题的相关论文外,还在1946年10月19日把南京《中央日报·食货周刊》第21期特辟为专期。在陈建之《改革币制问题》的《编者按》中指出:"改革币制问题一文见解精辟,对目前经济问题之症结颇多阐发,可供施政者之参考。原作曾投本报专载栏,当时因稿件拥挤,致分别于上月二十五、二十七、及三十日三天刊载。非但内容因此割裂,而校对亦不无讹误之处,实为遗憾。兹应读者作者之请,于本刊重新一次刊完,并详细修正,想读者因此能窥全豹,定表欢迎也。"总之,他们认为中国土地问题是一个严重的现实的问题,改革币制问题是目前经济问题之症结,所以不断在学术界掀起了土地问题和改革币制问题探讨的高潮。另外,他们刊有多项经济问题讨论会议的内容。食货派所关注的研究领域,引起了学术界的广泛关注,有诸多学者在持续的探讨。

二 食货派在大陆的影响

因时局的动荡,国民政府的溃败,1948年南京《中央日报·食货周刊》停刊,1949年陶希圣随蒋介石去台湾,食货派结束了在大陆的学术活动。然而,食货派的学术对后世的影响不容低估。1949年至"文革"前的17年,中国史学界的注意力集中在关系到中国历史发展规律认识的若干重大问题上,即有"五朵金花"之称的中国社会史分期、封建土地所有制形式、资本主义萌芽、汉民族的形成、历代农民战争等问题的讨论。其中前三个问题直接与中国社会经济史有关,也皆或多或少受食货派的影响。

在中国社会史分期的讨论中,食货派构建的"魏晋封建说"得到不断的丰富、发展和完善。在20世纪三四十年代,食货派对"魏晋封建说"进行了积极的阐发,但还没有对此学说予以正确论证。这一正确论证是在新中国成立以后。新中国成立后,中国社会史分期问题的讨论主要集中在

---

① 《中国社会科学研究会、食货学会第一次联合土地问题座谈会记录》,南京《中央日报·食货周刊》1948年4月26日。

封建社会的起始时代，人们都力图运用马克思主义关于社会经济形态的原理来分析中国历史的发展，但观点各异。先是吕振羽、范文澜、翦伯赞等人的"西周封建说"成为中国史学正统，而后郭沫若的"战国封建说"代替了"西周封建说"，成为中国社会史分期的主流。而何兹全、尚钺等人所持的"魏晋封建说"，与"西周封建说"和"战国封建说"构成了三家学说。此外，还有以李亚农、唐兰等人为主要代表人物"春秋封建说"，金景芳的"秦统一封建说"，侯外庐的"西汉封建说"，周谷城的"东汉封建说"，梁作干的"东晋封建说"等①。而"魏晋封建说"，由于何兹全等人的努力，在文革后有发展的趋势，并得到不断地完善。

何兹全对"魏晋封建说"的论证开始于50年代。1956年，何兹全写了《关于中国古代社会的几个问题》一文，提出曹操的许下屯田是古代奴隶及自由民农奴化的一个重要标志。他认为西周春秋是前期古代社会；战国秦汉时代为奴隶制，"东汉以来，奴隶制向封建制的过渡和封建社会的成立"②。1958年，又撰有《从城乡关系看两汉和魏晋社会经济的变化》发表在《北京师范大学学报》第2期上，深化了以上认识③。1978年，在长春召开了中国社会史分期讨论会上，何兹全在上文基础上作了《汉魏之际封建说》的发言。此发言稿后来在《历史研究》1979年第1期发表，确定中国古代社会进入封建社会的时间是汉魏之际。他认为汉魏之际的社会变化主要有四条主线：（一）由城市交换经济到农村自然经济。（二）由自由民、奴隶到部曲、客。（三）由土地兼并到人口争夺。（四）由流民到地著化。以上这四个方面的变化是从奴隶制社会到封建社会的变化。他坚持认为："如果认为战国秦汉到魏晋南北朝是有这些变化，就不能不考虑汉魏之际的这种变化是中国社会由古代奴隶制社会到封建社会的转变。"④ 随后他又撰有《汉魏之际社会经济的变化》一文，进一步重点考察汉魏之际

---

① 参见牛润珍《关于历史学理论的学术论辩》，百花洲文艺出版社2004年版，第81—83页；黄敏兰：《二十世纪百年学案（历史学卷）》，陕西人民教育出版社2002年版，第272—282页。
② 何兹全：《关于中国古代社会的几个问题》，《文史哲》1956年第8期。
③ 何兹全：《从城乡关系看两汉和魏晋社会经济的变化》，《北京师范大学学报》1958年第2期。
④ 何兹全：《汉魏之际封建说》，《历史研究》1979年第1期。

社会经济的变化,深化了以上的认识,并提出四条变化:从城市交换经济到农村自然经济;从编户齐民、奴隶到部曲、客;从土地兼并到人口争夺;从民流到地著。我国秦汉城市交换经济发达,魏晋南北朝自然经济显著。变化之机在三国西晋。战国秦汉的劳动者,主要是自由农民和一部分奴隶,魏晋南北朝是依附民——部曲、客。变化之机在三国西晋。战国秦汉土地兼并、争夺土地现象严重,魏晋南北朝争夺对象不是土地而是劳动力、人口。变化之机在三国西晋。战国秦汉流民问题严重,魏晋南北朝劳动者依附在土地上,离开土地的自由受限制。变化之机在三国西晋。四个变化之中,交换经济、编户齐民、土地兼并和民流都是(古代社会)奴隶社会的现象,自然经济、部曲、客、人口争夺和地著都是封建社会的现象。从前到后的变化,自然是古代(奴隶)社会到封建社会的变化。同时,他还强调:"这些变化,是从战国秦汉和魏晋南北朝社会的总面貌、总的发展形势来说的。并不是说战国秦汉有城市经济,魏晋南北朝就没有城市经济;也不是说战国秦汉有奴隶,魏晋南北朝就没有奴隶。"[1]

何兹全认为要弄清中国封建社会始于魏晋,不仅就魏晋谈魏晋,还必须看到秦汉社会是如何演化到魏晋的,还须要看到,中国的社会又是如何演变到秦汉魏晋的。于是,在1991年出版的《中国古代社会》中,他便从国家形态、社会政治和经济结构等多方面论述了魏晋以前中国社会的演变,对上述观点做了充分丰富的论证。该书分三部:由部落到国家;古代社会;古代到中世纪。古代社会是中心,由部落到国家是古代社会的来龙,古代到中世纪是古代社会的去脉。他对中国古代社会及其前后提出了以下一些认识:(一)殷周以前是氏族部落时代。(二)殷(盘庚)周时代,氏族已在分解,有了氏族贵族和平民,也有奴隶、依附民。但氏族部落、部落联盟仍是社会的组成单位,是氏族部落向国家的过渡阶段。可称之为部落国家或早期国家。(三)战国秦汉时期,城市交换经济发展,农业生产也被卷入交换过程中来。交换经济进一步破坏了以血缘关系为基础的氏族组织,氏族成员解放为自由个体小农,小农经济构成古代社会的经济基础。交换经济进一步发展,商人兼并农民,农民破产流亡或卖为奴

---

[1] 何兹全:《汉魏之际社会经济的变化》,《社会科学战线》1979年第4期。

隶。这是城市支配农村的时代。这也是一般称为"奴隶社会"的时代。
（四）汉魏之际（三国西晋）社会由古代向中世纪转化。从古代社会的角度提出三个方面的变化：城乡经济的衰落；依附关系的发展；宗教的兴起。此三个变化是从《汉魏之际社会经济的变化》所列这四条线的变化中调整出来的，增加了一条宗教的兴起①。

何兹全回忆说："在陶希圣先生对中国社会史的看法常常变动的时期，他只是在魏晋是封建开始的站台上站了一会，又走他的追寻之路了。我却在这里扎根不动了（后来他又回到这一站来）。"② "魏晋封建说"，自 20 世纪三四十年代食货派积极阐发之后，何兹全在新中国成立后投入巨大的精力进行论证外，其他学者也从各个方面不断的完善。1954 年尚钺主编的《中国历史纲要》揭橥了"魏晋封建说"。而后，他的《关于中国古代史分期问题》一文从铁器的使用、古代社会发展规律、生产关系的主流商品和商业活动的情况和两汉奴隶制的矛盾等六个方面来论证了"魏晋封建说"③。王仲荦《关于中国奴隶社会的瓦解和封建社会的形成问题》一文也对魏晋封建说进行了较为系统的阐述。他认为"农奴阶级的确立过程，也就是封建制度形成的过程"。所以他特别重视农奴阶级的产生。春秋以前，相当于古代东方的早期奴隶制度阶段，战国以后是发达的奴隶制度，东汉奴隶制度王朝与罗马奴隶制度帝国差不多，同是由内战和奴隶起义而崩溃。东汉末年黄巾等农民大暴动摧毁了奴隶制，引起封建生产关系的急剧发展，至魏晋时期进入封建社会。封建地主用超经济强制的手段进行剥削，用地租形式占有依附农民的剩余劳动，把"部曲"、"佃客"束缚在土地上，形成封建生产。封建社会初期的基本阶级是封建土地所有者世家豪族和受他们剥削的依附农民部曲佃客④。唐长孺则从劳动者人身依附关系加强、封建等级秩序制度化、大庄园主向封建官僚转化和自然经济典型化

---

① 何兹全：《中国古代社会》，河南人民出版社 1991 年版。
② 何兹全：《我所经历的的 20 世纪中国社会史研究》，《史学理论研究》2003 年第 2 期。
③ 尚钺：《关于中国古代史分期问题》，《历史研究》1979 年第 3 期。另见《尚钺史学论文选集》，人民出版社 1984 年版。
④ 王仲荦：《关于中国奴隶社会的瓦解和封建社会的形成问题》，《文史哲》1956 年第 3、第 4、第 5 期。

等方面，论述了魏晋时期作为中国古代封建社会早期的特征①。何兹全的《中国古代社会》是系统论证"魏晋封建说"的集大成之作。此书"成为这一学派学说的完整表述"。何兹全曾很自信地说："汉魏之际，社会经济有变化，这大约是研究这段历史的人都能看到的，因为这是历史事实，但认识这变化是古代到封建的社会形态的变化而又给它以系统的理论说明，并以可靠的历史文献证其说的，大约我是第一人。"②

上述学者对"魏晋封建说"的探讨，都是在马克思主义观点的指导下，通过对魏晋南北朝时期社会结构和社会经济的详细分析而得出来的。他们坚持认为中国的封建社会是魏晋南北朝时期。汉代是奴隶社会，从东汉起封建制度因素开始孕育生长，人身依附关系的发展是最主要论据之一。一是自由民身份的下降，二是奴隶身份的提高。东汉的私家部曲和客，是奴隶向封建制转化过程中的产物。总之，自新中国成立之后，通过何兹全、尚钺、王仲荦、唐长孺等诸多学者的不断探索③，食货派构建的"魏晋封建说"，终于结出了硕果，成为中国社会史分期中主要理论观点之一，"文革"结束后呈发展之势。今天，即使不同意"魏晋封建说"的学者，也承认人身依附关系的强化是当时社会发展的主要趋势之一。这一学说的合理成分不容抹杀。食货派的开创之功不可没。

值得注意的是，何兹全在系统论证"魏晋封建说"，取得巨大成就的同时，还沿着食货派开辟的道路，以马克思主义观点为指导，在中国社会经济史的研究领域内取得了突出的学术成就。何兹全在《九十自我学术评述》一文中，对自己走过的学术道路总结道："我的史学研究，有三个领域：一是中国社会史（周到隋唐），二是汉唐佛教寺院经济，三是汉唐兵制。用力最多的是中国社会史。寺院经济是属于社会经济史的范围；我研究兵制，也是从社会史的角度出发。"他除魏晋之际（或汉魏之际）封建

---

① 唐长孺：《魏晋南北朝隋唐史三论》，武汉大学出版社1993年版。
② 何兹全：《中国古代社会》，北京师范大学出版社2001年版，再版前言。
③ 主张魏晋封建说的学者除何兹全、尚钺、王仲荦、唐长孺外，还有王思治、日知、赵俪生等。参见王思治《三论汉代是奴隶社会》，《两汉社会性质问题及其它》，三联书店1980年版；日知：《中国古代史分期问题的关键何在？》，《历史研究》1957年第8期；赵俪生：《从阶级关系和阶级斗争角度来看我国古史的分期》，《兰州大学学报》1957年第1期。

说外，对有关中国古代社会发展道路的其他一些重大问题，也提出了自己独到的见解。如殷周时代（盘庚到春秋）是氏族部落向国家的过渡阶段，可称为部落国家或早期国家；战国秦汉时期是古代社会，是城市支配农村的时代；魏晋南北朝隋唐时代社会的显著特征是自然经济、依附关系和户口分割等。在漫长学术生涯里，形成了宏观、微观并重，理论、材料并重的学术风格[①]。正如李根蟠在《唯物史观与中国经济史学的形成》一文中指出，食货派中"有一直真诚信仰马克思主义而成为经济史学界耆宿的。如何兹全先生，学生时代就接受了马克思主义的影响，在学术研究中基本上遵循马克思主义的理论方法，比较注意社会经济形态的变迁，社会发展规律和趋势的宏观的把握，同时把它和具体问题微观研究相结合"[②]。

　　毫无疑问，在"五朵金花"的讨论中，封建土地所有制形式和资本主义萌芽问题的探讨也都或多或少的受到食货派的中国社会经济史研究的影响。如食货派对历代的土地制度，特别是三国的屯田制、西晋的占田课田制、北魏至隋唐的均田制，以及与土地制度相联系的赋役制度等的考察，提供了后来中国社会经济史研究者在中国封建社会土地所有制形式的讨论的基本范围。在资本主义萌芽方面，陶希圣早在社会史论战中就注意到此问题，提出中国社会从战国以来就已经进入商业资本主义社会。在论战中有人甚至把商业资本主义视为"陶希圣主义"。陶希圣对商业资本主义问题的研究很有启发性。正如李泽厚所指出："陶希圣的商业资本主义说是完全错误的，它不符合中国的历史和现实。但他强调了商业资本主义在中国社会长久的活跃传统，强调了士大夫阶级在中国地主社会中极为重要的统治地位和统治功能，却显然是值得重视，需要进一步加以分析研究，而不能一笔抹杀的。""相反，过分集中于论证土地革命，忽视资本主义因素（包括资本主义文化和知识分子群）在中国社会中的先进位置和不断增长，把一切论证集中在作为革命动力的农民身上，轻略了农民群体的落后性、封建性，以及因反对帝国主义而论证一切外国投资为经济侵略，都在理论

[①] 何兹全：《九十自我学术评述》，《北京师范大学学报》2001 年第 5 期。
[②] 李根蟠：《唯物史观与中国经济史学的形成》，《河北学刊》2002 年第 3 期。

上和实践上带来了缺陷"①。后来，陶希圣领导下的食货派虽然不承认商业资本主义能够成为一个形态，但他们在探讨与中国的商业资本主义有关问题时开拓的诸多领域，如手工业、商业、都市、市场、货币、交通及商人活动等，也同样引起了建国后学术界高度的关注。

特别值得一提的是，食货派搜集和整理的史料，发表的大量论文，出版的论著构成了中国社会经济史研究成果的重要组成部分。《中国经济史料丛编·唐代篇》八册中《土地问题》、《寺院经济》、《唐代之交通》三册及《唐户籍簿丛辑》至今为学术界所重。食货派的中国社会经济史研究成果价值极高，引起了当今学术界的广泛关注。张国刚认为陶希圣、鞠清远著《唐代经济史》是断代史当中经济通论，综合研究的代表作之一②。笔者以为陶希圣、武仙卿的《南北朝经济史》亦可视为断代史当中经济通论，综合研究的另一代表之作。鞠清远的《唐代财政史》"考证准确，立论扎实，体例严整，长期为治史者必读之作"③。此书在资料整理和研究方面都有可观的收获。如"《财务行政》一章中，单列了'预算及收支系统'一节指出，每年中央政府均须提出一种预算，以便分配税赋和籴买。支出，因政治的稳定，似渐趋于定额，不过每年也要有些预算。因此每年都不免要颁布各种税赋的分配，征收及运送等法令"。他还论述了《长行旨》的内容及《长行旨》出现后的预算编制。"鞠氏在现存少量史料中，得出如上结论，确实难能可贵。"④鞠清远认为唐前期"支出以官吏俸禄、军费、宫中消费、贮积等四项为主要支出。邮驿之费用，只占很小的部分，这是中国财政史中的经常的现象"。这一概括虽然简洁，但对了解唐代支出布局及特点，颇有意义⑤。"鞠清远认为唐代财政史的一大特点是没有中央与地方财政的划分，除附加税外，还未看待确切属于地方的税赋，地方只能与中央分剖在中央规定之下征收得的税赋。""指出比部与御史台的御史掌全国赋税之收入与支出的审计被称为'勾覆'。"对认识唐代财务

---

① 李泽厚：《中国现代思想史论》，天津社会科学院出版社2004年版，第68—69页。
② 张国刚主编：《隋唐五代史研究概要》，天津教育出版社1996年版，第145页。
③ 胡戟等主编：《二十世纪唐研究》，中国社会科学出版社2002年版，第389页。
④ 同上书，第396页。
⑤ 同上书，第407页。

的一大特色完善的审计制度帮助极大。他还概述了开元后转运、租庸、盐铁、度支、常平、铸钱、青苗、两税等财政机构诸使职，在《刘晏评传》中指出财政机构中盐政组织分为留后、监与院、场三级。这些学术观点对全面认识唐代财政状况颇有参考价值①。"《唐宋官私工业》全书虽然只有约 10 万字，重点且在宋代，却有奠基之功，使唐代手工业研究有了一个比较高的起点。"② 张国刚认为何兹全《中古时代之佛教寺院》一文是僧官制度与寺院组织的开山之作。文章既从纵的方面考察了佛教输入和寺院兴起、发展、强盛的历史，也从横的方面分析了寺院组织情况，财产制度以及寺院对国家及社会的服务，以及寺院堕落、衰败的情形。文章提出寺院不仅是宗教的组织，而且是政治的、经济的组织这一著名论点，对以后的研究极富启发意义③。总之，食货派的社会经济史研究成果直到今天仍有极大的参考价值，学术观点被众多的研究者所以引用。20 世纪 80 年代初上海书店向海内外推出《食货》半月刊影印本，2013 年再次影印出版这从一个侧面证明食货派在学术界的影响至今犹存。

三　食货派在中国台湾及海外的影响

1968 年，食货派创始人陶希圣自中国台湾赴欧、美、日考察，他发现当年的《食货》半月刊仍受各国研究中国社会经济史的学者的重视，于是萌发复刊《食货》。

他自中央日报董事长与总主笔退休后，邀集学者，于 1971 年 4 月 1 日在中国台湾复刊《食货》，改为月刊。因为《食货》半月刊曾在学术界产生的重大影响，有其特点，仍用《食货》旧名，封面仍影印《汉书》卷三十四《食货志》图片。

陶希圣创办的《食货》月刊深受《食货》半月刊和南京《中央日报·食货周刊》的影响。他说："我们对于中国历史学的论著，与从前的食货半月刊一样，抱'资料第一主义'，不尚空谈。我们仍然相信历史的理论

---

① 张国刚主编：《隋唐五代史研究概要》，天津教育出版社 1996 年版，第 184、第 189、第 190、第 194 页。
② 胡戟等主编：《二十世纪唐研究》，中国社会科学出版社 2002 年版，第 451 页。
③ 张国刚主编：《隋唐五代史研究概要》，天津教育出版社 1996 年版，第 515 页。

与方法必须从历史资料里再生产才有价值。""复刊的食货月刊的内容与姿态是崭新的,却有一点与三十年前的食货半月刊相同,就是这份刊物是历史学家与社会科学家自己发表与相互讨论的园地。"① 追求史学的社会科学化,是复刊后的食货史学研究的重要特色。陶希圣在《食货复刊辞》中说:"从大战时至大战后,自然科学与应用科学皆有飞跃的发展。历史学与社会科学相随进步。历史学的理论和方法不止一端。而采用社会科学的理论与方法,以致力中国历史及社会研究的道路;迫切需要我们再拓宽、再延长。""于是食货为适应这要求,改为月刊而复刊,重新提供公开的自由的园地,不论采用何种理论与方法,或写作或翻译,甚至书评、通讯,皆所欢迎,皆可刊载,深望其有贡献于中国历史与社会科学的研究与发展。"② 之后,他又在复刊十周年致辞中指出:"文学家的历史学只是社会政治现象及问题的叙述与描摹。哲学家的历史学只是学问而不是历史。考据学只是方法学。考据家的历史学,如其没有哲学或社会科学的根底,便不免支离。若是援用社会科学的理论与方法,研析中国的历史与社会,就不会作没有根据的空谈,也不会只见树木不见森林,犯虚浮、幼稚乃至支离的毛病。"③ 采用社会科学的理论与方法来研究中国社会经济史,这一特点决定了《食货》月刊与《食货》半月刊和南京《中央日报·食货周刊》有着重大的区别,但《食货》月刊受《食货》半月刊和南京《中央日报·食货周刊》的影响却是不言而喻的。《食货》半月刊和南京《中央日报·食货周刊》是《食货》月刊的学术渊源。

为了扩大早年食货派的学术影响,陶希圣重印了一批食货派的重要著作。在陶希圣主持成立的食货出版社重印的史学丛书中属于食货派的有:陶希圣著《中国政治思想史》(四册),《唐代经济史料丛编》中的《唐代之交通》、《唐代寺院经济》、《唐代土地问题》三册,鞠清远著《唐宋官私工业》、《唐代财政史》,曾謇著《中国古代社会》(上),陶希圣、武仙卿著《南北朝经济史》等。另外,陶希圣把以前在国立北京大学《社会科

---

① 陶希圣:《编辑的话》,《食货》月刊1971年第1卷第1期。
② 陶希圣:《食货复刊辞》,《食货》月刊1971年第1卷第1期。
③ 陶希圣:《食货杂志复刊十年》,《食货》月刊1981年第11卷第11期。

学季刊》上发表的《唐代官私贷借与利息限制法》，以及在南京《中央日报·食货周刊》中的《项羽与马援》、《诸葛亮·王导·谢安》、《从曹孟德说起》、《管仲与商鞅》、《介之推与晋文公》等论文在《食货》月刊的中重新发表①。这些论文论著能够再次发表或重新出版既证明了陶希圣对食货派学术成果的高度重视，也表明食货派学术影响依存。而鞠清远《唐代经济史》、《刘晏评传》（附唐刘吏部晏年谱）也于1966年收入《人人文库》，由台北商务印书馆出版。总之，食货派的著作在中国台湾学术界产生了重大影响，而后这些著作又在大陆销售，再次引起了学术界的广泛关注。

此外，陶希圣利用《食货》月刊这个阵地不断推介食货派的研究成果。陶希圣在《食货》月刊第1卷第5期附有日本人所做的《食货》半月刊的索引，供读者参考。他认为"食货半月刊的索引，可供读者参考。由此可知三十多年之前，中国社会史的开路工程及其劳作之概要"。② 另外，陶希圣将森鹿三介绍《食货》半月刊的文章翻译成中文附录在《食货》月刊创刊号上。陶希圣还撰有《唐代经济史料丛编》一文对早年在北大经济史研究室搜辑的唐代经济史料进行大力推介③。

在陶希圣大力创办《食货》月刊和主持食货出版社工作推介食货派的研究成果时，食货派学人沈巨尘（沈任远）个人学术研究工作仍然继续未断。他的兴趣与工夫仍是在中国政治制度史的上面。《魏晋政治制度》的稿子在抗战期间重庆大火之中被毁。新中国成立之时，沈巨尘由南京到台湾，仍拟继续魏晋南北朝政治制度的研究，但是"对于已经看过抄过的史册文籍，实在没有时间和勇气复看一遍。乃着手查阅明清的政治资料，经数年的努力"，④ 1967年将《明清政治制度》写成，由台北商务印书馆出版。陶希圣说："沈任远君编辑这部书，最初的工作是我指导的，最后的

---

① 陶希圣：《唐代官私贷借与利息限制法》，《食货》月刊1978年第7卷第11期；《项羽与马援》，《食货》月刊1973年第3卷第1期；《诸葛亮·王导·谢安》，《食货》月刊1973年第3卷第7期；《从曹孟德说起》，《食货》月刊1973年第3卷第8期；《管仲与商鞅》，《食货》月刊1974年第3卷第11期；《介之推与晋文公》，《食货》月刊1974年第3卷第12期。
② 陶希圣：《编辑的话》，《食货》月刊1971年第1卷第5期。
③ 陶希圣：《唐代经济史料丛编》，《食货》月刊1974年第4卷第1、第2合期。
④ 陶希圣、沈任远：《明清政治制度》，台北商务印书馆1967年版，序二。

稿子又由我校阅。前前后后，断断续续，经过了三十年。"这部《明清政治制度》被陶希圣视为中国经济史政治史两个研究室"三十年后仅存的硕果"。① 之后，沈巨尘又先后出版了《魏晋南北朝政治制度》和《隋唐政治制度》两部专著②。沈巨尘的研究是中国香港和中国台湾地区以断代和专题来研究中国政治制度史取得较大成绩者。在此基础上，沈巨尘于1988年又撰成《历代政治制度要略》一书，由台北洪范书店有限公司出版。该书是沈巨尘为弥补早年撰著一部中国政治制度史的夙愿而作，他说："有生之年，未能完成中国政治制度史的编著，平生一大憾事。年来为弥补上述缺陷，将中国政治制度中几个重大问题，分别作由系统得叙述，说明其本末源流，刊载各杂志。惟各文撰写时间，相距颇久，体例未能一致，无暇修正，颇感不还。行年八十，这本专集历代政治制度要略，算作我对这项研究的总结。"③

值得注意的是，早年曾受食货派影响的全汉昇、杨联陞和唐德刚等在台湾和海外，沿着食货派开辟的道路继续从事中国社会经济史研究，取得了突出的学术成就。1949年以后全汉昇去了台湾，曾先后在台北中央研究院历史语言研究所、台湾大学、香港中文大学、新亚研究所任职，讲授中国社会经济史，著有《明清经济史研究》。他的论文先后编成《中国经济史论丛》两册和《中国经济史研究》三册在香港新亚研究所出版，涉及宋代农业、商业、手工业、行会、都市、市场、货币、物价、经济重心南移、海外贸易、寺院经济等诸多问题。全汉昇是中国社会经济史研究成就最为卓著的学者之一。他对中国经济史研究的特点和贡献是：发掘新问题，开拓新领域；广征博引，扩大史料搜集范围，吸收西方经济史的新观念、新方法和新成果；重视量化及数据④。而杨联陞1940年赴美，但继续在中国社会经济史研究领域内耕耘，先后出版了《中国货币与信贷简史》、《中国制度史研究》、《国史探微》等重要著作，在海外具有较大影响。王

---

① 陶希圣、沈任远：《明清政治制度》，台北商务印书馆1967年版，序一。
② 沈任远：《魏晋南北朝政治制度》，台北商务印书馆1971年版；《隋唐政治制度》，台北商务印书馆1977年版。
③ 沈任远：《历代政治制度要略》，台北洪范书店有限公司1988年版，序。
④ 何汉威：《全汉昇与中国经济史研究》，《中国经济史研究》2001年第3期。

家范在回眸百年史学历程时认为:"在新史学里,中国社会经济史研究的兴起,这一路向的推动作用,不容抹煞。但真正在这方面作出较深入研究而富创见的,则要到熟悉西方经济学原理和方法的一代学者手里,突出的如全汉昇、杨联陞等。"① 唐德刚在美国也在食货派开辟的道路上继续前进。他说:"陶门的高足何兹全教授,在哥大时代,就是我最亲近的学长。50 年代回国之后,他在哥大'中国历史研究部'所坐的那把椅子,就是我接着坐下去的,一坐十年。我们研究的方向和方法,大致也是一脉相承的。所以我认为社会史学,是中国史学一个极重要的新方向。"② 可见,食货派在海外的影响仍在持续。

食货派的著作在海外,尤其是在日本学术界,产生了极大地影响。食货派在崛起时期就对日本的学术界产生了重大影响。陶希圣所创办的《食货》半月刊,每期约有 60% 销到日本,成为日本研究中国史学者的必读之刊。陶希圣的一些著作也相继被译成日文或英文③。日本订户经常在一千户以上。据鲍家麟回忆:"日本早稻田大学教授岛田正郎先生曾对笔者说,战前他念大学时,校方订有四份《食货》,每期到校后,同学抢着排队去读。"《食货》半月刊中发表的文章,有六篇于一九五六年译为英文出版(见孙任以都 E – tu Zen Sun Chinese Social History Translstion of Selected Studise, Washington, D. C., American Council of Learned Societies, 1956)。④ 所以有日本学者赞誉陶希圣主编《食货》时期,为"陶希圣时代",并称陶为"中国社会史开山祖"⑤。后来,日本大安书店翻印了《食货》半月刊。1974 年,陶希圣在《食货》复刊时总结了《食货》半月刊在日本的深刻影响。陶希圣说:"'食货'有一条旧路。抗战之前,食货半月刊每期的销数百分之六十在日本。抗战爆发,食货半月刊是停刊了。抗战后,美国与日本乃至德法诸国之'中国研究'及'亚洲研究'渐次流行。停刊三十年

---

① 王家范:《百年史学历程回顾二题》,《历史教学问题》2000 年第 1 期。
② 陶恒生:《"高陶事件"始末》,湖北人民出版社 2003 年版,唐德刚序。
③ 森鹿三著,高明士节译:《〈食货半月刊〉简介》,《食货》月刊 1971 年第 1 卷第 1 期。
④ 鲍家麟:《中国社会经济研究的奠基者——陶希圣先生》,《中华文化复兴月刊》1974 年第 7 卷第 11 期。
⑤ 陶希圣:《八十自序》(上),吴相湘编:《传记文学》1978 年第 33 卷第 6 期。

的食货仍有搜求参考的价值。于是东京大安书店将合订本影印发行。大安关闭了，影印本也卖完了，由此可见这条旧路还存在世间。""现在食货改为月刊而复刊，以崭新的内容与姿态，追寻这条路再加扩大与延长。复刊启事的函札之所至，回信最快的地点还是在这条旧路之上，或是老师友或是新读者。"① 陶希圣的叙述表明，《食货》半月刊在日本学界的影响之大，以致影响到了《食货》月刊的创办及其成就的取得。

食货派的《唐代经济史料丛编》的出版也引起了当时日本学术界的高度注意。日本学者森在撰写《唐代之交通》的书评时指出，陶希圣《唐代寺院经济概说》和武仙卿《唐代土地问题概说》在天津《益世报·食货周刊》上发表后，《食货半月刊》也进行转载。通过《唐代经济史料丛编》中《寺院经济篇》、《土地问题篇》的序文得知，以陶希圣为首的食货派，有编撰经济史料集的计划。在那前后发行的《张菊生先生七十生日纪念论文集》中收录了陶希圣的一篇很有意思的论文《唐代社会经济的变动》。根据该篇文章的文末的"一九三六年十月四日北京大学法学院中国经济史研究室辑录唐代经济史成书之余有关一般社会经济者若干条写成此文"可以知道，该书已经完成，他期待付印之日。他认为《唐代之交通》的编辑意义重大。他还举例说："过去研究唐代路上交通的有陈沅远的《唐代驿制考》（《史学年报》一卷五期）。第六章的馆驿名录，是从各种书中见到的驿名的辑录，这是陈氏致力之所在。而后姚家积的《唐代驿名拾遗》（《禹贡半月刊》五卷二期）对陈氏之作做了补缺工作。铃木俊在过去六月的史学大会东洋史部会上，指出陈姚二人没有搜集到的资料，特别指出的是二人对记载驿名特别丰富的《入唐求法巡礼行记》和《蛮书》没有加以利用（《史学杂志》四十八编七号一三三页以下）。在这套史料丛编中两本书都毫无遗漏地被辑录在内。从这件事可以看出，本丛书的编撰绝对不是没有意义的。"因此，他建议大家"努力对这个史料集加以利用，并对其进行补正以达到完备"。② 宇都宫在介绍《土地问题》时指出："先辈森学

---

① 陶希圣：《编辑的话》，《食货》月刊 1974 年第 1 卷第 1 期。
② 森：《唐代之交通——中国经济史料丛编·唐代编之四》，（日本）《东洋史研究》1937 年第 2 卷第 6 号。

士介绍《唐代之交通》时说这只是中国经济史料丛编、一个宏大的计划中的一部分《唐代经济史料集》的第二篇。内容是把关于均田制度以外的土地问题的研究资料从各个书籍中搜集、汇总起来。"他"认为从这些方面可以看出他们努力做出的工作值得令人尊敬"。"这部史料集在中国经济史研究上是前所未有的。"他在致好评的同时也提出了自己的一些看法,认为"由于编辑史料集的工作一方面是容易令人厌倦的机械的工作,所以无论在什么地方都要坚持不厌其烦的网罗主义和贯彻校勘学精神"①。可见,日本学术界对食货派搜集和整理的《唐代经济史料丛编》的高度重视。

食货派的大量著作还先后被译成日文。陶希圣著作译为日文者有:田野元之助译《中国社会之史的分析》及《西汉经济史》,田中忠夫译《支那封建社会史》、荒尾久译《支那社会史讲话》等②。1932 年陶希圣《中国政治思想史》出版,两年后这部著作就有日译本刊行东洋,在日本产生了重大的学术影响。1937 年左伯富编有《陶希圣著作目录附略传》刊载于日本《东洋史研究》第 2 卷第 3 号上。1942 年武仙卿著《南北朝经济史》被宇都宫清吉、增村宏冠名《魏晋南北朝经济史》翻译成日文。鞠清远《唐代财政史》一书同样被"日人中岛敏将此书翻译成日文,并做了一些注释于 1944 年在图书出版株式会社出版,可见学界对该书的重视"③。

综上所述,食货派的史学研究、史学思想和治史方法,无论是在民国时期,还是在新中国成立以后都产生了积极的影响。由于食货派的积极活动,20 世纪 30 年代中期的学术界掀起了一场"搜集史料"的"食货运动",对第一次中国社会经济史研究的兴起产生了重大影响;40 年代中后期的学术界也一度又重新掀起了"搜集史料"的"食货运动",在国统区内产生了积极的影响。新中国成立以后,在大陆地区,食货派的"魏晋封建说"在中国"五朵金花"讨论中,得到进一步完善,成为中国社会史分期观点中极具影响力的一种学说。何兹全沿着食货派开辟的道路,以马克

---

① 宇都宫:《土地问题——中国经济史料丛编·唐代编之二》,(日本)《东洋史研究》1937 年第 2 卷第 6 号。
② 参见(日)左伯富编《陶希圣著作目录附略传》,(日本)《东洋史研究》1937 年第 2 卷第 3 号。
③ 胡戟等主编:《二十世纪唐研究》,中国社会科学出版社 2002 年版,第 389 页。

思主义观点为指导，继续从事中国社会经济史研究，取得了突出的学术成就。食货派的史学研究成果延至今日仍被学术界广泛的引用。在中国台湾和海外方面，陶希圣于1971年复刊《食货》，改为月刊，继续在中国社会经济史研究上耕耘，形成了以社会科学方法研究中国社会经济史的新风气。沈巨尘秉持食货派时期的研究旨趣，在中国政治制度史的研究中取得了较大成就。曾深受食货派影响的全汉昇、杨联陞、唐德刚沿着食货派开辟的道路继续从事中国社会经济史研究，取得了较为突出的学术成就。食货派的学术研究在海外，尤其是在日本，也产生了广泛而深远的影响。

第二节　食货派的历史地位

食货派发展的一大特色，就是学术与政治交织在一起，一些在学术上本已虎虎有生气的人物，因陶希圣在政治上的错误引导而黯然失色。因此，评价他们，既不能以政治上的问题掩盖学术上的成就，也不应以学术上的成就而抹杀其政治上的问题。本书研究的宗旨是通过对食货派史学研究的探讨，对食货派在中国近现代史学史上给予一个客观公允的评价。食货派是在第一次中国社会经济史研究高潮中取得了突出成就的史学流派。他们的中国社会经济史研究、史学思想、治史方法在中国近现代史学史上产生了深远的影响。尽管人们对它褒贬不一，但都不否定这个历史事实。因此，我们认为，科学的态度是把食货派的学术与政治加以区分，严格从历史事实出发，坚持实事求是的原则，摒弃任何主观成见，重在客观事实的考察、辨析和澄清。这是我们得出科学结论，达成共识的唯一正确的选择。只有这样，我们才能在中国近现代史学史上给以食货派更加准确的历史评价。综观食货派的发展进程，以及他们的学术研究和影响，我们至少可以指出以下几点：

1. 有力地推动了中国社会经济史研究的发展，提升了中国社会经济史研究的整体水平。

中国社会史论战中，一开始即着重于中国近代经济发展的本质问题的探讨。之后，"关于中国古代社会史，关于秦汉以后至鸦片战争以前这一长时期之社会阶段问题，关于中国全部社会史时期之划分问题，甚至关于研究中国社会史之方法论问题"逐渐地不断地展开。"在这一长期的恶战中,也有已声嘶力竭,只好偃旗息鼓的,也有还再接再厉的,有暂时退兵补充军实,已待再度进攻或反攻的。"① 食货派则通过创办《食货》半月刊、筹建食货学会,建立北大经济史政治史研究室,编辑天津《益世报·食货周刊》,积极开展学术合作、逐渐扭转了论战中偏重理论而忽视史料的研究方向,有力地推动了中国社会经济史研究的发展。杜遗若曾指出:"食货半月刊之出现,在这杂志年中,实为最有意义的一件事,这证明着在一般人弄幽默,谈风月,飘飘然的浮躁风气中,到底还有一班蚂蚁似的在干切实有益的工作。""食货是不尚空谈,注意实际史料的地搜辑的刊物。史料的搜辑,比较一味把不相干的结论来铺张扬厉,自然是好得多"。② 秦佩珩认为:"自民国十年到民国二十六年之中。虽在这样短短的期间内,一般的经济史学者,却在经济史的研究上,作了极大的努力。自胡适之与胡汉民等讨论井田问题,以启中国经济史研究之端,一直到陶希圣主编的《食货》;一般学者,推波逐澜,纷纷提出他们对经济史的看法与主张,寸前尺进,无一非艰辛血汗之成果。"③ 李根蟠也认为"1934 年 12 月陶希圣创办了《食货》半月刊,是我国第一份关于社会经济史的专业性期刊,它联系了不少学者,进行了广泛的讨论,对中国经济学科的发展作出了不可磨灭的贡献。在独立的现代意义的中国经济史学科的正式形成过程中有重大的作用"。他还明确指出食货派为 20 世纪 30 年代中国社会经济史研究兴起中的一个重要力量④。食货派与和马克思主义学者、中央研究院社会科学研究所的一批学者一起推动了第一次中国社会经济史研究高潮的到来。

食货派的中国社会经济研究,无论是研究成果的数量,还是研究成果的质量,都反映了中国社会经济史研究已经达到了一定的规模和层次,提升了中国社会经济研究的整体水平。食货派以《食货》半月刊为主要阵地,大力沟通与联络中国社会经济史的研究者,可以说,抗战爆发以前的

---

① (俄)柯金著,芩纪译:《中国古代社会》,黎明书局 1933 年版,译者序。
② 杜若遗:《介绍〈食货半月刊〉》,《文化建设》1935 年第 1 卷第 4 期。
③ 秦佩珩:《中国经济史坛的昨日今日和明日》,《新经济》半月刊 1944 年第 11 卷第 3 期。
④ 李根蟠:《中国经济史学百年历程与走向》,《经济学动态》2001 年第 5 期。

中国社会经济史研究很大程度上是围绕《食货》半月刊而展开的。《食货》半月刊的特色在于：（一）登载同一性质的论文，（二）愿意致力"不能急，不能讨巧"的搜集史料的工作，（三）愿意致力狭窄问题的研究，（四）极力提倡合作的空气，反对谩骂氏的文章①。《食货》半月刊的学术贡献是：1、关于近三十年来中国经济社会史论文的索引。2、二卷三期开始征"中国社会形式发展史特辑"论文。3、外国经济社会史论著的翻译与介绍。4、史料整理的方法与技术②。美国学者阿里夫·德里克认为《食货》半月刊是当时"社会经济史学研究的主要论坛，它的供稿者包括了许多后来杰出的社会经济史学家的青年史学工作者"③。《食货》半月刊和天津《益世报·食货周刊》培养了众多的社会经济史研究人才，增进了人们对中国社会经济史发展的认识。日本人森鹿三在日本大安书店翻印的《食货》半月刊的后记中指出："似可视为当时国民政府提倡中国本位文化运动的一环。""中日战争前夕的这种知识能量，在抗战日民族统一战线中，似乎发挥了若干有形无形的力量。"④ 总之，食货派的学术研究有力地推动了中国社会经济史研究的发展，提升了中国社会经济史研究的整体水平。南京《中央日报·食货周刊》的创办和食货学会的再建在某种程度上也发挥着类似的作用，推动了中国社会经济史研究的进一步发展。

2. 揭橥"搜集史料"的大旗，为时代酿造了搜集中国社会经济史料的激情。

食货派史学思想的核心就是偏重史料搜集，持"史料第一主义"。而其卓特之处，即是在于执着体认史料的缺乏是制约中国社会经济史研究发展的最重要原因。在他们看来，在理论与史料的关系中，中国社会经济史料的搜集和整理显得尤为重要。齐思和说："到了民国十八年北伐成功后，一部分学者对于专题研究又起了怀疑，认为他们的问题太烦琐，他们研究

---

① 陈啸：《中国社会经济史研究的总成绩及其待解决问题》，国立中山大学法学院1936年版，第7页。
② 罗绳武：《陶希圣主编食货的介绍及批评》，《中国农村》1935年第1卷第11期。
③ ［美］阿里夫·德里克著，翁贺凯译：《革命与历史——中国马克思主义历史学的起源1919—1937》，江苏人民出版社2005年版，第176页。
④ 森鹿三著，高明士节译：《食货半月刊简介》，《食货》月刊1971年第1卷第1期。

的结果，对于估计民生并无大关系，于是一般新史家渐渐着手于社会史的研究。他们欲知今日社会是什么阶段，将步入何种阶段。其长处在能由大处着眼，而短处是题目太大，材料太少。有人甚至仅翻弄'矛盾''崩溃''演变'等名辞，发些八股式的议论，而不用心去搜集材料，所以成绩并不大。"① 食货派苦心孤诣，以搜集史料为主要目标，实则归根到底就是一条，用史料来增进中国社会经济史的研究，即自觉地借助于史料为时代和学术酿造宝贵的激情。

食货派高举"搜集史料"的大旗，有意识地倡导史料的搜集与整理工作，促进了研究者搜集史料的热情，推动了中国社会经济史料的搜集整理。食货派身体力行搜集整理了大量中国社会经济的专题史料，编辑了《唐代经济史料丛编》，为学术界奠基铺路，嘉惠后学。此外，食货派还不遗余力地多方搜求敦煌文献——编成《唐户籍簿丛辑》②。《唐户籍簿丛辑》"收集了当时见于中日书籍、杂志的20件敦煌户籍、差科簿（市称丁籍》"，"成为后来资料汇集的先驱"③。另外，陶希圣还最早介绍了伯二五○七水部式文书④。这些资料成了是研究者利用敦煌文献的重要史料来源。曾了若在《食货》半月刊上发表的《隋唐之均田》一文即是最早尝试利用敦煌户籍研究均田制的专题论文⑤。从中国近现代社会经济史研究的发展情况看，食货派的史料搜集与整理，扩大了中国社会经济史研究的领域与史料的范围。他们在史料搜集方面开风气之先，在当时产生了重大的影响，掀起了一场"食货运动"。食货派这一学术举措也成为当时诸多学者的共识。汤象龙等人组织的史学研究会也非常重视史料的搜集。他们在《史学·发刊辞》中指出：我们不轻视过去旧史家的努力，假如不经过一番披沙拣金的工作，我们的研究便无法凭藉，虽然他们所拣的容许有很多的石子土块在。我们也尊重现代一般新史家的理论和方法，他们的著作，在我们看，同样的都有参考价值。我们不愿依恋过去枯朽的骸骨，已不肯

---

① 齐思和：《中国史学界的展望》，《大中》1946年第1卷第5期。
② 《唐户籍簿丛辑》，《食货》半月刊1936年第4卷第5期。
③ 胡戟等主编：《二十世纪唐研究》，中国社会科学出版社2002年版，第353页。
④ 陶希圣：《唐代管理水流的法令》，《食货》半月刊1936年第4卷第7期。
⑤ 曾了若：《隋唐之均田》，《食货》半月刊1936年第4卷第2期。

盲目地穿上流行的各种争奇夸异的新装。我们的目标只是求真。""在另一方面，零碎的，陈旧的，一向不被人们所重视的正史以外的若干纪载，我们也同样地加以注意，这里面往往含有令人惊异的新史料。反是，在被装进象牙之塔里去的史籍，往往有极可珍惜的史实被掩匿在一副古典的面具之下，或被化装成另一事物，或被曲解为另一意义，我们也要作一番极审慎的搜剔工夫，给还以原来的位置和面目。"① 汤象龙等人组织的史学研究会与食货派一起推动了中国社会经济史料的搜集与整理。直至1945年，顾颉刚主编的《文史杂志》刊行社会史专号时仍觉得史料之不足，对史学的发展提出了进一步地要求："我们要想补足旧日史家留给我们的缺陷，要想由史料的整理得见旧日社会的全貌，但这些社会的全貌的的确确是由史料显示出来的，而不是我们有意无意中想像出来的。这是我们的任务，也是我们的要求。我们应该利用所有存在的史料作仔细的爬梳和搜求，但是绝对不希望作盲目的比附。"②

3. 重视史料但绝不忽视理论的治史思想于史学转向的意义。

社会史论战中的社会经济史研究一度出现了政论和忽视史料的严重弊端。"《读书杂志》出了好几个的《中国社会史论战》特辑，战士如云，形成一种非常的热闹，大家都以唯物辩证法为武器，然而似乎各个的唯物辩证法又各个不同，各人由此达到各个的结论，而互相冲突起来。可是结果却谁也不知道谁胜谁败，谁是谁非，纷纭了一切，所谓中国社会史者，到底成了一个悬案。"③ 中国社会经济史的研究本是十分困难的工作。然而，在论战中社会经济史的研究成了一种十分轻易之事。正如侯外庐后来所指出的，在这场论战中"每每产生公式对公式，教条对教条，而很少以中国的史料做为基本立脚点；或者虽然形式上占有中国古代的材料，而又忘记了中国古代社会的基本法则的现象"，都"没有找到研究中国古代的科学路径"。"还缺乏正确的方法论，还没有把马克思主义理论与中国古代

---

① 《发刊辞》，天津《益世报·史学》1935年4月30日。
② 《我们要补足旧史的缺陷》，《文史杂志》1944年第5、第6合期。
③ 杜若遗：《介绍〈食货半月刊〉》，《文化建设》1935年第1卷第4期。

的具体史料结合起来。"① 食货派致力于中国社会经济史的研究,他们主张从史料的搜集入手来助益学术的发展,认为"历史是社会科学,当然决不轻视理论,但比理论更重要的是史料"②。

在食货派看来,史料与理论非但并不相悖,而实在是相得益彰。他们始终强调史料与理论的会通。对忽视史料的,他们倡导重视史料。对已经开始重视史料的则相反,主张加强理论的陶冶和哲学的引导。陶希圣曾指出:"龚化龙先生是在武汉大学李剑农先生指导下研究中国经济史的。李先生指导下的学人,自有一种风气。他们详细的搜求材料、慎重的发言,他们没有多少自己的话。这种治学精神,如果再加以经济理论的陶冶,历史哲学的引导,必能为了这门学问大张旗鼓的。"③ 正如顾颉刚所说:"中国社会经济史的研究,现尚在草创时期,最近的趋势,似乎已经渐渐脱离宣传革命的窠臼,而走上研究学术的大路,在这点上,陶希圣先生的功绩,实在不可埋没。"④ 美国学者阿里夫·德里克指出,"《食货》并没有完全忽视理论问题的讨论,不过,大概是受编辑方针的影响,它将理论思索和历史资料的考察视为虽有联系但总体上相互独立的两个研究领域"⑤。所以向燕南、尹静一致认为《食货》半月刊的成功,得益于陶希圣在会通史料与理论之研究理路上的探索。所有这些对他在中国近现代史学史上的地位作了最好的说明⑥。

食货派重视史料但绝不忽视理论,主张在搜集与整理中国社会经济史资料的基础上,从事专题的研究,在学术界中产生了极大的影响,推动了中国社会经济史研究的转向。食货派崛起之时,也是中国社会经济史研究处于"搜讨"之期。中国社会经济史研究已经兴起,但研究范式尚未完全

---

① 侯外庐:《回顾史学研究五十年》,吴泽主编:《中国史学集刊》第1辑,江苏古籍出版社1987年版。
② 黄宽重:《陶希圣先生与食货杂志》,台北《湖北文献》1990年第94期。
③ 陶希圣:《编辑的话》,《食货》半月刊1935年第1卷第11期。
④ 顾颉刚:《当代中国史学》,辽宁教育出版社1998年版,第93页。
⑤ (美)阿里夫·德里克著,翁贺凯译:《革命与历史——中国马克思主义历史学的起源1919—1937》,江苏人民出版社2005年版,第176页。
⑥ 向燕南、尹静:《中国社会经济史研究的拓荒与奠基——陶希圣创办〈食货〉的史学意义》,《北京师范大学学报》2005年第3期。

形成。他们重视史料但绝不忽视理论的治史思想于史学的转向意义极为重大。这一治史思想在抗战后呈蓬勃发展之势。周予同指出:"'七七'事变以后,史学界已渐有综合各派或批评各派而另行成最后新史学派的趋势。"①

4. 开辟了诸多的中国社会经济史研究新领域。

在中国社会史论战中,人们研究中国社会经济史时强调"历史发展的一般性",忽视"中国历史特殊性"的倾向极为明显,人们在论证中国历史的普遍性时,很少留意中国的史料。食货派提倡对社会经济史料的细致搜求与考订,提倡对具体经济事实及经济现象的研究和考释,实乃为当时学术界的发展提供了强大的驱动力,孕育了新的学术生长点。食货派强调运用史料来解答中国社会经济史的问题,催生出一系列的新课题和新成果,克服了中国社会史论战中空疏的缺点,开拓了诸多新的研究领域,学术界的面貌为之一变。从食货派的研究成果来看,在以下两个方面具有明显的突破:

其一,食货派研究魏晋南北朝一段的中国社会经济史,几乎是一种"筚路蓝缕,以启山林"的开创工作。以前研究中国社会经济史的人们,常将秦汉到清末分为一个段落,而忽视这一段落中存在的巨大变化趋势。陶希圣说:"你要谨防现在流行的病症。这病症是谈罢了'先秦'时代,接下来便是鸦片战争,把中间的两千年给截下来了。""你要留意现在流行的风气,非经你自己做过特别的研究,不要随意仿效。这便是:凡是古物,必向前拉早个千儿几万年;凡是古书,必向后拉个百儿几百年的。你更要避开最近的一种提议:把五四以来疑古的成绩一笔抹杀,仍向尚书等书里去讨生活。最好是把先秦一段'猜枚'的工夫,让给考古学家去想法子。你最好把工夫花到唐宋以后的史书里去。"② 食货派在以上思想的指导下,在魏晋南北朝隋唐的社会经济史研究中投入大量的精力,拓展了中国社会经济史研究的时间范围,也得到了学术界的广泛好评。梁园东在评论陶希圣、鞠清远的《唐代经济史》一书时指出:"唐代经济状况,实为中国史上一个转变时代,唐代以前各代经济生活的各方面,都不脱原始形

---

① 周予同:《五十年来中国之新史学》,《学林》1941 年第 4 期。
② 陶希圣:《编辑的话》,《食货》半月刊 1934 年第 1 卷第 2 期。

式，虽有些新事项发展，但势力甚微，从唐代起，一切新的事态，始大行发展起来，比方国内外的贸易、货币、工厂、制造品都有新颖的发展，远非前代所及。唐以后各代皆承其端绪，继续演进。""这一个转变，大体上是人所易知的，可是，支持这个新制度的一切经济形态，其发达情形如何，颇不明了。研究这一段情形，不仅是中国经济史，实是全部中国史上最重要的一项工作。"这部《唐代经济史》即是致力于这种工作。"他们搜集了极丰富的材料，把唐代的经济概况描写出来，虽然是一本小册子，但已相当完备"①。皮伦则在评陶希圣、武仙卿的《南北朝经济史》一书时指出："约在抗战开始的前几年，在读书杂志上从事中国社会史论战的人们，由于史料搜索的不完备，往往说完春秋战国或秦汉以后，一跳就跳过千多二千年，接着便大谈其鸦片战争以后的社会经济史。他们大多数均以为由秦汉至明清约共二千多年的中国社会差不多完全没有什么变动，有给它戴上封建社会的帽子的，有的它戴上奴隶社会的帽子的，也有给它戴上商业资本的帽子的。总之，无论给它戴上的帽子有种种式式的不同，由秦汉至满清二千年左右的经济社会史可以划一个段落，他们的见解却完全一致。""这种中国社会长期停滞的论调，自陶希圣武仙卿两先生合著的南北朝经济史于抗战前不久出版以后，显然要大受打击"。② 由于食货派研究的时间范围不再像中国社会史论战时那样，主要集中于上古时期，而是涵盖了整个从上古到明清的整个古代，特别是以往研究中涉及不多的魏晋至唐宋时期。最终使人们知道东汉以后至中唐以前，中国社会经济也自成一段落，中唐以后的社会经济有一个明显的转变。食货派这一学术贡献得到了学术界的广泛认同。顾颉刚指出："以前研究中国社会经济史的人，总把秦汉到清末划成一个段落，现在已知道东汉以后至中唐以前，社会经济也自成了一个段落，这个研究也以陶先生及杨联陞、武仙卿先生之力为多"。③

然而，直到新中国成立前，除食货派在秦汉至宋元的时间段内积极进

---

① 梁园东：《读物介绍：唐代经济史》，《商务印书馆出版周刊》1936年第201期（新）；《读书提要：唐代经济史》，《人文》1936年第7卷第7期。
② 皮伦：《评陶希圣、武仙卿著〈南北朝经济史〉》，《文史杂志》1944年第4卷第5、第6合期。
③ 顾颉刚：《当代中国史学》，辽宁教育出版社1998年版，第93页。

行探讨外，仍然很少有学者对之进行深入的研究。1946年齐思和指出："近年来，国人研究本国史的风气，是偏重于头尾与中段——上古，近世与元史研究的人最多。西洋人研究中国史的风气也是如是。上古史的研究当然是经学的遗传，元史的研究自然是继承晚清的风气。而清史的研究自然又是因为时代的需要。至于其余的时期，甚至于最重要的时期，如秦汉、隋唐、明代却很少人来研究。""中国古代社会变化最剧烈的时期是春秋战国，而新制度形成于秦汉，中古时期变化最剧烈的时期是魏晋南北朝而新制度形成于隋唐。宋元又是一个社会变化最剧烈的时期，此后中国遂踏进了近代。对于这几个时期我国研究的人，并不甚多。对于唐代的研究，我们还不及日本，至少在量的方面是如此。"他认为除非我们对于这些时期有了充分了解，否则对于整个中国史不会有正确的认识。所以今后国史的研究需要均衡的发展，不要集中到几个时期①。齐思和的分析表明，研究秦汉至宋元这一段中国经济史不仅是防止出现猜谜式的曲解中国社会形态演变的需要，同时亦是学科发展的要求。但是学术界真正从事这一段研究的除了食货派外，依然很少很少。这种状况亟须改变，所以齐思和大力倡导断代史的研究要"均衡的发展"。

其二，食货派在中国社会经济史研究的内容方面，开拓出了许多当时学术界所不曾涉及的新领域、新问题。食货派除了中国社会史分期的探讨和国外社会经济史研究译介工作外，绝大多数是中国社会经济史史料的专题搜集与研究。食货派认为东汉以后中唐以前，社会经济最重要的特征就是大族与寺院经济特权。由于政府寺院大族拥有他们自己的领地和领民，于是，他们同时具备了封建领主的资格，因而成为这一时期社会上三个主要的统治势力。他们三者之间围绕着土地与人民不断进行争夺，由此形成迥然异于前代和后代的中古时期的社会形态。"这个时代是田园水碾的时代。生产组织是坞或庄。赋役制度是租庸调。统治阶级是士族。生产劳动者是半自由部曲佃客，及不自由的奴婢。独立小农乃是国家的佃农，分种国有耕地。"② 根据这一基本的共识，他们不断地深入研究，开拓了诸多的

---

① 齐思和：《中国史学界的展望》，《大中》1946年第1卷第5期。
② 陶希圣：《中国政治思想史》第3册，上海新生命书局1933年版。

新领域。譬如，食货派对社会等级身份的研究，是在全新的社会经济史的视角下提出的新问题。他们在这一领域内投入大量的精力，陶希圣对西汉的客、王莽末年的豪家及其宾客子弟，鞠清远对三国、魏晋南北朝时期的客、门生、故吏、义附、部曲，元代的官匠户，何兹全对三国时期国家的三种领民，中古大族寺院领户等进行了深入的研究①。学术界很多学者正是沿着食货派开辟的道路，继续研究，才取得巨大成就的。

任何学科的开创都是困难的。食货派崛起之时，中国社会经济史研究才刚刚兴起，许多领域还是一个没有开辟过的荒原，食货派的研究困难不言而喻。陶希圣曾在《南北朝经济史》的《自序》中说："中国经济史本是一块未开的生地。'斩之蓬藿荆棘'，是件最苦最难收效的事。"② 而食货派之于社会经济史研究的意义，也正在于它的拓荒与奠基。陶希圣后来回忆说："我先在上海，继在北平，在大学开课，或在大专中学演讲，大抵着重中国社会之历史的分析与观察，我的课程与讲述似乎有助于中国社会史研究之开路的工程。"③ 食货派的中国社会经济史研究在学术界具有深远的影响。他们的史学研究为中国社会经济史学科的发展奠定了雄厚的基础。食货派的专题研究推进了学术的发展，也积累了一批有价值的研究成果。延至今日，许多研究社会经济史问题的论文，都每每引用食货派的论著，即因为这些论著仍具有较高的学术价值。

5. 开启了中国社会经济史研究的合作之风。

在社会史论战中，研究的人数逐渐增多，推进了中国社会经济史研究的兴起。但是由于学术上的分歧常常与政治斗争互相交错纠缠在一起，论战者经常意气用事，陷入政论，缺少合作。张绍良深刻地指出："论战的文章固多根据学理而作理智的论争的，然亦有不少是囿于门户之见而一味

---

① 陶希圣：《西汉的客》，《食货》半月刊1937年第5卷第1期；《王莽末年的豪家及其宾客子弟》，《食货》半月刊1937年第5卷第6期。鞠清远：《三国时代的"客"》，《食货》半月刊1936年第3卷第4期；《两晋南北朝的客、门生、故吏、义附、部曲》，《食货》半月刊1935年第2卷第12期；《元代官匠户》，《食货》半月刊1935年第1卷第9期。何兹全：《三国时期国家的三种领民》，《食货》半月刊1935年第1卷第11期，《中古大族寺院领户研究》，《食货》半月刊1936年第3卷第4期。

② 陶希圣、武仙卿：《南北朝经济史》，上海商务印书馆1937年版，序。

③ 陶希圣：《食货复刊辞》，《食货》月刊1971年第1卷第1期。

漫骂的。"① 从学术的观点上看来，这种政论不能认为是研究。然而，"论战就好的方面说，是能扫清不正确的不负责任的言论，并适合辩证的原则，逐渐将问题引到解决之路，所以论战时期亦可说是从个别研究进到共同研究时期的初步②"。为了扭转论战中陷入政论的风气，把个别研究导入到共同合作研究中来，食货派一改论战中"对着干"的局面，对学术问题采取平等讨论的态度，不争正统，在学术上提倡合作的精神。1936 年 10 月 8 日，陶希圣在为瞿同祖《中国封建社会》作的序文中言："即在今日的我自己，也并不是不想骂从前的我一顿。本来，几年之前，我的见解便有三度的修改。那些唯我正统论者决不肯这样做。他们是很护短的，一言既出，至死不认错。""我不'炒现饭'，不取唯我，更无所谓正统。我也不会咬文嚼字引经典。经典的文句并不能替代一部中国社会史，虽然他是研究的前导与先驱。""他常常和我谈论到周代的社会组织。我们的意见虽不尽相同，但我对他没有那样的积习，又专心求真，不争名词，注重材料，慎于论断，是很佩服的。"③ 食货派是一些确立了要从"搜集史料"入手来从事社会经济史的研究者。他们为了搜集到丰富的史料，更好的探寻出中国社会形态的演变，在学术合作方面做了大量的工作。食货派通过编制论文索引和进行集团分工研究，使中国经济史研究步入合作的道路而蔚为大观。食货派开启的学术合作之风，推动了学术的发展。因此，稽文甫在为马乘风《中国经济史》作的序文中写道："《食货》尤其专以搜集史料相号召，和以前读书杂志上剑拔弩张的气象迥乎不同了。从热烈到冷静，变空疏为笃实，恰和中国近代社会变迁相适应，我相信这种趋势在最近期间一定还大有发展，使中国社会史的研究日益充实。"④

食货派倡言学术合作的治史态度以后亦成为学术界的共识。1941 年卫聚贤还专门编纂了中国经济史的组织计划。他认为研究经济史的工作，

---

① 张绍良：《近三十年中国史学的发展——为纪念中国史学会成立而作》，《力行月刊》1943 年第 7 卷第 4 期。
② 陈啸江：《中国社会经济史研究的总成绩及其待解决问题》，国立中山大学法学院 1936 年版，第 3 页。
③ 瞿同祖：《中国封建社会》，上海人民出版社 2003 年版，陶序。
④ 马乘风：《中国经济史》，中国经济研究会 1935 年版，稽文甫序。

"先应从搜集材料下手，但这一大工作，非私人经济力量所能办到，应由财政经济机关编辑最为适宜；对此事非少数人在短期间内可以编纂成功。但是用大多数人编辑，各编辑人员，仍照机关式的做法，成功的效率可说是很小的"。他"主张应采用半工半包制，即编辑人员不作机关职员看待，每月给以少数生活费，按其搜集材料的多寡，及编辑成绩，再分给予报酬"。[①] 1944 年，秦佩珩为使中国经济史坦由沉寂恢复到蓬勃，针对着当时的经济史沉寂的情形提议：第一，建一个经济史纲，由局部的改定到全部资料的整理。第二，翻译工作，无论是欧洲的或是关于中国的，都作一种系统的介绍。第三，除了中央研究院及私人研究外，各大学的经济系或研究院广收中国经济史研究生。第四，有人把近些年来的经济史论文，来一个系统的索引。第五，标点旧书的工作[②]。这些工作与食货派创办的《食货》半月刊、天津《益世报·食货周刊》、南京《中央日报·食货周刊》，组织食货学会和建立中国经济史研究室的思路基本上是一致的。他们的建议食货派其实已在某种程度上实现过。

6. 提出了某些积极的治史主张。

耐人寻味的是，食货派虽然持"史料第一主义"，被目为"史料的搜集技术员"，但这并不影响他们提出某些积极的治史主张。其一，他们一改社会史论战把经济史的材料，套入公式里去的倾向，摒弃公式主义，强调不预有成见的从事社会经济史的研究，试图寻绎出中国自己的社会经济发展史。他们认为中国各历史阶段的社会经济制度没有深入之前，还不能作中国经济史通史的研究，要多作中国经济史的专题研究。所以，他们主张从问题入手，广搜史料，审查史料；"排比事实"，寻绎结论。这一治史主张为中国社会经济史的研究提供了一套崭新的研究方法，带出一股"食货气象"，推进了中国社会经济史的研究。其二，为了准确认识中国社会发展史，食货派认为对社会经济制度必须加以精确的分析和充分的考察，所以统计与比较的方法被其视为极其有效的方法。食货派运用统计和比较的方法从事学术研究，取得了公认的学术成就。其三，食货派认为在研究

---

① 卫聚贤：《编纂中国经济史的组织计划》，《说文月刊》1941 年第 2 卷第 1 期。
② 秦佩珩：《从蓬勃到沉寂的中国经济史坦》，《清议》1944 年第 2 卷第 4 期。

中，把中国社会经济史与世界社会经济史作一比较是很重要的问题，强调借用西方经济学理论与比照西方社会经济史。食货派通过中西比照的研究最终获得了巨大的成功，也为学术界开辟了一条研治中国社会经济史的道路。其四，食货派倡导的"综合研究法"，注重吸收宏观和微观研究的优点，避免陷入公式主义和零碎割裂史实的研究倾向。石决明曾指出："向来国人对于中国经济史或中国社会经济史之研究，就有两种各走极端的态度：其一只以叙述各时代零碎的经济事实为能事者，其他，只知道一些社会经济发展的阶段，因之，只注重中国社会经济的发展阶段，而欲把中国经济史硬嵌入此种公式者。前者只知有部分性而不知部分性是属于全体性，因之，不但不能知道诸经济现象间之关联，继起诸关系，而且不能发现整个的中国社会经济结构与其特质及运动诸法则，结果即失之支离，而变成灭裂，后者只知有全体性而不知全体性须由于部分性精确之分析，结果即失之空虚而陷于形式主义。前一种人，是受了历史学派之遗毒，后一种人是以一知半解之机械的唯物史观公式为至上法宝。其实，支离与空虚，都是使人无所适从的。我们此后在中国经济史研究上必须放弃此两种态度。"[1] 付筑夫也指出研究中国经济史时应该注意中国经济之变态的发展，经济的外部影响，要排除公式主义者的独断思想，多做史料考证与专题研究等[2]。食货派积极倡导的"综合研究法"，正是注意到了以上几方面，致使其获得了突出的史学成就，也对扭转其时不良的研究风气助益极大。

总之，食货派在其史学研究的展开过程中，既没有脱离时代的格局，也显示了自身的特点。他们在矫正社会史论战之弊，倡言搜集史料的基础上，强调理论的重要，在避免陷入公式主义的前提下，注重治史方法的探讨。这体现的是一种自觉的和理智的力量。他们试图通过自己选定的研究路径，推动中国社会经济史向更深一步的转化。这是食货派学术研究的基本取向和主流。他们既注重史料的搜集和整理，又不忽视理论与方法，在治史风格上形成了自己的特色。他们在中国社会经济史的诸多领域内颇有建树，尤精研于魏晋至唐宋经济史。他们不仅为中国社会经济史的创建提

---

[1] 石决明：《中国经济史研究上的几个重要问题》，《中国经济》1934 年第 2 卷第 9 期。
[2] 付筑夫：《研究中国经济史的意义及方法》，《中国经济》1934 年第 2 卷第 9 期。

供诸多研究成果，还对中国社会经济史研究范式的建立起到一定的作用，在推动我国社会经济史学科的发展方面作出了不可磨灭的贡献，从而也奠定了食货派在中国史学史上不容忽视的地位。1944年，秦佩衍在《中国经济史坛的昨日今日和明日》一文中指出："在'中国经济史'总旗帜底下，虽然有唐庆增、马乘风、齐思和、梁方仲、卫聚贤、连士升、鞠清远、蒲耀琼、莫非斯、陶孟和、魏重庆、王志瑞、陈啸江等氏，然而大势所趋，仍倾向于食货一派。结果自然要以陶希圣的倡导为马首是瞻。"①

诚然，肯定以上所指出的食货派的学术贡献，并不影响我们看到食货派史学研究的局限性。其一，食货派忽视了史学研究的时代性，始终未能正视唯物史观理论武器的重要作用，只承认要矫正中国社会史论战陷入政论的弊端，把问题仅仅转换到史料和理论，特殊与一般的对立，无形中淡化了马克思主义唯物史观的修养。食货派的思想方法是："接近唯物史观。却并不是唯物史观。"抗战爆发以后，食货派受政治立场的影响，未能全面正确认识马克思主义唯物史观。因此，在很大程度上，钝化了自己探讨中国社会经济史研究的理论方法，还应该包括唯物史观的进一步引进与深入研究。

食货派的治史思想方法与中央研究院社会科学研究所的汤象龙、梁方仲等人有较大的不同。汤象龙等人也非常重视史料和学术的分工合作，但他们一开始就有比较进步的历史观。他们在《史学》《发刊辞》中说："蚂蚁积粮，一丝一粒都不放过，蜜蜂酿蜜，分工合作才能成功。中国史上的问题太多了，我们愿意从大处着眼，小处下手，就各人的兴趣和所学，对每一个问题作广博深湛的检讨。帝王英雄的传记时代已经过去了，理想中的新史当是属于社会的，民众的。我们企图从这一新方向努力推进，点点滴滴地，盼望能在十年二十年内有一点小的成绩，同时也希望能因为我们的努力，引起史学界的注意，来和我们合作。"② 他们理想的历史著作是"叙述社会的变迁，经济的变动和文化的进步，是以整个民族和各民族的

---

① 秦佩衍：《中国经济史坛的昨日今日和明日》，《新经济》半月刊1944年第11卷第3期。
② 《发刊辞》，天津《益世报·史学》1935年4月30日。

发展为主体"。① 汤象龙、梁方仲等人当时虽然说不上熟悉马克思主义的理论，但都倾向于唯物主义，对一些历史问题的分析，主要倾向于社会和经济的分析，反对理论脱离历史实际和从理论到理论。他们是"比较容易接受马克思主义的历史唯物主义与辩证唯物主义的，他们的这种治学方法今天看来仍是有意义的，是为一般马克思主义历史学者所肯定的"②。

食货派更没有像马克思主义史学者那样，以追求真理的严肃态度和科学精神，保持对唯物史观理论的不断追索③。抗战爆发之后，随着民族民主革命实践过程的深入，史学研究进入了一个新的阶段。史学与时代有着密不可分的联系。在复杂的社会形势面前，由于食货派的政治身份、政治立场的原因，缺乏对唯物史观引进和深入探讨的魄力，实际上将马克思主义学派对史学的深刻影响，史学的重大变化刊落在自己的视野之外，妨碍了他们的学术研究。因此，食货派并未像郭沫若、吕振羽为代表的马克思主义学者一样，逐渐壮大自己的学派，发展为"中国近代史学的主流"④。也没有像汤象龙、梁方仲等人一样与时俱进，在抗日战争和解放战中继续扩大自己学派的影响。

其二，食货派提出史料与理论并重，但有意无意还是偏重史料，在一定程度上忽视了理论的修养。20世纪30年代中期，食货派倡言"搜集史料"，虽不乏合理性，然而这种进步性，亦止于"史料"。食货派的学术研究以搜集史料为基础，在取得学术地位的同时，该派史学思想、治史方法不足与局限也随之暴露出来。罗绳武曾指出《食货》半月刊"主编是提倡用新方法研究中国史最早的一人，并且是北京大学指导青年研究的教授，现在要为中国经济社会史作较大规模的搜集材料的工作，那真是再好不过"。但主编自创刊以来都在苦于为该刊任务作防卫战，"几乎每期都有来信或来件向主编作拥护理论与方法的争论（主要看该刊一卷第五、第七、

---

① 叶显恩、谭棣华：《梁方仲传略》，北京图书馆《文献》丛刊编辑部、吉林省图书馆学会会刊编辑部编：《中国当代社会科学家》第4辑，书目文献出版社1983年版，第261页。

② 汤象龙：《汤象龙自传》，晋阳学刊编辑部编：《中国现代社会科学家传略》第4辑，山西人民出版社1983年版，第122页。

③ 例如1938年8月，翦伯赞在桂林新知书店出版了我国马克思主义史学理论的第一部系统著作《历史哲学教程》。

④ 陈其泰：《中国近代史学的历程》，河南人民出版社1994年版，第36页。

第八、第九，二卷第四诸期），而主编又不断的为自己的立场辩护"。其中的原因即主编"偏重材料"的态度所引起的。罗绳武以为偏重理论固然是不对的，但偏重材料也不应该，没有工具就往材料里钻是危险的。正确的方法"不仅要把方法与材料统一起来，而且更必须把理论与实践统一起来，即真理非由实践与行动去把握不可"①。

抗战爆发以后，食货派致力于中国社会经济史研究时，仍难以忘怀"史料搜集"给他们带来的巨大成就。他们大力强调"一鳞片爪"的史料搜集。在学术环境已发生重要变动的时期，这种主张显然不合时宜。1944年，秦佩衍指出："最近几年来，我们从文献方面得到的启示，已知经济史的研究，亦渐由抽象的走到具体的；已由宽泛的走到精深的；已渐由皮毛的走到本格的，一般地看来，这种工作仍渐渐在蔓延生长，是艰苦的，不再是轻率的了；是充满科学精神，不再是愚昧与不谨慎了。"② 尤其是马克思主义史学者逐渐摆脱了以前从概念到概念的空洞和公式化倾向。他们紧密关注现实，也注重学术自身的研究，强调致用与求真的有机结合。王学典明确地指出40年代中后期唯物史观派已经出现了新动向，这就是从强调一般到注重特殊，从追求致用到向往求真，从偏重方法到兼重材料③。这种新动向反映了马克思主义学者的自觉意识。一大批马克思主义学者的学术研究，无论从理论的深度、资料的广度上都要比前一阶段前进了许多。马克思主义史学在学术界的影响力急剧增强。新中国成立之后，随着马克思主义史学理论在中国的进一步发展，马克思主义唯物史观成为中国史学的指导思想。事实上，食货派也深深地认识到，要使学派在纷纭繁复的史坛立于不败之地，必须对理论和史料同时给予高度的重视。然而，食货派未能从战时史学的发展中去理解和把握史学研究进一步发展的本质要

---

① 罗绳武：《陶希圣主编食货的介绍及批评》，《中国农村》1935年第1卷第11期。
② 秦佩衍：《从蓬勃到沉寂的中国经济史坛》，《清议》1944年第2卷第4期。
③ 参见王学典《20世纪中国史学评论》，济南山东人民出版社2002年版，第85—140页。另见王学典、陈峰《20世纪唯物史观派史学的学术史意义》，《东岳论丛》2002年第2期；王学典：《从"五四"到"抗战"：唯物史观派历史观念的重要变动》，《齐鲁学刊》2000年第3期；王学典、王钢城：《从追求致用到向往求真——四十年代中后期唯物史观派史学的动向之一》，《史学月刊》1999年第1期；王学典：《从偏重方法到史论并重——40年代中后期中国历史科学的动向之一》，《文史哲》1991年第3期。

求。他们限于政治立场,对唯物史观夹杂着一种敌视态度。这样,食货派在与马克思主义史学派以及其他学派的学术探索和争鸣中难免不落伍。

其三,食货派倡言广泛搜集史料,提出了社会经济史料搜集的范围和途径,但只限于"历史著作以及文集笔记小说等成书"①,影响了研究领域的拓展。时人曾指出,食货派史料整理的方法与技术应扩大研究范围并加深研究内容。"所有直接的史料(古物)正史,正史以外的记载史料,地方志、档案等的整理方法与技术,都须彻底的周密的加以检讨与规定。因为材料的认识是不能依他们的表象与外形的,如没有理论与方法的武器,如不能以理论与方法的武器戳穿它们的表象与外形,我们还能指破历史上隐蔽在内幕或黑暗里的真实么?岂但不能指破,而且我们首先被隐蔽了。"② 更为重要的是,由于食货派在中国社会史分期的探讨中持"魏晋封建说"。所以其对史料的搜集也主要专注于秦汉至宋元这一时段。它们对先秦以及明清以后的史料搜集与整理关注较少。

在先秦领域的研究中,除了曾謇搜集金文等史料从事一定的研究之外,其他食货派学人均未予以重视。然而,曾謇使用金文资料,考察的多是宗法社会的产生、特点等大问题,科学的实证研究尚不充分。马克思主义学者却在先秦领域内用力不少,在甲骨文、金文研究考订等方面的研究成就十分可观。如郭沫若在三四十年代撰有《甲骨文字研究》、《卜辞通纂》、《殷契萃编》、《殷周青铜器铭文研究》、《两周金文辞大系考释》、《金文丛考》、《古代铭刻汇考》等重要著作。

在明清及近代经济史的研究领域中,由于食货派在史料的搜集中没有把档案文书列入搜集与整理的计划之中,所以取得成就相对较小。然而,中央研究院社会科学研究所所联系的一批学者认为过去的政府档案是研究财政经济史最好的第一手资料,致力于档案文书资料的搜集与整理,取得了较大的成绩。汤象龙在1930—1942年担任研究组组长期间,在社会调查所和社会研究所从事了大量的中国近代经济史的研究工作:首先,组织人员大量抄录清宫军机处和内阁档案中有关近代财政经济史资料达十二万

---

① 陶希圣:《编辑的话》,《食货》半月刊1935年第2卷第1期。
② 罗绳武:《陶希圣主编食货的介绍及批评》,《中国农村》1935年第1卷第11期。

件，其中一半以上实行了统计表格化，形成了半成品，可供研究之用。这是我国史学工作最早大量发掘和利用清代政府档案的创举，也是我国史学研究运用统计方法整理大量史料工作的开始。其次，收集有关中国近代财政经济史书籍和资料一千多种，主要是清朝政府出版的各种制书、私人集著、阁抄汇编、华制存考、谕摺汇存、缙绅全书、各县衙门的档案以及各行各业商店的账本等。他们尽量把过去一直不受人重视的旧书资料，其中有不少重要的财经史料收集起来。这批资料有很高的价值，甚至许多是已经绝版的。最后，组织了一批青年史学工作者研究财政经济史，主编并出版《中国近代经济史研究集刊》，出刊十多期，从而建立了一个较具规模的中国近代经济史的研究中心。在此期间他还大量运用未曾发表过的清宫档案写过多篇论文[1]。在三四十年代，梁方仲从研究明代财政经济制度着手，开展对明代整个社会经济的研究。他以"一条鞭法"为中心，分析明代封建田赋预算的特点，考察订立这些制度的主客观因素及施行这些制度的社会经济条件。他在研究中特别注意那些过去史家往往忽视的民间俗本、平话之类的材料，尤其留心搜集与田赋有关的实物证据材料，如赋役全书、粮册黄册、鱼鳞图册、奏销册、土地执照、田契、串票以及各种完粮的收据等。他还努力利用明清档案材料。1936—1937 年，他与刘隽先生负责从清代内阁大库提调财政经济有关的旧档案材料，细心加以选择，并结合自己研究的课题进行摘录，做成大量卡片，先后抄得三万余件实物、档案、文书等，具有很高的史料价值。许多正史不足征的事实，都可以从中搜剔出来。所以，他关于明清田赋史的研究能提出许多事实明确，立论有充分根据的新创见[2]。

值得注意的是，抗日战争期间，傅衣凌的社会经济史研究也比较有特色。他非常重视对民间文书、碑刻、乡规民俗等的搜集和使用，把对地方社会的细部研究与整体研究结合起来，在学术上取得了巨大的成就。傅衣凌说："抗战的几年生活，对我的教育是很深的，在伟大的时代洪流中，使我初步认识到中国的社会实际，理解到历史工作者的重大责任，他绝不

---

[1] 汤象龙：《汤象龙自传》，晋阳学刊编辑部编：《中国现代社会科学家传略》第 4 辑，山西人民出版社 1983 年版，第 120—122 页。

[2] 汤明檖、梁承邺、黄启承：《梁方仲传略》，晋阳学刊编辑部编：《中国现代社会科学家传略》第 4 辑，山西人民出版社 1983 年版，第 380—389 页。

能枯坐在书斋里,尽看那些书本知识,同时还必须接触社会,认识社会,进行社会调查,把活材料和死文字两者结合起来,互相补充,才能把社会经济史的研究推向前进。这样,就初步形成了我的中国社会经济史的研究方法,这就是:在收集史料的同时,必须扩大眼界,广泛地利用有关辅助科学知识,以民俗乡例证史,以实物碑刻证史,以民间文献(契约文书)证史,这个新途径对开拓我今后的研究方向是很有用的。"① 傅衣凌把在福建永安城郊黄历村搜集到的"明代嘉靖年间和民国的土地契约文书,其中有田地的典当买卖契约,也有金钱接待字据及分家合约等,还有二本记载历年钱谷出入及物价的流水帐"。写成《明清时代永安农村的社会经济关系》和《清代永安农村赔田约的研究》等文章。"这种引用大量民间资料,即用契约文书、族谱、地方志来研究经济史的方法,以前还很少有人做过","这种研究方法,不仅可以进一步开拓新资料的来源,而且还能发人所未发,提出新的见解"。1944年,他以福建永安发现的明至民国的农村土地契约文书为中心,编成《福建佃农经济史丛考》一书,在协和大学中国文化研究会出版。后来他沿着开创的经济史研究的新路子,研究范围"渐从福建农村经济史的研究,扩展到商人及商业资本的研究,对一些地区性的商业集团作了细部考察。以后又连续发表了徽州商人、洞庭商人、陕西商人、福建海商等论文"。② 傅衣凌和他的弟子们逐渐演变为一支重要的史学流派——"中国社会经济史学派"③。

其四,食货派主要致力于断代或部门的社会经济史研究,走由"专"到"通"的治学路径,忽视了中国社会通史领域的探讨。钱健夫曾指出社

---

① 傅衣凌:《我是怎样研究中国社会经济史的》,《文史哲》1983年第2期。
② 傅衣凌:《傅衣凌自传》,北京图书馆《文献》丛刊编辑部、吉林省图书馆学会会刊编辑部编:《中国当代社会科学家》第4辑,书目文献出版社1983年版,第281—282页。
③ 傅衣凌开创的中国社会经济史学派,在研究方法上,以社会史和经济史相结合为特征,从考察社会结构的总前提出发,探求经济结构与阶级结构、经济基础与上层建筑之间的相互联系和互相影响。特别注意发掘传统史学所弃置不顾的史料,以民间文献(诸如契约文书、谱牒、志书、文集、账簿、碑刻)证史;强调借助史学之外的人文科学和社会科学知识,进行比较研究,以社会调查所得资料(诸如反映前代遗制的乡例、民俗、地名等)证史。特别注意地域性的细部研究和比较研究,从特殊的社会经济生活现象中寻找经济发展的共同规律。从社会史的角度研究经济,从经济史的角度剖析社会,这种研究方法,既不同于传统的学术,以经济制度和官经济取代经济史;也不同于阐述经济形态为目的的经济史,把经济史实抽象化、静态化。参见傅衣凌《治史五十年文编》,厦门大学出版社1989年版,序言。

会史论战之后，中国社会经济史为一块初经整理的荒园，"应该交由'专家'去各别的研究，详细的分析，才能有更好的成就。所以，今后的工作方向我们不能不要求'专家'们负起本身应尽的责任，首先对这些散漫的史料痛下搜罗整理的功夫"。① 食货派适应这一研究趋势，积极倡导专题的研究，也决定了他们关注具体事项的考证以及狭窄问题的研究，缺乏对中国社会通史的深入探讨。对此吕振羽曾致信食货派，认为中国社会通史应该与专题研究同等重要。他指出自己大胆撰写《中国社会史纲》的原因时说："我认为这一问题有急切解决的必要，万不能把这一工作'留到我们的后辈'去作。因为我们从事这一课门的研究，并不像老先生们玩弄词章一样在作为消遣，也不是像从来的文人一样的期于'藏诸名山'；而是为解决民族出路之一现实的任务上的问题。""我认为中国社会史研究的工作，为使其提早完成，在目前，至少方法论的探讨，史料的搜集、系统的书写，有同时进行的必要，故我以为系统的中国社会史的著作，无论其正确与否，至少对问题有相当的补益，出版的愈多愈好。"② 正是基于这样的认识，吕振羽在社会史领域不断开拓，取得了丰硕的成果。先后撰写了《史前期中国社会研究》、《殷周时代的中国社会》、《中国社会史诸问题》、《中国原始社会史》、《中国社会史纲》第 1、2 卷、《简明中国通史》等③。抗战爆发之后，其他的中国马克思主义学者也不断开阔视野，在中国社会史和通史领域投入巨大的精力，出版了一批极具科学价值和时代意义的马克思主义的史学著作④。"经过郭沫若、范文澜这些学者和其他马克思主义

---

① 钱健夫：《中国社会经济史上的奴隶制问题》，上海商务印书馆 1948 年版，绪论。
② 吕振羽：《对于本刊的批评与贡献（通信）》，《食货》半月刊 1935 年第 1 卷第 8 期。
③ 吕振羽：《史前期中国社会研究》，北平人文书店 1934 年版；《殷周时代的中国社会》，上海不二书店 1936 年版；《中国社会史诸问题》，桂林耕耘出版社 1942 年版；《中国原始社会史》，桂林耕耘出版社 1943 年版；《中国社会史纲》第 1、2 卷，上海耕耘出版社 1947 年版；《简明中国通史》第一册，香港生活书店 1941 年版；《简明中国通史》第二册，大连光华书店 1948 年版。
④ 例如郭沫若：《十批判书》，重庆群益出版社 1945 年版；《青铜时代》，重庆群益出版社 1945 年版。侯外庐：《中国古典社会史纲》，重庆五十年出版社 1943 年版；《中国古代社会史》，新知书局 1948 年版（1955 年再版时改名为《中国古代社会史论》）。范文澜：《中国通史简编》，华北新华书店出版社 1941 年版。翦伯赞：《中国史纲》第 1 卷，生活书店 1946 年版；《中国史纲》第 2 卷，上海大孚出版公司 1947 年版。邓初民《社会史教程》，桂林文化供应社 1942 年版。吴泽：《中国社会简史》，桂林学艺出版社 1942 年版；《中国原始社会》，桂林文化供应社 1943 年版。姜蕴刚：《中国古代社会史》，上海商务印书馆 1947 年版。

史学家披荆斩棘、艰苦努力，到40年代末为止，多种新型的通史、断代史、专史、文物文献和史学理论著作先后撰成。马克思主义史学家以其崭新的理论风格、著述的气魄、科学的态度和对国家、民族的高度责任感感，赢得了大众和学术界同行的尊敬。他们所具有的观察力、创造力，以及在文献资料上的深厚功力，都获得了同行们由衷的钦佩。"[1] 这些著作不仅是中国马克思主义学者在各个领域的开创之作，而且大多也是20世纪中国史学发展上的名著，显示出马克思主义史学的强大生命力。

然而，食货派因缺少社会经济通史方面的关注，虽然在探讨社会史分期时，进行了一定的研究，但其正确性受到诸多学者的指责。钱健夫指出陶希圣在《中国社会史》一书中，把社会史划为五阶段，第一期氏族社会末期及原始封建社会——商周。第二期奴隶社会——秦汉。第三期发达的封建制度——汉末到唐初。第四期城市手工业及商业资本主义社会——宋至清末。第五期清末以来半殖民地社会。"不是仅只发表其一朝半代的史事，便是没有摸到史事的边际，便先下了肯定的判断，以为中国的历史应该走的是那几个阶段。"（陶希圣先生的社会史研究，虽然曾分为西汉南北朝等，但亦欢喜常作全体的肯定。）他认为："历史的正确性是一回事，我们当然首先要求得的便是历史的正确性，但是研究的功夫必须整套的进行，否则分开研究，切不要一起手就断定整个历史的生死。"[2] 以上是食货派研究中因专题研究，忽视通史研究而导致的严重错误，也是学术界一直强调要避免的之处。因此，1946年齐思和认为将来史学界的趋势，应当特别注意"专题研究与社会史合一"[3]。因为食货派忽视中国社会经济通史的研究，以致在这方面的成果寥寥，学术影响力逐渐减弱。

其五，食货派有时对于史料不能做到审慎的处理，出现曲解历史的情形，甚至因政治立场的原因存在忽视学术的求真精神。为了迁就学派的魏晋封建说，陶希圣和鞠清远一度抹杀不利于自己的证据，对史料进行曲解。袁永一指出《唐代经济史》"全书线索不清"，"经纬错乱，难窥统

---

[1] 陈其泰：《中国近代史学的历程》，河南人民出版社1994年版，第36页。
[2] 钱健夫：《中国社会经济史上的奴隶制问题》，上海商务印书馆1946年版，第12—27页。
[3] 齐思和：《中国史学界的展望》，《大中》1946年第1卷第5期。

要"。他引用经济史家斯莫拉的话说："站在经济学的立场,对于某一个历史时期的判断,必须具有着一种比较的眼光,推求该时期前后时期的关系。这也就是说,我们要理解它在某些更大的经济演进中,所占的地位。"袁永一认为本书"概括综之,起初似以田制为枢纽,以解释唐之兴,然后由农而叙述工商业的发展,但后边加入财政制度两章,似与前文未能呵成一气,其目的或欲由转输东南漕赋,而解释唐代中央的维持,更失掉控制东南财富的能力,以解释唐朝之亡。大体虽然不错,但是讲唐的颠覆,始终便未及王仙芝黄巢的骚乱,二人的名字,还只是在第五章,工商业之发展中曾一见,至于,唐后之经济转变,更不暇及,似乎过于简略了"。① 事实上,《唐代经济史》一书作如上的章节安排,是统摄于食货派的唐宋以后先资本主义社会的史学分期观点的。皮伦也指出《南北朝经济史》一书"最大的错误为曲解魏晋以后关于货币使用的史实",他"希望作者于再版时能够加以修正"曲解史实之处②。食货派在他们的著作中,虽然注重史料,但有时又过于简略,甚至歪曲史料的原义,或对史料作过分的引申,这难免有损于他们学术"求真"的形象。

令人费解的是,食货派本是专注于学术研究的史学流派。抗战爆发之后,食货派一直强调"新经学",致使其学术研究始终存在与政治交织在一起的情形。如曾资生《两汉文官制度》一书"太注重选举和任用,使人感觉,文官制度便是文官铨选制度。并且两汉各朝的制度各有不同,著者应当穷原竟委,明其因革。并且在运用材料和解释材料都出现了几处失误之处"③。这种情形在南京《中央日报·食货周刊》中表现得更为明显。他们强调学术与世务相结合,但未对政治与学术进行认真的辨析。由于食货派强调的"新经学"是为国民党的统治服务,所以涉及近代社会经济史的问题时,因政治立场的问题,他们有时对于政治与学术界限似乎不能分辨,或者不愿去分辨。他们常不惜歪曲史实以作反驳诘难的工具,完全流于说教,流于国民党的宣传。1948 年 4 月 12 日下午 7 时陶希圣在南京

---

① 袁永一:《书籍评论:唐代经济史》,《中国社会经济史集刊》1937 年第 5 卷第 1 期。
② 皮伦:《评陶希圣、武仙卿著〈南北朝经济史〉》,《文史杂志》1944 年第 4 卷第 5、6 合期。
③ 劳贞一:《书籍评论:两汉文官制度》,《中国社会经济史集刊》1944 年第 7 卷第 1 期。

《中央日报》举行的中国社会科学研究会、食货学会第一次联合土地问题座谈会上,就如何实行土地改革的发言时说:

> 在去年十月共产党的土地改革方案中,头段即说明土地公有,取消所有权。以农会为推动"土改"的原动力。一切土地纠纷,都以农会来主持。而农会的组成分子,主要的为军队中的下级干部和贫农。所以他们的办法,是实行查"三阶"运动,使士兵斗争干部,贫农斗争富农,新干部斗争老干部。实行以来,被斗争者固已死亡逃散,无处立足,而斗争者也被征收其全部所得,一无所获,结果一齐逃跑。共党有鉴于此,现又厉行改正"乱定阶级,胡乱斗争"的运动。其目的即在安定"中农",同时在都市中又高呼"保障商人","保障小资本",实行"工革"。但在绥靖区内的人民,都知道这是一种骗人技术,所以人民逃散的现象,仍有加无已。共产党目的本在安定中农,争取兵源,但结果恰恰相反,即充分表现其矛盾是无法解除的。另一方面,我们收复一地区后,原来逃出的人纷纷回家,其所失去的土地,当然应有合理的补偿;兼之地主回乡,对于以前向其"斗争"者,时时有一种报复行为,以致被人说政府是保障地主的,真是冤枉。总体战方案的提出,即是在解决这一问题。①

陶希圣针对共产党的土地改革方案进行大力批判,宣称要用"总体战方案"来解决土地改革问题,对付共产党造成的混乱。显然,这些涉及现实社会经济问题的探讨,食货派受政治立场影响,缺乏与马克思主义学者的合作交流,未经过认真的社会调查访求详细真实的社会经济史料就下断语,影响了学术的"求真"精神。

与食货派形成鲜明对比的是,汤象龙、梁方仲等人赞成颜习斋的治学态度:"立言但论是非,不论异同,是,则一二人之见不可易也。非,则虽千万人所同,不随声也。岂惟千万人,即百千同迷之局。我辈亦当先觉

---

① 《中国社会科学研究会、食货学会第一次联合土地问题座谈会记录》,南京《中央日报·食货周刊》1948年4月26日。

觉后，竟不必附和雷同也。"① 他们在治学方面的看法是：主张社会经济史的研究者分工合作，一是按时代的分工合作，二是按专业的性质分工合作。② 他们为了与众多的研究工作者共同努力，在二十年中理出中国社会经济史的头绪。三十年中写出一部像样的社会经济史，积极扩大合作的范围，尤其是与马克思主义学者展开了深入的合作。抗战爆发之前，梁方仲在日本期间就"通过当时住在千叶县的郭沫若同志的介绍，参观了古钱收藏田中谦私人收藏的古钱"。1938年10月，梁方仲曾同吴半农等同志合译斯诺著《红星下的中国》（即《西行漫记》），企图把延安各方面情况介绍给国民党统治区人民。后因别人译本先出版，他们的译本未再印行。梁方仲曾多次深入农村进行土地关系、田赋负担等问题的实地考察。其中为时最长的是川陕甘三省作农村土地经济社会调查。他受社会科学研究所的派遣，于一九三九年七月前往川陕甘三省作农村土地经济的实地调查并搜集有关资料。在为时八个月的实地考察中，与马克思主义学者广泛交流，听取了关于边区土地政策的介绍，大大加深了对边区的认识。从延安回到昆明后，曾向西南联大经济系的二十多人报告了边区的经济情况、政府人员作风廉洁、人民生活、土地利用等情况，对延安解放区没有贫富悬殊、没有失业、没有浪费等备加称赞。当时一些"好心人"警告他少说为佳时，他却坦然说："搞学术工作，可以不问政治，但是非曲直自由公论"。③

居于纯学术研究的立场，应该要避免政治因素的干扰。然而，学术和政治有着相互的关系，同时也有着相互支配的力量。学术如能和现实社会实践完美的结合，必然促进学术的发展，承担起领导中国史坛继续前进的历史使命。以郭沫若、吕振羽等为代表的马克思主义学者，除了继续"用马克思主义的历史理论观察整个中国历史的进程并跟当时的革命实践结合起来"外，"面对民族的生存死亡和反动政局的残酷统治，以严肃的科学

---

① 《发刊辞》，天津《益世报·史学》1935年4月30日。
② 汤象龙：《汤象龙自传》，晋阳学刊编辑部编：《中国现代社会科学家传略》第4辑，山西人民出版社1983年版，第123页。
③ 参见汤明檖、梁承邺、黄启臣《梁方仲传略》，晋阳学刊编辑部编：《中国现代社会科学家传略》第4辑，山西人民出版社1983年版，第393页；叶显恩、谭棣华：《梁方仲自传》，北京图书馆《文献》丛刊编辑部、吉林省图书馆学会会刊编辑部编：《中国当代社会科学家》第4辑，书目文献出版社1983年版，第261—264页。

态度总结祖国的历史，发掘祖国的优秀文化传统，显示了中华民族对历史前途的信心，鼓舞了全国人民，特别是青年一代反对内外反动派的斗志"。"进步的史学家们既努力运用马克思主义理论，又详细地占有必要的材料，从而得出了独立学术见解，为我国马克思主义史学的发展创立了一代优良学风。在艰难的岁月里，马克思主义史学是富有成果的。"[①] 1939—1941年延安和重庆两地的进步历史工作者，尤其是马克思主义学者把史学研究与抗战的民族解放斗争结合起来，进一步深入讨论了中国社会史问题，撰写了一批包括几部通史在内的极具影响力的马克思主义史学著作。近代史学发展的重要特征就是爱国主义与探索民族救亡相结合。"在抗日战争这场决定民族生死存亡的关头，不仅马克思主义史学家郭沫若、范文澜、翦伯赞、吕振羽、侯外庐等人成为这场伟大斗争的一员，其他爱国史学家也依据本人所处的具体环境，同全国抗战军民同命运。"[②] 随着解放战争的到来，这种趋势更加明显。然而，食货派的学术研究因政治立场的原因，没有与时代发展紧密结合，主张"新经学"，将世务与学术打通，但其社会经济史的研究的内容相当一部分是为国民党政治统治服务的政策研究，致使其学术研究黯然失色。所以为了克服食货派史学的局限性，新中国成以后，何兹全先生等持"魏晋封建说"的学者，向马克思主义史学进一步靠拢，用马克思主义观点来指导其学术的研究；而陶希圣在台湾复刊《食货》月刊时也对其治史思想和方法进行了必要的修正，食货派史学呈现出了明显的变化与分化。

综合说来，食货派的史学研究主要关照的是中国社会史论战之后社会经济史研究的出路。史料如何与理论结合，"专"与"通"如何互补，学术与政治如何辨析，是十分重大而复杂的时代课题，缺少科学世界观的指导和良好的学术环境，是难以把握的。如果我们注意到直到现在它们仍然是有待解决的课题，我们就不会对食货派因史学思想、治史方法的局限和不足以及政治立场的问题而导致学术生命的过早终结感到奇怪了。因此，重要的问题不是在于食货派存在过于专注史料，偏向专题的研究以及严重

---

① 白寿彝主编：《史学概论》，宁夏人民出版社1983年版，第328—329页。
② 陈其泰：《史学与民族精神》，北京学苑出版社1999年版，第20页。

的政治立场问题，而是在于他们所鲜明提出的社会史论战之后必须打破陷入政论、忽视史料的局面，走学术合作以及史料与理论相结合的道路这一富有远见卓识的新思想、新思路。食货派一改专注于先秦时段的研究，强调读书，搜集史料和不断探讨中国社会经济史的研究方法，为社会经济史研究划出了一条道路，指示出一个方向。我们说陶希圣创立的食货派在中国近现代史学上应有重要地位，不只是看其命运长短，政治立场有无问题，而是从史学成就、史学影响，史学研究的学术价值、社会价值上认识的。他们的许多学术成就在今天仍不失其意义。我们应该对食货派在中国社会经济史学领域以及他们涉及的历史研究诸领域的成果全面发掘和研究。我们更应该对食货派执着于史料搜集的精神和打破公式主义，摒弃政论的勇气加以继承和发扬。

参考文献

报刊：

《食货》半月刊、天津《益世报》、天津《大公报》、南京《中央日报》、《食货》月刊、《政论》、《新生命》、《读书杂志》、《禹贡》半月刊、《中国经济》、《中国社会经济史集刊》、《中国农村》、《东方杂志》、《学林》、《图书评论》、《商务印书馆出版周刊》、《文化建设》、《文风杂志》、《文化先锋》、《文化批判》、国立北京大学《社会科学季刊》、国立北京大学《国学季刊》、国立中央研究院《历史语言研究所集刊》、《清华学报》、《现代史学》、《中山文化教育馆季刊》、《图书评论》、《文史杂志》、《历史科学》、《新思潮》、《新经济》、《新民族》、《力行月刊》、《责善半月刊》、《人文月刊》、《说文月刊》、《社会学刊》、《历史与现实》、《中国社会》、《西北风》、《西南公路》、《燕京社会科学》、《大中》、《大众知识》、《大华杂志》、《中农月刊》、《中央周刊》、《国师月刊》、北平《晨报》、北平《华北日报》、《北平周报》、（日本）《东洋史研究》。

食货派学人著述：

陶希圣：《中国社会之史的分析》，上海新生命书局1929年版。

陶希圣：《中国社会与中国革命》，上海新生命书局1929年版。

陶希圣：《中国封建社会史》，上海南强书局1929年版。

（德）奥本海末著，陶希圣译：《国家论》，上海新生命书局1929年版。

陶希圣编：《中国问题之回顾与展望》，上海新生命书局1930年版。

陶希圣：《西汉经济史》，上海商务印书馆1931年版。

陶希圣：《中国社会现象拾零》，上海新生命书局1931年版。

陶希圣：《辩士与游侠》，上海商务印书馆 1931 年版。

陶希圣：《婚姻与家族》，上海商务印书馆 1931 年版。

陶希圣：《中国政治思想史》第 1—4 册，上海新生命书局 1932—1935 年版。

陶希圣：《东汉之社会政治》，《中国经济》1933 年第 1 卷第 6 期。

陶希圣：《中国经济发达的一个趋势》，《中国经济》1934 年第 2 卷第 1 期。

陶希圣：《中国固有的社会思想——重农轻商思想》，《文化建设》1934 年第 1 卷第 1 期。

陶希圣：《宋代的各种暴动》，《中山文化教育馆季刊》1934 年第 1 卷第 2 期。

陶希圣：《宋代社会之一斑》，《社会学刊》1934 年第 4 卷第 3 期。

陶希圣：《历史上的农民暴动（通信）》，《历史与现实》1934 年第 8 期。

陶希圣：《中国社会的进化》，《北平周报》1934 年第 80 期。

陶希圣：《读中国经济史研究专号上册以后》，《中国经济》1934 年第 2 卷第 10 期。

陶希圣：《〈食货半月刊〉宣言》，北平《晨报·社会研究周刊》1934 年 11 月 14 日。

陶希圣：《再谈读书》，《读书季刊》1935 年第 1 卷第 2 号。

陶希圣：《齐民要术的田器及主要用法》，《国学季刊》1935 年第 5 卷第 2 期。

陶希圣：《东周时代的农工商业与社会层》，《中山文化教育馆季刊》1935 年第 2 卷第 3 期。

陶希圣：《周代诸大族的信仰和组织》，《清华学报》1935 年第 10 卷第 3 期。

陶希圣：《重新估定一切》，《中国社会》1935 年第 1 卷第 4 期。

陶希圣：《王安石的社会思想与经济政策》，国立北京大学《社会科学季刊》1935 年第 5 卷第 3 期。

陶希圣：《中央政治制度略史（上古及古代）》，《文化建设》1935 年第 1 卷第 5 期。

陶希圣：《中国政治制度略史（中古）》，《文化建设》1935 年第 1 卷第

6期。

陶希圣：《宋明道学家的政术》（上）、（下），国立北京大学《社会科学季刊》1935年第5卷第4期，1936年第6卷第2期。

陶希圣、鞠清远：《唐代经济史》，上海商务印书馆1936年版。

陶希圣、沈巨尘：《秦汉政治制度》，上海商务印书馆1936年版。

陶希圣：《唐代官私贷借与利息限制法》，国立北京大学《社会科学季刊》1936年第2卷第1期。

陶希圣：《唐朝的钱荒》，国立北京大学《社会科学季刊》1936年第6卷第3期。

陶希圣：《从旧书中找社会史料的方法》，《西北风》1936年第7期。

陶希圣讲，贾文蕡记：《研究中国社会史的方法和观点》，天津《益世报·社会研究复刊》1936年12月9日。

陶希圣、武仙卿：《南北朝经济史》，上海商务印书馆1937年版。

陶希圣主编：《唐代寺院经济》，国立北京大学出版组1937年版。

陶希圣：《春秋末战国初的变法运动》，《中山文化教育馆季刊》1937年第4卷第1期。

陶希圣、武仙卿：《南北朝经济史鸟瞰》，《商务印书馆出版周刊》1937年第236期。

陶希圣：《中国社会史》（古代篇），重庆文风书店1944年版。

陶希圣：《中国经济史上之交通工具》，《西南公路》1944年第270期。

陶希圣：《战国时期的农夫与商人》，《大华杂志》1947年第1期。

陶希圣：《黄金潮的启示》，《中农月刊》1947年第8卷第2期。

鞠清远：《唐宋官私工业》，上海新生命书局1934年版。

鞠清远：《皇庄起源论》，《中国经济》1934年第2卷第7期。

鞠清远：《唐宋元寺领庄园研究》，《中国经济》1934年第2卷第9期。

鞠清远：《唐代的两税法》，国立北京大学《社会科学季刊》1936年第6卷第3期。

鞠清远主编：《唐代之交通》，国立北京大学出版组1937年版。

鞠清远：《刘晏评传》（附唐刘吏部晏年谱）上海商务印书馆，1937年版。

鞠清远：《唐代财政史》，上海商务印书馆1940年版。

武仙卿：《元代农民生活探讨》，《国师月刊》1934 年第 5 卷第 6、第 7 合期。

武仙卿：《秦汉农民生活与农民暴动》，《中国经济》1934 年第 2 卷第 10 期。

武仙卿：《三国时期的人民生活》，北平《华北日报·史学周刊》1934 年 12 月 27 日。

武仙卿：《汉魏大族的概况》，北平《华北日报·史学周刊》1935 年 2 月 7 日。

武仙卿：《南北朝国家寺院士族的协和与冲突》，《文化建设》1936 年第 3 卷第 1 期。

武仙卿主编：《唐代土地问题》，国立北京大学出版组 1937 年版。

曾謇：《中国古代社会》（上），上海新生命书局 1935 年版。

曾资生：《两汉文官制度》，重庆商务印书馆 1941 年版。

曾资生：《唐代取才的规模》，《中央周刊》1943 年第 6 卷第 5 期。

曾资生：《汉唐贮才的制度和精神》，《中央周刊》1943 年第 6 卷第 9 期。

曾资生：《中国政治制度史》第 1、2 册，重庆南方印书馆 1943 年版。

曾资生：《中国政治制度史》第 3 册，上海书店 1944 年版。

曾资生：《中国政治制度史》第 4 册，中华建设出版社 1944 年版。

曾资生：《隋唐时代的制科》，《东方杂志》1944 年第 40 卷第 3 号。

曾资生：《宋辽金元的制举概略》，《东方杂志》1944 年第 40 卷第 17 号。

曾资生：《宋金与元的乡里制度概况》，《东方杂志》1944 年第 40 卷第 20 号。

曾资生：《中国古代社会中异于宗法的各种婚姻家族制度》，《文风杂志》1944 年第 1 卷第 4、第 5 合期。

曾资生：《唐代的考课上计与升降赏罚》，《文史杂志》1944 年第 3 卷第 9、第 10 合期。

曾资生：《汉代政制概略》，《中央周刊》1945 年第 7 卷第 26 期。

曾资生：《宋代政制概略》，《中央周刊》1945 年第 7 卷第 36 期。

曾资生：《唐代政制概略》，《中央周刊》1945 年第 7 卷第 40 期。

曾资生：《中国宗法制度》，上海商务印书馆 1946 年版。

曾资生：《金元的荐举制度》，《东方杂志》1946 年第 42 卷第 6 号。

曾资生:《明代政制概略》,《中央周刊》1946 年第 8 卷第 4 期。

曾资生:《清代政制概况》,《中央周刊》1946 年第 8 卷第 32 期。

曾资生:《汉代的婚姻制度》,《大华杂志》1947 年第 1 卷第 1 期。

曾资生:《汉代的婚姻制度》(续完),《大华杂志》1947 年第 1 卷第 2 期。

曾资生:《论经世学》,《中流》1948 年第 1 卷第 1 期。

曾资生:《北宋新旧党派的兴起斗争及其演变》,《文化先锋》1948 年第 8 卷第 4 期。

曾资生:《中国五权宪法制度之史的发展与批判》,上海商务印书馆 1948 年版。

曾资生、吴云端:《中国历代土地问题述评》,中华建国出版社 1948 年版。

何兹全:北宋之差役与雇役,北平《华北日报·史学周刊》1933 年 11 月 22 日,12 月 6 日。

何兹全:《中古时代之中国佛教寺院》,《中国经济》1934 年第 2 卷第 9 期。

(日)道端良秀著,何兹全译:《唐代寺院的统制组织》,北平《华北日报·史学周刊》1936 年 1 月 30 日,2 月 6 日,2 月 13 日。

何兹全:《与曾兴论"质任"是什么》,《文史杂志》1941 年第 1 卷第 4 期。

何兹全:《东晋南朝的钱币使用与钱币问题》,国立中央研究院《历史语言研究所集刊》1945 年第 14 本。

何兹全:《魏晋南朝的兵制》,国立中央研究院《历史语言研究所集刊》1948 年第 16 本。

何兹全:《魏晋的中军》,国立中央研究院《历史语言研究所集刊》1948 年第 17 本。

连士升:《英国经济史学的背景和经过》,《东方杂志》1935 年第 32 卷第 1 号。

连士升:《经济与地理》,《禹贡》1935 年第 2 卷第 11 期。

连士升:《记国际历史学会会长田波莱教授》,《大众知识》1936 年第 1 卷第 5 期。

连士升:《记国际历史学会会长田波莱教授》(续完),《大众知识》1936 年第 1 卷第 6 期。

连士升:《研究中国经济史的方法和资料》,天津《大公报·史地周刊》

1936 年 10 月 9 日。

连士升：《书籍评论：*A History of Art of War in the Middle Ages*》，《中国社会经济史集刊》1937 年第 5 卷第 1 期。

连士升：《书籍评论：*Religion and the Rise of Capitalism*》，《中国社会经济史集刊》1937 年第 5 卷第 2 期。

（美）格拉斯著，连士升译：《工业史》，长沙商务印书馆 1939 年版。

沈巨尘：《秦汉的皇帝》，《文化建设》1935 年第 1 卷第 8 期。

沈巨尘：《秦汉的尚书台》，《文化建设》1935 年第 2 卷第 1 期。

食货派学人在《食货》半月刊、天津《益世报·食货周刊》、南京《中央日报·食货周刊》发表的文章参见本书第一章中的表一、二、四。

论著：

刘知几撰，黄寿成校点：《史通》，辽宁教育出版社 1997 年版。

章学诚：《文史通义校注》，中华书局 1985 年版。

中共中央马克思恩格斯列宁斯大林著作编译局编：《马克思恩格斯选集》，人民出版社 1995 年版。

（德）恩格斯著，李膺扬译：《家族私有财产及国家之起源》，上海新生命书局 1929 年版。

梁启超：《中国历史研究法》（外二种），河北教育出版社 2000 年版。

李守常：《史学要论》，河北教育出版社 2000 年版。

胡适：《胡适文存》二集第 3 卷，黄山书社 1996 年版。

郭沫若：《中国古代社会研究》，河北教育出版社 2000 年版。

郭沫若：《海涛》，新文艺出版社 1957 年版。

吕思勉、童书业编：《古史辨》第 7 册（上），上海古籍出版社 1982 年版。

王礼锡、陆晶清编：《中国社会史论战》第 1—4 辑，上海神州国光社 1931—1933 年版。

（俄）柯金著，芩纪译：《中国古代社会》，黎明书局 193 年版。

刘道元：《两宋田赋制度》，上海新生命书局 1933 年版。

刘道元：《中国中古时期的田赋制度》，上新生命书局 1934 年版。

全汉昇：《中国行会制度史》，上海新生命书局 1934 年版。

马乘风：《中国经济史》第 1 册，中国经济研究会 1935 年版。

陈啸江：《两汉经济史》，上海新生命书局 1936 年版。

陈啸江：《中国社会经济史研究的总成绩及其待解决问题》，国立中山大学法学院 1936 年版。

瞿同祖：《中国封建社会》，上海人民出版社 2003 年版。

翦伯赞：《历史哲学教程》，河北教育出版社 2000 年版。

《何干之文集》，中国人民大学出版社 1989 年版。

顾颉刚：《当代中国史学》，辽宁教育出版社 1998 年版。

钱穆：《国史大纲》，上海商务印书馆 1996 年版。

郭湛波：《近五十年中国思想史》，上海古籍出版社 2005 年版。

金毓黻：《中国史学史》，河北教育出版社 2000 年版。

钱健夫：《中国社会经济史上的奴隶制问题》，上海商务印书馆 1948 年版。

（日）加藤繁：《中国经济史考证》，上海商务印书馆 1959 年版。

连士升：《海滨寄简》第 1—4 集，吉隆坡星洲世界书局 1963 年版。

《连士升文集》，吉隆坡星洲世界书局公司 1963 年版。

陶希圣、沈任远：《明清政治制度》，台北商务印书馆 1967 年版。

沈任远：《魏晋南北朝政治制度》，台北商务印书馆，1971 年版。

沈任远：《隋唐政治制度》，台北商务印书馆 1977 年版。

沈任远：《历代政治制度要略》，台北洪范书店有限公司 1988 年版。

晋阳学刊编辑部编：《中国现代社会科学家传略》第 4 辑，山西人民出版社 1983 年版。

北京图书馆《文献》丛刊编辑部、吉林省图书馆学会会刊编辑部编：《中国当代社会科学家》第 4 辑，书目文献出版社 1983 年版。

白寿彝主编：《史学概论》，宁夏人民出版社 1983 年版。

白寿彝：《中国史学史》第一册，上海人民出版社 1986 年版。

黄美真、张云编：《汪精卫国民政府成立》，上海人民出版社 1984 年版。

高军编：《中国社会性质问题论战》，人民出版社 1984 年版。

（日）崛敏一：《均田制的研究》，福建人民出版社 1984 年版。

吴泽主编：《史学概论》，安徽教育出版社 1985 年版。

（美）巴勒克拉夫：《当代史学主要趋势》，上海译文出版社 1987 年版。

施丁：《中国史学简史》，中州古籍出版社 1987 年版。

吴泽主编：《中国史学集刊》第 1 辑，江苏古籍出版社 1987 年版。

冯家昇：《冯家昇论著辑粹》，中华书局 1987 年版。

杜正胜、王泛森主编：《新学术之路》，中央研究院历史语言研究所 1988 年版。

冯尔康等编：《中国社会史研究概述》，天津教育出版社 1988 年版。

傅衣凌：《治史五十年文编》，厦门大学出版社 1989 年版。

北京大学中国中古史研究中心编：《纪念陈寅恪先生八十诞辰百年学术论文集》，北京大学出版社 1989 年版。

周天游编：《秦汉史研究概要》，天津教育出版社 1990 年版。

李天石、陈振编：《宋辽金史研究概述》，天津教育出版社 1995 年版。

张国刚主编：《隋唐五代史研究概要》，天津教育出版社 1996 年版。

余英时：《犹记风吹水上鳞——钱穆与现代中国学术》，台北三民书局股份有限公司 1991 年版。

余英时：《现代学人与学术》，广西师范大学出版社 2006 年版。

瞿林东：《史学与史学评论》，安徽教育出版社 1998 年版。

瞿林东：《中国史学史纲》，北京出版社 2005 年版。

瞿林东：《中国史学的理论遗产》，北京师范大学出版社 2005 年版。

瞿林东：《中国简明史学史》，上海人民出版社 2005 年版。

陈其泰：《中国近代史学的历程》，河南人民出版社 1994 年版。

陈其泰：《史学与民族精神》，北京学苑出版社 1999 年版。

胡逢祥、张文建：《中国近代史学思潮与流派》，华东师范大学出版社 1991 年版。

蒋俊：《中国史学近代化进程》，齐鲁书社 1995 年版。

王学典：《二十世纪后半期中国史学主潮》，山东大学出版社 1996 年版。

王学典：《20 世纪中国史学评论》，山东人民出版社 2002 年版。

乔治忠、姜胜利编：《中国史学史研究述要》，天津教育出版社 1996 年版。

张书学：《中国现代史学思潮研究》，湖南教育出版社 1997 年版。

曾业英主编：《五十年来的中国近代史研究》，上海书店出版社 2000 年版。

葛兆光主编：《走进清华》，四川人民出版社 2000 年版。

高增德、丁东编：《世纪学人自述》，北京十月文艺出版社 2000 年版。

汤勤福：《中国史学史》，山西教育出版社 2001 年版。

（日）斯波义信：《宋代江南经济史研究》，江苏人民出版社 2001 年版。

张国刚、乔治忠：《中国学术史》，东方出版中心，2002 年版。

胡戟、张弓、李斌城、葛承雍等主编：《二十世纪唐研究》，中国社会科学出版社 2002 年版。

侯建新主编：《经济——社会史》，上海商务印书馆 2002 年版。

许冠三：《新史学九十年》，岳麓书社 2003 年版。

陶恒生：《"高陶事件"始末》，湖北人民出版社 2003 年版。

李泽厚：《中国现代思想史论》，天津社会科学院出版社 2004 年版。

张世林编：《为学术的一生》，广西师大出版社 2005 年版。

（美）沈宁：《百世门风——历史变革中的沈、陶两大家族》，中国青年出版社 2005 年版。

（美）阿里夫·德里克：《革命与历史——中国马克思主义历史学的起源 1919—1937》，江苏人民出版社 2005 年版。

叶振鹏主编：《20 世纪中国财政史研究概要》，湖南人民出版社 2005 年版。

杨翼骧讲授，姜胜利整理：《杨翼骧中国史学史讲义》，天津古籍出版社 2006 年版。

谢保成主编：《中国史学史》3 册，北京商务印书馆 2006 年版。

《何兹全全集》第 1—6 卷，中华书局 2006 年版。

资料汇编、回忆录：

《国立北京大学一览——民国二十四年度》，国立北京大学出版组 1935 年版。

连士升：《回首四十年》，吉隆坡星洲世界书局 1952 年版。

陶希圣：《八十自序》（上）、（下），吴相湘编：《传记文学》，台北传记文学出版社 1978 年第 33 卷第 6 期，1979 年第 34 卷第 1 期。

陶希圣：《潮流与点滴》，台北传记文学出版社 1979 年版。

陶希圣：《夏虫语冰录》，台北法令月刊社 1980 年版。

陶希圣：《陶希圣岁寒松柏》，《民国百人传》（4），台北传记文学出版社 1982 年版。

钟叔河、朱纯编:《过去的学校》,湖南教育出版社 1982 年版。

侯外庐:《韧的追求》,三联书店 1985 年版。

钱穆:《八十忆双亲师友杂忆》,三联书店 1998 年版。

杨宽:《杨宽自传——历史激流中的动荡和曲折》,台北时报文化出版企业有限公司 1993 年版。

刘道元:《九十自述》,台北龙文出版股份有限公司 1994 年版。

唐德刚:《胡适杂忆》(增订本),华东师大出版社 1999 年版。

论文:

杜荃:《读〈中国封建社会史〉》,《新思潮》1929 年第 2、第 3 期合刊。

刘光宇:《评陶希圣所谓"流寇之发展及其前途"》,《动力》1930 年第 2 期。

丘旭:《中国的社会到底是什么社会?——陶希圣错误意见之批评》,《新思潮》1930 年第 4 期。

张横:《评陶希圣对历史方法论》,《中国社会史的论战》第 2 辑,上海神州国光社 1932 年版。

滋圃:《书报述评:中国政治思想史》,《读书月刊》1932 年第 2 卷第 2 号。

傅筑夫:《陶希圣著〈中国封建社会史〉》,《图书评论》1933 年第 1 卷第 10 期。

刘节:《陶希圣著〈中国政治思想史〉》,《图书评论》1933 年第 1 卷第 12 期。

齐震:《中国社会史研究方法论的商榷》,《文史》1934 年第 1 卷第 2 期。

陈啸江:《中国经济史研究计划书》,《现代史学》1934 年第 2 卷第 4 期。

付筑夫:《研究中国经济史的意义及方法》,《中国经济》1934 年第 2 卷第 9 期。

黄文山:《对于中国古代社会史研究方法论之检讨》,《新社会科学季刊》1934 年秋季号。

石决明:《中国经济史研究上的几个重要问题》,《中国经济》1934 年第 2 卷第 9 期。

石决明:《外国学者关于中国经济史之研究与其主要贡献》,《中国经济》

1934年第2卷第10期。

石决明：《评田崎仁义著〈古代支那经济史〉》，《中国经济》1934年第2卷第10期。

朱亦芳：《为什末研究历史和怎样去研究历史》，《中国经济》1935年第3卷第1期。

王宜昌：《论陶希圣最近的中国经济社会史论》，《中国经济》1935年第3卷第1期。

长江：《陶希圣与〈食货〉》，《北平晨报》1935年1月18日。

杜若遗：《介绍〈食货半月刊〉》，《文化建设》1935年第1卷第4期。

王毓铨：《通信一束》，《禹贡》1935年第4卷第10期。

杨及玄：《民生史观的中国社会经济史研究发端》，《中山文化教育馆季刊》1935年夏季号。

罗绳武：《陶希圣主编〈食货〉的介绍及批评》，《中国农村》1935年第1卷第11期。

梁园东：《读物介绍：唐代经济史》，《商务印书馆出版周刊》1936年第201期（新）；《读书提要：唐代经济史》，《人文月刊》1936年第7卷第7期。

袁永一：《书籍评论：唐代经济史》，《中国社会经济史集刊》1937年第5卷第1期。

森：《唐代之交通——中国经济史料丛编·唐代编之四》，（日本）《东洋史研究》1937年第2卷第6号。

宇都宫：《土地问题—中国经济史料丛编·唐代编之二》，（日本）《东洋史研究》，1937年第2卷第6号。

曾繁康：《中国现代史学界的检讨》，《责善半月刊》1940年第1卷第5期。

卫聚贤：《编纂中国经济史的组织计划》，《说文月刊》1941年第2卷第1期。

周予同：《五十年来中国之新史学》，《学林》1941年第4期。

张绍良：《近三十年来中国史学的发展展——为纪念中国史学会成立而作》，《力行月刊》1943年第7卷第4期。

劳贞一：《书籍评论：两汉文官制度》，《中国社会经济史集刊》1944年第

7卷第1期。

秦佩珩：《中国经济史坛的昨日今日和明日》，《新经济》半月刊1944年第11卷第3期。

秦佩衍：《从蓬勃到沉寂的中国经济史坦》，《清议》1944年第2卷第4期。

皮伦：《评陶希圣武仙卿著〈南北朝经济史〉》，《文史杂志》1944年第4卷第5、第6合期。

齐思和：《现代中国史学评论》，《大中》1946年第1卷第1期。

齐思和：《中国史学界的展望》，《大中》1946年第1卷第5期。

齐思和：《近百年来中国史学的发展》，《燕京社会科学》1949年第2卷第2期。

孙家骧、曾宪楷、郑昌淦：《批判陶希圣"前资本主义社会论"的反动观点》，《历史研究》1958年第12期。

鲍家麟：《中国社会经济史研究的奠基者——陶希圣》，《中华文化复兴月刊》1974年第7卷第11期。

刘茂林：《〈食货〉之今昔》，《中国史研究动态》1980年第4期。

江明：《展读遗篇泪满巾——记李达与吕振羽的交往》，《文献》1980年第4期。

陶希圣：《社会史讨论会献言》，《第一届历史与社会变迁研讨会》上册，台北中央研究院三民主义研究所1982年版。

白寿彝、瞿林东：《马克思主义史学在中国的传播和发展——纪念马克思逝世一百周年》，《史学史研究》1983年第1期。

王健文整理，杜正胜、黄宽重访谈：《风气新开百代师——陶希圣先生与中国社会史研究》，《历史月刊》1988年第7期。

杜正胜：《陶希圣先生学述》，《历史月刊》1988年第7期。

黄宽重：《陶希圣与〈食货〉杂志》，《历史月刊》1988年第7期。

黄宽重：《陶希圣先生与〈食货〉杂志》，台北《湖北文献》1990年第94期。

吉书时、许殿才：《何兹全先生访问记》，《史学史研究》1990年第1期。

瞿林东：《择善而固执，上下而求索：何兹全先生的治学道路和学术成就》，《北京师范大学学报》1991年第4期。

瞿林东：《二十世纪的中国史学》（上），《历史教学》2000 年第 3 期。

瞿林东：《二十世纪的中国史学》（下），《历史教学》2000 年第 5 期。

瞿林东：《唯物史观与中国史学发展》，《史学史研究》2002 年第 1 期；《南开学报》2002 年第 2 期；《光明日报》2002 年 1 月 22 日。

陈其泰：《历史观的进展与二十世纪史学走向》，《山西师范大学学报》1999 年第 4 期。

陈其泰：《中国马克思主义史学发展道路的思考》，《当代中国史研究》2004 年第 2 期。

方秋苇：《陶希圣与"低调俱乐部"、"艺文研究会"》，《民国档案》1992 年第 3 期。

林甘泉：《二十世纪的中国历史学》，《历史研究》1996 年第 2 期。

罗澍伟：《总结历史 开辟未来——建设有中国特色社会主义理论中的历史观与方法论》，《历史教学》1996 年第 6 期。

陈琳国、朱培、饶胜文：《开拓者的追求：何兹全先生访谈录》，《史学史研究》1998 年第 4 期。

陶晋生：《陶希圣论中国社会史》，《古今论衡》1999 年第 2 期。

李根蟠：《二十世纪的中国古代经济史研究》，《历史研究》1999 年第 3 期。

李根蟠：《中国经济史学百年历程与走向》，《经济学动态》2001 年第 5 期。

李根蟠：《唯物史观与中国经济史学的形成》，《河北学刊》2002 年第 3 期。

侯云灏：《20 世纪前期史学流派略论》，《史学理论研究》1999 年第 2 期。

王志刚：《中国古代经济史研究百年回眸：李根蟠先生访谈记》，《中国经济史研究》2000 年第 1 期。

王家范：《百年史学历程回顾二题》，《历史教学问题》2000 年第 1 期。

陈学明、郑学稼：《中国古代赋役制度史研究回顾与展望》，《历史研究》2001 年第 1 期。

张国刚：《二十世纪隋唐五代史研究的回顾与展望》，《历史研究》2001 年第 2 期。

何汉威：《全汉昇与中国经济史研究》，《中国经济史研究》2001 年第 3 期。

陈峰：《〈食货〉新探》，《史学理论研究》2001 年第 3 期。

朱守芬：《〈食货半月刊〉与陶希圣》，《史林》2001 年第 4 期。

李源涛:《20 世纪 30 年代的"食货派"与中国社会经济史研究》,《河北学刊》2001 年第 5 期。

赵世瑜、邓庆平:《二十世纪中国社会史研究的回顾与思考》,《历史研究》2001 年第 6 期。

王学典、陈峰:《20 世纪唯物史观派史学的学术史意义》,《东岳论丛》2002 年第 2 期。

曹文柱、李传军:《二十世纪魏晋南北朝史研究》,《历史研究》2002 年第 5 期。

黄静:《"禹贡派"与"食货派"的学术关联》,《学海》2003 年第 3 期。

翁贺凯:《1927—1934 陶希圣之史学研究与革命论——兼论其与国民党改组派之关系》,《福建师范大学学报》2003 年第 4 期。

陈希红:《评陶希圣的中国社会史研究》,《安徽史学》2003 年第 6 期。

黄静:《食货学派及其对魏晋封建说的阐发》,《学术研究》2005 年第 2 期。

阮兴:《〈食货〉与 20 世纪 30 年代的中国经济社会史学界》,《中国社会经济史研究》2005 年第 2 期。

阮兴:《陶希圣与〈食货半月刊〉》,《兰州大学学报》2005 年第 2 期。

向燕南、尹静:《中国社会经济史研究的拓荒与奠基——陶希圣创办〈食货〉的史学意义》,《北京师范大学学报》2005 年第 3 期。

洪认清:《〈食货〉半月刊在经济史学理论领域的学术贡献》,《史学史研究》2007 年第 4 期。

未刊硕、博论文:

王东:《中国社会主义性质与社会史论战研究》,博士学位论文,华东师范大学,1991 年。

杨祖义:《20 世纪上半期中国经济史学发展初探》,博士学位论文,中南财经大学,2003 年。

黄静:《抗战时期史学流派研究(1931—1945)》,博士学位论文,北京师范大学,2003 年。

陈峰:《社会史论战与现代中国史学》,博士学位论文,山东大学,2005 年。

阮兴:《〈食货〉与中国经济社会史研究》,博士学位论文,中山大学,

2005年。

陈园园:《陶希圣与"食货"学派研究》,博士学位论文,南京师范大学,2011年。

逄丽丽:《中国近现代学术史上的陶希圣》,硕士学位论文,山东大学,2010年。

附录一
《食货》半月刊作者及撰著一览表

姓名	篇名	卷期数	《编辑的话》中对作者的介绍
岑家梧	图腾研究之阶段	4：4	日本留学中寄来许多关于图腾社会研究的论文。(5：6)
	转形期的图腾文化	5：6	
陈伟旋	中国古代社会果有群婚制吗	4：10	前在北大读书，现在中山大学研究所，专门研究中国婚姻史。
陈宪璜	春秋的奴隶	2：5	
陈啸江	三国时代的人口移动	1：3	中山大学文史研究室专攻中国经济史，在《现代史学》上有多篇论文发表，著有《西汉经济史》，在新生命书局出版，现在作到三国时代来了。补《三国志》货币志的工作。《三国经济史》在广州发行。(1：3)
	二十五史文化史料搜集	1：5	
	关于"一母三卿"问题的商榷并答杨君	2：1	
	中国社会史略谈（通信）	4：4	
程维新	宋代广州市对外贸易的情形	1：12	在北京大学史学系想做"宋以后都市的分布和组织"的探讨。
褚道庵	两汉官俸蠡测	1：12	北平大学法学院研究中国经济史。他是华北日报史学周刊的主要执笔人。
戴希震	五代军阀官僚的财富及其享乐生活	5：10	
戴振辉	两汉奴隶制度	1：7	
	五代货币制度	2：1	
	五代农村的残存和恢复	2：2	
	东晋元魏诸代户口的逃隐和搜括	2：8	

续表

姓名	篇名	卷期数	《编辑的话》中对作者的介绍
丁道谦	商业资本主义与专制主义的透视	3：11	南开大学研究生二年级学生。长篇论文随手写来。（3：11）
	诗经中妇女社会观	4：7	
	再论商业资本主义及其他	4：10	
	由历史变动律说到中国田制的"循环"	5：3	
	中国果真没有奴隶制度吗	5：7	
董书方	殷商家族制度与亲族制度的一个解释	3：10	北平大学法学院政治系高年级学生。
范振兴	商业资本主义社会质疑	5：9	
	商业资本主义社会再质疑	5：10	
莫非斯（非斯）	论孟子并没有所谓井田制	2：2	广州中山大学专攻中国社会史。前年他寄来他的研究论文十几万字，现在由我整理，想在新生命书局出版。他还是十九岁的青年，写那篇古代经济史大稿时只有十七岁。（2：2）
	西周分封制度真相之探讨	2：6	
	用铁时代问题之研究	2：7	
	中国社会分期之商榷	2：11	
	金文中所窥见的西周货币制度	4：7	
	诗"食我农人"之一新解	5：7	
	诗经中表现的土地关系	5：7	
范石轩	（译）汉代之徭役及人头税（东亚经济研究第十九卷第四号日本昭和十年十一月出版）	3：7	北大四年级学生。
方济霈	（译）资本蓄积的晚近趋势（波斯丹著）	4：3	毕业于北京大学经济系，现在北大的中国经济史研究室专攻近代中国钱庄银行的变迁。
方纪生	（译）明代军屯之崩溃（清水泰次著）	4：10	热心为本刊译清水泰次的论著。将来陆续有他的译文发表。
方哲然	（译）中国古代稻米稻作考（冈崎文夫著）	5：6	
傅安华	唐代绢帛之货币的用途（加藤繁著）	1：2	北京大学史学系专搜辑日本学者研究中国经济社会史的论著，译出交《东方杂志》、《中国经济》等刊物发表。（1：4）
	唐玄宗以前的户口逃亡	1：4	
	唐代官僚地主商人化	1：6	
	东汉社会之史的考察	3：10	
	商业资本主义社会商榷	3：11	
	关于奴隶社会理论的几个问题	5：6	

续表

姓名	篇名	卷期数	《编辑的话》中对作者的介绍
傅衣凌	辽代奴隶考	1：11	在上海教书。他常在中山大学史学系出版的《现代史学》上发表论文。(1：11)
	(译)中国封建构成的发展之合则性问题（波里耶可夫著）	4：10	
	(译)汉代苍头考（志田不动磨著）	4：11	
高福怡	(译)唐代均田法中僧尼的给田（森庆来著）	5：7	
高叔康	(译)北宋时代铜铁钱的制造（日野开三郎著）	2：1	在太原绥靖公署做研究工作。在公余专门研究经济学。(2：1)
	山西票号的起源及其成立年代	5：1	
高耘晖	周代土地制度与井田（上）	1：7	北京大学。(1：7)
	周代土地制度与井田（下）	1：12	
	分工研究的方法（通信）	2：2	
	鲁国的"一生一及"承续制度	2：12	
	春秋时代的财政状况	4：6	
龚化龙	辽代采矿事业的发达和流毒（上）	1：11	武汉大学李剑农先生指导之下研究中国经济史。李先生指导下的学生，自有一种学风。(1：11)
	辽代采矿事业的发达和流毒（下）	1：12	
郭有义	(译)明代中国之外国贸易（百濑弘著）	4：1	
韩克信	两汉货币制度	1：12	清华大学。《两汉货币制度》是清华大学史学系二十四年上学期末的学期论文。
何格恩	唐代岭南的虚市	5：2	广州岭南大学岭南学报编辑委员会。(5：2)
河 汉	战国时代商人的动向	2：5	
黄毅仙	天暴乱后农村崩溃之实况	1：1	从四川大学里出来，到北京大学研究院。他正在研究唐代文学革命史里韩愈的文学。为了这个小题目，他准备了唐代社会经济史的深广研究。(1：10)
	天暴乱后唐人如何救济农村（上）	1：10	
	天暴乱后唐人如何救济农村（下）	1：11	
	唐代人口的流转	2：7	

续表

姓名	篇名	卷期数	《编辑的话》中对作者的介绍
黄君默	两汉的租税制度	3：7	暨南大学学生，有《两宋的货币》一书交给商务印书馆。(3：7)
	唐代的货币	4：11	
	唐代租税论	4：12	
	元代之钞币制度	6：1	
	元代之钱币	6：1	
黄砚璠	北宋亡后北方的义军	3：5	师大研究院受陈援庵先生指导的苦读苦作的研究生。写有唐代社会略说及宋代太学生的政治运动两书，不久将在商务印书馆出版。
冀筱泉	（译）中国经济史的基础和阶段（魏特夫格博士著）	5：3	魏特夫格博士到北京搜集材料，已过一年。他时常与编者过从。他对见解的确定，态度的虚心，很使编者佩服。编者对于他坚持的原则虽不同意，但对他个个事件的评定，有时极感兴趣与钦佩。冀筱泉在英国。
嵇文甫	朱梁的农村复兴热	1：5	他在河南大学指导学生们研究中国经济社会史和思想史。最近出了一本小册叫做《左派王学》，在开明书店发行。是中国社会史权威之一。(1：5)
	对于长期封建论的几种诘难和解答	5：5	
贾钟尧	唐会昌政教冲突史料	4：1	北平大学商学院的高才毕业生。他原是学俄文和商业的。他在北大中国经济史研究室帮助我们一些琐碎的事务。

续表

姓名	篇名	卷期数	《编辑的话》中对作者的介绍
李秉衡	方法与材料（通信）	1：9	是一位不相识的通信人。曾在北平世界日报社会科学副刊上发表论文。有好几封信讨论研究方法。（1：10）李秉衡先生从穷苦生活里用工夫译出理论文字多篇，我们非常佩服和感激。（5：6）
	近三十年国人研究中国社会史论文提要拟议	1：10	
	（译）对于经济史底两种见地（卢森堡著）	3：8	
	经济史学上的恩格斯	3：12	
	（译）农奴制度研究（石滨知行著）	4：1	
	（译）氏族只以前的社会生产诸力（波里克夫斯基著）	4：9	
	（译）奴隶制度考（上）（雷哈特著）	5：6	
	（译）奴隶制度考（下）	5：7	
	（译）西欧及东洋的封建化过程（雷哈特著）	5：8	
	"亚西亚的生产样式"底意义	5：11	
	（译）封建主义下都市的发生与发展（雷哈特著）	5：11	
	（译）九迄十二世纪西欧的领地经济（雷哈特著）	5：12	
李光信	山西通志中的山川崇拜	4：3	在北大研究院专研中国的坛庙史。
李可名	（译）经济史方法论的基础（密卓列齐著）	5：11	
李立中	试谈谈中国社会史上的一个"谜"	2：11	常在《中国经济》月刊执笔。（3：5）
	关于商业资本主义	3：5	
	关于商业资本主义社会——略傅安华丁道谦两先生	4：4	
	商业资本主义社会的生产形态——代答对于我的批评	5：2	
李文治	大业民变之经济的动力	4：4	北平师范大学史学系的学生。（4：4）
	北宋民变之经济的动力	4：11	
李麦麦	（译）行会制度的起源（考茨基著）	4：12	有批评马先生中国经济史第一册的论文。（2：9）

续表

姓名	篇名	卷期数	《编辑的话》中对作者的介绍
李汝源	（译）中国历朝之户口统计（饭岛茂三郎著）	4：11	热心于中国经济史的研究。
李　旭	魏晋南北朝时政治经济中心的转移	1：1	
	五胡时代华夷同化的三个阶段	2：10	
李子信	三国时孙吴的开发江南	5：4	现在北大研究历史。
梁园东	中国经济史研究方法之诸问题	2：2	在大夏大学教中国史，是大家都知道的一位史学家。他曾有长篇论文，对于顾颉刚先生的疑古工作，提出抗议。在历史的社会学解释的工夫上面，梁园东先生是参加很早的一人。
铃木俊	唐代官僚积蓄之研究	4：8	现任东洋大学教授，在日本东京帝国大学研究唐代经济史及隋唐史及多数论文行世。他加入食货学会。
刘道元	商鞅变法与两汉田赋制度	1：3	北京大学经济系毕业，是《中古时期田赋》、《两宋田赋》的著者，屡次要辞去职务，到北平来继续作田赋史的研究。在山东教育厅服务。
刘樊	五代的钱币	4：2	武汉大学1937年由武汉大学史学系转入北大政治系。(4：2)
	五代的幕府	5：1	
刘广惠	两晋南北朝的宫闱	2：5	
刘兴唐	唐代之高利贷事业	1：10	多在《文化批判》上发表论文，编有《中国矿业史》。(1：6)
	中国社会发展形式之探险	2：9	
	疑古与释古的申说	3：5	
	里庐考	3：12	
	福建的血族组织	4：8	
	奴隶社会的症结	5：11	
陆侃如	悼赛昂里教授	4：3	燕京大学中国文学系主任教授。他为了一社会组织和变迁去观察文学的流变，曾用力研究中国社会史，写过周代社会史，以法文出版。他以文学史家的地位，来追悼经济史家赛昂里教授。(4：3)
	工正及其他	4：4	

续表

姓名	篇名	卷期数	《编辑的话》中对作者的介绍
吕振羽	对本刊的批评与贡献（通信）	1：5	《中国社会史纲》已出版一册，叫作《中国史前社会研究》。
罗维	读曾松友著《中国院士社会之探究》	5：5	
马乘风	从西周到隋初一千七百年的经济转移	2：9	是一位青年革命战士，这几年从战场退了下来，专门做中国经济史的研究。出版了中国经济史第一册，引起这门的学界的注意。(2：9)
马非百	秦汉经济史资料（一）手工业	2：8	在河南省政府服务是一个工作繁忙却不肯放弃读书的人。他以朝代为对象，也不参加意见，专以搜集资料为主。在二十年二十二年中，先后草成《秦汉经济史料》一部，约二十万言。《桑弘羊年谱》一部，约十万言。后者已在商务出版。秦汉经济史料虽在河南政治月刊发表过一回，但不大流行，在本刊分期分段发表出来，以后再定成专册，收入中国社会史小丛书。(2：8)
	秦汉经济史资料（二）商业	2：10	
	秦汉经济史资料（三）农业	3：1	
	秦汉经济史资料（四）货币制度	3：2	
	秦汉经济史资料（五）人口及土地	3：3	
	秦汉经济史资料（六）奴隶制度	3：8	
	秦汉经济史资料（七）租税制度	3：9	
马奉琛	满族未入关前的经济生活	1：6	清华大学研究院研究清史的。研究完毕之后，现在北京大学政治系研究室襄助张忠绂先生主持中国行政制度研究事务。他担任清代六部的研究。(1：6) 他从来与编者不相闻识。要离开北大政治系研究室，到武昌华中大学讲授中国史。他已允即令去到武昌，仍然切实的合力进行两年来的研究工作。继续清代政治制度的研究。(4：8)
	清初满汉社会经济冲突之一斑（一）	4：6	
	清初满汉社会经济冲突之一斑（二）	4：8	
	清初满汉社会经济冲突之一斑（三）	4：9	
聂家裕	五代人民的逃亡	4：2	在武汉大学。
瞿兑之	读方志琐记	1：5	
齐思和	研究历史问题之方法	4：3	在北平师范大学、北京大学的校讲史学概论等课。在美国饱学史学方法归来。

续表

姓名	篇名	卷期数	《编辑的话》中对作者的介绍
全汉昇	宋代都市的夜生活	1：1	北京大学史学系专攻中国社会史。著有《中国行会制度史》，归入新生命书局出版的中国社会史丛书，现在研究中古时代佛教东渐引起的种种社会现象，如医术的变化等。（1：4）
	中国庙市之史的考察	1：2	
	中古佛教寺院的慈善事业	1：4	
	宋代女子职业与生计	1：9	
	南宋杭州的外来食料与食法	2：2	
	宋代东京对于杭州都市文明的影响	2：3	
	清代西洋医学传入时国人所持的态度	3：12	
水子	明汴梁庙会	2：7	水子先生的一篇是由禹贡交换来的。
宋毅贞	王莽的改革	5：2	在北京大学教育系。
苏乾英	（译）中国上古及中古之国家社会主义经济政策（O. Frand 著）	3：7	暨南大学史地系助教。
孙媛贞（女）	明代屯田制度研究	3：2	是北京大学的毕业生，现在徐州女子师范服务。常在禹贡办月刊发表研究作品。
汤象龙	对于研究中国经济史的一点认识	1：5	中央研究院社会研究所搜集明清档案里的经济史料。有不少的论文在近代经济史研究集刊发表。
王沉	关于地方志（通信）	2：1	
王明	落后的宋族	5：2	在北京大学有许多论文，有些已在北平晨报学园发表。
汪兼山	（译）唐宋之家族同产及遗嘱法（任井田陞著）	1：5	著有《唐令拾遗》。他现在正在搜集法令。
王怀中	明代的朝贡贸易制度	3：1	现在燕京大学史学系三年级。（3：1）
	唐代官僚蓄积之研究	4：8	
王兴瑞	王安石的政治改革与水利政策	2：2	是在广州中山大学史学系出版的《现代史学》上重要的作者。他的中国经济史论文被译为日文在日本杂志上发表的不少。（2：2）
	广东一个农村现阶段的经社会	3：2	
	（译）清代村镇的定期市（加藤繁著）	5：1	

续表

姓名	篇名	卷期数	《编辑的话》中对作者的介绍
王宜昌（倪今生）	关于"反对读历史"的话	1：8	是学经济学的,他的次要科学是社会学和哲学。一九三〇年,他在东方图书馆研究中国经济史和经济地理及经济思想史。中国经济地理原稿失掉了。中国经济史稿也因事故残缺不全。中国经济思想史披露过一部分。他的系统的成熟,据说已有三四年。他的主要贡献,依我所见,有两点：一是中国奴隶社会一阶段的指出；二是中国的教会的研究。前者是他最受批评的。(1：6) 倪今生是一位不相识的师友,他不肯说出他的Identiy来。他与王宜昌先生对中国社会史的意见似乎是相同的。(1：7)
	古代中国的历法	2：3	
	五胡乱华前夜的中国经济	1：7	
	五胡乱华明日的中国经济	1：8	
	井田新证别论	5：5	
王瑛	研究中国经济史之方法的商榷	1：5	在国立北平图书馆阅览室里埋头研究的没有人知道的一个穷苦的人。他自己说他"没有受过高等的洋教育"。他是在研究中国近代经济问题。目前选定的题目是太平洋革命的问题。(1：5) 王瑛是本刊与主编人的精悍的精细的批评和指导的苦读的青年。他的《中国社会史自修方法》,可在暑假里,指示自修的人怎样做这种研究。(2：2)
	太平天国革命前夕土地问题的一瞥	2：3	
	研究中国经济史大纲与方法	2：4	
	研究中国经济史大纲与方法（下）	2：5	
王毓铨	清末田赋与农民	3：5	是北大史学系四年级同学,著有王安石传,全稿约有十五万字。(3：11)
	北宋社会经济与政治（一）	3：11	
	北宋社会经济与政治（二）	3：12	
王镇九	中国上古各地物产	2：4	北平师范大学史学系毕业。(2：4)
王钟羽	（译）人类的原始（一）（加聂尔著）	5：4	前曾任边铎月刊主编,现任东方快报主笔。(5：4)
	（译）人类的原始（二）	5：5	
吴景超	近代都市的研究法	1：5	在清华大学社会学系指导系里研究。对两汉社会有精深的研究。(1：5)
	西汉奴隶制度	2：6	
武伯纶	西汉奴隶考	1：7	现在西安第一师范学校。

续表

姓名	篇名	卷期数	《编辑的话》中对作者的介绍
萧正谊	（译）中国社会史概述（一）——中国社会经济史之一（加藤繁著）	5：2	留学日本。他选择东京帝国大学教授加藤繁先生这篇文章，是很有意义的。加藤繁是日本研究中国经济史的汉学家派最高的权威。（5：2）
	（译）中国社会史概述（二）——中国社会经济史之二	5：3	
熊正文	纸在宋代的特殊用途	5：12	北大研究生专攻中国利息史。
许宏杰	秦汉社会的土地制度与农业生产	3：7	广州市内专攻中国经济史的学人。（3：7）
	明代土地整理之考察	3：10	
	周易中所见氏族制崩溃期社会经济之发展	4：4	
杨连陞（杨莲生）	唐代高利贷及债务人和家族连带责任	1：5	清华大学经济系学生。（1：5）
	从四民月令所见到的汉代家族	1：6	
	陈啸江西汉社会经济研究一斑	4：6	
杨廷贤	明末农民暴动之社会背景	5：8	
杨中一（中一）	部曲沿革略考	1：3	编有《史学副刊》在《华北日报》。（1：4）
	唐代代的贱民	1：4	
	官户的异义	1：4	
	一母三䯅，岁代取	1：6	
	质任解（二）	1：8	
	在论"一母三䯅，岁代取"	2：4	
姚渔湘	梁代经济之概略	2：2	是在北平师范大学史学系四年级。他有中国艺术史一稿约二十多万字。他以社会学的方法研究中国古今的艺术，是一大胆的企图。
周一良（一良）	隋唐时代的义仓	2：6	在燕京大学研究院专攻中国社会经济史有两位，一良先生是其中之一。（2：6）
	中国古代社会中之酒	2：7	
易曼晖	唐代农耕的灌溉作用	3：5	从武汉大学毕业后，现在襄阳服务。（3：5）
	唐代的人口	3：6	
于鹤年	读《五代的幕府》	5：4	从公务纷忙中指示我们许多有益的见解。
曾了若	杜佑的经济学说	2：12	在广州中山大学研究所里讲课。（2：12）
	隋唐之均田	4：2	

续表

姓名	篇名	卷期数	《编辑的话》中对作者的介绍
张家驹	南宋两浙之盐政	1：6	在燕京大学，他与编者不相识，却以他精密的研究寄来。（1：6）
	宋室南渡后的南方都市	1：10	
	中国社会中心的转移	2：11	
	宋室南渡前夕的中国南方社会	4：1	
张锡纶	十五六七世纪间中国在印度支那及南洋群岛的贸易	2：7	是北京大学的同学。（2：7）
	（译）明代田土的估计（清水泰次著）	3：10	
	明初田赋考（清水泰次著）	4：2	
张玉林	隋文帝的社会政策及其统治手段	3：9	北大的学生。（3：9）
	通信一则	3：12	
赵廼抟	斯密亚当国富论撰述经过及其学说渊源	3：7	北京大学经济系主任。
周乾溁	（译）宋金贸易论（加藤繁著）	5：9	北京大学政治系研究室工作。（5：9）
	北魏之僧祇户与佛图户（椋木善隆著）	5：12	
周筠溪	西汉财政制度之一斑	3：8	是一位矿业公司的小职工。他研究汉代的行政制度。如今他失业了，有空为本刊写这样一个窄题。
朱杰勤	（译）古代罗马与中国印度陆路交通考（M. P. Charlesworth 著）	4：2	广州中山大学研究所。

注：1、此表是根据黄静所制《〈食货〉半月刊撰稿人一览表》增补而成。参见黄静：《抗战时期史学流派（1937—1945）》第 3 章，北京师范大学博士学位论文，2003 年，第 105—107 页。

2、《〈编辑的话〉中对作者的介绍》一项中，括号内中注明的期卷数是原文的出处，若在同期则省略。

附录二
天津《益世报·食货周刊》作者及撰著一览表

作者	篇名	出版日期
柴僧	东汉的世家士族宦官与党锢	1937年2月9日
方济霈	十九世纪末银价之下跌——货币需要变动的分析	1936年12月27日
非洋	北魏孝文帝一朝的社会与经济（上）	1937年1月1日
	北魏孝文帝一朝的社会与经济（下）	1937年1月10日
何健民	中古用铁沿革考	1937年7月6日
胡翠贤	顺治年间三大社会问题——"圈地""投充""逃人"	1937年5月4日
孟榭	元代的社会经济（读元曲选札记之一）	1936年12月13日
	元代的社会经济（读元曲选札记之二）	1936年12月20日
	元代的社会经济（读元曲选札记之三）	1937年1月10日
	元代的社会经济（读元曲选札记之四）	1937年1月19日
	元代的社会经济（读元曲选札记之五）	1937年2月2日
	元代的社会经济（读元曲选札记之六）	1937年3月9日
	元代的社会经济（读元曲选札记之七）	1937年3月16日
	元代的社会经济（读元曲选札记之八）	1937年3月23日
	元代的社会经济（读元曲选札记之九）	1937年5月25日
	元代的社会经济（读元曲选札记之十）	1937年6月29日
	元代的社会经济（读元曲选札记之十一）	1937年7月13日
桑毓英	秦汉的地方制度	1937年6月1日
	秦汉的地方制度	1937年6月8日
王毓铨	皮伦教授对于欧洲中古经济史研究上的贡献	1937年2月2日
吴士贤	清代以前的漕运概况	1937年5月18日
颜子愚	明代的高利贷	1937年6月22日
余庆生	评陈登原中国田赋史	1937年4月27日

续表

作者	篇名	出版日期
张锡纶	（译）中国古代社会论（早川二郎著）	1937年7月20日
	（译）中国古代社会论（续）（早川二郎著）	1937年7月27日
周乾溶	（译）宋金通商的沿革（加藤繁著）	1937年1月26日
	（译）宋金榷场的规则（加藤繁著）	1937年2月23日
	（译）宋金贸易之货物（加藤繁著）	1937年3月30日

附录三
南京《中央日报·食货周刊》作者及撰著一览表

作者	篇名	出版日期	《通讯》中对作者的介绍
爱民	（译）英国经济的新危机	1947年12月17日	
	（译）欧洲的粮荒	1948年1月21日	
曹道安	两宋杂变之赋	1947年5月7日	
	两宋杂变之赋（续完）	1947年5月14日	
	北宋之方田与首实	1947年9月24日	
曹振铺	我国对外通商史略	1947年10月29日	
	历年我国对外贸易国别之变动	1947年11月26日	
	中国对外贸易在国际贸易中的地位	1947年12月10日	
	中国国际贸易不发达的原因	1948年3月17日	
岑仲勉	论我国民族体质及阻止人口激增	1946年12月21日	
陈邦贤	参观中国历代货币展览会记	1946年11月16日	
陈福祥（福祥）	（译）新资本主义	1946年9月21日	
	（译）联合国的经济问题（A. comstock 作）	1946年12月14日	
	（译）"经济学一课"介绍（亨利·哈士列著）	1946年12月28日	
陈建之	改革币制问题	1946年10月19日	
陈戚鹏	论中国的土地问题的严重性	1946年10月5日	
	论我国土地整理的实施问题	1946年10月26日	
陈忻妫	遗产分配之史的分析	1946年9月7日	
	两汉人口政策	1947年10月15日	
	两汉人口政策（续完）	1947年10月22日	
陈冶	提供一个土地改革之意见	1948年3月24日	

续表

作者	篇名	出版日期	《通讯》中对作者的介绍
陈志让	经济学范围与方法的再考量	1947年5月28日	
邓希袁	宋元货币的演变	1948年1月14日	
邓中龙	晁错论贵粟疏申论	1948年3月24日	
邓珠娜姆	康藏贸易的重心——边茶	1948年4月26日	
董立	世界烟草之产销概况	1947年9月17日	
	烟草的栽培及其病虫害	1947年12月10日	
董新堂（新堂）	四川的药材	1947年11月12日	
	四川的五倍子	1947年11月12日	
	四川的漆与漆膠	1947年11月19日	
	四川的捲油	1947年11月26日	
	四川的白蜡	1947年12月10日	
	四川的桐油	1948年1月14日	
	川茶	1948年3月3日	
	四川的松子及松烟	1948年3月3日	
	四川的山货	1948年4月26日	
樊增砾	明末农政的讲求	1946年10月12日	
苇棠	（译）美元恐慌声中看美元账（来自World report）	1947年10月1日	
	（译）最近世界棉花缺乏的原因（来自World report）	1947年10月15日	
	（译）为什么野有饿殍（来自World report）	1948年3月10日	
冯树敏	略论秦汉时代经济地理与政治地理的相关性	1946年8月24日	
	论隋唐时代经济地理与政治地理的关系	1946年9月21日	
	论两宋的经济政治地理	1946年11月2日	
	论元明清三代的经济地理与政治地理	1946年12月14日	
	水利与国民经济	1947年7月16日	

续表

作者	篇名	出版日期	《通讯》中对作者的介绍
冯汉镛	四川历代茶政	1947年8月27日	
	四川历代的盐政（上）	1947年9月3日	
	四川历代的盐政（下）	1947年9月10日	
	四川历代之田赋（上）	1948年1月21日	
	四川历代之田赋（下）	1948年1月28日	
	四川历代之货币（上）	1948年2月25日	
	四川历代之货币（下）	1948年3月3日	
	四川历代之榷酤	1948年3月24日	
	蜀历代酒价	1948年4月12日	
	历代之粮价	1948年5月10日	
符泽初	评晁错论贵粟疏	1948年3月3日	
高贵泉	（译）苏联私人资本的复活	1947年11月19日	
高叔康	官僚资本论	1946年6月8日	
	自由竞争	1947年11月12日	
谷春帆	汉征兵辩	1947年11月5日	是一个自学而有成就的财政经济学者，而且是金融邮务方面的实用人才。(1948年3月30日)
	千亩	1948年3月30日	
	质任	1948年4月12日	
古虹	葛来兴律之研究	1947年1月11日	

续表

作者	篇名	出版日期	《通讯》中对作者的介绍
官蔚蓝	就汉代的"石"与"斛"看汉代的农业生产力	1946年7月20日	
	西汉的俸禄制度及其政治	1946年8月3日	
	西汉的俸禄制度及其政治(续完)	1946年8月10日	
	东汉的俸禄制度及政治	1946年8月24日	
	东汉的俸禄制度及政治	1946年8月31日	
	唐代内外官待遇前后不同及其影响	1946年9月14日	
	明代之薄俸与贪污(上)	1946年11月9日	
	明代之薄俸与贪污(下)	1946年11月16日	
	明代之薄俸与贪污(续前)	1946年11月23日	
	南北朝官吏之无禄与政治腐化	1947年1月18日	
	南北朝官吏之无禄与政治腐化	1947年1月11日	
	南北朝官吏之无禄与政治腐化	1947年2月8日	
	宋初制禄之薄(上)	1947年7月23日	
	宋初制禄之薄(下)	1947年7月30日	
	清代之薄俸与陋规	1947年11月19日	
	清代之薄俸与陋规	1947年11月12日	
	清代之薄俸与陋规	1947年11月26日	
	清代之薄俸与陋规(续完)	1947年12月3日	
	唐代之米价	1948年1月28日	
何回	宋代中央的财务行政	1947年6月11日	
何利清	(节译)论苏联经济的调查与统计(Will lissner 原作)	1948年1月7日	
荷连	豫境黄河沿堤的险口工程	1948年6月21日	
侯服五	论空权时代我国北方的各省地位	1946年6月29日	
	中国妇女地位	1946年7月14日	
	内蒙区域的经济发展之我见	1946年8月10日	
胡惠生	从土地投机说到市地公有	1947年11月5日	

续表

作者	篇名	出版日期	《通讯》中对作者的介绍
胡寄馨	明代闽粤浙沿海的经营海外贸易商人（上）	1946年8月31日	
	明代闽粤浙沿海的经营海外贸易商人（下）	1946年9月7日	
	明清时代中国与琉球之经济政治及文化关系	1946年11月9日	
华一之	中国古代的商业和商人	1948年3月24日	
黄君晓	日本历代土地改革及今后的途径	1948年5月10日	
黄笑凡	记瓷质周元通宝钱	1947年5月28日	
黄正	论财务监督上之联宗组织	1946年10月26日	
	论超然审计	1946年12月21日	
	审计职权上关于核定收入命令之商榷	1947年2月15日	
	公务机关物品财产集中管理之我见	1947年5月28日	
黄尊爵	地方自治之财政（上）	1946年12月14日	
	地方自治之财政（下）	1946年12月21日	
纪梓英（梓英）	清初的圈地	1946年8月31日	
	咸丰时代的大钱（上）	1946年9月14日	
	咸丰时代的大钱（下）	1946年9月21日	
	太平军役后的江南的民食问题与减赋运动（上）	1946年11月30日	
	太平军役后的江南的民食问题与减赋运动（下）	1946年12月7日	
	说"标会"	1947年2月15日	
蒋浩	我国之三仓制	1948年3月3日	
	清代之厘金	1948年3月17日	
	常平本钱与青苗钱	1948年3月30日	
	从历代土地制度改革上看"现阶段中共的土革运动"	1948年4月12日	
蒋君章	我们需要那些铁路线	1946年6月29日	
	我们需要那些铁路线	1946年7月6日	
	中菲谈判中之华侨问题	1946年7月27日	
蒋益寰	论目前发行土地债券之办法	1946年12月28日	

续表

作者	篇名	出版日期	《通讯》中对作者的介绍
可全（可金）	二次大战后苏联集体农场的恢复	1948年5月24日	
	中国古代氏族共有的牧地与耕地	1947年6月18日	
柯泉（柯荃）	（译）恢复日本经济——麦克阿瑟的六年计划。	1948年1月28日	
	（译）瓦尔加对于战后西方资本主义制度的看法	1948年6月7日	
	明代的耕地与户口数	1948年6月21日	
孔繁埼	王莽之王田政策与平均地权	1947年12月24日	
劳幹（劳贞一）	正视土地上的现实问题，不要空谈理论	1948年6月7日	是中央研究院中两汉魏晋南北朝史的专家，对政治经济学各方面又极淹博，著作颇丰，所著《居延汉简考释》其精湛是学界共知的。对于土地问题他有独特的见解，不随时俗。劳先生是中央研究历史语言研究所的台柱，在学术的研究方面都极笃实认真。（1948年6月21日）
	建设首都的一件最重要的事——市区扩张与江北工业区的建立	1946年7月27日	
	西汉的赃贿事件	1947年9月3日	
郦禄道	二五减阻不能适用行政执行法论	1947年12月24日	
	清代佃农概况	1948年1月21日	
	元明佃农生活	1948年2月18日	
	常平·社·义之仓沿革	1948年3月3日	
	历代限田的运动和思想	1948年3月30日	
李栋树	土地改革问题	1947年9月3日	
	秦汉魏晋北朝土地制度沿革概略	1947年10月1日	
	唐宋元明清土地制度概略	1947年10月29日	
	民本与民生	1948年1月7日	
	民本与民生（续完）	1948年1月14日	
	战后东欧的土地改革	1948年4月26日	
李国桓	我国历史上土地制度之演变及改革运动	1947年9月24日	

续表

作者	篇名	出版日期	《通讯》中对作者的介绍
李天一	唐代中西海上交通之港口	1947年5月28日	
	唐代中西海上交通之港口（续完）	1947年6月4日	
	唐代中西海上交通之航线	1948年7月5日	
	唐代中西海上交通之航程	1948年7月19日	
李万章	如何解救当前的经济危机	1946年10月12日	
	如何解救当前的经济危机（续完）	1946年10月19日	
李旭	郑成功的拓殖台湾	1946年7月14日	
李贻训	待遇问题平议	1947年5月7日	
	安徽的矿冶	1947年12月31日	
李中豪	民生主义计划经济在中国	1946年8月17日	
黎士栋	两汉币制概述	1947年12月3日	
	两汉币制概述（续完）	1947年12月10日	
	六朝币制概述	1947年12月31日	
	大唐宝钞考	1948年1月14日	
	辽代币制概况	1948年1月28日	
林访芳	（译）日本必作商业上的竞争	1947年8月27日	
	（节译）苏联搬运东北工业设备情形	1947年7月2日	
	（译）日本经济现状	1947年7月9日	
刘荣	论北魏均田制度	1948年6月7日	任职于地政部地籍司。本期论均田制度的文章，内容颇为精彩。
刘振东	超经济的政治优越力与中国经济的建设	1947年7月9日	
罗大傑	两汉的劝农制	1948年2月18日	
罗迺诚	论太平天国的土地制度	1946年8月17日	
	张江陵经济论	1946年9月7日	
	管子经济思想述要	1946年10月5日	
	论王安石经济政策	1947年1月4日	
	论桑弘羊的经济政策	1947年6月25日	
	论桑弘羊的经济政策（续完）	1947年7月2日	
骆钜源	地方财政之瘤	1947年1月4日	
	中央分占田赋收入如数划省之商榷	1947年6月25日	

续表

作者	篇名	出版日期	《通讯》中对作者的介绍
民人	（译）日本商业的复兴（J. W. poweli 著）	1946 年 12 月 21 日	
彭补拙	国际合作思潮抉微	1946 年 7 月 6 日	
彭师勤	产业进化史观——一切公私企业均趋合作化	1948 年 5 月 24 日	彭师勤教授现在中央合作金库任职，对于合作事业他能综合深湛的学理和实际的进化来看合作事业的发展和重要，却有意思。
齐如山	（译）美国要怎样才能挽救经济恐慌的危机	1947 年 9 月 17 日	
庆北	（译）日本劳工运动	1947 年 7 月 16 日	
庆北	（译）日本商业繁荣的阻碍	1947 年 8 月 20 日	
曲直生	秦汉以前的农书	1947 年 9 月 24 日	
曲直生	齐民要术	1947 年 10 月 1 日	
曲直生	农桑辑要（元司农撰）	1947 年 10 月 22 日	
曲直生	农政全书	1947 年 11 月 12 日	
任璧城	寡头经济	1946 年 7 月 6 日	
任焱章	现行货物评价的原则与方法	1947 年 5 月 21 日	
沈鉴	三国时代四川的经济（上）	1947 年 7 月 30 日	
沈鉴	三国时代四川的经济（下）	1947 年 8 月 6 日	
时庸	元代之通货膨胀	1947 年 12 月 24 日	
时庸	明代纸钞	1947 年 11 月 26 日	
时庸	唐代田赋制度	1948 年 1 月 7 日	
时庸	魏晋南北朝田制田赋概述	1948 年 2 月 4 日	
时庸	两汉钱币沿革	1948 年 2 月 25 日	
宋晞	北宋商税在国计中的地位与监税官	1947 年 12 月 17 日	
宋晞	北宋商业中心的考察	1948 年 7 月 19 日	

续表

作者	篇名	出版日期	《通讯》中对作者的介绍
粟寄沧	如何运用日本的赔偿物资	1946年6月22日	
	现阶段我国经济政策的批判	1946年7月20日	
	论我国现阶段的省市财政	1946年11月2日	
	论商约问题	1946年11月23日	
	整军与财政	1947年1月18日	
	法币之今昔	1947年8月13日	
	美国与黄金	1947年9月24日	
孙家山	汉代农业	1946年11月9日	
	汉代的限田运动	1947年2月8日	
万国鼎	与劳幹先生论"正视土地上的现实问题不要空谈理论"	1948年6月21日	万国鼎孟周先生是土地问题的专家,现任国立政治大学地政系主任。在学术的研究方面极笃实认真,他是我的论学的好友。
王继祖	北宋社会经济述略	1946年9月28日	
	当前国际经济的新趋势	1947年1月18日	
汪启堃	现阶段之中国电信事业	1946年11月23日	
王世康	历史上官僚资本对社会的影响	1948年3月10日	
王希明	货物税记账征税制度述评	1947年8月20日	
王宜昌	东北电气化的今昔	1946年7月20日	暨大教授王宜昌先生,是食货的老友,最近他着重汉魏时水排的发明及其对于中古社会经济的影响,与编者的意见大体一致。(1948年5月10日)
	东北钢铁的今昔	1946年9月28日	
	春秋盐铁考	1948年5月24日	
吴麟	烟草传入中国之始	1947年11月5日	
	明代苏松赋重	1947年11月19日	
	清代福建之造纸工业	1947年12月3日	
	唐宋以前无夜市	1948年1月7日	
	清代米价	1948年1月21日	
	清初四川井盐	1947年12月24日	
	唐代蜀之蚕市	1948年2月18日	

续表

作者	篇名	出版日期	《通讯》中对作者的介绍
吴云端	唐代的都市制度	1946年9月14日	
	隋唐时代都市与商业的盛衰	1946年10月5日	
	隋唐时代都市与商业的盛衰（续完）	1946年10月12日	
	论中国经济史料	1946年11月2日	
	论中国经济史料（续）	1946年11月9日	
	从蒙古统治的崩溃说到农民革命运动的纷起	1946年12月7日	
	三国时代的货币	1946年12月14日	
	宋代农荒豫防策——仓制（上）	1946年12月28日	
	宋代酒之专卖制度	1947年1月18日	
	宋代农荒豫防策——仓制（下）	1947年1月11日	
	唐代消费税	1947年2月15日	吴云端先生埋首于中国经济史的搜集与研究已十余年，自《食货》在京复刊以来，他发表的文字很多。这是食货学会发现出来的一个研究经济史的人才，他有中国经济史的大著，已交由商务出版。（1948年6月7日）
	清代关税、厘金及杂税概述	1947年6月4日	
	三国时代之屯田	1947年6月11日	
	三国时代之工业	1947年6月18日	
	唐代之币制与金融	1947年7月9日	
	明代之庄田	1947年7月23日	
	魏晋南北朝时代人民的经济生活	1947年9月17日	
	五代币制概述	1947年10月1日	
	清代之农业与土地制度（上）	1947年8月13日	
	清代之农业与土地制度（下）	1947年8月20日	
	晚清新式工业之发展	1947年10月8日	
	清代金融机关	1947年10月22日	
	唐代官僚资本的蓄积	1947年11月5日	
	明代之盐法	1947年11月12日	
	明代田赋概述	1947年11月26日	
	宋代旷土的募垦	1947年12月10日	
	宋代的生产工具与农产量	1947年12月24日	
	宋代旷土的募垦	1947年12月10日	
	魏晋南北朝之钱法	1947年12月31日	
	清代钱粮之征解	1948年1月21日	

续表

作者	篇名	出版日期	《通讯》中对作者的介绍
吴云端	宋代的水利建设	1948年2月18日	
	从天宝之乱到黄巢暴动	1948年2月25日	
	五代之商业与都市	1948年3月10日	
	《太平军兴后清廷对于经济上的新措施》	1948年3月17日	
	宋代农民之诸种相	1948年4月26日	
	唐代之交通要道与商品	1948年6月7日	
	汉代的黄金	1948年6月21日	
无名	两汉的赋税制度	1947年11月5日	
巫耀宗	论汉代商业	1947年5月28日	
薛培元	现代农业建设之路	1947年1月4日	
杨雪松	论土地私有与公有	1947年10月22日	
	论土地私有与公有（续完）	1947年10月29日	
杨家骥	蒙古族入主与中国社会	1946年6月29日	
	论宋元的社会经济及其变迁	1947年7月23日	
杨文江	明清的一条鞭法与杂税	1948年3月30日	
	略论两税法	1948年2月18日	
	赣南皮骨分管之地租制	1948年2月18日	
易焕先	唐代利率的变动	1947年10月8日	
袁钢	介绍河北省第十区的土地政策	1948年4月26日	
张曼林	中国现时最普通的几钟租佃制度	1948年3月3日	
张鸣春	中国人口与土地对民生的影响	1946年9月28日	
张孝章	汉代的土地改革	1947年7月9日	
张子铭	县地方摊派略论	1947年12月10日	
	县地方摊派略论（续完）	1947年12月17日	
	我国地税与口赋之分合	1948年2月25日	
	宋元的地籍整理	1948年5月24日	
赵乐仙	桐城的永佃制	1948年2月4日	
赵凌	秦汉的商业资本与封建社会	1948年7月5日	是在中央研究院全汉昇先生指导下研究中国经济史的青年。

续表

作者	篇名	出版日期	《通讯》中对作者的介绍
赵之兰	澶渊之盟以后宋辽的榷场贸易	1947 年 2 月 15 日	
	宋辽秘密贸易	1947 年 5 月 14 日	
	宋对辽的岁币礼物及赐与	1947 年 6 月 18 日	
	北宋时代的财政	1947 年 7 月 2 日	
	南宋时代的财政概况（上）	1947 年 8 月 6 日	
	南宋时代的财政概况（下）	1947 年 8 月 13 日	
芝僧	从长江流域与珠江流域的经济建设作起	1947 年 7 月 23 日	
郑天纵	中国官僚政治的经济基础	1947 年 12 月 3 日	
钟毓	台湾的蔗田	1948 年 1 月 7 日	
周定勋	法郎的危机	1947 年 7 月 30 日	
周世达（刘世达）	论货物税	1946 年 8 月 24 日	
	现行货物税转嫁与归宿的探讨	1946 年 11 月 30 日	
	从租税负担分配的观点来探究现行货物税	1947 年 2 月 8 日	
	现行货物税对国民经济之影响（上）	1947 年 5 月 14 日	
	现行货物税对国民经济之影响（下）	1947 年 5 月 21 日	
	货物税是否为重复税	1947 年 6 月 11 日	
	从区别直接税与间接税的学理来探究现行货物税	1947 年 8 月 6 日	
	由奢侈重课的理论谈到提高现行烟酒税税率	1947 年 10 月 15 日	
	从量乎？从价乎？货物税征课方法的比较研讨	1947 年 12 月 31 日	
	货物税应如何切实从价征课	1948 年 3 月 10 日	
周之鉴	日本的土地改革	1948 年 4 月 12 日	
朱凤鸣	发展国际合作贸易之重要性	1947 年 6 月 4 日	
朱文翰	三五减租答客问	1947 年 9 月 10 日	
朱文然	赵充国的屯田	1947 年 12 月 31 日	
	唐代两税法之得失	1948 年 2 月 4 日	

续表

作者	篇名	出版日期	《通讯》中对作者的介绍
朱偰	世界史上最早之纸币	1947年5月7日	他是经济专家又是文史学家，他现在正在撰著中国的货币史。（1948年5月10日）他是经济家名家，古籍传说中之货币是他的大著，中国货币史的一节。（1948年6月7日）
	我国银两本位与纸币势力的消长	1947年6月18日	
	关于大唐宝钞的检讨	1948年1月14日	
	贝币	1948年5月10日	
	古籍传说中之货币	1948年6月7日	
	传说中之九府园法	1948年7月5日	
左宜	（译）亚洲的工业与农业改革（Horace Belshaw原作）	1947年9月10日	
	辽金元的中央官工业行政机构	1947年10月29日	

注：《〈通讯〉中对作者的介绍》一项中，括号内注明的时间是出版日期，若在同期则省略。

后　记

本书是在我博士学位论文的基础上修改后完成的。自 2005 年 9 月，忝列南开大学姜胜利先生门墙攻读中国近现代史学史博士学位以来，我一直在姜老师的悉心指导下为做好学位论文而努力。姜老师考虑到我有较好的中国社会经济史的知识背景，建议我做食货派史学的研究。在姜老师的牵引合作之下，我们陆续把研究心得发表在期刊上，竟也得到不错的评价，还有两篇文章被人大复印资料全文转载。在论文的写作过程中，姜老师多次耳提面命，对论文提纲提出许多具体建议。初稿写成后，姜老师又放弃大量的休息时间审读拙稿，所提意见，促我开阔思路。本书付印之际，姜老师还在百忙之中抽出时间写出序言，鼓励和奖掖弟子。我深深知道，本书处处浸透着姜老师的心血，学生深为感激。应该说，相对于食货派的史学来说，本书很难说是满意之作。唯有在今后岁月里，牢记导师期望，再做努力。此外，姜老师在日常生活中也对我给予了无微不至的关怀。所有这些，历历在目，师恩厚重，弟子将莫齿难忘。

多年来，我一直感到幸运的是，能在南开大学中国史学史教研室主任乔治忠教授的指导下学习中国史学史。乔先生是我在南开求学生涯中另一位重要导师。乔先生开设的《历史考据学通论》和《中国史学史的学术体系与专题》课程以及主持的学术沙龙，不仅使我有了很好的史学史的学术训练，而且拓展了我的学术视野，以至对所学的专业产生了浓厚兴趣。在跟从乔先生的学习过程中，于治学门径、治学态度和治学方法等方面受益匪浅。乔先生对我学问的指点，成长的关心，学生将铭记心头，谢意永存！

我还要感谢我的硕士导师邵鸿教授。从 2002 年 9 月拜在邵先生门下攻读中国社会经济史以来，如今已经 12 载，承蒙恩师的深切爱护，言传身教，不断将我引入中国史学研究的领域，弟子在学业上的兴趣日益浓厚。先生渊博的知识、严谨的学风、高尚的人格，对我来说是一种魅力和榜样。同时，南昌大学的黄志繁教授也在我的求学路上给予了真诚的帮助，热情的提携，令我受益良多。他们曾就本书的写作给予了指导和帮助，我当一生感激和铭记。

南开大学历史学院老师、同学和朋友们也以各种形式为本书的写作提供了诸多的帮助。历史学院博导们的《历史学的基本理论与实践》、常建华教授的《明清史料精读》、许檀教授的《明清经济史》、林延清教授的《明清政治史研究》等课程，对我学术的发展帮助极大。中国史学史教研室的学术沙龙自从我入学以来一直未断，我曾聆听了许多学友的精彩学术报告，深受启迪。师姐王建美、段润秀、刘芹、崔岩；师兄张文生、孙文阁、朱洪斌、程文标，同学杨永康、王传奇、庾向芳；师弟师妹王爱卫、张光华、李泽昊、段晓亮、时培磊、李华杰等对我的学习和生活亦多有关心。我们在一起交流心得，结下了深厚的友谊。师弟胡现岭还为本文翻译了日文资料，付出了艰辛的劳苦，费心不少。杨遇青和高越是我求学阶段结识的文学和经济学专业的益友，我们经常在一起从不同学科的角度论学，对帮助我更好地理解食货派助益不小。在此，我要向他们表示最诚挚的谢意。

我还要深深地感谢我的家人。我的父母和姐姐无论何时都支持和鼓励着我上进求学，希望我成为他们的希望和骄傲。我的妻子孔艳晓在离多聚少的情形下，无私地支持我完成硕士、博士阶段艰辛而漫长的学业。我毕业后分配到江西科技师范大学工作以来，她一如既往地支持我在学术的道路上跋涉。她们的亲情永远是我坚强的后盾，给了我前行的力量和勇气。

本书的顺利出版得益于各级领导和同事们的支持与帮助，历史文化学院的院长陈立立、副院长张澜和科研处处长刘宁芳尤为关心，本书在得到江西科技师范大学2014年著作出版资助基金资助之后，左家春老师不辞辛苦为我联系出版事宜。在本书将要交付中国社会科学出版社出版之际，我还要感谢出版社的领导和该书的责任编辑郎丰君博士。他们认真严谨地校稿，发现并更正了拙著的疏漏和错误之处，其润色则为本书增色不少。在此特致敬意。

苏永明
2014年12月17日